Bernadette von Dreien

HERZ-ETHIK

Bernadette von Dreien

HERZ-ETHIK

LICHT-HERZ Verlag

Kontaktadresse des Verlags: www.licht-herz.media
Bezugsquelle Deutschland / EU: www.meerstern.de

Erste Auflage – Dezember 2019

Lektorat: Christian R. Jordi
Layout und Satz: Benjamin Inselmini (LICHT-HERZ Verlag)
Bilder: adobe.stock.com

Druck: CPI Moravia Books, Tschechien

ISBN Nummer 978-3-907275-02-3

Herz

Sobald das Herz bestimmt, geschehen Wunder.

Das feinstoffliche Herz, in diesem Buch einfach als Herz benannt, stellt die feinstoffliche Seele, verwoben mit dem transzendenten göttlichen Geist dar, welches im gesunden Zusammenspiel mit dem irdischen, physischen Körper steht. Das Herz lebt im Vertrauen mit der göttlichen Ursprungsintelligenz und Ursprungsenergie und erfährt trotzdem Individualität. Es bildet in uns den Urgrund und damit den lebensbejahenden, natürlichen energetischen Antrieb und Wirkmechanismus, um schöpferisch tätig zu sein. Zudem bildet es mit der Ursprungsintelligenz (Geist) unseren inneren Kompass und mit der bedingungslosen Liebe (Seele) nicht nur den Lebensantrieb, sondern auch das Werkzeug, um schöpferisch und nicht zerstörerisch zu wirken. Im Herzen gründen die wahren menschlichen Grundwerte, womit es die Ausgangslage für eine ganzheitliche Herzethik darstellt. Dieses feinstoffliche, individuelle Herz ist unsterblich, während das physische Herz durch den physischen Tod stirbt. Der Mensch ist somit ein Manifestationspunkt aus göttlicher Intelligenz und bedingungsloser Liebe.

Die positive Veränderung beginnt, sobald das Herz die Führung übernimmt.

Inhaltsverzeichnis

Vorwort

Dieses Werk ist aus einem Herzimpuls entstanden, aus Lebenserfahrung und vielen Inspirationen. Es hat weder den Anspruch auf eine literarische Meisterleistung noch auf Vollständigkeit. Es handelt direkt vom Puls der Zeit, mit meinem derzeitigen Bewusstsein und dem Zeitgeist von 2019. Mit diesem Werk bedanke ich mich für die tausende positiven E-Mails und Briefe der Leser und Leserinnen der Christina-Bücher. Ihr habt mir aufgezeigt, wo aktuell noch individuelle aber auch globale Fragen liegen, welche Brücken in dieser Welt noch fehlen. Dieses Buch ist somit ein Gemeinschaftswerk von Euch allen. Es ist ein Werk von und für die Gesellschaft.

Während meinen 47 Jahren intensiver Lebens- und Lernprozesse durfte ich durch meine Kindheit in einer 10-köpfigen Familie, jahrelange Arbeit mit Menschen im Gesundheitsbereich und in meinem Studium als Naturheilpraktikerin in der Schweiz, durch Erfahrungen in der Unternehmensführung, durch bewegende Erfahrungen als Mutter, durch zwei Jahrzehnte Leistungssport und als Autorin unglaublich viele persönliche Hürden überwinden. Dadurch ergaben sich Erfahrungen und Erkenntnisse in vielen Sektoren unserer Gesellschaft. Dabei durfte ich feststellen, dass in jedem Sektor offene Fragen stehen und sich auch oftmals Überforderung bei unterschiedlichsten Thematiken zeigen. Was bedeutet es denn, Mensch zu sein? Welches sind die wahren Grundwerte dieses Menschseins?

Der Wille zur individuellen sowie kollektiven Veränderung ist bei der Mehrheit der Menschen vorhanden, nur fehlt es an einer ganzheitlichen Ethik. Heute weiss ich, dass wir nur mit Ganzheitlichkeit weiterkommen und wirklich nachhaltige Lösungen finden; nämlich dann, wenn wir bedingungslos oben und unten, rechts und links, vorne und hinten verbinden bzw. alle Lebewesen auf dieser Welt ohne Verurteilung mit bedingungslosem Respekt behandeln und mit einbeziehen, auch die dunkelste Ecke.

Die positive Veränderung beginnt dann, wenn wir unserem Herzen wieder die Führung übergeben.

Ich bedanke mich ganz besonders für die hochbewussten Menschen aus allen Bereichen der Gesellschaft, die mir während dieser tiefen Auseinandersetzung mit dem Inhalt dieses Buches zugeführt wurden. In erster Linie gilt der Dank meinen Kindern und all jenen Menschen, die mich auf diesem Weg begleitet haben und es noch immer tun. Danke auch an mehrere Professoren, Doktoren und Amtsleiter aus verschiedenen Bereichen, CEOs, Unternehmer, Bankengründer, Sportler, Psychoanalytiker, Politiker, Theologen, Prominente. Dabei beziehe ich mich immer auf den Menschen, nicht auf dessen Geschlecht und verwende der Einfachheit halber im ganzen Buch die männliche Form. Ihr habt mir aufgezeigt, dass sich im Grossen die genau gleichen Fragen immer wiederholen, da eine ganzheitliche Ethik fehlt. Insbesondere bekam ich durch Euch einen Einblick in ganze Gesellschaftssysteme, in welchen sich die Masse eine Veränderung hin zum Positiven wünscht, der Ansatzpunkt jedoch infolge unterschiedlicher Wertvorstellungen vermeintlich nicht sichtbar ist. All diese Fragen und Umstände führten mich in die Psychosynthese und in eine Tiefenspiritualität. Die Grundlage bietet eine ganzheitliche Herzethik, die in uns allen natürlich angelegt ist. Möge dieses Buch zum Verständnis der Entität Mensch und der Welt beitragen, authentisch, mutig und vertrauensvoll den Weg zu gehen, der für uns individuell sowie kollektiv vorgesehen ist und damit rein energetisch bereits den Frieden dieser Welt stützt.

Mein Dank geht auch an alle übermässigen Egokräfte, durch deren herzfremdes Wirken ich zu lernen vermochte, mit dem egobasierten Dunklen nicht in Resonanz zu treten, auch nicht auszuweichen, sondern es als Teil dieser Welt bedingungslos zu respektieren. Genau das hat mir aufgezeigt, was Friedens- und Transformationsarbeit wirklich bedeutet. Ich erfuhr dadurch, dass wir in unserem individuellen und kollektiven Umfeld nichts und niemanden ausgrenzen können, wenn wir individuell sowie kollektiv weiterkommen möchten. Alles beginnt bei uns selbst und endet in einem Wir-Bewusstsein zurück in der Einheit. Angefangen mit dem heutigen, individuellen Bewusstseinszustand, mit der aktuellen individuellen Ausgangslage dieser Welt, die wir mit bedingungslosem Respekt und tiefer Dankbarkeit einfach annehmen dürfen. Es ist vergleichbar mit einem Baby, welches nackt, mittellos und ohne Bedingungen in diese Welt geboren wird, im tiefen Urvertrauen, dass es hier richtig und wichtig ist.

Sobald das Herz bestimmt, geschehen Wunder. Wie wunderbar ist es doch, dem Leben mit mehr Respekt und Dankbarkeit entgegenzutreten, unser wahres Schöpferpotenzial zu erkennen und damit die Welt positiv zu verändern.

Mein innigster Dank geht auch an alle, die an diesem Buch mit viel Herz mitgearbeitet haben, insbesondere an den Lektor Christian R. Jordi, den Verlegern Marianne und Wolfgang Jaeger, der Druckerei und insbesondere an die Bäume, die ihr Leben dafür gelassen haben, damit dieses Buch mit Papier überhaupt physisch entstehen konnte. Klimaneutralität wird dadurch angestrebt, dass all diejenigen, welche dieses Buch lesen, in allen Lebensbereichen bewusster leben mögen.

November 2019
Bernadette von Dreien

1. Teil

Herzethik
Das Fundament
der Neuzeit

1

Die Menschheit im Labyrinth

Was können wir in der Zeit des rasanten Bewusstseinswandels tun, um die eigene multidimensionale Individualität und Phänomenalität nicht ahnungslos und unreflektiert dem Mainstream unterzuordnen? Kaum jemand sehnt sich nach innerem Stress, nach Krieg und Unfriede. Ist dies nicht das wunderbare Indiz dafür, dass in uns allen die göttliche Führung, der göttliche Funke innewohnt, der lebensbejahend auf das Gute und Konstruktive ausgerichtet ist? Die Führung für unser individuelles Leben erfolgt durch das Herz. Aus dem Herzen entwickeln sich alle integren, positiven Energien wie Glück, Friede, Urvertrauen, bedingungsloser Respekt usw. Jeder Mensch ist mit einem Herz, dem Lebenskompass und einer Lebensintelligenz beschenkt und darf sich diesem vorhandenen Potenzial bewusst werden. Keine Schule hat uns jedoch gelehrt, wie wir unser Herz authentisch leben und stetig weiter das wirkliche Liebespotenzial als Mensch in unserer Gesellschaft entfalten.

Nur das Herz kann die kräftigeren und transformierenden Herzenergien fliessen lassen und damit positive, integre, göttliche, natürliche, schöpferische, seelisch aufbauende, gesundheitsfördernde und potenzialentfaltende Energieströme aussenden. Ein ganzes Meer davon ist in uns allen ganz natürlich angelegt und damit auch eine phänomenale göttliche Intelligenz. Jeder Mensch hat als Werkzeug seiner menschlichen Existenz die bedingungslose Liebe in all seinen Aspekten geschenkt bekommen. Sie bildet die wahren inneren Werte und die wahre göttliche Intelligenz der Entität Mensch. Diese Grundwerte bilden das Fundament einer Herzethik, die stets dem eigenen und dem höchsten Wohl aller dient. Um die Bedeutung der menschlichen Existenz zu verstehen, müssen wir die Sprache des Herzens kennen.

Die Aussenwelt und unsere eigene Innenwelt zeigen uns oft ein herzfremdes Bild von Stress, Unzufriedenheit, Stagnation, Schmerz, Wut, Verwirrung, Ängsten und Sorgen, Täter- und Opferrollen. Es sind herzfremde, negative, desintegre Energieströme, die dem im Laufe des Lebens entstehenden illusorischen ICH, dem Ego, entspringen. Das Ego lebt mehrheitlich entfernt vom Herzen, entfernt von der Uressenz, der bedingungslosen Liebe und damit auch von der wahren geistigen Intelligenz. Der daraus resultierende Mangel an Liebe bildet den Urgrund aller negativen, desintegren, lebensfeindlichen Energien. Als reines Gedankenkonstrukt befindet sich das Ego ganz natürlich auf einer niedrigeren Bewusstseinsstufe als das Herz. Durch Erkennen der Schattenseiten zeigt das Ego uns wunderbar die wahren, herzbasierten Lebens- und Liebespotenziale auf.

Die Bezeichnung von Negativem und Positivem darf somit weder als Wertung noch als Verurteilung interpretiert werden, sondern vielmehr als Schulung des Unterscheidungsvermögens verstanden werden. Es geht darum, die Qualität und die Wirkung einer Energie zu erkennen und bedingungslos zu respektieren. Insbesondere, um negative, un- bzw. widernatürliche und herzfremde Energien durch positive Energieströme zu transformieren. Damit entfaltet sich Frieden in uns und kollektiv in dieser Welt.

Im übergeordneten Sinne sind somit beide Wesensstrukturen, d.h. Herz und Ego, gleichwertig und in verschiedenen Phasen der menschlichen Bewusstseinsentwicklung mehr oder weniger dominant. Genauso wie wir ein Kind nur mit positiver Energie in sein wirkliches Potenzial bringen, bringen wir unser eigenes Ego und dasjenige der Gesellschaft ins Herz.
Wir verfügen mit dem freien Willen in jedem Moment neu, unsere Lebensführung dem Ego oder dem Herzen zu überlassen. Unsere individuell ausgestrahlte und kollektive Energie entscheidet ständig über Krieg oder Frieden in unserem Inneren wie im Aussen.

Bei den meisten Menschen stehen die beiden Wesenszüge Ego und Herz in Wechselwirkung ohne, dass sie sich dessen bewusst sind. Die gegenwärtige Zeit bildet geradezu eine Aufforderung und gleichwohl die wunderbarste Erfahrung überhaupt, mehr mit dem Herzen – den wahren inneren Werten, der wahren Intelligenz – zu arbeiten. Die Qualität der ausgestrahlten Energie charakterisiert den Bewusstseinszustand und beeinflusst die Qualität unseres Wahrnehmens, Denkens und Wirkens. Grundsätzlich befinden wir uns alle derzeit wieder in einem zunehmend herzbetonten Zeitgeist. Die Menschen entwickeln sich derzeit vom Ego ins Herz. Die aktuelle Zeitqualität - die aktuelle kollektive Energie - bietet das ideale Fundament, in allen Gesellschaftsbereichen aus den egobasierenden Sackgassen in eine entwicklungsfähige, herzbasierte Zukunft zu arbeiten. Viele Menschen zeigen Einsicht hinsichtlich der Vergangenheit und deren Illusion; sie erkennen die persönlichen und globalen Einbahnstrassen und Irrwege auf dieser Welt. Sie überlassen ihr Leben nicht mehr den multifaktoriellen, herzfremden äusseren Antreibern, sondern vertrauen zunehmend ihrem natürlichen, inneren Antrieb Herz.

Erkenntnis bildet die Brücke vom Ego ins Herz.

Unsere urnatürliche, ganzheitliche multidimensionale Wahrnehmung wird uns in unserer Gesellschaft früh abtrainiert und damit auch das Verständnis für die hochkomplexe Physiologie (Lebensvorgänge) und Funktionalität des Universums. Damit einher geht ein Verlust an Wissen über hochkomplexe Zusammenhänge unserer urnatürlichen menschlichen Existenz und dem zyklischen Wandel dieser Welt. Die wahren Prinzipien der Natur, die unter- und übergeordneten Regelmechanismen werden nur noch isoliert betrachtet oder sind gar in Vergessenheit geraten. Die menschliche Zivilisation hat sich selbst als Individuum und in jedem Segment der Gesellschaft scheinbar unüberwindbare, widernatürliche Ungleichgewichte und Scherbenhaufen geschaffen. Erst durch diese immens wichtige Erkenntnis kann die Menschheit den nächsten Evolutionsschritt auf die Herzebene realisieren und den Paradigmawechsel einleiten.

Jeder Mensch steht in diesem Prozess mittendrin und verfügt über ein phänomenales Potenzial an natürlich angelegter innerer, kraftvoller Herzenergie und an phänomenaler Ursprungsintelligenz, die sich mehr und mehr in unser Leben entfalten darf.

Das gigantische Ökosystem mit seinen hochkomplexen Zusammenhängen von Erde, Mensch, Tier, Luft, Wasser und Pflanzen ist bedrohlich aus dem Gleichgewicht geraten. Nach neuesten weltweiten Studien vom Mai 2019 leben wir in einem Massenaussterben in Fauna und Flora, wie es die Weltgeschichte noch nie gesehen hat. Das gleiche Ungleichgewicht finden wir im menschlichen Körper mit sogenannten «Krankheiten»; ja, wir finden die Deregulierung in ganz vielen Gesellschaftssystemen wie z.B. im Finanzsektor.

Ungleichgewichte entstehen, wenn, wie in unserem Beispiel, die Menschheit aus dem illusorischen Ego handelt, aus der Getrenntheit vom grossen Ganzen. Damit geben wir einer negativen, widernatürlichen, gottesfremden, schädlichen, energiereduzierenden, zerstörerischen und selbstlimitierenden Mentalität von Macht, Kontrolle und Gewalt Auftrieb.

Immer mehr Menschen sind fähig, die Sinnhaftigkeit unserer menschlichen Existenz zu begründen und unser gigantisches Ökosystem und dessen komplexe Zusammenhänge aus einer höheren Perspektive zu verstehen. Der Grossteil der Menschen lebt das Leben aktuell noch aus einer egobasierten Denk- und Handelsroutine der Vergangenheit, mit einem sehr engen Blickwinkel auf die Realität der Gegenwart. Viele Menschen suchen Intelligenz und Liebe im Aussen, doch in uns drin befindet sich ein unfassbares Potenzial, das geradezu nach Entfaltung schreit.

Dazu braucht es ein Bewusstsein für die aktuelle Ausgangslage dieser Welt und eine herzbasierte, zeitlose, ganzheitliche Ethik, gestützt auf die wahren Grundwerte der Entität Mensch. Es braucht den Mut, die individuellen Abgründe und die kollektiven

Scherbenhaufen der Vergangenheit neutral zu betrachten und bedingungslos zu respektieren. Gleichzeitig sind alle aufgefordert, durch das Aussenden von herzöffnenden, positiven Energien in eine konstruktive Richtung zu arbeiten. Die aktuelle Ausgangslage dieser Welt möchte ich sinnbildlich mit dem Labyrinth beschreiben, bevor wir mit den einzelnen tieferen Aspekten der Herzethik beginnen.

Die Herzintelligenz arbeitet immer aus dem Jetzt in die Zukunft und ist sich stets gewiss, durch sein durchlichtendes, konstruktives Wirken ausnahmslos zum eigenen und zum höchsten Wohl aller zu arbeiten.

Das Labyrinth

Von aussen betrachtet, mutet es an, als irre der Grossteil der Menschheit in einem Labyrinth aus selbst erstellten Mauern, blindlings und chaotisch umher, zwischen Leitplanken, künstlichen Normwerten, Ab- und Begrenzungen, kurz: in ihrer selbst erschaffenen, egobasierenden Illusion. Es dominiert noch eine herzfremde und unnatürliche Mentalität von Stress und Gefangenschaft. Es herrscht ein freudloser Überlebenskampf in den Labyrinthstrukturen, die unsere Systemstrukturen darstellen, mit zunehmender Globalisierung, mit einer selbstlimitierenden Mentalität von Gewinnern oder Verlierern. Der Grossteil der Menschen befindet sich auf einem leicht desintegren Energieniveau, ungeachtet dessen, dass in ihnen ganz natürlich ein gewaltiges Friedenspotenzial vorhanden ist. Dementsprechend sind ihr Bewusstsein und ihre Wahrnehmung lediglich auf die fünf physischen Sinne ausgerichtet. Der Blick auf die Realität bzw. auf das ganze Labyrinth und seine hochkomplexe Umgebung ist zwangsläufig stark reduziert. Das Leben im Labyrinth symbolisiert das Leben in der Getrenntheit. Denken und Handeln sind oftmals abgekoppelt vom Herzen und damit vom grossen göttlichen Ganzen.

Das Herz ermöglicht das Einheitsdenken, kennt weder Aus- noch Begrenzung.

Das Fühlen liessen sich viele Menschen abtrainieren. Herzimpulse werden vom Verstand unterdrückt. Die Lebensführung wird dem künstlichen Ego übergeben. Die Menschen mit diesem niedrigen Bewusstsein sind abgekoppelt von der geistigen Ebene und somit auch von der wahren Ursprungsintelligenz. Sie laufen oftmals in dieselben Labyrinthwände, drehen sich energielos und hoffnungslos in einem Sektor des Labyrinths und befinden sich ausgebrannt und kraftlos in perspektivlosen Negativspiralen und Hamsterrädern. Sie sind unfähig, jene bewussteren Menschen überhaupt wahrzunehmen, die herzbasiert handeln und sich auf den Mauern des Labyrinths befinden, d.h. den Weg aus dem Irrgarten überblicken können. Selbstmitleid, Täter- und Opferrollen, Zynismus und Unfriede durchdringen jeden Sektor des Labyrinths und ziehen die Energie kollektiv herunter. Die vielen energieraubenden, selbstlimitierenden Negativspiralen, die aus diesem Mangel an Liebe und somit an Lebensantrieb und Lebensintelligenz entstehen, führen in allen Sektoren des Labyrinths zu Chaos. So sind eigene Verhaltensregeln und Moralvorstellungen in jedem Sektor entstanden, welche die natürlichen Prinzipien nicht berücksichtigen und somit nicht ganzheitlich und nachhaltig sein können.

Das Positive im Labyrinth jedoch zeigt sich mittlerweile genauso stark. Die erfreuliche Gegenbewegung kommt aus allen Sektoren der Gesellschaft. Bewusstere und weise Menschen innerhalb des Labyrinths haben selbstverantwortlich erkannt, dass nicht nur ein Boden und Wände existieren, sondern eine Öffnung gegen oben besteht. Sie haben durch seelisch-geistige Entwicklung die Option erkannt, sich innerhalb des Labyrinths zu solidarisieren und mit Hilfe anderer Menschen auf die hohen Mauern zu steigen. Damit eröffnet sich eine neue, ganzheitliche Perspektive auf einen grösseren Teil des Labyrinths, wodurch sich die ganzheitlichen, nachhaltigen Lösungen in eine konstruktive Richtung gewissermassen vor der Nase befinden. Dieser bewusstseinserweiternde Erkenntnisprozess setzt Mut, Vertrauen und eine gewisse Risikobereitschaft voraus, einen Sturz von der Mauer gegebenenfalls in Kauf zu nehmen. Erforderlich sind ferner physische Arbeit, Kraft und Ausdauer, um überhaupt die Mauer besteigen zu können und – sinnbildlich für all die Lernaspekte auf diesem irdischen Lebensweg – unter Umständen unzählige Male wieder herunterzufallen.

Durch die zunehmende Herzöffnung hebt sich die ganz persönliche Energie und jeder dieser Gipfelstürmer lebt eine neue Form von Bewusstsein, von innerer und äusserer Freiheit, von tiefem Frieden und Erkenntnis über die natürlichen Prinzipien der Natur und die Wahrheit dieser Welt, die plötzlich so offensichtlich wird. Diese Menschen auf den Mauern erkennen durch den Weg ins Innere, durch Herzführung, den wahren Sinn ihres Daseins, die wahren inneren Werte. Die Sicht auf eine viel umfangreichere Realität überfordert sie nicht, sondern sie erkennen ihre ganz individuelle Berufung und Verantwortung in diesem gigantischen Ökosystem. Sie erkennen die Gleichwertigkeit eines jeden Individuums und sie respektieren, dass jeder an einer anderen Stelle der Entwicklung steht. Viele Menschen vollziehen eine 180 Grad Wende vom Ego ins Herz. Sie absolvieren den inneren Wandel mit ihrer Persönlichkeitsentwicklung und Potenzialentfaltung.

Es ist an der Zeit, das Herz gegen aussen zu leben und sich nicht von ausserhalb das Innere programmieren und lenken zu lassen. Die Polarität und Dualität im Aussen und Innern zu erkennen, die vorhandenen Licht- und Schattenseiten in sich selbst und ausserhalb bedingungslos zu respektieren, mittels Erkenntnis und Mut die eigenen Ego- und Herzstrukturen zu durchschauen und als gleichwertig zu betrachten, dem Herzen jedoch stets die Führung zu überlassen. Das Entdecken des eigenen Potenzials im Innern geht über den Weg des Herzens. Doch das Ego müssen wir alle zuerst durchschritten haben, um mit dem Herz das Göttliche in uns wieder zu erkennen. Bedingungsloser Respekt gegenüber der Gleichwertigkeit von Ego und Herz ist für den Frieden im Inneren wie im Äusseren fundamental.

Von den bewussteren Menschen auf den Mauern gehen folglich keine negativen Energieströme aus wie Verurteilung, Beschuldigung und Anfeindung. Ihnen ist bewusst, dass sie auch einmal an diesem Punkt in ihrer Entwicklung gestanden haben und es keiner Belehrung, Überredungskünste oder gar Missionierung bedarf. Erforderlich ist vielmehr ein tiefer Respekt und ein ehrliches Zutrauen, dass in jedem Menschen ein Herz vorhanden ist und jedes Wesen über den freien Willen und damit gleichzeitig über die Selbstverantwortung verfügt. Jeder Mensch wurde mit eigener Herzkraft beschenkt, um den eigenen Weg selbstverantwortlich und authentisch zu gehen.

Menschen in Bewusstseinsentfaltung übernehmen Verantwortung für sich selbst, überwinden durch die eigene herzbasierte Energieanhebung die niedere, negative, lebensfeindliche und zerstörerische Mentalität von Macht, Kontrolle und Gewalt. Sie stehen nicht mehr im Mangeldenken, sondern erleben die innere Fülle und Vollkommenheit in sich. Sie leben die inneren Werte nach aussen und übernehmen individuelle, soziale, humanitäre und ökologische Verantwortung für das ganze Labyrinth.

In unserer Zeit stehen schon unglaublich viele Menschen auf diesen Mauern des Labyrinths. Wir leben in einem zunehmend herzbasierten Zeitgeist, in der sich individuelle Bewusstseinsentwicklung und damit auch die multidimensionale Wahrnehmungsfähigkeit zu einem Massenphänomen entwickelt. Und einige werden bereits seelisch-geistig weit entwickelt, hochbewusst geboren und durchschauen die Illusion, auch ohne überhaupt auf die Mauern zu klettern. Sie denken gar nicht daran, diese Herzreife dem Mainstream unterzuordnen. Sie gleichen Fixsternen am Himmel, welche die Energie global halten, damit alle, auch der dunkelste Mensch, die Möglichkeit der Transformation bekommen. Es sind Menschen, die wie ein Leuchtturm einfach leuchten und das energetische Niveau der Menschheit stabilisieren und verhindern, dass sich Millionen von Menschen in der Dunkelheit verlieren. Es sind diese hochbewussten Menschen, die denjenigen auf den Mauern unmissverständlich zu verstehen geben, endlich zu handeln und auf den Boden des Labyrinths zurückzukommen.

Das viele Wissen allein verändert die Welt noch nicht. Als Schöpfer unserer Realität dürfen wir nicht wegsehen, sondern eigenverantwortlich erkennen, innerlich Haltung beziehen und gestützt darauf in die Handlung gehen. Es ist Zeit, die wahren inneren Grundwerte und deren Intelligenz nach aussen zu leben.

Alle sind aufgefordert, ihre Herzimpulse, ihre Berufung und ihre Visionen umzusetzen, auch wenn man sich derzeit über sie noch lächerlich machen mag oder sie gar diffamiert. Sie sind die Brückenbauer unserer Zeit. Denn die alten, herzfremden Systemstrukturen – und damit die Mauern des Labyrinths - sind aufgrund der aktuellen Zeitqualität dem Zerfall unterworfen. So vieles was in der Vergangenheit widernatürlich aufgebaut wurde und zur Trennung geführt hat, kommt unweigerlich ans Licht bzw. als Skandal an die Öffentlichkeit. Die wahre multidimensionale Realität wird zunehmend allen bewusst und auch sichtbar, womit die Illusion des Labyrinths entlarvt wird.

Um die innere und äussere Wahrheit zu finden, dürfen wir den Mut und die innere Grösse aufbringen, in den eigenen Abgrund und in denjenigen der Welt zu schauen. Dies ist nie angenehm für das Ego und benötigt viel Herzenergie (alle Formen von Liebe, von positiven Energien), insbesondere wichtig sind Verzeihen und Vergeben. Die Vergangenheit ist nicht veränderbar, aber die Zukunft und diese beginnt - jetzt. Sogar die Bedeutung von Liebe, die Uressenz von uns selbst und allem was existiert, ist in unserer Gesellschaft so verdreht und missbraucht worden, dass ich in diesem Buch von Herzenergie spreche.[1]

Für alle jene, die sich jetzt noch scheinbar benachteiligt, hoffnungs- und kraftlos in einer Ecke des Labyrinths drehen, wird der

[1] Vgl dazu das Kapitel 12: Integre Herzenergien

Weg zunehmend einfacher, denn sehr viele Menschen sind diesen Weg schon gegangen, womit sich die Energie kollektiv permanent erhöht – und damit auch die Transformationskraft. Viele Mauern und Begrenzungen sind bereits abgebaut. Aus diesen Mauern sind Brücken entstanden. Die Wissenschaft am Boden des Labyrinths hat zudem viele Löcher in die Wände gebohrt und sieht ebenfalls in andere Sektoren. Das fördert die Instabilität der Mauern bzw. die Entlarvung der Illusion zusätzlich. Folglich fliessen zunehmend mehr Licht und Weitsicht ins Labyrinth, die Menschen entwickeln sich kollektiv und werden offen für mehr Wahrheit. Diejenigen, die sich durch den Irrgarten Monopolstellungen, Kontrolle, Vorteile und Macht erschaffen haben, werden unweigerlich Existenzängsten ausgesetzt. Sie helfen in hinterhältiger Absicht kräftig mit, Mauern abzubauen, benutzen die Steine jedoch in anderen Sektoren als Waffen, verstärken dort die Mauern oder bauen gar neue dazu. Aus diesen Sektoren flüchten viele Menschen in lichtere, friedliche Sektoren des Irrgartens. Aufgrund der steigenden Friedensenergie auf unserem Planeten werden destruktive Konstrukte unweigerlich zerfallen, die Wahrheit der Menschheit wird mehr und mehr ans Licht kommen und damit werden mehr und mehr Menschen bewusst. Nach dem Verschwinden der Labyrinthmauern wird es für all jene, die noch perspektivlos am Boden sitzen, einfacher werden. Sie erkennen die wahre Realität, weil es gar keine Mauern mehr gibt.

Es unterliegt dem freien Willen und liegt damit auch in unserer Eigenverantwortung, ob und wann wir unseren inneren und äusseren Wandel vollziehen. Jeder hat diesbezüglich seinen eigenen Erkenntnisplan und niemand kann dazu gezwungen werden. Die Konsequenzen jedoch, wenn wir es nicht tun, tragen wir alle - als Gesellschaft und als Zivilisation Mensch.

Es liegt im Interesse von uns allen, Dankbarkeit für diesen göttlichen Plan entgegen zu bringen und höchsten Respekt gegenüber unserer Erde als behütendes Mutterwesen. Wir sind alle Kinder und universelle Geschwister, keines davon weniger geliebt als das andere. In uns allen ist genau derselbe göttliche Funken vorhanden und damit eine phänomenale göttliche Ursprungsintelligenz. Doch diese Erdenkinder sind nicht gleich alt und besitzen unterschiedliche Seelenerfahrungen, benötigen gegenseitig Hilfe und dürfen voneinander lernen. Alle werden unweigerlich erwachsen werden und das illusorische Ego in sich selbst sowie im Aussen erkennen und überwinden.

Wenn wir dieses gigantische Ökosystem und damit auch die Menschheit ins Gleichgewicht bringen möchten, braucht es ein klares, unmissverständliches «Ja» aus unserem Herzen heraus. Es braucht ein dringend notwendiges Hinstehen und Bejahen des Lebens, der eigenen Herzimpulse, der wahren inneren Werte, die wir als göttliches Wesen alle in uns tragen. Sobald diese Entscheidung gefallen ist, öffnet sich das Herz und die individuelle Energie dreht sich allein dadurch bereits ins Positive. Welche ungeheure positive Wirkung in diesem Umstand verbunden ist, werden Sie in den folgenden Kapiteln laufend erkennen. Sie werden fühlen, dass das Leben nicht einfach nur mühsam und anstrengend ist, sondern ein unfassbares Geschenk.

Damit wird auch ersichtlich, dass eine ganzheitliche Ethik existieren muss, die für alle Menschen Gültigkeit hat, unabhängig von Zeitepoche, Alter, Sozialstatus, Hautfarbe und geographischer Lage, unabhängig von Herkunft, religiöser, kultureller, beruflicher, sexueller und politischer Ausrichtung. Es geht um eine Herzethik, die auf dem Prinzip des natürlich vorhandenen Göttlichen basiert, somit mit einer phänomenalen Intelligenz ganzheitlich und nachhaltig wirkt. Es braucht eine ganzheitliche Ethik, welche die mannigfachen Bewusstseinsstufen aller Menschen, aller Lebewesen und der Umwelt kollektiv miteinbezieht, weil jeder Mensch über ein Herz verfügt und auf dem ganzen Planeten dieselben universellen Prinzipien und Gesetzmässigkeiten wirken, weil wir alle im selben Zeitgeist existieren und mit der identischen Zeitqualität arbeiten.

2

«Es ist eine Ehre, Mensch zu sein»

Ist dies nicht eine Aussage, die zutiefst berührt wie eine unglaublich liebevolle Umarmung? Wie viel Bewusstsein, tiefe Weisheit und Liebe zum Menschsein muss vorhanden sein, um sagen zu können: «Es ist eine Ehre, Mensch zu sein.» Ausgesprochen im Jahr 2017 von meiner damals 16-jährigen Tochter Christina, wirken diese Worte erst recht verblüffend. Ein junger, hochbewusster Mensch, der das Einmaleins des Universums, des Schöpfungsplans und unseres Daseins so authentisch, natürlich und leichtfüssig auf einfachste Art und Weise vermittelt, sieht das Menschsein offensichtlich aus einer ganz anderen Perspektive und verfügt über ein tiefes Bewusstsein und eine Zuversicht, dass jeder Mensch ein unfassbar grosses Potenzial entfalten kann, sobald das Leben herzbasiert geführt wird.

Haben Sie sich schon einmal gefragt, ob es für Sie eine Ehre ist, hier auf der Erde zu sein? Haben Sie es schon einmal gefühlt und in Ihrem tiefsten Innern die Gewissheit erlangt, dass jeder von uns ein Wesen ist, welches über das eigene Herz immer mit der Urquelle verbunden ist und damit für Sinnhaftigkeit unserer Existenz einen wichtigen Aspekt liefert? Ja, dass wir sogar mit jedem Gedanken, jedem Wort und jeder Tat in der globalen Verantwortung für eine grosse universelle Entwicklung stehen, für einen Quantensprung in der Menschheitsgeschichte?

Vielleicht denken Sie jetzt: »Das mag einige Menschen betreffen, aber ganz bestimmt nicht mich.» Dann möchte ich Ihnen sagen: Untergraben Sie nicht Ihre eigene Menschenwürde! Nehmen Sie Abstand davon – und zwar genau ab jetzt! Denn Ihr innerer Wert und damit Ihre innere Intelligenz wiegt genau gleich viel wie derjenige Wert jedes anderen Menschen auf unserem Planeten.

Wir verfügen alle über ein unfassbares Potenzial an Entfaltung und unbewusstem Handlungsspielraum für uns selbst, für das Umfeld und für die gesamte Weltentwicklung. Wir alle leben in demselben Labyrinth und verfügen über ein Instrument, welches in unserer Zeit fortlaufend stärker zu wirken beginnt: Unser Herz.

Vor dem Hintergrund unserer herzfremden, egobasierenden Leistungsgesellschaft, einer zunehmenden Digitalisierung und Schnellebigkeit unserer Welt finden die meisten Menschen das Leben hier ziemlich mühsam, anstrengend, von Unsicherheit und Ungemütlichkeit geprägt. Um auf das Beispiel des Labyrinths zurückzukommen: Viele Menschen leben scheinbar perspektivlos in einem dieser vielen Labyrinthsektoren.

Um die Wahrheit über sich und die Welt zu erkennen, braucht es Mut, aus der Denk- und Handelsroutine auszubrechen, nochmals zurückzuschauen, anstatt ständig die Mauern vor sich anzuschauen oder gar dagegen zu laufen. Die Menschheit verpufft unfassbar viel Lebensenergie für ökologisch sinnlose, widernatürliche, ineffiziente und energieraubende Lebensabläufe. Daher darf man sich ruhig erlauben, eine Retroperspektive einzunehmen, sich auch «Fehler» – Erfahrungen - einzugestehen und zwei Schritte zurückzugehen, um den Weg, durch den man in die Einbahnstrasse gekommen ist, zu erkennen und dann eine andere Richtung einzuschlagen. Erkenntnis bildet die Brücke vom Ego ins Herz. Wer aus dem Herzen lebt, weiss, dass es Fehler in unserem Leben nicht gibt. Vielmehr handelt es sich dabei um neutrale Erfahrungen. Allein das Ego wertet zwischen Erfolg und Misserfolg, das Herz jedoch lebt, liebt, erfährt und findet stets neue, konstruktive Perspektiven. Denn was aus dem Herzen kommt, ist göttlich, immer konstruktiv, lebensbejahend und zukunftsorientiert.

Manchmal verlieren sich die Leute in der Perfektion und im Detailwissen des eigenen Labyrinthsektors, fernab der wahren inneren Lebensintelligenz. Sie vergessen, dass im Labyrinth noch andere Sektoren existieren, welche das Detailwissen jenes Sektors in Frage stellen oder gar überflüssig machen.

Dank Internet folgt die Informationsflut aus dem ganzen Labyrinth in jede Ecke des Labyrinths, in welchem allgemeine Überforderung und Irreführung Tatsachen sind. Wahrheit ist für jeden sehr individuell; zugleich gibt es eine universelle Wahrheit über das ganze Labyrinth, über jede dunkelste Ecke bis zu dem, was noch ausserhalb existiert. Unsagbar viele Menschen nehmen ganz natürlich einiges davon wahr, die Absolutheit hingegen wird wohl allen Menschen auf dieser Existenzebene verborgen bleiben. Allerdings können wir das dreidimensionale und das multidimensionale Wissen aus allen Bereichen zusammenlegen, wodurch sich so vieles dann einfach logisch zeigt und das Wahrhaftige erkennbar wird.

Das viele Positive im Labyrinth bzw. auf der Welt bleibt uns oftmals verborgen; das Weise ist still und leise. Wir müssen regelrecht danach suchen und sehen dennoch nicht immer, dass es genauso unglaublich kräftig vorhanden ist. Der Bewusstseinswandel hin zum Positiven, Lebensbejahenden ist bereits bei vielen Menschen angekommen und entwickelt sich zum Massenphänomen. Gefragter denn je ist eine zunehmende individuelle sowie globale Wahrnehmungs- und Unterscheidungskraft, damit Resilienz (Belastungs- und Widerstandsfähigkeit gegenüber dem Leben) für die aktuelle Zeit entstehen kann.

Wir leben in einer Welt, in welcher das sogenannt «Gute» und «Böse» wie selbstverständlich vorhanden sind. Sobald sich in uns ein egobasiertes, negatives Gefühl zeigt, dürfen wir uns in Erinnerung rufen, dass genauso viel Positives vorhanden ist. Machen Sie sich bewusst, dass Sie auf alles, was sich in Ihrem Fokus befindet, mit ihrer Ausstrahlung einen Einfluss haben. Und es kommt noch besser: SIE verfügen über den freien Willen, SIE haben immer die Wahl, welche der beiden Waagschalen dieser Welt SIE stützen möchten – mit IHREM Denken, Reden und Handeln. Wir alle sind mit unserer eigenen Energie mitverantwortlich dafür, auf welcher Seite wir etwas in die Waagschale dieser Welt legen, und zwar ständig, rund um die Uhr. Daran können wir nichts ändern, denn wir strahlen ständig eine Grundenergie aus. Alle Menschen verfügen somit über ein gigantisches Potenzial an individueller Selbstentfaltung und Ausstrahlung des Friedens, um sich selbst und diesen Planeten Erde zu einem friedlichen, heilen Ort zu verwandeln. Jedes menschliche Lebewesen strahlt Energie aus. Welche das jedoch ist, liegt in der Entscheidung eines jeden einzelnen Menschen, wovon dann wiederum seine Bewusstseinsentwicklung abhängt.

Viele Menschen fühlen, dass es auf unserem Planeten bereits fünf nach Zwölf geschlagen hat. Gleichzeitig fühlen sie sich ausgeliefert, ohnmächtig und hilflos, in einer geeigneten Form etwas dagegen tun zu können. Der Glaubenssatz, dass ein Mensch allein nichts für eine bessere Welt tun kann, lässt viele Menschen entmutigt in einer Opferrolle zurück und verhindert, einen ersten mutigen Schritt in eine konstruktive Richtung zu machen. Einen solchen jedoch setzen viele bewusste Menschen bereits um. Ohne, dass es uns bewusst ist, befinden wir uns seit Geburt in einem ständigen Prozess der Persönlichkeitsentwicklung, in der Entwicklung unseres Bewusstseins, ja, in einer inneren und äusseren Potenzialentfaltung.

3

Mit Herz zur globalen Veränderung

Das Thema Bewusstseinserweiterung bzw. Bewusstseinswandel erfährt einen extremen Boom und bewegt die Massen; dies nicht zuletzt durch die vielen bewussten Kinder und die zunehmende Hochsensitivität der Menschen. Das Klima- und Umweltbewusstsein, das Ernährungs- und Gesundheitsbewusstsein, aber auch das Bewusstsein in Bildung, Politik und Wirtschaft (inkl. der ganzen Finanzwelt) nimmt zu. Dies ermöglicht, die Einbahnstrassen der Vergangenheit deutlich sichtbar zu machen; mehr denn je stellt sich die Frage: Wohin setzen wir als Gesellschaft unsere nächsten Schritte, die uns weg von den Abgründen bringen? Die Interessen in der Wirtschaft sind geprägt von widernatürlicher Gewinnmaximierung, in der Politik ist die Handlungsmaxime der Politiker stets auch beeinflusst von ihrem Bestreben, nach Ablauf der Wahlperiode wieder gewählt zu werden. Kurzfristige Erfolge zählen sowohl in der Wirtschaft als auch in der Politik in der Regel mehr als nachhaltige Lösungen. Die Nebenwirkungen dieses gigantischen, der Natur zuwiderlaufenden Fortschritts sind durch eine herzfremde Ausrichtung entstanden und haben fatale Auswirkungen.

Vielen Menschen ist bewusst, dass alles bei uns selbst beginnt. In unserer individuellen energetischen Ausstrahlung liegt der einzige nachhaltige Weg, eine globale Veränderung hin zum Positiven zu bewirken. Wie herausfordernd es ist, als Mensch auf diesem Planeten zu wirken, wissen wir alle. In herausfordernden individuellen Situationen oder gar globalen Krisen haben bewusste Menschen dann meist die Lösung mit vier einfachen Worten: «Geh' einfach ins Herz.» Und wissen Sie was? Sie haben damit immer recht, denn in dieser einfachen «Anleitung» gründet eine tiefe Weisheit. So wurde ich gewissermassen immer wieder neu «gezwungen», dieses Ins-Herz-Gehen im Alltag umzusetzen und somit in meinem Leben eine übergeordnete Ebene und damit eine neue Perspektive einzunehmen und mit mehr innerer Intelligenz zu handeln. Heute kann ich sagen, dass es sich dabei wohl um die grossartigste Erfahrung während meines 47-jährigen Daseins auf diesem Planeten handelte.

Was bedeutet es denn, im Herzen zu sein? Wie darf ich dies verstehen, wenn ein liebes Familienmitglied stirbt? Was heisst dies, wenn man Intrigen, Krieg und Terror machtlos gegenübersteht, wenn man die eigenen Herausforderungen im Umgang mit Mitmenschen, im beruflichen und privaten Umfeld lösen möchte? Was heisst es, wenn mannigfache Täter- und Opferrollen uns wieder einmal einholen, wenn Schuldige gesucht werden, wenn wir Klimakatastrophen, Armut oder gigantischen Umweltschäden als kleines Wesen Mensch ohnmächtig und scheinbar machtlos gegenüberstehen? Was heisst es, im Herzen zu sein bei persönlichen Schicksalsschlägen, globalen Sackgassen, in der Politik, in der Wirtschaft, in der Finanzwelt, in der Landwirtschaft? Gibt es tatsächlich immer eine konstruktive Lösung? Die Antwort lautet: JA! Und am Ende dieses Buches wird Ihnen klar sein, dass Sie selbst mehr dazu beitragen können, als Sie sich vielleicht je erträumt hätten.

Das Herz bildet unseren urnatürlichen Kompass und dient als führendes Instrument unseres Lebens. Im Herzen zu sein heisst, das individuelle Dasein aus dem Jetzt mit Herzimpulsen führen zu lassen, die eigene Berufung - den Lebensplan - authentisch zu leben, welche zukunftsorientiert immer in die positive Richtung führt. Jedes Baby und Kleinkind lebt noch nach dem individuellen Plan mit der göttlichen Führung, der inneren Lebensintelligenz. Durch die Dualität, die gesellschaftliche Konditionierung, die erfahrene Erziehung und Bildung verlassen sich die Menschen immer weniger auf ihre eigene Intuition und Herzintelligenz, sondern vertrauen lieber auf sogenannte Fakten, Zahlen, Theorien, Rezepte, Konzepte, Studien, Vorlagen, Leitlinien, Aussagen und Gedanken von anderen Menschen. Diese Tatsache ist nicht grundlegend abzuwerten, zu viele Konzepte jedoch verdrängen die eigene Intuition. Dadurch verlernt der Mensch, eigenständig, autark und authentisch wahrzunehmen, Gefühle und Emotionen zu differenzieren. Zu viele verstandesmässige Konstrukte verhindern herzbasierte Integrität. Das Wichtigste, was wir in dieser Zeit tun können, ist, unser Fühlen zu schulen, das Feedback der Seele ernst zu nehmen und mit geistiger Intelligenz und Einbezug des Verstandes im richtigen Mass, Entscheidungen zu Gunsten unserer inneren Intuition und somit nach innerer Stimmigkeit zu fällen. Es geht nicht darum, aufgrund irgendwelcher verstandesmässiger Empfehlungen und Konzepten aus dem Aussen oder Inneren auf Seelenebene programmierten emotionalen Bildern, Denk- und Handlungsmustern aus der Vergangenheit zu agieren. Es gibt unzählige Menschen, die bereits intuitiv aus dem Herzen heraus leben, ohne dass sie dies mit einer Theorie begründen können, ohne dass sie einen Guru, geistigen Führer oder Coach hatten und ohne dass sie Mitglied einer religiösen Gemeinschaft sind.

Wie genau schaffen wir es, noch dazu ohne Studium, diese vermeintlichen Wissenslücken unserer menschlichen Existenz zu stopfen; und dies erst noch, ohne ständig andere involvierten Menschen verändern zu wollen? Entscheidend ist einerseits die Unterscheidung zwischen Herz und Ego und andererseits das Management unserer Gedanken, Gefühle und Emotionen durch geistige Intelligenz. Zudem verfügen wir alle über den freien Willen. Niemand hat das Recht, uns zu verändern. Damit verbunden stehen wir gleichsam in der Selbstverantwortung, die man uns über die übliche Bildung kaum bewusst macht. Nur wir selbst verfügen über die Möglichkeit, uns zu verändern. Darin liegt der eigentliche Schlüssel: Um in schwierigsten Situationen konstruktiv und im Sinne eines globalen Ganzen zu handeln, sind die eigenen Lebens- und Werteinstellungen ganz entscheidend.

In herausfordernden Situationen mit anderen stellt sich dann die Frage: Habe ich etwas zu lernen oder ist es der andere? Und wie merke ich, ob es mein Thema ist und meine Gefühle sind oder diejenigen meines Gegenübers? Denken Sie daran: Es ist regelmässig auch Ihr Thema, Ihr Lernprozess – und zwar unabhängig davon, was das Gegenüber ausstrahlt. Denn es geht immer darum, die eigene innere Einstellung, die eigenen Gefühle und Emotionen, Gedanken und Handlungen zu durchschauen und Herz und Ego zu unterscheiden. Wir verfügen in dieser Welt immer über die Wahl, in welche Richtung wir uns bewegen bzw. ob wir in Resonanz gehen oder nicht. Egal, ob Sie CEO sind oder Flüchtling, ob Sie als Versicherungsberater arbeiten oder als Arzt, egal, ob Sie als Sträfling inhaftiert oder als Musiker, Sportler oder Unternehmer erfolgreich unterwegs sind. Unabhängig von Herkunft, Sozialstatus, Alter, Beruf, Macht, Geld und Einfluss finden Sie IMMER eine konstruktive Lösung, in jedem Bereich. Alles ist nur eine Frage der persönlichen Energie und somit des Bewusstseinszustandes.

Manchmal geht es im Leben darum, im Inneren – und nicht im Aussen – etwas zu verändern. Denn bevor sich im Aussen etwas zum Konstruktiven verändern kann, braucht es eine von innen ausgestrahlte positive, integre Energie.
Das Herz stellt seit Urzeiten die Verbindung zum Göttlichen, zur Urquelle dar. «Im Herzen zu sein» heisst nicht, anatomisch gesehen im physischen Herzen zu sein, sondern im philosophischen und psychologischen Sinne: In der eigenen Mitte, bei sich selbst und dem innersten göttlichen Kern, dem Lichtvollen zugewandt, verbunden mit dem Göttlichen - und auch so zu fühlen, zu denken und zu handeln, authentisch und autark zu leben. Es geht darum, Negatives mit Positivem zu transformieren und die eigenen Gefühle als Feedback der Seele wahrzunehmen, die eigenen Herzimpulse als individuelle Handelsaufforderung unserer Seele ernst zu nehmen und sodann danach zu handeln.

Genauso wie im Grossen und Kosmischen eine ständige Wandlung stattfindet, genauso findet dieselbe Wandlung auch im Kleinen, im Irdischen und Menschlichen statt. In unserem Organismus befindet sich alles in komplexer Wechselwirkung von Körper (physisch), Seele (feinstofflich, ätherisch) und Geist (formlos) ständig im Fluss. Nichts bleibt je stehen. Seit Urzeiten wird das physische Herz als das zentrale Organ des Menschen betrachtet, gleichsam als das Sprachorgan des metaphysischen Herzens (Geist und

Seele). Bereits am 21. Tag der Schwangerschaft macht das Herz des Embryos seinen ersten Schlag, nachdem durch eine entsprechende Information des Geistes als göttliche Intelligenz (auch morphogenetisches Feld benannt), eine Herzanlage gebildet worden ist. Das Herz versorgt zunächst sich selbst, genauer gesagt, die Herzkranzgefässe mit Blut, bevor anschliessend der restliche Körperkreislauf versorgt wird. In dieser Tatsache liegt eine bemerkenswerte Intelligenz und Symbolik verborgen: Eine gesunde Selbstliebe sollte bei jedem Menschen an erster Stelle stehen, denn erst auf dieser Grundlage ist er imstande, auch andere zu lieben und zu versorgen.

Genauso wie im Kosmos und in der Natur alles in riesigen Zyklen hin und her pendelt, genauso pendeln auch die Menschen und alle ihre Organe, gesteuert vom physischen und metaphysischen Herzen, in einem ununterbrochenen Wechselspiel von Kommen und Gehen, von Ursache und Wirkung: Die Herzklappen öffnen und schliessen sich fortwährend, ohne dass wir bewusst darauf Einfluss nehmen müssten oder könnten. Auch dieses Pendeln zwischen kardialem Druckaufbau und kardialer Entspannung lässt sich symbolisch verstehen: Jeder Mensch braucht Herausforderungen und Lernaufgaben, um zu wachsen, aber ebenso braucht er auch Zeiten der Entspannung und der Regeneration. Dies ist ein immer geltendes Prinzip der Natur in unserer dreidimensionalen Erfahrungs- und Lernwelt.

Eine weitere philosophische Bedeutung finden wir in der Redewendung «etwas mit Herzblut tun». Wenn jemand in seinem Leben seine Berufung erfüllt, wird er mit Freude, Begeisterung und innerer Erfüllung bei der Sache sein. Er blüht innerlich wie äusserlich auf und ist in seinem Tun äusserst erfolgreich, ja, verfügt über scheinbar endlose Energie.

Von unserem göttlichen Ursprung sind wir also nie abgeschnitten gewesen und werden es auch nie sein. Auf das Herz zu hören und sich von dieser Verbindung führen zu lassen, ist nur in Vergessenheit geraten. Wir haben uns vorwiegend von der Denk- und Handelsroutine, von äusseren veralteten Normen und Dogmen leiten lassen, von vielen Erfahrungen und Programmierungen aus der Vergangenheit. Das war eine wichtige Erfahrung im Menschsein und sollte keinesfalls abgewertet werden.

Das illusorische Ego kennt den eigenen Lebensplan nicht, nur das Herz kennt den eigenen Seelenplan und den Sinn unseres eigenen Lebens. Wir finden mit der Herzverbindung zurück zu unserem Ursprung, zur inneren Ursprungsintelligenz, zur natürlichen, göttlichen Verbindung und erkennen immer deutlicher, wie wunderbar das Universum und der übergeordnete Plan funktionieren und wie liebevoll wir im Leben geführt werden. Je mehr wir diese Verbindung in unseren Alltag integrieren, umso mehr leben wir im Jetzt und verbreiten eine zukunftsorientierte, lebensbejahende, positive und friedensfördernde Energie in unserem Umfeld und folglich auch mit einer globalen Auswirkung.

Anfang 2018 machte ich mich selbst aktiv auf die Reise zu meinem Innern, um mich von meinem Herzen als Kompass meines Lebens liebevoll führen zu lassen. Mich berührte dieser Vorgang in dieser Zeit ganz tief und ich wusste, dass er mir helfen würde, in meinem Leben die Grossbaustellen meistern zu können. Der reine Verstand schafft dies nämlich nicht. Ich wurde sozusagen auf meinem Lebensweg durch neue Herausforderungen an mein Potenzial heran geschubst und hatte mir fortwährend bewusst zu machen, noch mehr mit meiner Intuition zu entscheiden und nach meinen Herzimpulsen zu handeln. Da der Verstand seine Führung nicht gerne der Herzintelligenz unterordnet, fühlte ich mich zu Beginn des Prozesses wie unter Druck. Das Herz als Verbindung zum Göttlichen jedoch setzt nie unter Druck; vielmehr bewegt es in die positive und konstruktive Richtung, gewissermassen vom Ego ins Herz, oftmals sogar nur unbewusst. Es bewegt mit seiner kraftvollen Energie sodann auch das eigene Umfeld ein wenig aus den Komfortzonen in die Berufung und «schubst» damit auch sie auf einen lebensbejahenden Weg, der im Sinne eines grossen kollektiven Ganzen dient.

Manchmal ergeben sich genau in dieser Phase des Lebens einige bedeutende Veränderungen, von denen wir überrascht sind, positive und negative. Während wir den positiven Ereignissen als Bestätigung unseres konstruktiven Wirkens ganz natürlich Dankbarkeit entgegenbringen, benötigt es bei negativen immer eine Anpassung des Egos ans Herz, was wir als eher unangenehmen und zähen Vorgang in uns wahrnehmen. Genau in solchen Situationen dürfen wir lernen, in Liebe anzunehmen und manchmal auch Menschen in Liebe wieder loszulassen; im Herzen zu vertrauen, dass es schon gut kommt, auch wenn der übergeordnete Plan noch nicht sichtbar ist.

Der Weg ist das Ziel und die herzbasierte Richtung entscheidend. Herzimpulse sind immer aktuell und zeigen jedem Menschen individuell die lebensbejahende Richtung. Alles andere wird das Leben offenbaren und so phänomenal organisieren, wie wir es mit dem Verstand niemals tun könnten. Die Fragen «Warum» und «Wieso» verlieren an Bedeutung im tiefen Vertrauen darauf, dass das Leben die Antworten und Lernprozesse zum richtigen Zeitpunkt bereit stellen wird, so dass es zu unserem höchsten göttlichen Wohl und somit auch zum Wohl aller dient.

4

Begriffsdefinitionen

In der Gesellschaft, der Philosophie, der Bewusstseinsforschung, der Mystik, den verschiedenen kulturellen und religösen Lebensauffassungen, der Psychologie und der Medizin sind Begriffe wie Gefühle, Emotionen, Intuition und Bauchgefühl, Intellekt, Intelligenz, Weisheit, Phänomenalität oder Genialität nicht einheitlich definiert. Dies dürfte darauf zurückzuführen sein, dass das tiefe, ganzheitliche Verständnis über die Trinität von Geist-Seele-Körper, deren komplexes Zusammenspiel und deren ineinandergreifende Funktionalität in unserem Innern mit Herz und Ego in den Wissenschaften gar nicht, oder zumindest unterschiedlich verstanden und gelehrt werden. Es geht darum, das tiefe Wissen von hochbewussten Menschen mit dem Wissen der Dreidimensionalität zu verbinden. Ich erlaube mir in diesem Buch folglich eine genauere Differenzierung und Neudefinierung von einigen Begriffen und deren Bedeutung. Auch wurden einzelne Wortschöpfungen nötig. Insbesondere ist der Geist – Ursprungsintelligenz - zu differenzieren vom Verstand; und es gäbe wohl über jeden Begriff ein ganzes Buch zu schreiben. Wir leben jedoch in einer Zeit, in welcher wir beginnen, mit der Seele zu fühlen. Indem wir diese durchschauen und durchlichten, erfahren wir auch auf der Geistesebene zunehmend mehr wahre Intelligenz. So erachte ich es als sinnvoll, die Begriffe nur kurz zu erklären, sie jedoch in den folgenden Kapiteln immer wieder mit Beispielen neu in einen Bezug zu setzen, damit sie verstanden und implementiert werden können.

Spüren = physische, körperliche, grobstoffliche Wahrnehmung

Beim Spüren geht es um das physische Wahrnehmen über den physischen Körper. In der Haut sind pro cm^2 ca. 100 Druck-, Schmerz- und Temperaturrezeptoren vorhanden, die über die Nervenbahnen einen Reiz an das zentrale Nervensystem weiterleiten. So verfügt unser physischer Körper beispielsweise über keine Rezeptoren für süss oder salzig oder auch keine Farbrezeptoren. Wir sind fähig, Grobstoffliches beschränkt über die Haut zu erkennen und damit zu spüren. So sind wir fähig, gewisse Informationen eines Blattes Papier auf unserem Arm zu spüren: Ist es leicht oder schwer, fein oder grob, gross- oder kleinflächig? Die Farbe oder den Geschmack jedoch können wir über die Haut freilich nicht erkennen. Wie wir einen Schmerz am Körper spüren, hängt davon ab, wo die Druck- und Schmerzrezeptoren liegen. Einen Nervenschmerz spüren wir anders als einen Muskelschmerz oder als eine Verbrennung auf der Haut. In der Schmerzbeschreibung kennen wir deshalb brennende, stechende, dumpfe, ziehende Schmerzen, Druck-, Klopf- oder auch Spannungsschmerzen, was wiederum einen lokalen, strukturellen anatomischen Hinweis liefert. Zur grobstofflichen Wahrnehmung gehören generell die fünf körperlichen Sinne: Hören, Sehen, Spüren (Tastsinn), Schmecken und Riechen.

Fühlen = psychische, seelische, subjektive, feinstoffliche Wahrnehmung

Unter dem Fühlen ist die feinstoffliche, seelische, subjektive Wahrnehmung im Jetzt zu verstehen. Je höher die Seelenenergie ist, umso mehr nimmt der Mensch bewusst feinstofflich über die Hellsinne wahr. Hochsensitivität (Hellfühligkeit) sollte daher als Hochbegabung und nicht als Handicap angesehen werden. Zu den feinstofflichen auditiven, visuellen, taktilen, olfaktorischen und gustatorischen Wahrnehmungspotenzialen aller Menschen gehören auch Hellsehen, Wahrnehmen von weiteren Realitätsebenen bzw. Frequenzen, Hellschmecken, Hellriechen oder Hellhören. Viele Menschen verfügen über einzelne oder mehrere solcher Begabungen. Mittlerweile gehören Synästhesien (natürliche Wahrnehmungskombinationen) zu den populärsten Forschungsgebieten und werden als Normvariante der Wahrnehmung und nicht als Wahrnehmungsstörung bezeichnet.

Berührung = seelische wie körperliche Empfindung

Das Wort Berührung hat zwei Bedeutungen: Wenn uns etwas innerlich berührt, bewegt es unser Herz (nicht aber das Ego). Berührung bedeutet aber auch physischen Körperkontakt. Wir können Gefühltes und Gespürtes auch gleichzeitig erfahren: So ist eine liebevolle Umarmung physisch spürbar und die ausgestrahlte Energie zugleich auf der Seelenebene feinstofflich fühlbar. Innere Berührung zeigt Resonanz auf der Seelenebene. Gehen zwei Menschen energetisch auf Seelenebene und physisch auf Körperebene in Resonanz, entsteht Berührung im Herzen und am Körper über Hingabe, Zärtlichkeit, Behutsamkeit und Sanftheit. Diese Kombination wiederum wird in diesem Buch als Sinnlichkeit bezeichnet und kann energetisch gesehen extrem kraftvoll im positiven Sinne sein.

Empfinden = fühlen oder spüren

Empfinden kann sowohl für das Fühlen als auch für das Spüren verwendet werden. So spricht man beispielsweise in der Medizin von (physischer) Schmerzempfindung, bezeichnet aber auch das Erfahren von Gefühlszuständen als subjektives Empfinden.

Gefühle (siehe auch Fühlen)

Fühlen ist unsere urnatürliche Wahrnehmung im Jetzt, das Feedback unserer Seele auf aktuelle Begebenheiten, aber auch auf innere abgespeicherte Emotionen. Gefühle sind feinstofflich, rein energetisch, entstammen genau wie Gedanken der Seelenebene. Für Gefühle gibt es keine Bilder, nur Worte. Jedes Gefühl hat eine positive oder negative energetische Qualität wie Freude, Mitgefühl, Liebe, Trauer, Angst, Wut. Sie entstehen in der feinstofflichen Seele und beeinflussen den Körper über eine Reaktion im limbischen System (eine Gehirnstruktur), das Hormon- und Nervensystem. Eifersucht, Spontaneität, Enttäuschung oder Freude – wir kennen sie alle, doch entsprechen sie immer individuell dem eigenen Erfahrungshorizont und dem gegenwärtigen Bewusstseinszustand.

Der Umgang mit Gefühlen und Emotionen, das Gefühlsmanagement, will gelernt und verstanden sein, denn die Energie des Gefühls charakterisiert auch die Herkunft: Während desintegre Gefühle als Feedback der Seele aufgrund einer Widernatürlichkeit (aus Sicht der Ur-Essenz) der Egostruktur stammen, entstehen positive, integre Energien als Feedback der Herzstruktur. Das Adjektiv sentimental ist vergleichbar mit gefühlvoll, gefühlsbetont. Fundamental wichtig ist das Unterscheiden zwischen Resonanzgefühlen und Spiegelgefühlen, aber auch das Erkennen und Managen von Emotionen.[2]

Emotionen

Unter Emotionen wird weniger die aktuelle Gefühlswahrnehmung verstanden, als vielmehr die Abspeicherung von Gefühlen aus der Vergangenheit. Emotionen sind Affekte, die entweder objekt- oder situationsbezogen sind. Sie treten in Erscheinung, wenn ähnliche Situationen auftauchen. Meistens sind Emotionen negativ, ursprünglich entstanden durch eine herzfremde Handlung oder ein herzfremdes Erlebnis in der Vergangenheit, was zu einer negativen Abspeicherung in der Seele geführt hat. Emotionen erscheinen, damit wir sie transformieren dürfen, da sie unsere Seele noch wi-

[2] Vgl. das Kapitel 21: Umgang mit Gefühlen und Emotionen

dernatürlich belasten und blockieren. Die positiven Emotionen aus der Vergangenheit sind ebenfalls abgespeichert, jedoch entsprechen sie der wahren innersten göttlichen Natur des Menschen und bedürfen keiner Transformation, sie belasten uns nicht. Positive Emotionen durchlichten vielmehr die Seelenmatrix, nur negative hinterlassen eine Verdichtung, die irgendwann aufgelöst werden darf. Emotionen sind auf der Seeleneben abgespeichert, teilweise auch auf der Zellebene und können dadurch über Generationen durch Blockierungen gewisser DNA-Abschnitte weitergegeben werden. Durch Herzenergien können sie aufgelöst werden.

Transformation

Wenn wir etwas transformieren, dann lösen wir mit positiven, integren, natürlichen Herzenergien eine herzfremde, negative, desintegre egobasierende Energie auf.

Verstand (engl. mind) – Intellekt

Der feinstoffliche Verstand mit Sitz in der Seele benutzt das physische Gehirn sozusagen als Schnittstelle zwischen Seele und Körper. Durch Aktivierung bestimmter Zonen im Gehirn, z.B. dem Sprachzentrum, können dadurch beispielsweise feinstoffliche Gedanken in Worte ausgedrückt werden. Der Verstand verarbeitet alle Sinneseindrücke von aussen zu Bildern in unserem Innern. Der Verstand arbeitet ego- oder herzbasiert und dient der Umsetzung, der Manifestation auf der physischen Ebene. Der Verstand ist für das illusorische Ego das Hauptwerkzeug, wohingegen das Herz als Hauptwerkzeug über den Geist verfügt und den Verstand im richtigen Mass miteinbezieht, was wir gemeinhin als «gesunden Menschenverstand» verstehen.

Der Intellekt bezeichnet das rein verstandesmässige Abspeichern von Lerninhalten. Wahre Intelligenz jedoch bezeichnet geistige Ursprungsintelligenz, geistiges Ursprungswissen, aber auch Klarheit im Umgang mit der Seelenebene wie mit Gefühlen und Emotionen, Gedanken und deren Manifestation und Transformation.[3]

Intuition - Individuelle Herzintelligenz

Intuition bezeichnet die individuelle Herzintelligenz von Seele und Geist; sie ist direkt göttlich geführt über den Geist und bezieht die aktuelle Seelenreife und die niederen Ebenen in jeder aktuellen Situation neu mit ein. Der Verstand beispielsweise, der nicht (mehr) dominiert, sowie vergangene Erfahrungen werden in die Handlungsabläufe im richtigen Mass integriert. Steht eine Entscheidung an, ist die Intuition immer schneller als der Verstand, denn der Verstand wägt ab, zieht Vergleiche, wertet, kalkuliert und begründet, erscheint deshalb mit seiner Entscheidungsfindung stets ein wenig verzögert. Intuition zeigt sich auch darin, dass etwas plötzlich glasklar ohne jeglichen Zweifel erscheint. Klarheit und Unterscheidungskraft zeigen sich als zunehmende geistige Intelligenz, welche nach aussen gelebt wird. Intuition unterscheidet sich vom Bauchgefühl dadurch, dass eben dieses fehlt.

Bauchgefühl

Das Bauchgefühl kommt wirklich aus der Bauchgegend, nämlich aus dem physisch vorhandenen grossen Nervengeflecht des Solarplexus, welches wiederum feinstofflich mit dem Solarplexus-Chakra verbunden ist. So können physisch empfundene Bauchschmerzen damit zu tun haben, dass wir uns psychisch von einer Situation beeinträchtigt fühlen. So leidet vielleicht ein Kind an Bauchschmerzen, weil es sich in den Strukturen des Schulsystems nicht wohl fühlt. Das Bauchgefühl ist sozusagen die Vorstufe der

[3] Vgl. das Kapitel 5: Trinität – Die drei Existenzebenen

Intuition und wird je nach Seelenreife und Bewusstseinszustand aktiv. Wir kennen das auch vom Verliebtsein mit den Schmetterlingen im Bauch. Menschen die mit Intuition – Herzintelligenz – arbeiten, nehmen das Bauchgefühl nicht mehr wahr. Wenn beispielsweise ein Partner für sie bestimmt ist, fühlen und wissen diese das aus ihrem tiefsten Innern bei der ersten Begegnung, ohne Schmetterlinge im Bauch, sondern durch eine tiefe Vertrautheit und Verbundenheit, mit dem Gefühl, sich seit Ewigkeiten zu kennen.

Weisheit – Ausgeprägte Form von Ursprungsintelligenz

Weisheit ist die Kombination von Liebe und Intelligenz; sie entspringt hoher seelischer und geistiger Reife. Man könnte Weisheit auch als Lebens- und Liebesintelligenz mit sehr viel bewusstem Ursprungswissen bezeichnen. Unabhängig vom physischen Alter und der Lebenserfahrung besteht ein stark erweitertes Bewusstsein mit hoher Liebesfähigkeit und gelebter Herzethik und einem z.T. unfassbaren göttlichen Wissen. Weisheit benutzt keine unpassenden oder überflüssigen Worte, sondern sagt in wenigen Worten sehr viel. Weisheit schreit auch nicht in die Welt hinaus, sie ist leise unauffällig und wird nur dann sichtbar, wenn es wichtig und richtig ist. Sie ist völlig klar, ist weder verwirrt noch von negativen Energien durchzogen. Weisheit stellt wohl das höchste göttliche Gut auf unserer Existenzebene dar.

Genialität und Phänomenalität

Während Genialität der Verstandesebene bzw. dem Intellekt entstammt, entsteht Phänomenalität auf der Geistesebene. Genialität kann alles mit wissenschaftlichen Studien belegen und beweisen. Die meisten heutigen Genies sind demzufolge eher Phänomene, die auch herzbasiert arbeiten. Denn Phänomene finden wir auch in der Natur; es sind nicht linear verlaufende, hochkomplexe Mechanismen, die göttlicher Ursprungsintelligenz entstammen, welche alle Umweltfaktoren miteinbeziehen und somit göttlicher Logik entsprechen. Phänomene können nicht wissenschaftlich belegt werden, weil sie ausserhalb der Reichweite des dreidimensional ausgelegten Verstandes liegen. So lassen sich beispielsweise Talente und Hochbegabungen beobachten, jedoch mit dem Verstand weder begründen noch beweisen noch widerlegen.

Impulse

Bevor eine physische Bewegung oder eine Handlung stattfindet, braucht es einen Impuls. Der Impuls ist kurz und, wie in der Physik definiert, als vektorielle Grösse zu verstehen, also lediglich richtungsweisend. Die Quelle des Impulses und somit die Energie entscheidet über die Qualität des Impulses. Für Handlungsimpulse kommen die beiden Wesensquellen Herz und Ego ins Spiel. Die Impulse unterscheiden sich wie folgt:

Herzimpulse

Herzimpulse stammen mit kraftvoller Energie aus dem Inneren unserer Seele mit geistiger Intelligenz. Das Herz (Seele und Geist) sendet spontane, kurzzeitige Impulse als Richtungsweiser des eigenen, individuellen Lebensweges; sie sind gleichzeitig Handlungsaufforderungen unserer Seele, direkt geführt vom Geist. Werden sie unterdrückt, entstehen innere Unstimmigkeit, Stress, Albträume, Depression. Setzen wir einen Herzimpuls um, fühlen wir aus der Seele ein positives Feedback als innere Stimmigkeit, Begeisterung, Faszination mit Endlosenergie unserer Essenz. Herzimpulse sind unser natürlicher, göttlicher, lebensbejahender und schöpferischer Antrieb. Sie sind klar und im Inneren ohne Begründung und Zweifel unmissverständlich stimmig.[4]

---

[4] Vgl. das Kapitel 14: Qualität der Herzimpulse

Verstandesimpulse

Impulse aus dem Verstand entstammen der Egostruktur und sind somit energetisch niedriger, ohne bewusste geistige Information. Das Ego funktioniert vor allem über Impulse von aussen, egal ob diese positiv oder negativ sind. Der Verstand verfügt nicht über die geistige Intelligenz und kennt den eigenen Lebensplan der individuellen Seele nicht bewusst. Der Verstand setzt Impulse von aussen rational um, angepasst an seine Lebensumstände. Dazu wägt er ab, wertet, beurteilt, zweifelt und kalkuliert ohne innere Stimmigkeit, sondern mit Argumenten und Gegenargumenten, die im Aussen zu finden sind.

Das Adjektiv impulsiv wird in der Umgangssprache meist für einen stark emotionalen Zustand gebraucht. Ich würde das Wort vor allem für die Umschreibung von Personen einsetzen, die im Aussen viele fremde Impulse aufnehmen und umsetzen wollen. Oft gelingt dies nicht, da diese nicht den persönlichen inneren Herzimpulsen entsprechen.

Inspiration

Inspiration kommt von aussen; sie kann als Idee für die Umsetzung bezeichnet werden. Beispielsweise können Bilder oder die Natur Inspiration für ein Vorhaben sein. Oder es können Ideen aus den geistigen Ebenen sein.

Resilienz

Widerstandfähigkeit, Stressresistenz und Robustheit gegenüber dem Leben.

Zeitgeist

Kollektives Bewusstsein, sämtliches aktuelles wissenschaftliches Wissen, aber auch inneres Wissen und multidimensionale Erkenntnis, welche uns zum heutigen Zeitpunkt zur Verfügung stehen. Beispielsweise hat sich das Bewusstsein - der Zeitgeist - innerhalb von 30 Jahren in allen Bereichen der Gesellschaft enorm verändert bzw. erweitert.

Zeitqualität

Aktuelle, kollektive Energie der Welt. Die vom Planeten als Lebewesen ausgestrahlte Energie im Einfluss von anderen Planeten. Diese Energie der Erde und diejenige der Menschen beeinflussen sich gegenseitig und sind ein entscheidender Faktor des aktuellen Wandels, der Evolution.

Synchronizität – Die Physiologie des Universums

Synchronizität kann als Physiologie unseres Planeten bezeichnet werden, als Funktionalität des gigantischen Ökosystems mit all seinen Lebewesen, irdischen und kosmischen Gesetzmässigkeiten (z.B. Gesetz von Ursache und Wirkung oder Polaritätsgesetz) mit der Dynamik von Zeitgeist, Zeitqualität und den Herzen der Menschen. Dies sind die entscheidenden Faktoren zur Steuerung der individuellen und kollektiven Evolution, welche die menschliche Bewusstseinsentwicklung und den Fortschritt generell beeinflussen.[5]

---

[5] Vgl. das Kapitel 20: Synchronizität

Matrix

Der Begriff der Matrix wird in unterschiedlichen Fachgebieten gebraucht. In diesem Buch wird Matrix für Energiebahn verwendet, in der Energie und auch Information fliessen. Eine Matrix ist also ein Informationsfeld, ein Plan, eine Vorgabe. Stellen Sie sich einfach ein kariertes Blatt Papier mit vielen Linien und Kreuzungen vor. Ist eine Kreuzung blockiert, kann dort keine Energie durchfliessen und andere Energiebahnen werden unterversorgt oder gar blockiert. In der Natur und in uns selbst befinden sich unzählige solcher Matrizen bzw. Informationsfelder. Jede einzelne Zelle verfügt über eine Matrix, damit sie weiss, wie sie zu funktionieren hat (auch morphogenetisches Feld genannt). Matrizen werden mit Energie versorgt und stehen immer in Verbindung mit anderen Matrizen. Die höchste und reinste Informationsquelle für uns als Mensch ist die göttliche Matrix, der Geist, die einheitliche und unveränderbare Ursprungsintelligenz. Die zweite Ebene bildet die Seelenmatrix und als dritte und dichteste Ebene die Körpermatrix. Die geistige Ursprungsmatrix versorgt alle untergeordneten Matrizen mit Intelligenz, die Seelenmatrix versorgt die unteren Matrizen mit reinster Energie. Die Matrix der Seele enthält unseren Seelenplan als Vorgabe für diese Inkarnation. Durch die vielen Erfahrungen in vielen Inkarnationen ist sie nicht so rein und durchlichtet. Je verdichteter sie ist, desto weniger funktioniert gewissermassen der Zugriff auf den Geist, wodurch das illusorische Ego entsteht. Durch bewusstes Transformieren, z.B. Verzeihen, schaffen wir Durchlichtung der Seelenmatrix, damit etwas Blockierendes aufgelöst wird und mehr Energie und Information fliessen kann, um das Bewusstsein zu steigern. Der Körper ist ebenfalls von Energiebahnen durchzogen und es gilt dasselbe Prinzip: Energetische Blockierungen wie Stress können längerfristig zu Veränderungen und zu einem Ungleichgewicht im und einer Deregulierung am physischen Körper führen. Das Bewusstwerden und Transformieren von widernatürlichen Blockierungen auf der feinstofflichen Ebene führt auch auf der Körpermatrix zu einer Energieflussregulierung und somit zur Förderung der Selbstheilung. Und vielleicht verstehen Sie jetzt, warum es hochenergetische Menschen gibt, die allein mit ihrer positiven Energie und Präsenz die Matrix von anderen Menschen positiv beeinflussen bzw. durchlichten, sofern es deren Seele zulässt.

Die Formen der Matrizen sind komplett unterschiedlich und können sehr unregelmässig sein. Alle sind jedoch miteinander unter- oder übergeordnet verbunden. Jeder Mensch wiederum ist aus diesem Grund kollektiv mit allen Menschen und der ganzen Umwelt, insbesondere mit unserem Planeten, verbunden. Die Energiebahnen der Erde werden Ley-Linien benannt. Die meisten historischen Monumente und bedeutenden Kulturstätten liegen auf Kreuzungen und Knotenpunkten solcher Ley-Linien. Wenn wir verstehen möchten, welche Bedeutung ein Ökosystem hat, gehört das hochkomplexe Zusammenspiel der transzendenten, geistigen Informationsebene und der metaphysischen, energetischen Aspekte dazu (vgl. nächstes Kapitel).

5

Trinität – Die drei Existenzebenen

Sobald wir die eigene Psychosynthese, unseren wahren Lebensantrieb und die Entstehung von Geist und Seele verstehen, wird der Umgang mit dem Leben und der hochkomplexen Dynamik dieser Welt klarer. Wir müssen wissen, was HERZ bedeutet, damit wir HERZ leben können. Dazu haben wir - zumindest ansatzweise - die drei Existenzebenen (Verdichtungsebenen) und deren Dynamik in unser Weltbild zu integrieren. Hochbewusste Menschen nehmen diese Ebenen wahr und charakterisieren sie einheitlich. Die wörtliche Bezeichnung allerdings ist nicht immer einheitlich. Wichtig ist, die Mentalebene (Verstand) von der Geistesebene unterscheiden zu können.

Wir bestehen alle aus der Trinität Geist - Seele - Körper. Der Geist bildet den göttlichen, transzendenten, einheitlichen, immanenten, formlosen und formgebenden Teil. Die Seele bildet den individuellen metaphysischen, energetischen, feinstofflichen Teil und der physische Körper bildet den individuellen grobstofflichen, materiellen, physischen Teil. Wir tragen alle Ebenen in uns. Wenn Sie nachfolgend die Skizze betrachten, so mögen Sie sich vorstellen, dass die drei Ebenen aufeinander liegen und miteinander verwoben sind und wiederum unsere ausgestrahlte Seelenenergie und das aktuelle Tagesbewusstsein darüber entscheiden, welche «Schubladen» aktiv werden beziehungsweise wie stark der Geist und die Seele über den Körper wirken.

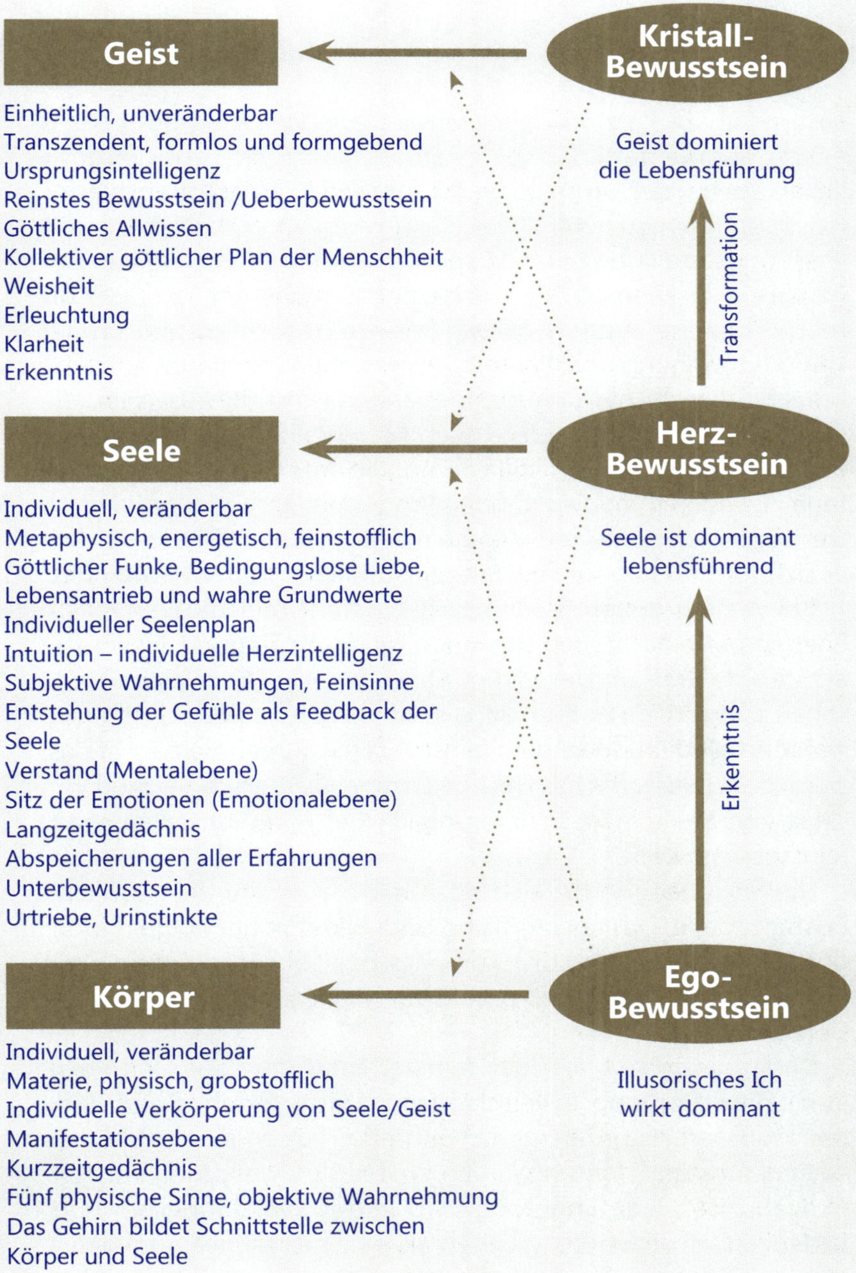

Geist ← **Kristall-Bewusstsein**

Geist dominiert die Lebensführung

Einheitlich, unveränderbar
Transzendent, formlos und formgebend
Ursprungsintelligenz
Reinstes Bewusstsein /Ueberbewusstsein
Göttliches Allwissen
Kollektiver göttlicher Plan der Menschheit
Weisheit
Erleuchtung
Klarheit
Erkenntnis

↑ Transformation

Seele ← **Herz-Bewusstsein**

Seele ist dominant lebensführend

Individuell, veränderbar
Metaphysisch, energetisch, feinstofflich
Göttlicher Funke, Bedingungslose Liebe, Lebensantrieb und wahre Grundwerte
Individueller Seelenplan
Intuition – individuelle Herzintelligenz
Subjektive Wahrnehmungen, Feinsinne
Entstehung der Gefühle als Feedback der Seele
Verstand (Mentalebene)
Sitz der Emotionen (Emotionalebene)
Langzeitgedächnis
Abspeicherungen aller Erfahrungen
Unterbewusstsein
Urtriebe, Urinstinkte

↑ Erkenntnis

Körper ← **Ego-Bewusstsein**

Illusorisches Ich wirkt dominant

Individuell, veränderbar
Materie, physisch, grobstofflich
Individuelle Verkörperung von Seele/Geist
Manifestationsebene
Kurzzeitgedächnis
Fünf physische Sinne, objektive Wahrnehmung
Das Gehirn bildet Schnittstelle zwischen Körper und Seele

Die Aufzählung hat keinen Anspruch auf Vollständigkeit und ist im Gesamtkontext des Buches zu verstehen.

Entstehung von Geist und Seele, Individualität

Lassen Sie uns kurz auf Schöpferreise zum Ursprung des Lebens gehen, auf die göttliche Ebene. Ein Funke hat sich aus der göttlichen Ebene, der Urquelle gelöst, um selbst zu erfahren, was es heisst, göttlich zu sein. Dieser Gottesfunken enthält die ganze Ursprungsintelligenz, das Ursprungswissen; er ist reinstes Bewusstsein. Er kann als transzendenter, immanenter Teil nicht direkt in Materie eintauchen und wirken, ist formlos und besitzt keine Schwingung bzw. Energie. Damit Leben überhaupt entsteht, braucht es nicht nur den formgebenden Geist (Bewusstsein, Ursprungsintelligenz), sondern auch Materie, die geformt werden kann. Das Universum ist voll von ungeformter feinstofflicher Materie, die noch formlos und ohne Programmierung vorhanden ist. Der abgesprungene Gottesfunke macht sich dies zunutze, indem er sich formt und als erstes mit feinstofflicher Materie verbindet.

Bei diesem ersten Schöpferakt entsteht reinste, kraftvollste Energie mit einer hohen Schwingung: die bedingungslose Liebe als stärkste Kraft im Universum. Es ist das, was die meisten Menschen als göttlichen Funken, als inneres Licht bezeichnen und während Meditationen auch feinstofflich wahrnehmen. Es ist das, was ich als feinstoffliches Herz bezeichne, die Verschmelzung von Geist und Seele in ihrer ursprünglichsten Form, unser innerster feinstoffliche Kern.

Die Seelenebene bezeichnet somit die zweite, feinstoffliche Existenzebene. Das feinstoffliche Herz bildet in der Folge mit der göttlichen Ausrichtung den Kompass, den Lebensantrieb und mit der bedingungslosen Liebe die Grundwerte einer ganzheitlichen Herzethik.

Daraufhin macht sich das feinstoffliche Herz auf eine Reise durch die Schöpfung. In verschiedenen Existenzformen und Dichten absolviert es unzählige Leben und Erfahrungen und bereits nach der ersten Erfahrung in den Weiten der Schöpfung entsteht Individualität. Jede Erfahrung wird in der Seele abgespeichert. Bedenken wir, dass unser Leben als einziger kleiner Augenblick innerhalb eines ewigen Lebens zu betrachten ist, so ist es nicht verwunderlich, dass wir viele Mäntelchen oder gar Mauern um unser Herz errichtet haben, die wir mit Herz wieder transformieren dürfen. Je mehr Verdichtungen vorliegen, umso schwieriger gestaltet sich der Zugang zum feinstofflichen Herz.

Unbewusst tragen wir alle unfassbar viel geistige Intelligenz und Liebe in uns. Der Mensch sucht meistens beides im Aussen, jedoch ist beides in uns in unvorstellbarer Ausprägung vorhanden. Sobald wir herzbasiert wirken, fliesst mehr dieser beiden Aspekte aus diesem innersten Kern in unser Leben und steuert es mit seiner liebevollen, kraftvollen Herzenergie und phänomenalen Intelligenz.[6] Somit sind alle Menschen spirituell, da alle über den einheitlichen, immanenten Geist verfügen.

Seele

Die Seele ist metaphysisch, feinstofflich und wirkt energetisch. Diese reinste Liebe, verwoben und genährt durch den Geist, ist in uns allen in reinster Form vorhanden. Je reiner, durchlichteter die Seele ist, umso stärker ist der Lebensantrieb und umso klarer der Zugriff auf den Geist. Die Aufgabe der Seele ist sehr vielseitig, wobei Gefühle das Feedback unserer Seele darstellen. Die Seele speichert sämtliche Gedanken, Emotionen und Handlungen aller Inkarnationen und ist somit auch der Sitz des sogenannten Langzeitgedächtnisses des gegenwärtigen Lebens. Im sogenannten Unterbewusstsein sind alle früheren Erfahrungen gespeichert. Aufgrund ihrer unzähligen Erfahrungen ist sie so individuell wie jeder Fingerabdruck oder jede Physiognomie (Erscheinungsbild des Gesichts).

Beim physischen Tod verlässt das feinstoffliche Herz (Seele und Geist) den Körper und geht auf die feinstoffliche Ebene, ins sogenannte Jenseits, einer Parallelwelt. Dort wird es begleitet und nach Einsicht über die «Früchte und Verfehlungen» im letzten

[6] Vgl. das Kapitel 52: Im Fluss des Lebens

Leben darf das Herz nach dem Gesetz des freien Willens, meist hochmotiviert, wieder mit individuellen Lebensaufgaben in einen Körper inkarnieren. Es macht in dieser Weise weitere Erfahrungen in der Schöpfung und bekommt die Möglichkeit, die «Verfehlungen» aus anderen Leben zu transformieren, um dadurch auf eine neue Ebene des Seins zu wachsen.

Körper

Der physische Körper ist Materie in der materiellen Welt. Er verfügt, physikalisch gesehen, über eine hohe Dichte und ist somit Ausdruck von materialisierter Liebe. Aus höchster Perspektive ist somit nichts von uns Menschen ungöttlich! Das physische Gehirn bildet die Schnittstelle zwischen Seele und Körper. Der Verstand (Mentalebene) mit Sitz in der Seele, nutzt das physische Gehirn (Nervensystem) als Werkzeug für bewusstes, zielgerichtetes, realitätsbezogenes Handeln bzw. Manifestieren. Unbewusste körperliche Steuerungen wie Atmung, Herzaktivität, Stoffwechselvorgänge etc. werden feinstofflich aus Seelenebene und Geistebene gesteuert.

Im Gegensatz zum Verstand verliert der Geist sich nicht im Detailwissen und der Perfektion, sondern entscheidet phänomenal immer aus dem Jetzt zum Wohle des Individuums und des grossen Ganzen, mit dem aktuellen Zeitgeist, der aktuellen Zeitqualität, den vorhandenen Ressourcen und den individuell abgespeicherten Kompetenzen.

Ego

Das Ego als illusorisches Ich ist bei jedem Menschen unterschiedlich ausgeprägt und entsteht im Laufe des Lebens. Das Ego lebt damit mehrheitlich getrennt vom Herzem und damit in einem mehr oder weniger starken Mangel an Liebe und innerer Intelligenz. Das Ego verfügt über Zugriff auf niedere Seelenerfahrungen und benutzt als Hauptwerkzeug den reinen Verstand. Aus dem Ego resultieren alle Formen von desintegren Egoenergien und lösen in der Seele negative Gefühle, Stress und Unstimmigkeit aus. Das illusorische Ich löst sich nach dem physischen Tod auf, die Erfahrungen allerdings sind alle auf Seelenebene abgespeichert. Die Erfahrungen des Egos in der Abgetrenntheit des Herzens sind wichtig, damit wir überhaupt den Weg auf die höhere Herzebene finden. Das Ego dient somit als Potenzialentfalter des Herzens.

Bewusstsein

Das Bewusstsein, der Geist, steuert die seelischen, energetischen sowie die körperlichen Komponenten. Das noch vorhandene geistige Potenzial aus der Ebene des Geistes wird als Überbewusstsein bezeichnet. Unter Unterbewusstsein verstehen wir alle auf den verschiedenen Seelenebenen abgespeicherten Informationen und Erfahrungen.

Im Tagesbewusstsein (aktuelles Bewusstsein) eines jeden Individuums fliesst ein Dreifaches zusammen:

1.) die aktuelle bewusste geistige Ursprungsintelligenz und das Ursprungswissen;

2.) die aktuelle objektive und subjektive Wahrnehmung über unsere fünf physischen und metaphysischen Sinne;

3.) unterbewusste, vergangene Seelenerfahrungen, wie z.B. das erlernte Langzeitwissen, unser intellektuelles Wissen, welches in unserer Seele auf der Mentalebene abgespeichert und abrufbar ist.

Das Tagesbewusstsein ist somit komplett individuell.

6

Die Essenz und Sinnhaftigkeit unserer Existenz

Jahrhunderte haben sich Philosophen, Theologen, Mystiker, Quantenphysiker, Metaphysiker, Neuropsychologen, Epigenetiker und andere Wissenschaftler mit der Sinnhaftigkeit der menschlichen Existenz beschäftigt und machen dies noch heute; damit einher geht auch die Frage, warum es das «Gute» und das «Böse» auf dieser Welt gibt, wenn doch Gott die Welt erschaffen hat? Warum lässt Gott das Böse zu? Sind es nicht wir Menschen, die mit dem freien Willen das Böse ausführen oder zulassen? Die heutigen hochbewussten Menschen haben eine einheitliche Antwort dazu, genau wie die hochbewussten Hochkulturen vor unserer Zeit. Wir leben in einer ausserordentlich spannenden Zeitepoche, denn wenn so tiefe Einsichten über die Menschheit offenbart werden, können diese auch gelebt werden. Wenn diese Frage nach dem eigentlichen Sinn unserer Existenz und den wahren inneren Werten so umfangreich wie heute beantwortet werden kann, wird es uns gelingen, die traurigen Negativrekorde unserer Zeit mit Positivrekorden zu überbieten. Dies passiert auch bereits, ohne dass dies von den meisten Menschen wahrgenommen wird.

Der Verlauf einer menschlichen Evolution über alle Leben hat einen bestimmten Fahrplan. Wir entwickeln uns vom Egobewusstsein ins Herzbewusstsein und anschliessend ins Kristallbewusstsein. Demzufolge ist jeder x-beliebige Bewusstseinszustand eine Lernebene. Je tiefer die Ebene, desto weiter vom Herz bzw. vom Göttlichen entfernt ist das Wirken. Denn manchmal durchlaufen wir das Ungöttliche, bis das Göttliche verstanden und gelebt werden kann.

Der Grossteil der Menschen befindet sich im Übergang vom Ego- zum Herz-Bewusstsein. Einige befinden sich am Anfang des Kristall-Bewusstsein und man vermutet, dass ein Mensch pro einige Millionen Menschen im fortgeschrittenen Kristallbewusstsein lebt.[7]

Das ist der Sinn unserer Existenz: Aus dem göttlichen Bewusstsein in das komplette Vergessen und damit auch auf Abwege zu gehen, um das Ungöttliche zu erkennen; um nach unzähligen Inkarnationen und Lernprozessen allmählich wieder zu erwachen und die Sinnhaftigkeit unserer Existenz zu erkennen; auch unserer natürlichen Uressenz und damit unseres phänomenalen Schöpferpotenzials bewusst zu werden; zu erfahren, was es bedeutet, göttlich zu sein, indem wir Ungöttliches getan haben, noch tun und erleben. Dadurch entstanden widernatürliche, selbstlimitierende Verdichtungen in der Seelenmatrix. Wir stehen alle in der Zeit der Transformation: Wir durchlichten unsere Seele wieder bewusst, damit Seelenenergie in ihrer zunehmend reineren Form kraftvoller wird und wir dadurch auch der Ursprungsintelligenz wieder näher und näher kommen. Das Durchlichten der Seelenmatrix geht nur über Transformation. Dies geschieht durch Erkennen und Auflösen der widernatürlichen Verdichtungen in und um uns durch unsere göttliche Schöpferkraft Herzenergie (Liebe in allen Formen).

Es brauchte Jahrtausende und unzählige Evolutionsschritte, bis die Menschheit so weit entwickelt ist, wie sie heute ist. Die kollektive Energie (Zeitqualität) auf unserem Planeten war zu Beginn noch sehr tief. Das damalige Bewusstsein (Zeitgeist), beispielsweise in der Steinzeit, war noch im reinen Existenzkampf. Folglich waren auch die individuellen und kollektiven Entwicklungsschritte zu Beginn dieses Zeitzyklus' extrem langsam. Der Geist, das reine göttliche Bewusstsein, war in den Menschen noch fast komplett verdeckt, gleichwohl stets als geistiges Potenzial vorhanden. In der

[7] Vgl. die Skizze im Kapitel 5: Trinität – Die drei Existenzebenen und die Ausführungen im Kapitel 51: Drei aktuelle Bewusstseinsebenen unserer Gesellschaft im Vergleich

Steinzeit war nur sehr wenig über die Funktionalität des Menschen und des Universums bekannt. In allen Zeitepochen gab es jedoch Weise, Philosophen, Heilige, Genies und geistig hochbewusste Menschen wie z.B. Leonardo da Vinci, die für die jeweilige Entwicklung der Menschheit Impulsgeber waren und somit in fundamentaler Weise die weiteren Entwicklungsschritte der Menschheit förderten.

Im Laufe der Zeit hat die Menschheit stets dazu gelernt, wodurch sich die Energie auch kollektiv erhöhte. Trotzdem gab es vor allem im vergangenen Jahrhundert starke Ego- bzw. Negativkräfte, die durch Ressourcenverbrauch und Machtmonopole unfassbare Zerstörung und Negativität verbreiteten. Dieser Umstand weckte die Menschen mit reiferen Seelen, die es genau dadurch schafften, ihr Energiepotenzial nochmals weiter zu erhöhen und somit, energetisch gesehen, zur fortlaufenden kollektiven Anhebung des kollektiven Energieniveaus auf unserem Planeten beitrugen.

Darin zeigt sich der übergeordnete, kollektive göttliche Plan: Die Energie hier auf der Erde unter Berücksichtigung des freien Willens kollektiv so zu erhöhen, damit das ganze Universum ein Stück freier und friedlicher wird. Dies ist gleichzusetzen mit dem Paradies oder goldenen Zeitalter, eine Existenzebene, auf welcher fünfdimensionale Naturgesetze herrschen und welche von tief gelebter, natürlicher Uressenz charakterisiert ist. Es handelt sich um eine «Welt», in der Freiheit, Frieden und Liebe dominieren und die Zeit verschwindet. In einer Zeitqualität mit einem hohen energetischen Milieu kann nichts Ungöttliches mehr existieren. Zeitgeist und Zeitqualität erhöhen sich derzeit permanent, wodurch sich mehr und mehr auch das Bewusstsein und damit die individuelle Phänomenalität der Menschen entfaltet.

Heute leben wir in einer Zeit mit unzähligen Hochbewussten, die einheitlich über das tiefe Verständnis der Multidimensionalität verfügen und uns auf das Schöpferdasein hinweisen. Aufgrund der rasant steigenden kollektiven Energie erhöhte sich die Zeitqualität. So wurde es in den letzten Jahrzehnten möglich, dass viele hochentwickelte Seelen von höheren Sphären hierher inkarnieren und ganz dunkle Seelen nicht mehr auf die Erde inkarnieren dürfen.

Die Hochbewussten bringen nicht nur unsagbar viel göttliche Weisheit und Bewusstsein mit, sondern auch eine hohe Seelenenergie. Diese Energie wiederum hält wie ein Netz voller Lichter die gesamte Energie der Erde und der Menschheit hoch; ja, sie potenziert sich gar, damit alle die aktuelle und anstehende Entwicklung mitzugehen vermögen. Dies ist sozusagen die Kurzfassung dafür, warum jeder Mensch individuell und kollektiv aktuell zu einem Quantensprung fähig ist.

Der aktuelle Zeitgeist und die aktuelle Zeitqualität bilden das Fundament, den Wandel auch in unserem Inneren zu vollbringen. Durch das Transformieren der eigenen widernatürlichen, dunklen Seelen-Vergangenheit ist es gar möglich, dass sich jeder Schwerverbrecher zu einem Heiligen entwickeln kann. Und wenn wir uns als Zivilisation weiterentwickeln möchten, dann müssen solche Wunder geschehen. Wenn nicht jetzt, wann dann? Mit der zunehmenden herzbasierten Energie werden zuerst individuell und dann kollektiv die herrschenden dreidimensionalen Naturgesetze wie das Karmagesetz, das Gesetz der Polarität und der Dualität, aber auch Reinkarnation höheren fünfdimensionalen Prinzipien Platz machen. Bevor jedoch ein kollektives Kristallbewusstsein herrschen wird, durchläuft jedes Individuum seine Bewusstseinsentwicklung nach dem eigenen Fahrplan.

Wir leben in einem grossen Wandel, innerhalb welchem in vielen Sparten der Gesellschaft ein Negativrekord den anderen bricht. Umgekehrt sind wir auch fähig, Rekorde im Positiven zu brechen. Wie? Es beginnt alles mit dem Durchschauen der Egostruktur und der Entwicklung der Herzaspekte in uns. Es beginnt mit dem Erweitern des eigenen Erfahrungshorizontes, im Auflösen der individuellen Begrenzungen und Selbstlimitierungen. Es beginnt damit, dass wir mit dem freien Willen entscheiden und unmissverständlich für eine herzbasierte individuelle und kollektive Entwicklung einstehen, indem wir unserem Herzen wieder die Führung überlassen – mit der Folge, dass die illusorischen Egostrukturen allmählich inaktiv werden.

7

Die Polarität von Herz und Ego in und um uns

Um die Selbstlimitierung zu erkennen und unser phänomenales Potenzial zu entfalten, bedarf es eines Verständnisses für die Polarität (Gesetz der Bedingung) im Inneren. Dann nämlich verstehen wir auch die Polarität im Aussen. Es bedarf einer tiefen und ganzheitlichen Psychoanalytik und Psychosynthese, wenn wir unser illusorisches Ich, das Ego, als Gedankenkonstrukt und unser wahres göttliches Wesen identifizieren möchten. Die Analytik beider Wesenheiten und das Wissen über ihre unter- und übergeordneten Regelkreisfunktionen, Werkzeuge und Qualitäten sind fundamental relevant für eine konstruktive individuelle sowie kollektive Evolution. Unser Verstand mit dem freien Willen entscheidet letztendlich in jedem Moment über Krieg und Frieden in uns und um uns, abhängig davon, ob wir ego- oder herzbasiert handeln. Die Konsequenzen davon tragen wir ebenfalls selbst - individuell sowie kollektiv.

Die beiden Wesenheiten Ego und Herz zu identifizieren, ihre Werkzeuge, Handelsmechanismen im übergeordneten Rückkopplungsmechanismus bzw. Regelkreis zu erkennen und die Energien, die daraus entstehen, zu verstehen, bildet ein Kernaspekt für eine ganzheitliche Ethik. Negative Gedanken und Handlungen entstehen aus dem illusorischen Ich und werden im Kapitel Desintegre Egoenergien beschrieben. Sie werden in der Seele abgespeichert und als entsprechendes Feedback erhalten wir ein negatives Gefühl, beispielsweise ein schlechtes Gewissen, Neid, Hass, Unstimmigkeit oder Eifersucht. Positive Gedanken und Handlungen entstehen durch das Herz bzw. durch die individuelle Reife der Seele, geführt mit dem Geist, und werden im Kapitel Integre Herzenergien beschrieben. Diese werden ebenfalls in der Seele abgespeichert; als entsprechendes Feedback erhalten wir ein positives Gefühl, beispielsweise Freude, Begeisterung, Respekt oder innere Stimmigkeit.

Der entscheidende Unterschied zwischen dem Ego und dem Herzen besteht darin, dass das Herz mit dem Werkzeug Geist (Spirit) Zugriff auf unseren Seelenplan und auf den übergeordneten göttlichen Plan der Menschheit (göttliche Matrix) hat, was beim Ego nicht der Fall ist. Das Herz verfügt von Natur aus über die göttliche Führung. Die Seele steuert durch den Geist (Spirit) und den irdischen Verstand (Mind) den physischen Körper und dessen Denken und Handeln. Wir sind demnach alle nicht ohne göttliche Führung in diesem Leben gelandet. Die Gebrauchsanleitung und den Kompass für unser Leben tragen wir in uns und wir entscheiden mit dem irdischen Verstand bzw. dem freien Willen, wem wir in unserem Innern die Führung überlassen.

Das illusorische Gedankenkonstrukt des Egos entsteht erst im Laufe unseres Lebens. Es zeigt sich durch Identifizierungen über das Äussere wie Körper, Beruf oder Begabungen, während sich das Herz über die inneren wahren Werte definiert. Das Ego nimmt die Seele und den Geist nicht oder nur untergeordnet wahr, glaubt nicht daran oder macht sich gar lächerlich darüber. Das Ego selbst lebt entfernt vom Geist, der Ursprungsintelligenz und der Seelenenergie und damit im ständigen Mangel an bedingungsloser Liebe, unserer Uressenz. Dieser Mangel an Liebe ist der Urgrund aller negativen, desintegren Egoenergien wie Angst (fehlendes Vertrauen), Verlust, Neid, Macht und Gewalt.

Das Gegenteil von Liebe ist Mangel an Liebe.

Während der Urgrund von positiven Herzenergien aus bedingungsloser Liebe besteht: Bedingungsloser Respekt, Urvertrauen, Dankbarkeit, Ehrlichkeit, Offenheit oder Begeisterung – all dies fliesst aus dem Herzen. Es geht um diese Grundwerte bzw. Energien sowie deren Steuerung, wenn wir eine ganzheitliche Ethik leben möchten.[8]

Ego und Herz bilden zwei Rückkopplungsmechanismen mit einem Feedbacksystem. Das Ego funktioniert mittels positiver Rückkopplung, das Herz mittels negativer. Negative Rückkopplungsmechanismen finden wir überall in der Natur, beispielsweise im menschlichen Körper mit dem Blut-PH-Puffersystem: Verschiedene Puffer sorgen für eine konstante Säure-Basen-Regulierung und halten den Blut-PH-Wert permanent zwischen 7,37 und 7,43, um eine lebensbedrohliche Entgleisung zu verhindern. Nach demselben Prinzip funktioniert das Hormonsystem. Zwischen den verschiedenen Hormondrüsen herrscht ein Mechanismus von Hemmung und Stimulierung der Hormone. Produziert eine Drüse zuviel, kann eine andere Drüse eine Drosselung vornehmen. Dies führt zu einem natürlichen Prinzip von Gleichgewicht und Regulierung, wodurch kein Zuviel und kein Mangel resultiert. Dies wird als negative Rückkopplung bezeichnet, weil auf keiner Seite ein Gewinn aber auch kein Verlust entsteht.

[8] Vgl. das Kapitel 13: Desintegre Egoenergien und Kapitel 12 Integre Herzenergien

Eine positive Rückkoppelung hingegen bezeichnet einen Regelkreislauf, der ein Zuviel und ein Zuwenig auf der anderen Seite auslöst, eine Deregulierung. Dies ist beispielsweise im heutigen Finanzsystem der Fall, denn es zeigt sich, dass die Schere zwischen Arm und Reich immer grösser wird. Verschiede Puffermechanismen verhindern eine Regulierung, weil sie nicht angestrebt wird. Solche Systeme sind widernatürlich und der Selbstlimitierung unterworfen.

Die natürliche, negative Rückkopplung des feinstofflichen Herzens ist somit bis zu einem gewissen Grad fähig zur Regulierung, d.h. ein Gleichgewicht aufrecht zu erhalten und damit Regeneration und Entwicklungsfähigkeit individuell sowie kollektiv zu gewährleiten. Das Feedbacksystem des Herzens ist innere Stimmigkeit bei positiven Handlungen oder innere Unstimmigkeit und Stress bei herzfremden Aktionen. Die negative Rückkopplung des Herzens ist - aufgrund der Ausrichtung auf das Göttliche - derjenigen des Egos übergeordnet.

Das im Laufe des Lebens entstandene Ego ist aufgrund seines untergeordneten Regelsystems eine künstliche Illusion, entfernt von Geist und Seele und im permanenten Mangel an Liebe und Ursprungsintelligenz. Das Ego verfügt als Werkzeug lediglich über den Verstand und die niederen Abspeicherungen der Seele. Es benutzt als Feedbacksystem Erfolg und Anerkennung im Aussen als positive Bestätigung oder das schlechte Gewissen meldet sich bei negativen Handlungen aus dem Verstand. Immer dort, wo das schlechte Gewissen ins Spiel kommt, ist das widernatürliche Ego am Werk. Die Unterscheidung von innerer Unstimmigkeit aus der Seele und schlechtem Gewissen aus dem Verstand wird mit zunehmendem Bewusstsein klarer. Stimmungsschwankungen zeigen die innere Zerrissenheit von Ego und Herz und mit länger anhaltenden Verstimmungen gar Melancholie. Längerfristig kann sich dann beispielsweise eine Depression entwickeln, wenn wir nicht auf unsere innere Stimme hören und damit herzfremd und abseits unseres individuellen Lebensplanes unterwegs sind.

Das Ego lässt Zweifel und Ängste entstehen, das Herz lebt im Vertrauen, dass alles einen höheren Sinn hat.

Das Ego im Mangelzustand hört auf andere anstatt auf das wahre Sein, kopiert andere, anstatt authentisch zu sein. Es setzt Masken auf und schlüpft in Rollen, um zu kompensieren. Es bedient sich der energetisch gesehen niederen Schubladen aus abgespeicherten, negativen Emotionen und verstandesmässigen Konzepten, Strategien, unterdrückt die Gefühle der Seele und die Herzimpulse. Es dreht sich somit in der Vergangenheit, in Teufelskreisen, Hamsterrädern und Negativspiralen. Genau diese tiefschwingenden, dunklen Erfahrungen bringen das Ego durch Erkenntnis auf die nächst höhere Herzebene, sobald die Illusion entlarvt ist, sobald das Herz wieder eine Stimme bekommt und die Herzimpulse wahrgenommen werden.

Das Herz ist die Stimme der Zukunft. Jedes Herz bringt in der aktuellen Zeitqualität, mit dem aktuellen Zeitgeist, mit dem individuellen Seelenplan die evolutionären kollektiven Veränderungen, die aktuell wichtig und richtig sind.

Während das Ego noch plant und manchmal stur ein bestimmtes Ziel ohne Weitblick erreichen will, kennt das Herz die richtige Richtung, jedoch nie den kompletten Weg. Die dafür wichtigen Menschen und Situationen werden uns im Laufe des Lebens als Zufall, Unfall oder Schicksal zugeführt. Somit wird dieser Weg aufgrund der unterschiedlichen freien Willen der Menschen immer wieder neu aktualisiert und optimiert, so dass es zu unserem höchsten göttlichen Wohl und dem höchsten kollektiven Wohl dient.

Da das Ego getrennt vom Göttlichen, der inneren Vollkommenheit, der Ursprungsenergie ist, lebt es im ständigen Verlust und Mangel an allen Formen von Herzenergie. Es lebt dadurch auch abgekoppelt vom eigenen und vom übergeordneten Plan. Je entfernter sich das Ego vom Herzen befindet, umso mehr agiert der Mensch im Zuviel an männlichen Energien. Auf inneren Mangel erfolgen äussere fehlende Selbstverantwortung, Unselbständigkeit, Sicherheits- und Umgehungsstrategien, vermehrte Kontrolle, Macht, Manipulation oder gar Gewalt.[9] Das Ego dreht sich im Hamsterrad der Negativität, in widernatürlichen (von göttlicher Ebene aus gesehen) energieraubenden Negativspirale und es sendet laufend negative, widernatürliche und zerstörerische Energie aus. Die Energiequelle versiegt rasch und die Energie muss sodann bei anderen Menschen angezapft werden. Das Ego sucht Energien mit derselben Qualität, also niedere Energien. Dadurch übt der Mensch beispielsweise Gewalt aus; meistens reagiert das Opfer ebenfalls mit negativen Energien wie Angst, Wut oder Gegenangriff. Von beidem ernährt sich der Täter. Es entstehen Abhängigkeiten, Verlust- und Versagensängste. Wie wir aus solchen Irrwegen ausbrechen, wird im Kapitel Herzethik in Täter- und Opferrollen beschrieben.

Unsere Egostrukturen sind über Jahrhunderte mit unserem herzfremden Denken und Handeln in solcher Weise konditioniert worden, dass die Auswirkungen davon in den gigantischen Einbahnstrassen in jedem Bereich unserer Gesellschaft mehr als deutlich sichtbar sind. Der damit einhergehende Abbau der multidimensionalen Wahrnehmungsfähigkeit lässt die wahren Prinzipien der Natur nicht (mehr) sichtbar werden, wodurch sie in ihrer Komplexität auch nicht mehr verstanden und gelebt werden können. Vielmehr sind es äussere Faktoren im Leben bzw. ein System von Arbeitswelt, Politik, Religionen, Kultur oder Medien, welches uns leitet und ständig neu im Regelkreis des Egos irreführt. Folge davon ist, dass wir unzufrieden und krampfhaft in jeder Monokultur nach geeigneten Formen von Regeln und Verhaltenscodizes suchen, um künstlich Ordnung und Kontrolle im Chaos zu erlangen.

Die traurige Bilanz dieser - energetisch gesehen - niederen herzfremden Denkweise aus dem Labyrinth allein in den letzten 50 Jahren ist ein zunehmende Deregulierung der natürlichen Regelkreisläufe, was sich in der individuellen inneren Zerrissenheit der Menschen einerseits und der Globalisierung andererseits zeigt.

[9] Vgl. das Kapitel 13: Desintegre Egoenergien

Die Armut der Welt konnte laut unabhängigen Studien in den letzten 30 Jahren nicht reduziert werden, trotz Milliarden an Investitionen von «Entwicklungshilfe». Klimaziele wurden nicht erreicht. Die Finanzsektoren haben ihre Macht gar über die Staatsmacht erhoben und Kriege haben sich nicht reduziert. Im Gegenteil: Im Jahr 2018 wurde so viel Geld in die Rüstung investiert wie noch nie zuvor.

Wenn das Herz führt, existiert weder innen noch aussen ein Chaos, sondern Ordnung und damit natürliche Effizienz und Endlosenergie - darauf dürfen wir vertrauen. Es braucht jetzt eine unmissverständliche, klare Entscheidung mit unserem freien Willen, ob wir herzbasiert oder egobasiert weitermachen. Durch dieses dringend notwendige Position-Beziehen zeigt sich unsere Selbstverantwortung und damit auch, welche Energie wir aussenden – und auf uns ziehen.

Darin entscheidet sich, ob wir ego- oder herzbasierte Menschen und Situationen in unser Leben ziehen. Gemäss einheitlichen Aussagen von hochbewussten Menschen stellt uns das Universum in dieser Zeitqualität unglaublich viel positive Kräfte zur Verfügung, sobald wir beginnen, herzbasiert authentisch und autark zu handeln. Dann geschehen Zufälle, wie man sie sich mit dem Verstand niemals hätte vorstellen und organisieren können. Man trifft Seelenverwandte und Seelenpartner, dank der Energieanhebung manifestiert sich die natürliche Regulierung im physischen Körper (Selbstheilung) und plötzlich reihen sich im Alltag kleine Wunder an Wunder. Auf einmal sind Dinge möglich, die vor 20 Jahren nicht möglich waren und mit dem Verstand nicht erklärbar sind. Es ist sehr erfreulich, dass sich bereits viele Menschen in einem solchen Bewusstseinszustand befinden.

Jeder Mensch verfügt über ein immenses schöpferisches Potenzial.

Polarität und Dualität – Zwei Prinzipien der Natur

Je nach Bewusstseinszustand wirken die beiden Energieströme Ego und Herz in uns polar bzw. sich gegenseitig bedingend. Polarität zeigt sich mit grossen Spannungen solange, bis die natürliche, kräftigere Herzkraft als Pluspol die negativen Egokräfte als Minuspol transformiert hat. Das Ego bildet den Potenzialentfalter für das Herz. Je mehr wir in unserem Ego transformieren, umso kraftvoller kann das Herz in seiner natürlichen, göttlichen Form wieder wirken. Das Überwinden der Egostruktur führt zur Überwindung des Polaritätsprinzips. So nimmt die Bedingung von Ego und Herz in uns ab und macht Bedingungslosigkeit Platz. Dasselbe können wir bei unserem Planeten Erde auch beobachten: Das Erdmagnetfeld schwächt sich ab und ein Polsprung scheint immer wahrscheinlicher. In der menschlichen Evolution wird ein solches Phänomen als Quantensprung des Bewusstseins bezeichnet. Es ist der bedeutendste Transformationsprozess in uns und um uns und betrifft das ganze Ökosystem, was einmal mehr den übergeordneten Plan bewusst macht.

Nachdem das Polaritätsprinzip überwunden ist, wird das Prinzip der Dualität aktiv. Dualität ist bedingungslos und zeigt in uns und unserer Welt die Gegensätzlichkeiten auf, oben und unten, kalt und warm, gut und böse. In unserem Inneren respektieren wir wohl unser Ego, aber das Herz ist die wirkende Kraft. Genauso respektieren wir in der Welt das Gute und das Böse als gleichwertig, aber gehen nicht mehr in Resonanz mit dem Destruktiven, weil wir innerlich dafür keine Andockstellen mehr aufweisen. Damit landen wir beim Prinzip der Resonanz, dem Prinzip der Anziehung: Wir ziehen das an, was wir aussenden. Darauf werden wir in den kommenden Kapiteln zurückkommen.

8

Das individuelle Energiefeld als potenzielle Kraft

Alles, was existiert, besteht aus Energie. So besteht auch der Mensch aus reinster, verdichteter Lichtenergie. Energie löst eine Bewegung, eine Schwingung aus, welche eine bestimmte Frequenz und somit eine bestimmte Information aufweist. Somit strahlt auch der Mensch als Mikrokosmos ein Energiefeld aus, die sogenannte Aura. Sie charakterisiert die Seelenreife, welche seine Mitmenschen bewusst oder unbewusst wahrnehmen. Jeder Gedanke, jedes Gefühl, jedes Wort und jede Handlung verfügen ebenso über eine energetische Kraft bzw. Information und somit eine Qualität. Die Seelenreife eines Menschen zeigt sich vor allem in der Manifestation seines Wirkens. Im ausgestrahlten energetischen Niveau leben in erster Linie der Mensch selbst und alle seine Billionen von Körperzellen. Ebenfalls leben die Mitmenschen, Tiere, Pflanzen und Gegenstände in diesem Energiefeld. Auch unser Planet verkörpert ein Lebewesen und strahlt eine Energie aus; im Gegenzug fühlt die Erde unsere ausgestrahlte Energie. Die Erde benötigt als Basis dringend unsere positive Energie, damit sie regenerieren kann, genau wie unser Körper ebenfalls eine integre Energie für seinen Selbstheilungsmechanismus braucht. Wir bilden zusammen mit allen Lebewesen und unserem Planeten ein gigantisches energetisches Ökosystem, welches im Makrokosmos, also im Universum, seine Wirkung ausstrahlt.

Vielleicht zählen Sie sich auch zu den zunehmend hochsensitiven Menschen, die sich an gewissen Orten wohler fühlen als an anderen. Städte zum Beispiel fühlen sich aufgrund ihrer jeweiligen Energie komplett unterschiedlich an. Auch alle Menschen fühlen sich anders an. Das liegt an ihrem Energiefeld, welches jeder Mensch bewusst oder unbewusst wahrnimmt. In der freien Natur fühlt sich vieles entspannter und reiner an als in einem Saal voller gestresster Menschen.

Es ist also von entscheidender Wichtigkeit, welche Energie wir ausstrahlen. Damit sind wir aufgefordert, eine Achtsamkeit und Unterscheidungsfähigkeit dafür zu entwickeln, welche Gedanken, Gefühle, Emotionen und Handlungen sich mit positiver Energie konstruktiv auf das Individuum und seine Zellen auswirken. Dafür ist kein akademisches Studium erforderlich. Notwendig ist vielmehr ein Bewusstsein für die Herzenergien, das heisst die lebensbejahenden, herzöffnenden, konstruktiven, natürlichen, seelisch aufbauenden, friedensfördernden, schöpferischen und bewusstseinserweiternden Energien. Genauso wichtig aber ist ein Bewusstsein für die destruktiven, zerstörerischen, energieraubenden, widernatürlichen, blockierenden, seelisch leerenden und gesundheitsschädlichen Egoenergien, die das Individuum und die ganze Umgebung in seiner Lebensenergie reduzieren und sich entwicklungshemmend auf alles auswirken. Allein das Wissen über diese zwei unterschiedlichen Energieströmungen bildet ein starkes Fundament für eine ganzheitliche individuelle und kollektive Entwicklung.

Mit unserem Denken, Fühlen und Handeln haben wir jederzeit einen Einfluss auf die Energie, die wir ausstrahlen – immer und in jeder Situation. Wir kreieren dadurch unsere Realität und sind somit schöpferisch beteiligt an unserer eigenen Gesundheit, von jeder einzelnen Körperzelle bis zum Weltgeschehen. Da wir Teil eines grossen Ganzen sind, stehen wir auch in der Verantwortung, integre, lebensfördernde Energien auszusenden, die uns selbst, die ganze Menschheit und die Natur weiterbringen. Wir haben demzufolge mit unserem Energieniveau stets einen direkten Einfluss auf jede unserer Lebenssituationen. Wir haben direkten Einfluss auf unsere Partner, Kinder, Freunde, auf die Gesundheit, den Klimawandel, auf die Biodiversität, auf den Hunger, die Armut und den Frieden dieser Welt – faszinierenderweise auch ohne Worte. Denn sobald wir eine positive Energie ausstrahlen, sind wir als

Herzöffner unterwegs, was vom Umfeld bewusst oder unbewusst wahrgenommen wird. In dieser lebensbejahenden Energie können sich alle Mitmenschen positiv entwickeln. Mit Herzenergie transformieren wir negative Energien.

Unterschätzen Sie diese Kraft nicht. Der lichtvolle Wandel betrifft uns alle. Selbstverständlich aber verändert nicht nur ein Mensch die grossen Baustellen dieser Welt, da die Menschheit stets in einer kollektiven Entwicklung steht. Es sind bereits sehr viele Menschen an diesem Prozess beteiligt und der Wille zur Veränderung zeigt sich weltweit sehr deutlich. Gleichwohl ist noch gigantisch viel Potenzial vorhanden.

Rational denkende Menschen, die Unmengen von Wissen erlernt und evidenzbasierende Studien und Statistiken der Vergangenheit erstellt haben, existieren im Überfluss. Die durch sie hervorgebrachten Erkenntnisse sind wichtig und zeigen auf, dass sich die Welt mit der Denkroutine des letzten Jahrhunderts, geprägt von Macht, Profit und Fortschritt, mit dieser widernatürlichen Mentalität selbst laufend neue ökologische Einbahnstrassen erschaffen hat und weiter erschafft. Gefragt sind heute Menschen, die losgelöst von diesen negativen, lebensfeindlichen Handlungsmustern wirken. Notwendig sind Menschen, die selbstverantwortlich bereits viel innere Entwicklung durchlebt haben und herzbasiert wirken. Gefragt sind bewusste Menschen, die eine seelische Reife besitzen, um soziale Verantwortung im Sinne des grossen Ganzen zu übernehmen, ohne Macht- und Profitgedanken, ohne Aus- und Begrenzung und ohne Ungleichgewichte zu schaffen.

Es reicht heute nicht aus, bewusster zu konsumieren, sich für mehr Biodiversität und mehr Gesundheit und Chancengleichheit einzusetzen, Geld zu spenden für humanitäre Projekte und Friedensdemonstrationen durchzuführen. Dabei handelt es sich um eine gutgemeinte Pflasterpolitik, welche durchaus vieles in Bewegung setzt, jedoch lediglich die Symptome auf der Welt bekämpft, nicht aber den energetischen Ursprung.

Es reicht auch nicht, unsere alten Machtsysteme zu durchschauen, politikverdrossen zu resignieren, zu verurteilen oder gar anzufeinden. Die Frage stellt sich bei jedem Wirken, ob die Handlung mit einer positiven, integren oder negativen, desintegren Energie geschieht. Weder gesunde Ernährung noch Demonstrationen und Flugverzicht zeigen positive Wirkung, wenn die ausgestrahlte persönliche Energie im Alltag komplett negativ und desinteger wirkt. Viele Menschen leben trotz humanitärem, ökologischem und sozialem Engagement selbst wenig authentisch in herzfremden Ängsten, Sorgen, Zweifeln, Verurteilung, Bemitleidungen, Neid und Streit mit ihrem Umfeld.

Alles wirklich Grosse und Nachhaltige beginnt im Kleinen, bei uns selbst, bei unserer ausgestrahlten Energie. Wir entscheiden, welche Energie wir in die Waagschale dieser Welt legen.

Es empfiehlt sich, zuerst an sich zu arbeiten, um anschliessend mit einer integren Energie zu den wirklich nachhaltigen Innovationen in allen Bereichen zu finden. Sobald sich die persönliche Energie hochentwickelt, ergibt sich im Umfeld alles von alleine, dient so dem höchsten Wohle aller. Es lohnt sich enorm, an sich selbst zu arbeiten, um dem Leben mit mehr Resilienz zu begegnen und das Menschsein besser zu verstehen.

Die zivilisierten Länder haben sich durch den herzfremden Fortschritt selbst in Entwicklungsländer in die seelische Verarmung manövriert und stehen nun vor dem eigenen Scherbenhaufen. Mit der seelischen Verarmung gingen die Herzwerte, die wahren inneren Werte des Menschen und damit die Herzethik verloren.

Indem wir die Themen an der Basis angehen und energetisch betrachten, können wir entscheidend mithelfen, der Genialität aus dem reinen Verstand Einhalt zu gebieten und gleichzeitig der Phänomenalität aus dem Herzen Platz zu machen. Indem das Herz die Führung übernimmt und den Verstand im richtigen Mass einbezieht, werden wirklich ganzheitliche und nachhaltige Pionierprojekte entstehen. Die grosse Herzkraft gründet darin, dass es nun vor allem den inneren Wandel zum Positiven eines jeden Einzelnen braucht, um das individuelle und kollektive Energieniveau anzuheben, die Matrix von jedem Einzelnen und damit eines ganzen Ökosystems zu durchlichten. In einem kollektiven, sich stetig anhebenden energetischen Umfeld können keine ökologischen und sozialen Ungleichgewichte mehr gefördert werden. Das Chaos reguliert sich zu einer natürlichen, effizienten Ordnung. Denn die Natur verschwendet keine wertvolle Lebensenergie für unsinnige Leerläufe.

Mit zunehmendem Energieniveau erhöhen sich auch das Bewusstsein der Menschen und somit die Perspektiven. Dadurch werden in jedem Bereich der Gesellschaft neue Ideen und Projekte in die Welt gesetzt, welche die Welt noch nie gesehen hat. Erweitertes Bewusstsein erkennt die Hintergründe, sieht neue konstruktive Lösungswege, was die Welt nun dringend benötigt.

Die Menschheit verpufft unglaublich viel persönliche Lebensenergie für Negatives, Widernatürliches, für ökologisch unsinnige, ineffiziente Leerläufe in allen Gesellschaftsstrukturen. Die Widernatürlichkeit in vielen Bereichen ist für uns zur Norm geworden, wir kennen nichts anderes. Wir sind mit unserem gesellschaftlichen Denken und dem limitierten Wahrnehmen unserer Realität zum Teil sehr weit von der wahren Natur des Menschen und dem ganzen gigantischen Ökosystem unseres Planeten entfernt, ohne dass wir dies überhaupt bemerken. Wir leben sozusagen in der selbsterschaffenen Illusion und bemerken nicht mal die Abgründe, vor denen wir stehen.

Es scheint auch im Jahr 2019 noch immer völlig normal, dass man Männer gegen ihren Willen zwingt, unter dem Deckmantel von Landesverteidigung als Soldaten die Ausbildung zum Töten zu absolvieren. Genauso normal scheint es, dass ein Kind, welches von Natur aus in ständiger Bewegung ist, in der Schule plötzlich tagtäglich während Stunden auf einem Stuhl sitzen muss. Würde man eine Katze oder ein anderes Haustier dazu zwingen, so würde in der Schweiz der Tierschutz aktiv. Wir stehen tagtäglich unbemerkt in dermassen widernatürlichen Abläufen und Negativkreisläufen, oftmals weil wir nichts anderes kennen und die Wahrnehmung für das wahre Natürliche verloren gegangen ist.

Sogenannte Grenzwerte und Normen in jedem Bereich der Gesellschaft sind widernatürlich angelegt. Die Prinzipien des Universums sind in Vergessenheit geraten und erst die Einbahnstrassen der Gesellschaft lassen sie uns wieder in Erinnerung rufen. Dabei ist zu beachten, dass das Göttliche unheimlich effizient ist, denn es steht eine phänomenale Energie und Intelligenz zugrunde.

Bei vielen Menschen wirkt ein Impuls, dem eigenen Wesen und der tieferen Wahrheit über unsere Existenz auf den Grund zu gehen. Durch Synthese von innerer Intelligenz und Liebe wird Weisheit möglich, die uns alle kollektiv weiterbringt, jeden in seinem ganz individuellen Tempo.

In Schulen wird leider nur das intellektuelle Wissen aus der Vergangenheit gelehrt. Während das rationale Denken gefördert wird, werden gleichzeitig das innere Wissen, die wahre herzbasierte innere Intelligenz, die innere Potenzialförderung eines jeden Menschen verhindert und damit auch dessen Herzaspekte wie Liebesfähigkeit und wahre Intelligenz. Da wir jedoch im Jetzt und nicht in der Vergangenheit leben, braucht es dringend bewusstere Menschen, die mit ihrer Intuition aus dem JETZT in die Zukunft arbeiten. Eigene Begrenzungen und Programmierungen aus der Vergangenheit können durchschaut und auch aufgelöst werden. Dies führt dazu, dass wir unsere Seele durchlichten und zu neuen Lösungsansätzen finden – und dafür benötigen wir unser Herz.

Jetzt verstehen Sie vermutlich, in welcher Selbstverantwortung und in welcher globalen Verantwortung wir stehen. Wir können auf Kriege, Katastrophen aller Art, Armut und Diskriminierung, Manipulation und Korruption, Opfer- und Täterrollen direkt Einfluss nehmen. Mit der eigenen persönlichen Energie tragen wir nicht nur zum individuellen sondern auch zum kollektiven Energieniveau bei – und dies kostenlos, ohne Ressourcenverbrauch, ohne Einwilligung einer Behörde oder eines anderen Menschen, unabhängig von der Lokalität, allein durch unseren freien Willen.

9

Herz-Ethik

Durch intensive Erfahrungen und Beschäftigung mit Bewusstseinsforschung, Psychosomatik, philosophischen, psychoanalytischen, neuropsychologischen, epigenetischen, quantenphysikalischen und spirituellen Aspekten entwickeln sich spannende Erkenntnisse. Wenn wir Zeitgeist und Zeitqualität gemeinsam mit der Synchronizität des Universums betrachten, seinen formlosen, feinstofflichen und grobstofflichen Aspekten, die in einem immer fliessenden, hochkomplexen Zusammenspiel der kosmischen und irdischen Gesetze zusammenwirken, wird bewusst, wie wunderbar die göttliche Ordnung im Zusammenspiel funktioniert; und dass wir Menschen auf Erden eine eigentliche Zielausrichtung hin zum Positiven, zum Natürlichen und Göttlichen immer in uns tragen. Es steht uns dabei stets frei, konstruktiv oder destruktiv zu handeln. Mittels unseres freien Willens schaffen wir durch unsere Entscheidungen unsere eigene Realität. So ziehen wir entsprechende Situationen und Menschen in unser Leben.

Genauso wie jeder Mensch in seinem selbst kreierten Energiemilieu lebt, so leben wir auch kollektiv auf einem ganz bestimmten Energieniveau, unserer Zeitqualität. Infolgedessen muss auch eine ganzheitliche, zeitlose, natürliche Ethik existieren, eine Lebensmoral oder ein Verhaltenscodex, der für jede menschliche Existenz ein Leitfaden sein kann.

Vor diesem Hintergrund drängt sich eine ganzheitliche Ethik auf, die auf den Prinzipien der Natur basiert; eine Ethik, die nie darauf ausgerichtet ist, soziale, gesundheitliche, wirtschaftliche oder ökologische Ungleichgewichte zu schaffen; eine universelle Ethik, die nie eine gegen die Natur laufende Kultur von Gewinnern und Verlierern schafft, sondern vielmehr Win-win-Situationen erzeugt.

Es muss eine Herzethik Fuss fassen, die für jeden Erdenbürger, jeden Politiker, jeden Landwirt, jeden Unternehmer, jeden Sträfling, jeden Richter, jeden Arbeitslosen, jeden Handwerker, jeden Flüchtling, jeden religiösen Würdenträger, jeden Künstler, jeden Rentner, jeden Sportler, jeden Kulturschaffenden, jeden Journalisten, jedes Kind und jeden Erwachsenen Gültigkeit hat. Unabhängig von Hautfarbe, Wohnort, Sozialstatus, Alter, kultureller und sexueller Ausrichtung, Religion, Macht und Geld. Dann wird auch eine Ethik, eine natürliche Verhaltensrichtlinie im menschlichen Zusammenleben existieren, die ganz natürlich den globalen Weltfrieden fördert und der weltweiten Umweltzerstörung, Armut, den Kriegen, den Wirtschafts- und Finanzabgründen Einhalt gebietet!

Für eine ganzheitliche, einheitliche Herzethik und Lebensmoral bedarf es ganzheitlicher philosophischer, quantenphysikalischer, epigenetischer, spiritueller und neuropsychologischer Aspekte. Durch eine alleinige einseitige Ausrichtung auf nur ein Wissensgebiet oder eine Religion allerdings wird keine Regelung zustande kommen, da sich eine solche ohne ganzheitliche, überdimensional berücksichtigte Zusammenhänge irgendwann selbstlimitiert. Es muss sich gar um eine Ethik handeln, die auch im nächsten Leben gilt. Viele unserer gängigen Systeme befinden sich noch im egobasierenden, unnatürlichen Mangel- und Machtdenken, oftmals ausgelöst durch nicht transformierte Ängste. Solange sich ein Individuum, eine Kultur, eine Politik oder eine religiöse Institution noch in diesem Lernprozess befindet, kann sich keine soziale Verantwortung einstellen. Folgendes Grundprinzip ist zu beachten: Jemand, der liebt (= positive Energie), kann nicht gleichzeitig hassen (= negative Energie). Jemand der hasst, kann nicht gleichzeitig lieben. Für ein friedvolles Zusammenleben wird demnach eine integre Energie und ein ganzheitliches Weltbild benötigt, in welches folgende Aspekte integriert sind:

Äussere Faktoren

- Verständnis der Synchronizität/Physiologie des Universums und dessen synchronen Zusammenspiel mit der Entität Mensch;
- Verständnis für natürliche Prinzipien wie Polarität, Dualität und Resonanz in und um uns;
- Verständnis des kosmischen Gesetzes von Ursache und Wirkung (Karmagesetz);
- Verständnis über Reinkarnation (Wiedergeburt);
- Gesetz des freien Willens;
- Aktueller Zeitgeist;
- Aktuelle Zeitqualität;
- Die Menschheit befindet sich im lichtvollen Wandel, individuell sowie global.

Innere Faktoren

- Recht auf Leben bedeutet Recht auf Liebe und deren Potenzialentfaltung;
- Bedingungsloser Respekt gegenüber der gesamten Schöpfung;
- Verständnis von Trinität, der drei Existenzebenen Geist, Seele, Körper;
- Bewusstsein über Ursprungsintelligenz (Geist) und Ursprungsenergie (Seele) = Herz;
- Die menschlichen Grundwerte gründen in allen Aspekten der Liebe (alle Formen von Herzenergie);
- Intuitive Lebensführung, das Herz steht über dem Ego;
- Mit dem freien Willen verfügen alle Menschen auch über Eigenverantwortung und Selbstermächtigung;
- Ethischer Kernaspekt: Wir können nur uns selbst verändern, nicht die anderen;
- Verständnis von positiver, schöpferischer und von negativer, zerstörerischer Energie;
- Verständnis über das Potenzial des eigenen Energieniveaus und dessen Wirkung auf uns und die Welt;
- Transformationsfähigkeit durch Herzenergien;
- Managing der eigenen Gefühle, Emotionen und Gedanken;
- Verständnis für die individuelle Berufung und den übergeordneten göttlichen Plan;
- Herzbasiertes Leben führt zu Selbstverantwortung und zu globaler Verantwortung;
- Kollektivitätsbewusstsein.

Der Kernpunkt der in diesem Buch beschriebenen Herzethik lautet: Mit Herzenergie, einer positiven, schöpferischen und seelisch aufbauenden Energie eine tiefschwingende, desintegre, widernatürliche Energie positiv zu transformieren. Dadurch löst sich die negative, zerstörerische Energie im Individuum selbst sowie für die Menschheit global auf und sorgt für eine zunehmende Durchlichtung. Infolgedessen wird die individuelle und kollektive Energie angehoben, der Mensch und damit die ganze Zivilisation ein Stück nachhaltig freier, friedlicher und heiler. Dadurch wird das globale Energieniveau angehoben und lässt die Menschheit ihr schöpferisches Potenzial zunehmend schneller entfalten mit der Folge, dass plötzlich tagtäglich sogenannte Wunder geschehen.

Es gibt nichts auf dieser Welt, das mit Herzenergie nicht zum Positiven verändert werden könnte, kein Wirtschafts-, kein Finanzsystem, keine Politik. Nur die Menschen haben den freien Willen, ob sie die Dringlichkeit einer Veränderung erkennen und sich selbst auch verändern möchten. Sobald die ersten entscheidenden Schritte in eine integre Richtung erfolgen, entfernen wir uns bereits von den drohenden Abgründen und können einige individuelle sowie globale Katastrophen mildern oder gar abwenden, auch wenn noch längst nicht alle Menschen so bewusst sind.

10

Von der Sandkasten-Ethik zur Herz-Ethik

Es bleibt stets uns selbst überlassen, wie wir unsere Realität gestalten. Ob wir unsere eigene Matrix weiter durchlichten oder verdichten. Die Impulse dafür gibt uns das Herz – im Bewusstsein, dass wir alle Herzmenschen sind, die sich auf dem individuellen Weg befinden. Genauso, wie sich jede einzelne Körperzelle selbst am Leben erhalten kann, jedoch eingebettet ist in einen grossen Zellverbund, so leben wir Menschen zwar unser eigenes Leben, benötigen uns alle jedoch auf unserem Lebensweg. Wie bereits erwähnt sind wir alle Teil eines gigantischen Ökosystems, einer grossen übergeordneten Matrix. Indem wir unsere persönliche Energie erhöhen, erheben wir sie global, auch in Kriegsgebieten. Frieden ist immer und überall möglich, kostenlos, unabhängig von Sozialstatus, Staatsform oder Umwelt. Doch solange andere Menschen und ganze Nationen aufgrund ihres niedrigen Bewusstseins noch zu Waffen greifen, liegt es in unserer individuellen und globalen Verantwortung, Frieden individuell als Individuum und als Nation vorzuleben.

Es verhält sich wie mit drei Kindern im Sandkasten, die sich gegenseitig mit Sand bewerfen. Ein bewussteres Kind verlässt den Sandkasten, da es die Streiterei unsinnig und energieraubend findet. Die zwei anderen Kinder schleudern noch immer weiter Sand gegeneinander, um ihre herzfremde Mentalität von Gewinnern und Verlierern zu leben. Irgendwann sind die beiden körperlich und seelisch leer und finden die ganze Sandkastenethik auch nicht mehr erbauend, da beide nur verlieren und niemand wirklich etwas gewinnt. Und sie bemerken, dass das dritte Kind, welches den Sandkasten verlassen hat, ausserhalb ein friedliches, unverletztes, innerlich stimmiges Dasein führt und auch keine Schuldzuweisungen macht.

Auf der politischen Weltbühne findet sich mehrheitlich noch immer eine egobasierte Sandkastenethik, die von ein paar wenigen Menschen aufrechterhalten wird. Wir als Bevölkerung stehen in der Verantwortung, eine Herzethik vorzuleben, damit alle Menschen die offensichtliche Option erhalten, eine positive Energie auszustrahlen und individuell sowie kollektiv aus dem Sandkasten auszusteigen. Denn jede Mutter weiss: Streitende Kinder im Sandkasten lassen sich von dort kaum herauszerren; sie brauchen den Streit als Lernprozess, um zur Erkenntnis zu gelangen. Erkenntnisse zu gewinnen, ist manchmal schmerzhaft, und so verhält es sich mit vielen Lebensprozessen. Schmerzhaft in jeder Hinsicht ist es überall dort, wo wir noch aus den mangelbasierten Egostrukturen handeln.

All jene Menschen, die nicht in Streit und Krieg involviert sind, haben die Möglichkeit, das Feld ausserhalb des Sandkastens friedlich zu gestalten und mit dem Krieg nicht in Resonanz zu gehen; nicht aus Gleichgültigkeit oder Desinteresse, sondern aus tiefem Respekt vor ihrem freien Willen. Eine herzbasierte Haltung einzunehmen bedeutet in diesem Fall: Mit dem Negativen nicht in Resonanz zu treten und es damit nicht mit (weiterer) negativer Energie zu nähren, sondern positive Signale zu setzen und dadurch ausserhalb des Sandkastens ein friedvolles, herzöffnendes Feld zu errichten, damit Menschen aus dem Sandkasten aussteigen können und eine sinnvolle Alternative geboten bekommen.

Auf dem Weg von der Sandkastenethik hin zur Herzethik entsteht mehr Integrität, was sich in einer Anhebung des Energieniveaus manifestiert. Bei der Entwicklung von Herzenergie handelt es sich um einen laufenden Prozess, dem eine bewusste Entscheidung zugrundeliegt. Je mehr egobasierende Blockaden und alte Denkmuster wir als Individuum aus unserem Unterbewusstsein und Tagesbewusstsein entdecken und auflösen, umso schneller finden wir zurück zu unserem Ursprung, zu unserer göttlichen Herzkraft. Je stärker Herzenergie fliesst, umso lichtvoller und liebevoller wird unsere Umgebung und kollektiv auch die Welt. Je höher die globale Energie ist, desto einfacher und schneller sind die Entwicklungsprozesse eines jeden Einzelnen und damit auch ganzer Nationen.

11

Qualität von Energien

Um uns selbst und unser eigenes Denken, Fühlen und Handeln zu verstehen, bedarf es einer kurzen Erläuterung über die Qualität von Energien. Das ganze Universum besteht aus verschiedenen Energien. Da ist ständig alles in Bewegung und im Fluss - genau wie in der Natur. Nichts bleibt stehen. Auch die kleinste lebende Einheit unseres Körpers, die Zelle, ist ständig aktiv, hat die Fähigkeit, sich zu regenerieren, besitzt einen eigenen Stoffwechsel, kann sich fortpflanzen etc. Die Fähigkeit zu überleben, ist jedoch nur in einem grossen Zellverbund möglich, dem menschlichen Körper. Dieser stellt ein in sich geschlossenes, komplexes Ökosystem dar, welches wiederum mit der Umwelt verbunden und in ihr eingebettet ist. Wir stellen als Menschen einen Mikrokosmos dar und sind gleichzeitig durch unzählige Matrizen mit dem Makrokosmos verbunden.

Jeder Gedanke, jedes Gefühl, jede Handlung besitzt eine Qualität und damit eine bestimmte Energie. Dadurch wird ein Energiefeld erzeugt, welches wir ausstrahlen und somit auch jede einzelne Zelle von uns beeinflusst. Wenn Sie also glücklich im Zug sitzen, verbreiten Sie diese Energie, ohne überhaupt etwas zu tun oder zu sagen, Sie wirken dann als Herzöffner für andere. Wenn Sie geduldig an einer Kasse im Warenhaus anstehen, so hat die durch Ihre Geduld ausgestrahlte Energie eine positivere Wirkung auf das unmittelbare Umfeld, als wenn Sie gestresst in der Schlange stünden. Bewusst oder unbewusst geschieht im Umfeld immer etwas. Ihr Schwingungsfeld beeinflusst Sie selbst, jede einzelne Ihrer Zellen und kreiert in dem Moment auch Ihre Realität mithilfe der kosmischen Gesetze. Wir sind folglich die Erschaffer unseres eigenen Glücks, aber auch der eigenen Hölle, was das Ego nicht gerne eingesteht. Das Herz aber verzeiht die herzfremden Abwege.

Wir leben auf unserem Planeten in einem grossen Lernfeld, in welchem wir immer wieder herausgefordert werden, uns in der Dualität von «Gut» und «Böse» zu bewegen. Wie bereits erwähnt, verfügen wir in dieser Inkarnation als Mensch immer über den freien Willen, woran bzw. wie wir uns in dieser Dualität orientieren und welche Entscheidungen wir treffen wollen. Damit verbunden tragen wir auch eigenverantwortlich die Folgen davon. Unser Alltag gestaltet sich aber in der Regel nicht so, dass wir uns bei jeder Handlung fragen, ob sie positiv oder negativ ist, natürlich oder widernatürlich. Vielmehr lassen wir uns in unseren Handlungen oft leiten von Glaubenssätzen und Konditionierungen einer verstandesdominierten Gesellschaft. Wir tragen Vorstellungen, Ideale, Prägungen und emotionale Muster mit uns herum und bewegen uns in Strukturen, Gesetzen, Leitplanken und Moralvorstellungen und damit in einer Denkroutine aus der Vergangenheit.

Die ganze Evolution der Menschheit wurde über die vergangenen Jahrtausende über die Veränderung der Schwingungsfrequenz gesteuert und die Menschen haben mit jeder zunehmenden Seelenerfahrung selbst aus freiem Willen dazu beigetragen, dass die Energie individuell und kollektiv erhöht wird. Niemand war und ist demnach fehl auf diesem Planeten; im Gegenteil ist jedes Individuum sehr wichtig und absolut richtig hier mit seinen ganz individuellen Begabungen, betraut mit einer Lebensaufgabe, die niemand anderer besser erfüllen könnte.

Die grossartige Möglichkeit, mit positiven Energieströmen wie Herzenergie uns selbst, die Umgebung und damit die Welt zum Positiven und Konstruktiven zu verändern, ist ein unfassbares Privileg der heutigen Zeit. Auch Sie, liebe Leser/innen, verfügen über dieses Privileg und ganz bestimmt durften Sie damit schon einige positive Erfahrungen erleben.

Zu diesem Zweck ist es wichtig, die integren, schöpferischen Herzenergien und desintegren, zerstörerischen Egoenergien unterscheiden zu lernen, mit denen wir in dieser Dualität wirken. Die Polarität, die gegenseitige Bedingung von Herz und Ego in und um uns, lösen wir durch Transformation auf. Sobald das Positive in uns überwiegt, nimmt die polare Spannung ab und irgendwann besteht Bedingungslosigkeit. In den niederen Bewusstseinsstufen haben wir manchmal Abwege des Egos zu gehen, damit das Herz sich auf eine noch höhere Form von Liebe entfalten kann. Mit wachsendem Bewusstsein sind die beiden Strukturen Herz und Ego aber gut zu durchschauen und die Abwege werden immer weniger. Die positiven Herzenergien prägen das Leben, in welchem sich wie in einem Fluss einfach alles konstruktiv ergibt.

Die nachfolgende Gegenüberstellung zeigt die Qualitäten von positiver und negativer Energie. Dies soll nicht als Wertung und Verurteilung verstanden werden, sondern dem Verständnis dienen, um die charakteristischen Lernprozesse von uns selbst und anderen Menschen zu verstehen, insbesondere um desintegre Energien mit positiven zu transformieren. Die Auflistung beruht auf der Sicht der göttlichen Uressenz in uns, womit sich beispielsweise der Ausdruck natürlich und widernatürlich auf ebendiese Uressenz bezieht.

Positive Energie	**Negative Energie**
Basis: bedingungslose Liebe	Basis: Mangel an Liebe
integer	desinteger
konstruktiv	destruktiv
schöpferisch	zerstörerisch
natürlich	widernatürlich
potenzialentfaltend	entwicklungshemmend
seelisch aufbauend	seelisch abbauend
Energieniveau hebend	lebensenergieraubend
innere Stimmigkeit fördernd	innere Unstimmigkeit
lebensbejahend	lebensfeindlich
Matrix durchlichtend	Matrix verdichtend
entspannend	stressfördernd
glückshormonausschüttend	stresshormonausschüttend
gesundheitsfördernd	gesundheitsschädigend
stützen negative Rückkopplungen	stützen positive Rückkopplungen

Die einzige Kraft für Frieden sind wir selbst

Im Grunde genommen befinden wir uns hier auf der Erde in einem Spiel mit unterschiedlichen Energieströmungen: Das Negative, Dunkle zieht herunter, das Positive, Lichtvolle hebt die Energie sowohl in uns selbst als auch global auf unserem Planeten. Die einzig wirksame und nachhaltige Waffe für Frieden sind wir selbst mit unserem Energieniveau. Es liegt in unserer Hand, die eigene Schwingung jederzeit zu verändern; dadurch tragen wir eine globale Verantwortung mit. Unterschätzen Sie diese Herzkraft nicht. Das wirklich Göttliche daran ist: Wir entscheiden immer mit unserem freien Willen, welche Energie wir aussenden oder mit welchen Energien wir in Resonanz treten. Jeder hat die Chance, auch ein Gefängnisinsasse, jemand der irgendwo im Urwald, in der Wildnis, in Sibirien, in der Sahara, auf dem Himalaya, in der Antarktis oder wo auch immer lebt; jeder Mensch verfügt immer über das Instrument des Herzens, egal, ob er noch ein Kind ist oder bereits im Ruhestand, unabhängig von Kultur, Herkunft, Hautfarbe, unabhängig von politischer, kultureller und sozialer Herkunft, unabhängig davon, wie bemittelt er ist. Es braucht kein Geld, keine Ressourcen, keine Infrastruktur, keine Hilfe, keine Bewilligung dazu. Friede kostet nichts. Er lässt sich aber auch nicht ein- oder verkaufen, jedoch kann man ihn mit der eigenen schöpferischen Kraft leben und ausstrahlen. Glück und Frieden liegen in der Verantwortung eines jeden einzelnen Menschen. Diese Verantwortung können wir niemandem delegieren.

12

Integre Herzenergien

Für Liebe in allen Formen, die mit den integren Energien beschrieben werden, verwende ich eine Wortschöpfung: Herzenergie. Denn das Wort Liebe ist bei vielen Menschen falsch oder fehlerhaft programmiert und wird in seiner wahren Bedeutung kaum mehr wahrgenommen. Die meisten Menschen denken bei Liebe nicht an ihre vorhandene göttliche Liebe in sich selbst, sondern primär an Liebe, die sie im Aussen suchen oder erfahren, beispielsweise eine Paar-Beziehung. Damit verbunden ist jedoch oft Enttäuschung und verlorener Glaube an sich selbst und an die wirkliche Liebe. Das Wort Liebe wird auch oft mit bestimmten Menschen verbunden: Mutterliebe, Liebe zum Partner, Liebe zu den Freunden.

Herzenergie wirkt durch uns alle, immer und überall, im Kleinen wie im Grossen, in allen Segmenten der Gesellschaft, in der Tier- und Pflanzenwelt. Die Urnatur / Uressenz des Universums, die stärkste Energie und somit höchste Intelligenz überhaupt ist bedingungslose Liebe. Es handelt sich um eine Form von positiver Energie, welche die meisten Menschen wohl noch gar nie bewusst erfahren haben. Wir fühlen jedoch klar und deutlich, wenn sie fehlt. Es ist diejenige Energie, die in unserer Welt stark in Vergessenheit geriet, gleichzeitig jedoch unfassbar viel Potenzial in jedem von uns, individuell wie kollektiv, erweckt.
Bedingungslose Liebe ist die kraftvollste Energie, verfügt über eine sehr hohe Schwingung und kann alles Tiefschwingende und Dunkle umwandeln. Unter Herzenergie ist folglich all dasjenige zu verstehen, was positive Energie ausmacht. Sie ist unerschöpflich. Herzenergie wirkt für die Seele aufbauend, nährend, löst innere

Stimmigkeit und Erfüllung aus, und dies für jede einzelne Körperzelle und die Umgebung.

Je nach Stärke der Energie lösen diese Schwingungen auf der körperlichen Ebene eine geringe bis hohe Glückshormonausschüttung aus (Endorphine, Oxytocin). Man könnte Herzenergie auch als die Energie des neuen Zeitalters bezeichnen. Je stärker diese ausgestrahlt wird, desto grösser ist das Wirkungsfeld. Nachfolgend werden die verschiedenen Formen von Herzenergie mit dem Zeichen (+) verbunden. Je nach Intensität der in der jeweiligen Energie liegenden positiven Kraft erlaube ich mir, mich hie und da noch differenzierter der «Verstärkungen» (+), (++) oder (+++) zu bedienen.

Formen von Herzenergie sind: Bedingungslose Liebe (sie ist die stärkste Kraft, also +++.), Selbstliebe, Selbstachtung, Selbstwürde, Selbstvertrauen, Selbst-Vergebung, Selbst-Verzeihung, Vergeben, Verzeihen, Selbständigkeit, Selbstverantwortung, bedingungsloser Respekt gegenüber anderen und sich selbst, Selbstanerkennung, Urvertrauen, Bewusstseinserweiterung, Potenzialentfaltung, Authentizität, Leben der einzigartigen Individualität (Berufung), Empathie (Mitgefühl), Anteilnahme, Verbundenheit, Respektieren des freien Willens, Respekt gegenüber allem Lebenden, Friede, Einverständnis, Anerkennung, Toleranz, Wertschätzung, Akzeptanz, Klarheit, Unterscheidungskraft, Humor, Barmherzigkeit, Optimismus, Heiterkeit, Lachen, Mut, Demut, Motivation, Hingabe, Anmut, Beständigkeit, Offenheit, Ehrlichkeit, Flexibilität, Entscheidungsfähigkeit, Versöhnlichkeit, Wohlwollen, Liebenswürdigkeit, Güte, Freude, Freundlichkeit, Weisheit, Gelassenheit, Stressresistenz, Resilienz, Dankbarkeit, Spontaneität, Zufriedenheit, Zärtlichkeit, Sanftheit, Sanftmut, Sinnlichkeit, Fürsorglichkeit, Hilfsbereitschaft, Teamfähigkeit, Toleranz, Beachtung, Rücksicht, Sorglosigkeit, Hoffnung, Zuversicht, Einsicht, Freiheit, sich frei fühlen, frei sein von Erwartungen an andere, Losgelöstheit, Nachsicht, Achtsamkeit, Wahrheit, Unvoreingenommenheit, Ehrerbietung, Hochachtung, Höflichkeit, Vertrauenswürdigkeit, Verlässlichkeit, Menschenwürde, Inspiration, Schuldlosigkeit, Genügsamkeit, Kreativität, Effizienz, Ideenreichtum, adäquate körperliche Aktivität, Verantwortungsbewusstsein, Erhabenheit, Offenbarung, Ruhe, Glückseligkeit, Durchlichtung, Einheitsdenken, Wir-Denken, Verbundenheit mit Mensch und Natur, innere und äussere Ordnung, Einfachheit, innere und äussere Ruhe, Anspruchslosigkeit, Erwartungsfreiheit, Bescheidenheit, Gewaltfreiheit, im Fluss leben, den freien Willen leben, Einstehen für die eigenen Herzimpulse und deren Umsetzung, Einstehen für die eigene Meinung und die eigenen Unzulänglichkeiten, Beständigkeit, Beharrlichkeit, der Wahrheit ins Gesicht sehen, wahre Faszination und Enthusiasmus (Begeisterung), Entwicklungsbereitschaft.

13

Desintegre Egoenergien

Egoenergien entstehen aus dem am Aussen orientierten, illusorischen Ich, welches in ständigem Liebesmangel, abgetrennt vom göttlichen Geist, lebt. Niedere, herzfremde Energien wirken drückend, zerstörerisch, widernatürlich, lebensfeindlich, behindernd für die Seelenentwicklung, destruktiv und abbauend, innerlich leerend, energieraubend. Es sind Energieströme, welche in uns selbst als Feedback der Seele Stress auslösen oder welche wir als Stress empfinden und auch so bezeichnen. Der Stress betrifft jede einzelne Zelle von uns selbst. Es werden Stresshormone im Körper ausgelöst mit der Folge, dass Dauerstress längerfristig zu einer Vielzahl von körperlichen Konsequenzen und Depression führt. Auch an diese Widernatürlichkeit hat sich die Menschheit schon fast gewöhnt, ist doch Stress bei vielen Menschen ein bekanntes Phänomen. Desintegre Energien führen zu Matrixverdichtungen. Man könnte diese Energie auch als die «alte Energie» bezeichnen, die Energie des vergangenen Zeitalters. Die meisten Menschen sind mit Herz- und Egoenergien unterwegs, oftmals unbewusst. In jedem Menschen sind ganz automatisch noch mehr oder weniger Egoenergien vorhanden. Es handelt sich um Potenziale, die wir individuell in uns und kollektiv noch transformieren und somit nachhaltig auflösen dürfen. Die nachfolgende Liste soll somit kein schlechtes Gewissen auslösen (-), sondern die Potenziale aufzeigen (+).

Desintegre Energien finden sich als Hass, Scham, Wut, Zorn, fehlende Selbstliebe, Selbstablehnung, Geringschätzung und Respektlosigkeit sich selbst gegenüber und gegenüber der Schöpfung, Missachten des freien Willens auch sich selbst gegenüber, Missachten von anderen Meinungen aber auch der eigenen,

Gehorsam, Ärger, Zweifel, Frustration, Manipulation, Intrigen, Konkurrenzdenken, Missgunst, Verleumdung, Empathielosigkeit, unterlassene Hilfeleistung, Mutlosigkeit, Trauer, Schuldgefühle, Schuldzuweisungen, Verdrossenheit (z.B. Politik- oder Systemverdrossenheit), Druck ausüben auf sich und andere, Leistungsdruck, Perspektivlosigkeit, Sturheit, Einsamkeit, fehlende Flexibilität, Demütigung, Erniedrigung, Repression, Ohnmacht, Hilflosigkeit, Verzweiflung, Unselbständigkeit, Feindbilddenken, Mangeldenken, Verlustgedanken, Vermissen, Sehnsucht, Helfersyndrom, Bemittleidung, Überbevormundung, fehlendes Zutrauen, Bedauern, fehlende Unterscheidungskraft, fehlende Entscheidungsfähigkeit, Voreingenommenheit, Geiz, Gier, Neugierde, Begierde, Ehrgeiz, Leidenschaft (Übermass an Emotionalität, erotische Überstimulation), Verlangen, Wollust, Eitelkeit, Narzissmus, Lügen, Falschheit, Grössenwahn, Unehrlichkeit, Bedrängung, Irreführung, Drohung, Kränkung, Beleidigungen, Bestrafung, Traumatisierungen, Schocks, Unterforderung, Toleranzlosigkeit, Undankbarkeit, Unfriede und Streit, Misstrauen, Unausstehlichkeit, Stolz, Ehrfurcht, Verehrung, Bewunderung, Idealisierung, Tiefstapeln, falsche Bescheidenheit, Überheblichkeit, Hochnäsigkeit, Besserwisserei, Kompromisse, Trostlosigkeit, Selbstaufgabe, Selbstmitleid, Kummer, Sorgen, Ängste (Existenz-, Versagens-, Verlustängste etc.), physische und psychische Gewalt in jeder Form an anderen Lebewesen (Mensch, Tier, Pflanze, Planet), Manipulation, Erwartungshaltung an andere, Harmoniesucht, Übermut, Unmut, Leichtsinn, Ineffizienz, Extremismus in jedem Bereich, Ausbeutung, Perfektionismus, Bewunderung, Unterdrückung der eigenen Herzimpulse, Unterdrückung von anderen Lebewesen, Ideenlosigkeit, Verachtung, Verwünschung, Verfluchung, Zerstörung, Rachsucht, Angeberei, Abwertungen von Menschen und irdischen Strukturen, Aus- und Begrenzung von Menschen, Kulturen oder Dingen, Lethargie, Apathie, Desinteresse, Gefühlslosigkeit, körperliche Inaktivität, inneres und äusseres Chaos, Gleichgültigkeit, Würdelosigkeit, Wertlosigkeit, Stagnation, Motivationslosigkeit, Überforderung, Unterforderung, Festhalten von Dingen und Menschen, Anspruchshaltungen, Rastlosigkeit, innere und äussere Unruhe, schlechtes Gewissen, innere Widerstände, Hemmungen, körperliche und seelische Schmerzen, Abgeben der eigenen Verantwortung an andere z.B. für die eigene Gesundheit, Süchte aller Art (Kauf-, Internet-, Sex-, Alkohol-, Drogen-, Spiel-, Sammelsucht etc.), Täter- und Opferhaltungen, Diskriminierung, Anfeindungen, Kämpfe jeglicher Art gegen etwas, Verwahrlosung, Korruption, Veruntreuung, Machtdenken, Projektion der eigenen Unzulänglichkeiten auf andere Menschen, Rufschädigung, Diebstahl, Bereicherung durch Erfolge und Begabungen anderer, Hohn, Zynismus, Selbstmordgedanken, Widerstand gegen sich und irdische Strukturen, Systemfeindlichkeit, Rassismus.

Die Liste hat keinen Anspruch auf Vollständigkeit. Sie zeigt uns aber im alltäglichen Dasein viele Energieströmungen auf, mit denen wir oft konfrontiert werden und sie selbst auch aussenden. Durch Unterscheidung entwickelt sich eine Achtsamkeit im Alltag, mit welchen Energien wir wirken und wie diese direkt unsere Realität beeinflussen. Die Auflistung soll zudem helfen, zu verstehen, mit welchen Energien wir besser nicht in Resonanz treten, sie aber dennoch als Teil eines gigantischen Ökosystems bedingungslos respektieren.

Einzelne Begriffe wie Erfolg, Harmonie, Macht werden in der Umgangssprache im positiven wie im negativen Sinne verwendet. So können sich beispielsweise zwei Täter in Harmonie miteinander befinden, obwohl ihre Handlungen komplett negativ sind. Länder führen Kriege und reden später von Erfolg, wenn der Gegenanschlag gelungen ist. Der Begriff Erfolg wird in diesem Beispiel verwendet, obwohl er komplett mit negativen Energien verbunden ist und beide Länder im Grunde nur verloren haben. So müsste dies als Misserfolg bezeichnet werden. Viele Worte in unserer Sprache sind zweideutig und werden unterschiedlich verwendet.

14

Die Qualität der Herzimpulse

Sobald wir wieder unserem Fühlen vertrauen und die Entscheidungen mittels Intuition fällen, sind wir mit Seele und Geist unterwegs. Das Herz hat sodann wieder die natürliche Kompassfunktion, denn Herzimpulse sind unser natürlicher Antrieb. Es sind Handlungsaufforderungen unserer Seele bzw. ihr individueller Plan. Das Ego lässt sich, wie wir wissen, durch Impulse von aussen steuern, die konstruktiv oder destruktiv sein können, und handelt rational nach verstandesmässigen Konzepten und Strategien. Dabei nimmt es meist den Weg des geringsten Widerstandes und wählt damit die Abwege, während das Herz den effizientesten aber auch herausforderndsten Weg einschlägt und damit mit innerer Stimmigkeit in seiner Seelenreife wachsen kann.

Widerstand gegen Herzimpulse aufzubauen, also wortwörtlich gegen die Seele zu arbeiten, verbraucht wertvolle Lebensenergie, führt zu Albträumen und Depressionen. Wir dürfen lernen, diesen göttlichen Herzimpulsen zu vertrauen, sie führen uns immer auf den richtigen Weg und sind zukunftsgerichtet. Herzimpulse lassen sich auch kaum mehr unterdrücken. Deren Qualität ist äusserst vielseitig:

- Herzimpulse sind ein Ruf der Seele.
- Herzimpulse sind individuelle Handlungsaufforderungen der göttlichen Führung, die wir über unser Herz wahrnehmen.
- Herzimpulse führen uns auf unserem individuellen Lebens-/ Seelenweg.
- Herzimpulse führen zu unseren Lebensaufgaben, zu unserer Berufung.
- Herzimpulse sind immer göttlich und lichtgesteuert, wirken durchlichtend.

- Herzimpulse sind stark, geerdet, klar und dem Verstand übergeordnet.
- Herzimpulse sind umsetzbar in der aktuellen Realität / mit der aktuellen Struktur.
- Herzimpulse sind immer konstruktiv und nachhaltig und verlaufen nie gegen das Natürliche.
- Herzimpulse fühlen sich innerlich richtig, wichtig und stimmig an.
- Herzimpulse sind JETZT aktuell, lassen sich schlecht unterdrücken und pochen auf Umsetzung, bis ihnen gefolgt worden ist.
- Herzimpulse und das sich daraus ergebende Handeln erwecken ein Gefühl von innerer Stimmigkeit und Erfüllung.
- Herzimpulse bringen Ordnung, nie Chaos.
- Herzimpulse haben immer «Hand und Fuss» und beziehen den Verstand und den Erfahrungshintergrund der Seele aus allen Leben immer im richtigen Moment, im richtigen Mass, geerdet mit ein.
- Herzimpulse schaffen konstruktive Veränderungen, individuell sowie global.
- Herzimpulse stehen immer zu unserem eigenen höchsten göttlichen Wohl und zum Wohle aller.
- Herzimpulse entstehen in jedem Alter.
- Herzimpulse sind nie gegen etwas gerichtet, sondern stehen für etwas ein.
- Herzimpulse sind nie polarisierend, extremistisch oder narzisstisch.
- Herzimpulse führen immer zu einer konstruktiven Lösung.
- Herzimpulse sind stark und in vielerlei Hinsicht immer erfolgreich.
- Je stärker der Herzimpuls ist, desto stärker sind der Energiestrom, die Reichweite und die sich entsprechende Auswirkung.
- Herzimpulse bewegen das Individuum selbst, aber auch das Umfeld sowie global; sie setzen jedoch nie unter Druck.
- Herzimpulse lösen Veränderungen aus und wahren trotzdem den freien Willen; sie justieren nicht nur uns selbst auf den Lebensplan, sondern auch unsere Umgebung (Partner, Familie,

Arbeitsumfeld, Gesellschaft, Nation).

- Herzimpulse entsprechen stets den universellen Gesetzmässigkeiten, den eigenen Begabungen und der eigenen Seelenerfahrung.
- Herzimpulse entsprechen dem aktuellen Zeitgeist und der aktuellen Zeitqualität.

15

Qualitäten der Herzenergie

Das Handeln aus dem Herzen, aus der inneren Führung, aus der Seele heraus ist entscheidend, um immer wieder zur Berufung, zur Zufriedenheit und zum Glück finden zu können. Herzenergie, bedingungslose Liebe, Ursprungsenergie oder göttliche Energie in allen Formen ist der Hauptantrieb von uns Menschen, denn alles was wir aussenden, wird auf uns zurückfallen, in diesem oder im nächsten Leben.

Kleinkinder leben noch unermüdlich nach dem eigenen herzöffnenden Seelenfahrplan. Sie lernen und entwickeln alles im für sie richtigen Moment. Babys erlernen hochkomplexe Bewegungsabläufe und eine Sprache ohne einen Lehrer, ohne Vorgaben und Kommando, ohne Konzepte und Strategien. Sie leben nach ihrem Herzen. Im Grunde sind wir alles phänomenale Wunderkinder, die die Zukunft gestalten. Man hat uns in dieser Welt verlernen und vergessen lassen, diesen urnatürlichen Herzantrieb zu benutzen und unsere Selbstermächtigung zu erlangen. Aber es ist nie zu spät, diesen Herzantrieb wieder ins Leben zu integrieren und die eigene Individualität zu leben. Niemand kann uns diesen Kompass nehmen oder ersetzen. Wir stehen in der Eigenverantwortung, ihn zu nutzen und schöpferisch tätig zu sein.

Herzenergie, Herzkraft, Liebe in allen Formen von integren, schöpferischen, lebensbejahenden Energien (+) haben die Qualitäten, welche auf den folgenden Goldseiten beschrieben sind:

- Herzenergie lässt Leben entstehen.
- Herzenergie ist immer lichtorientiert.
- Herzenergie ist die transformierendste Kraft überhaupt.
- Herzenergie ist schöpferisch, nicht zerstörerisch.
- Herzenergie ist der Grund des grossen individuellen und globalen Wandels.
- Herzenergie hat bedingungslosen Respekt gegenüber uns selbst und der Schöpfung.
- Herzenergie ist als Endlosenergie unerschöpflich, führt nie ins Burnout oder in die Depression.
- Herzenergie entwickelt sich von innen heraus, nicht von aussen.
- Herzenergie arbeitet nach den universellen Gesetzmässigkeiten, nicht nach verstandesmässig errichteten Gesetzen, Strategien, Vorgaben und Strukturen.
- Herzenergie hält uns in der eigenen Mitte.
- Herzenergie stärkt und schützt das eigene Energiefeld (Aura).
- Herzenergie lässt die Wahrheit über uns selbst sowie global ans Licht kommen.
- Herzenergie fliesst von Geburt bis zum Tod.
- Herzenergie kennt keinen Ruhestand.
- Herzenergie ist religions- und kulturunabhängig.
- Herzenergie setzt den eigenen Seelenplan um, nicht denjenigen von anderen.
- Herzenergie hat nur positive Wirkungen und Nebenwirkungen, individuell und kollektiv.
- Herzenergie hält das feinstoffliche wie physische Herz weich, ohne es zu verhärten.
- Herzenergie ist liebevoll zugewandt, aber ohne Erwartungen.

- Herzenergie ist interessiert, jedoch ohne Neugierde.
- Herzenergie hat Humor, kann über sich selbst lachen.
- Herzenergie ist nicht käuflich, verschenkt aber gerne.
- Herzenergie potenziert sich, wenn man sie verschenkt.
- Herzenergie geht nie den Weg des geringsten Widerstandes, sondern den herausforderndsten, effizientesten. Die Natur verschwendet keine Energie für Leerläufe.
- Herzenergie fordert uns ständig heraus, überfordert oder unterfordert aber nie.
- Herzenergie lässt sich von Erfolg nicht blenden und von Misserfolg nicht entmutigen.
- Herzenergie erkennt, wann es Zeit ist für Veränderung, wann es Zeit ist, einen Schritt weiter zu gehen, individuell sowie global.
- Herzenergie bezieht alle Existenzebenen konstruktiv mit ein.
- Herzenergie entwickelt sich, indem es an den eigenen Potenzialen arbeitet.
- Herzenergie schätzt und achtet den Wert eines jeden Lebewesens.
- Herzenergie ist fähig zu geniessen.
- Herzenergie grenzt niemanden aus.
- Herzenergie grenzt sich nicht ab als Schutz, sondern respektiert bedingungslos.
- Herzenergie fliesst ohne unser bewusstes Handeln.
- Herzenergie kann unglaublich viel bewegen und transformieren.
- Herzenergie führt zu Weisheit.
- Herzenergie ist einsichtig.
- Herzenergie zeigt Nachsicht, ist nicht nachtragend.

- Herzenergie respektiert alles Erschaffene, feindet nichts und niemanden an.
- Herzenergie stärkt das Miteinander von Individuen, fördert keine einseitigen Abhängigkeiten und Eitelkeit.
- Herzenergie schafft Win-win-Situationen.
- Herzenergie respektiert den eigenen freien Willen und denjenigen der Mitmenschen.
- Herzenergie befähigt, in Liebe Dinge und Menschen anzunehmen und loszulassen.
- Herzenergie gibt nie auf, sieht kein Scheitern und Versagen, sondern nur ein Wachsen.
- Herzenergie flieht nicht vor der eigenen Verantwortung.
- Herzenergie treibt niemanden in die Flucht.
- Herzenergie kann im hohen Masse vergeben, sich selbst und anderen.
- Herzenergie beschuldigt weder sich selbst noch andere.
- Herzenergie ist mutig und demütig, aber nicht wankel- oder übermütig.
- Herzenergie lässt Dunkelheit transformieren, wirkt durchlichtend.
- Herzenergie sorgt für innere und äussere Ordnung, kennt kein Chaos.
- Herzenergie ist offen für Neues und klar im Entscheiden.
- Herzenergie fühlt sich nicht gefangen, sondern frei.
- Herzenergie steht nie still, sondern bewegt physisch, seelisch und geistig.
- Herzenergie sucht keine Anerkennung von aussen, sondern innere Stimmigkeit und innere Erfüllung.
- Herzenergie führt zu Glück und Frieden, individuell sowie global.

- Herzenergie ist fähig zu Mitgefühl (+), nicht zu Mitleid (-).
- Herzenergie verharrt nie in alten Strukturen, ist innovativ und der Zeit angepasst.
- Herzenergie ist gewaltfrei, löst nie physische oder psychische Gewalt aus.
- Herzenergie ist kreativ und innovativ.
- Herzenergie ist offen für Neues, hält nicht krampfhaft am Bisherigen fest.
- Herzenergie verharrt nicht in der Vergangenheit, lebt aus dem Moment heraus.
- Herzenergie ist spontan und mutig, jedoch nie leichtsinnig.
- Herzenergie kann Risiken intuitiv einschätzen.
- Herzenergie verfügt über ein hohes Mass an Respekt und Geduld.
- Herzenergie lebt ohne Erwartung von aussen, sondern aus der inneren Fülle.
- Herzenergie lebt Individualität.
- Herzenergie lebt Authentizität, auch wenn 1'000 Leute etwas anderes sagen.
- Herzenergie steht eigenverantwortlich zu sich selbst und für das eigene Denken, Fühlen und Handeln ein.
- Herzenergie lebt im Urvertrauen, dass alles seinen Sinn und seine Zeit hat.
- Herzenergie kennt keine Verluste, sondern lebt in der Fülle.
- Herzenergie steht im Vertrauen, kennt keine Angst vor sich selbst noch vor anderen.
- Herzenergie fühlt sich nie einsam oder nutzlos an.
- Herzenergie steht für Wahrheit ein, individuell sowie global.
- Herzenergie steht für Freiheit ein, individuell sowie global.

- Herzenergie verfügt über die Kraft und Motivation, sich selbst zu verändern und nicht die anderen.
- Herzenergie setzt Prioritäten.
- Herzenergie ist optimistisch, orientiert sich am Positiven.
- Herzenergie wirkt aufbauend, lebensbejahend.
- Herzenergie wirkt potenzialentfaltend, schränkt nicht ein, weder sich selbst noch andere.
- Herzenergie traut anderen ihr Potenzial und die Herzkraft auch zu.
- Herzenergie verfügt über die Kraft der Manifestation (Umsetzungskraft).
- Herzenergie bewirkt Bewusstseinsentfaltung.
- Herzenergie entwickelt neue Perspektiven, individuell sowie in der Gesellschaft.
- Herzenergie bewirkt eine Steigerung der Resilienz.
- Herzenergie hebt das Energieniveau individuell sowie global.
- Herzenergie überwindet alle körperlichen, seelischen Hürden.
- Herzenergie spricht nicht nur, sondern setzt auch um.
- Herzenergie übernimmt Verantwortung als Individuum sowie kollektiv.
- Herzenergie durchschaut und ist klar, nicht blind, verwirrt und geblendet.
- Herzenergie verfügt über keinen fertigen Plan für die Zukunft, kennt aber immer die richtige Richtung.
- Herzenergie macht Individualität im grossen Ganzen möglich.
- Herzenergie steht für Menschenwürde ein.
- Herzenergie ist offen und ehrlich.

- Herzenergie zeigt Teamfähigkeit.
- Herzenergie ist dankbar.
- Herzenergie wirkt berührend und herzöffnend.
- Herzenergie ist fähig zu Bedingungslosigkeit.
- Herzenergie kann annehmen ohne Gegenleistung.
- Herzenergie kann schenken ohne Gegenleistung.
- Herzenergie kann ehrliche Komplimente machen und auch annehmen.
- Herzenergie ist sanft, einfühlsam, zärtlich und sinnlich.
- Herzenergie schafft innere Erfüllung und Zufriedenheit.
- Herzenergie misst sich an der inneren Grösse, nicht an äusseren Statussymbolen.
- Herzenergie ist erfüllt von Hoffnung und Zuversicht auf positive Veränderung.
- Herzenergie steht und baut unermüdlich wieder auf, als Individuum als auch als Nation.
- Herzenergie ist die Seelennahrung aller Lebewesen, auch für die Erde.
- Herzenergie ist die Basissubstanz der Natur und des Planeten.
- Herzenergie stellt den nachhaltigsten und wirksamsten Klimaschutz dar.
- Herzenergie fliesst einfach, auch ohne Worte.
- Herzenergie sieht das Leben als Geschenk.
- Herzenergie ist der grosse göttliche Energiestrom von Ihnen als Herzmenschen.
- Herzenergie ist die stille Evolution hin zum individuellen und globalen Frieden.

Alles verändert sich, nur die Liebe bleibt stets unverändert und bildet die Basis, die Ursubstanz von uns selbst, der Natur und des Universums, unabhängig von der Zeitepoche, dem Zeitgeist und der Zeitqualität.

Allein die mehr als 100 Qualitäten von Herzenergie sind Motivation genug, diese vermehrt auszusenden und in unseren Alltag einfliessen zu lassen: Im Umgang mit sich selbst, in der Familie, der Partnerschaft, in der Freizeit, im Sport, in der Kunst, am Arbeitsplatz, in der Politik, bei humanitären Aktionen, in Sachen Klimaschutz, im Gesundheitswesen, in der Unternehmensführung. Und Sie werden sehen, allein schon das Bewusstsein dafür, welche Kraft Herzenergie ausstrahlt, kann in uns selbst und in unserem Umfeld bereits einiges hin zum Friedvollen bewirken. Allein schon die kleinste Veränderung in Ihrem Bewusstsein, die bewusste Ausrichtung Ihres Denkens, Fühlens und Handelns hin zum Positiven, trägt dazu bei, unseren Planeten und dessen Zivilisation in eine konstruktive Richtung und weg vom drohenden Abgrund zu führen. Die Symbolik von Herzenergie sehen wir auf dem Cover dieses Buches: Ein kleiner Tropfen löst eine sanfte, aber weitreichende Wellenbewegung aus. Der Tropfen klatscht nicht wirkungslos in die Umgebung. Er bewegt sanft und schlägt gleichmässige Wellen. Die Symbolik dahinter ist: Dort, wo ein Mensch sein wahres Licht und Potenzial entfaltet, rüttelt er bewusst oder unbewusst auch sein Umfeld auf. Doch es wird dabei kein Tsunami entstehen können, der andere Lebewesen überschwappt. Vielmehr sind es immer kleine Entwicklungsschritte eines jeden Einzelnen in einem grossen Wirkungsfeld, in welchem alle evolutionären Lebewesen eingebunden sind und somit nach dem freien Willen immer die Chance erhalten, diese aktuelle Evolution schöpferisch oder zerstörerisch mitzugehen.

Sie sind ein Herzmensch, der dazu befähigt und bemächtigt ist, starke Herzenergieströme fliessen zu lassen. Tun Sie es und Sie werden bemerken, welche positive Resonanz Sie finden und wie sich plötzlich so vieles in Ihrem Umfeld positiv verändert. Ich bin sicher, dass Sie bereits vielerlei Erfahrungen gemacht haben, die Sie positiv überraschten. Dennoch folgen ständig weitere Hürden, die es zu überwinden gilt. Meine Erfahrung ist, dass die Hürden während dieser Entwicklung scheinbar immer grösser werden und immer schneller auftreten, bis die Phase eintritt, in der sich alles von selbst ergibt und das eigene Leben völlig authentisch aus dem Moment gelebt werden kann. Es ergibt sich eine Bewusstseinsentwicklung, während der egobasierende, desintegre Energien in sich selbst laufend erkannt und transformiert werden und der innere Herzantrieb die Triebfeder unseres Lebens wird. Gleichzeitig verschafft sich eine deutlich fühlbare innere und äussere Freiheit ihren Raum und führt zu einem tiefen Frieden mit sich selbst und dem eigenen Leben. Es reihen sich kleine Wunder an kleine Wunder. Spätestens dann wird klar, dass wir vom Universum und den feinstofflichen Welten göttlich geführt und liebevoll begleitet und beschützt sind. Es ist dies eine wunderbare Entwicklung, zu der alle Menschen fähig sind und die in dieser Welt dringend notwendig ist.

16

Im lichtvollen Wandel der Welt

Wir leben in einer sehr bewegenden Zeit, stehen mitten im grossen, lichtvollen Wandel. Die Menschen entwickeln zunehmend ihr Herz. Intuitive Lebensführung wird in jedem Gesellschaftsbereich aktueller denn je; angefangen von intuitiver Ernährung und Bewegung bis zu intuitiver Unternehmensführung. Viele Menschen erkennen mittlerweile die grösseren Zusammenhänge dieses Paradigmawechsels und haben ihr eigenes Potenzial entdeckt, in dem sie mehr aus dem Herzen heraus arbeiten - und zwar in jeder Sparte der Gesellschaft. Bewusstseinsentfaltung und Potenzialförderung scheinen sich zu einem Massenphänomen zu entwickeln. Das ist keine neue Modeströmung, vielmehr ein Evolutionsschritt. Das Körperbewusstsein, das Ernährungs- und

Gesundheitsbewusstsein, das Umweltbewusstsein ist bereits bei vielen Menschen in den letzten Jahrzehnten angekommen. Insbesondere in Mitteleuropa entstanden massenhaft Wandel-Bewegungen, Vereine, Schutzorganisationen für Mensch und Tier, Friedensbewegungen, alternative Forschungsinstitute, Spirituelle Bewegungen, ganzheitliche soziale, humanitäre und ökologische Projekte und Stiftungen, die uns den lichtvollen Wandel aufzeigen. Dies ist der Lauf der Zeit und niemand trägt die Schuld für die dunkle Vergangenheit, weil es sich dabei um wichtige Lernprozesse handelte. Alles, was war, war aus höherer Perspektive richtig und wichtig so, wie es war.

Wir sind unfähig, die Dinge aus der Vergangenheit zu ändern. Wir können sie lediglich bedingungslos respektieren und ab sofort in eine herzbasierte Richtung arbeiten, in welcher sich herzfremde Dinge schlicht und einfach nicht mehr manifestieren können. Mit diesem Wandel kommt das Urwesen, die Uressenz des Menschen mit seinem phänomenalen schöpferischen Potenzial nach und nach zurück. Spiritualität hat sich neu definiert und den meisten Menschen ist bewusst, dass wir eigentlich alle an ein und dieselbe Urquelle glauben, da derselbe göttliche Funken und dieselbe göttliche Intelligenz in uns allen lebt.

Tausende Menschen sind noch viel weiter fortgeschritten mit ihrem multidimensionalen, kosmischen Bewusstsein, womit sie die tieferen Zusammenhänge über das multidimensionale Dasein erkennen. Damit definiert sich die individuelle Wahrheit stets neu. So gibt es Menschen, die bewusst sind und komplexe Dinge aus ihrem tiefsten Inneren heraus verstehen, ohne je etwas darüber gelernt zu haben; oder Menschen, die Fachwissen weit über den wissenschaftlichen Bereich hinaus besitzen, weil sie dies in anderen Leben oder auf anderen Planeten bereits gelernt haben. Und es gibt Menschen, die eine fast unfassbare Menschenliebe zeigen. Solche Menschen sehen ihre Lebensaufgabe darin, sich ohne Eigeninteressen komplett für den globalen Wandel hin zum Konstruktiven einzusetzen.

Weniger bewusste Menschen bewegen sich mit ihrem Denken, Fühlen und Handeln auf einem niedrigen Energieniveau. Sie fühlen sich durch die Schnelllebigkeit multifaktoriell gestresst, sind verdrossen oder gelangweilt, allein schon mit den individuellen Aufgaben. Sie durchblicken weder die Komplexität unseres rasanten Weltgeschehens, noch ihre übergeordnete Aufgabe der menschlichen Existenz. Bei diesen Menschen ist der Wandel negativ gekoppelt. Diese grosse Wende zu Beginn eines neuen Zeitalters jedoch führt hin zum Friedvollen. Mit dem vergangenen Zeitalter haben wir das Zeitalter mit der tiefsten kollektiven Energie überwunden und stehen seit ein paar Jahren nun im neuen Zeitalter, welches sich durch die zunehmende Herzenergie, ausgelöst durch die Menschen, kennzeichnet. Jeder, der sich bereits in der Entfaltung befindet, erlebt ab einem gewissen energetischen Niveau tagtäglich kleine Wunder. Eine Ausgangslage, die Quantensprünge auf allen Ebenen für eine ganze Gesellschaft ermöglicht. Und plötzlich wird es logisch, warum Selbstheilung machbar wird, warum – in jedem erdenklichen Bereich – so viele 180 Grad Wendungen hin zum Guten möglich sind. Von vielen Menschen wird dieser Prozess auch als das grosse Erwachen bezeichnet.

Der Vertrauensverlust in die Wissenschaften, Religionen, Politik, Wirtschaft und generell in unsere veralteten vorwiegend egobasierenden Systeme ist grösser denn je. Überholte Gesetze, Traditionen, kulturelle Leitplanken, künstliche Normen, Richtlinien und Grenzwerte in allen Sektoren sind unnatürliche Fixierungen und Verhaftungen, die mit der wahren Natur und dem Menschen als Individuum sowie mit dem aktuellen Zeitgeist und der Zeitqualität wenig gemeinsam haben. Während die alten Strukturen bröckeln und die Dramen und Abgründe der Welt immer mehr sichtbar werden und scheinbar zunehmen, gelangt im Gegenzug durch die zunehmende Anzahl von bewussten Menschen immer mehr Wahrheit und Wissen in die Welt; eine Wahrheit, die nicht nur uns selbst als Individuum einen evolutionären Schritt vorantreibt, sondern auch die rein materialistische Weltanschauung mächtig ins Wanken bringt. Alle Bereiche entwickeln sich mittlerweile in Richtung Aufweichung, Öffnung, mehr Lebensqualität anstatt Gewinnmaximierung etc.

Gerade die älteren Menschen unserer Zeit sind es, die aus der üblichen jahrzehntelangen Denkroutine ausbrechen. Die jüngsten Generationen bringen ein sehr integrales Bewusstsein mit und leben herzbasiert bereits vor, wie ein friedliches, soziales Miteinander aussehen kann, wenn man die universellen Gesetzmässigkeiten ins Leben integriert und aus dem Herzen heraus arbeitet. Das auffallendste Merkmal ist: Sie passen mit ihrem Wesen nicht mehr in unser unnatürliches, herzfremdes Leistungs- und Machtsystem, welches darauf ausgerichtet ist, Gewinner und Verlierer zu schaffen. Sie sind an diesen offensichtlich überholten, selbstlimitierenden Macht- und Leitstrukturen nicht interessiert und klagen auch nicht an. Sie suchen neue, ganzheitliche, wirklich nachhaltige Lösungen und setzen diese um, meist ganz still.

Der grosse innere und äussere Wandel, der uns so sanft oder auch unsanft immer wieder auffordert, uns innerlich und äusserlich zu verändern – diesem Wandel dürfen wir positiv gegenüberstehen. Wandel heute heisst: Von der zähen und dunklen, destruktiven Energie, einer tiefen Schwingung, hinzusteuern zur Herzenergie und damit zu einer lichtvollen Umstrukturierung eines Individuums und der ganzen Gesellschaftsstrukturen. Dadurch, dass die Vergangenheit geprägt wurde von herzlosen rationalen und analytischen Denkweisen, sind widernatürliche Systeme entstanden, die nicht mit den universellen Gesetzmässigkeiten, den selbstregulierenden Prinzipien der Natur übereinstimmen und deshalb nicht mehr entwicklungsfähig sind. Darin zeigt sich eine niedrige Energie, die Veränderung nur ungern macht und wenn, dann nur sehr träge. Doch genau wie jede Zelle regeneriert sich auch das Universum stets neu, ja, besitzt eine göttlich geführte Intelligenz zur Selbstregulation.

Aus der Vergangenheit haben wir wichtige Dinge gelernt. Die Vergangenheit war geprägt von einer Dominanz an männlicher Energie. Aus dem Ego und dem ständigen Mangel an Liebe entstanden Trennungsmentalitäten, Machtgedanken, Feindbilder, Kriege, Kapitalismus, Ressourcenverbrauch, Globalisierung mit Gewinnern und Verlierern. Diese Erfahrung war für die Menschheit sehr wichtig, ansonsten könnten wir jetzt nicht beurteilen, dass wir so nicht mehr weitermachen möchten. Schuldzuweisungen, Empörung und Verurteilung verstärken diese Sackgassen und bringen uns nicht weiter. Gefragt ist nun eine Regulierung, die, anstatt Arm und Reich zu fördern, den Mittelstand stabilisiert, eine Regulierung, die Über- und Unterernährung ins Gleichgewicht bringt.

Wir leben in einer Zeit, in welcher unglaublich viel Gutes vorhanden ist. Der Wille zur Veränderung ist bei vielen Menschen in Mitteleuropa grösser denn je. In vielen Menschen findet der Ausgleich von männlicher und weiblicher Energie statt. Die weiblichen Aspekte des Menschen richten sich auf das Innere, repräsentieren das Inaktive, das Sanfte, das Weibliche und Empfangende. Diese gleichen sich zunehmend aus mit der männlichen, der starken, nach aussen orientierten Energie, ja, der beschützenden, erschaffenden und aktiven Energie. Die männliche Energie sieht jedoch Begrenzung und Trennung vor, repräsentiert auch das Rationale, die Disziplin und das Durchsetzungsvermögen, während sich die weibliche Energie durch Intuition dem Fluss des Lebens überlässt. In der Gesellschaft nehmen wir diesen Ausgleich z.B. als zunehmende Gleichberechtigung zwischen Mann und Frau wahr. Die meisten Menschen befinden sich noch in einem Zuviel an männlicher Energie und sind noch zu verstandesdominiert. Sich von all den Programmierungen loszusagen und offen zu sein für völlig neue Lösungen, benötigt eine integre Energie.

So vieles wurde vor Jahrhunderten oder Jahrzehnten mit einem konstruktiven Herzimpuls erfunden, in die Welt gestellt und im Laufe der Zeit von einzelnen Menschen egobasiert destruktiv verändert. Spirituelle Wahrheiten wurden verwässert und manipuliert, einzelne Religionen, die alle ursprünglich einmal die Liebe als Ausgangslage hatten, wurden zu Machtsystemen. Geld, was per se neutral ist, wurde für zerstörerische Zwecke missbraucht. Resultat waren ein globales Ungleichgewicht und ein Machtdenken mit der Entwicklung des Kapitalismus und der Förderung der Globalisierung. Alle diese Dinge entstehen nicht aus göttlicher Intelligenz. Heute wissen wir, dass diese Systeme selbstlimitierend und nie zielführend sein werden. Wenn Gewalt mit Gewalt beantwortet wird, gibt es nie etwas zu gewinnen; es zeigen sich nur Verluste. Energetisch tiefe Systeme können in einer höheren Energie ganz einfach nicht mehr existieren. Im Gegenzug entwickelt sich alles Lichtvolle mit den Prinzipien der Natur unglaublich schnell.

Mit mehr Herzenergie zu wirken führt zu einem radikalen, friedvollen Umdenken, ist, wie alles im Universum, gar nicht so kompliziert und sogar kostenlos. Trotzdem kommt die Frage auf: Was können wir als Individuum ab sofort für den Weltfrieden, den Klimawandel, die Biodiversität, die Humanität dieser Welt tun, ohne Geld und Zeit, ohne Ressourcen aufzuwenden? In den nächsten Kapiteln wird Ihnen dies klar werden. Wir kommen nicht darum herum, nach der Natur zu handeln, nach den universellen Prinzipien des Universums, die weder kompliziert, teuer und langwierig sind, sondern einfach, logisch, unkompliziert, kostenlos, selbstregulierend, ständig entwicklungsfähig und extrem effizient.

17

Bedingungsloser Respekt gegenüber der gesamten Schöpfung

Ein fundamentaler Aspekt einer Herz-Ethik bildet bedingungsloser Respekt gegenüber der gesamten Schöpfung, in die wir hineingeboren wurden. Bedingungsloser Respekt (+++) ist eine hohe Form von Herzenergie und beinhaltet nicht nur Anerkennung (++), Wertschätzung (++), Akzeptanz (+) und Toleranz (+), sondern Hochachtung (+++). Es ist an uns, bedingungslosen Respekt der ganzen Schöpfung und somit auch uns selbst und allem materiell Erschaffenen und allen Lebewesen gegenüber zu zollen. Dies beinhaltet einerseits Respekt gegenüber unserer Natur, unserer Mutter Erde als wunderbares, aber leidendes Lebewesen, aber auch Respekt gegenüber den Naturgesetzen und natürlichen Prinzipien und Regelkreisläufen dieses Planeten, in die wir als Mensch integriert sind.

Wenn wir von Schöpfung reden, meinen die meisten Menschen die Natur mit all ihren Lebewesen. Schöpfung jedoch bedeutet auch bedingungsloser Respekt gegenüber der kompletten materiellen Welt, in die wir hineingeboren wurden. Dies bedeutet, Respekt gegenüber der Arbeit früherer Menschenleben aufzubringen, die in ihrem göttlichen Wesen ja auch die Schöpfung erweitert - bisweilen allerdings auch zerstört - haben. Vergangene Schöpfungen sind beispielsweise unsere Systemstrukturen, der Finanzsektor, die westliche Medizin und die Alternativmedizin, Elektrizität, Technologie, Digitalisierung, Waffen, künstliche Intelligenz, Flugzeuge, Atomenergie, Bücher, Gesetze, Regierungsformen, Bildungsformen, Berufe, Nahrungsmittel, Spielsachen bis hin zum Kaugummi. Auch wenn vieles davon mit einem guten Gedanken erschaffen worden war, war das letzte Jahrhundert dennoch geprägt vom Ego-Dasein und seinen ausbeuterischen Konsequenzen. Viele dieser Schöpfungen wurden missbraucht und desinteger eingesetzt. Die vielen Handlungen aus den Egostrukturen führten zu vielen Kriegen und gesellschaftlichen Scherbenhaufen. Jedoch bringen genau diese uns ins herzbasierte Handeln, denn sie ermöglichten fundamental wichtige Erkenntnisse und somit Evolutionsschritte.

Viele bewusste Menschen erinnern sich bereits an das letzte Leben und haben vieles aus ihren vergangenen Leben transformiert. Wenn wir in gebührendem Respekt gegenüber dem Reinkarnationszyklus bedenken, dass wir damals vielleicht mit dabei waren, scheint es logisch, dass wir jetzt erneut hier sind, um diese Scherbenhaufen wieder abzubauen.

Es ist in keiner Weise entwicklungsfördernd, die Vergangenheit zu verurteilen, aber auch nicht, diese zu legitimieren oder wegzuschauen. Allein Erkenntnis bringt uns weiter. Die Vergangenheit können wir nicht ungeschehen machen. Die Zukunft jedoch können wir aus der Gegenwart heraus gestalten und diese beginnt genau jetzt, in diesem Moment.

Unsere Energie sollte herzbasiert auf die Gegenwart gerichtet sein, dann ist sie auch konstruktiv und lebensbejahend in die Zukunft gerichtet. Das Leben fordert bedingungslosen Respekt gegenüber allem Leben, d.h. Tieren, Pflanzen, Gegenständen, ja, gegenüber dem freien Willen anderer Menschen; insbesondere Respekt gegenüber dem freien Willen von Menschen, die noch aus den Egostrukturen handeln und somit eine Sandkastenethik leben. Dies mag schwierig erscheinen, doch diese Menschen entscheiden selbst, mit welcher Ethik sie leben, die Konsequenzen davon jedoch tragen wir alle. Daher ist es so wichtig, dass wir in unserem Inneren nicht einfach in den Tag hineinleben und die wahre Realität und dessen Potenzial verschlafen, sondern für uns selbst unmissverständlich Haltung beziehen in eine natürliche, positive, lebensbejahende Richtung. Damit ändert sich die Energie in uns.

Respekt sich selbst gegenüber

So gesehen ist es unsagbar wichtig, dass wir auch Respekt vor uns selber verankern; vor unserem eigenen Leben, unserem Denken, Fühlen und Handeln, unserer vermeintlichen eigenen körperlichen, seelischen und geistigen Unvollkommenheit; und dies im Bewusstsein, dass wir ganz innen vollkommen göttlich sind. Es definiert unseren Selbstwert, dafür dürfen wir auch einstehen. Es ist eine hohe Form von Herzenergie, die wir auch uns selbst entgegenbringen dürfen mit Dankbarkeit, Mut, Geduld und Zuversicht für die eigene Entwicklung, aber auch für die Entwicklung unserer Mitmenschen. Das bedeutet, Respekt und damit kraftvollste Herzenergie der eigenen Seele entgegenzubringen, die schon so unzählige Male in schwierigsten Lernprozessen stand, nicht nur in diesem Leben. Es geht um Respekt vor der eigenen Seele, die so unsagbar motiviert und euphorisch in dieses Leben gehüpft ist, um in dieser Inkarnation, in diesem menschlichen Körper durch Transformation noch eine höhere Form von Herzenergie zu erfahren.

Bedanken Sie sich bei Ihrer Seele für den Mut, in eine massiv zerstörte Welt zu inkarnieren; dies zeugt von einer hohen seelischen Reife. Ihre Seele weiss im tiefsten Inneren genau, dass sie in ihrem Kern göttlich ist und sie nichts und niemanden zerstören kann. Im Gegenteil, sie wurde in diese Welt geboren, um aus dem Herzen zu leben und Spuren der Herzenergie zu hinterlassen. Diese Essenz, die sie im tiefsten Inneren verkörpert, möchte sie authentisch und autark aussenden, um in dieser Welt einen weiteren Funken des Friedens zu verankern, um dadurch die Durchlichtung von ihr selbst und der ganzen Menschheit zu fördern.

Bedingungsloser Respekt vor den Mitmenschen reduziert die desintegren Energien massiv. Respekt reduziert die Erwartungshaltung (-) an andere und fördert das Selbstbewusstsein, die Selbstverantwortung und das Bestreben, sich selbst zu verändern und nicht die Mitmenschen. Bedingungsloser Respekt reduziert so ziemlich alles, was wir an desintegren Energien kennen. Mit einer respektvollen Haltung gehen wir zusehends weniger in Resonanz mit diesen selbstlimitierenden, lebensfeindlichen Energien.

In dem Moment, als ich dieses Kapitel niederschrieb, fühlte ich grossen Respekt vor meiner Seele, die mir den Herzimpuls ausgesendet hatte, mich mit dem Thema Herzethik zu befassen. Ebenso fühle ich höchsten Respekt und Hochachtung Ihnen und Ihrer Seele gegenüber, dass Sie sich auch mit diesen immens wichtigen Themen beschäftigen.

18

Reinkarnation, Epigenetik und Transformation

Während in der Mehrheit der Weltkulturen Reinkarnation noch zum Weltbild gehört, ist dieser ganz natürliche Aspekt der Seelenwanderung insbesondere in einigen Religionen in den letzten Jahrhunderten abhandengekommen. Mit diesem wichtigen, fehlenden Aspekt des ganzheitlichen Weltbildes zeigten sich zunehmende Verwirrung, Ohnmacht und Ängste. Insbesondere das Thema Tod wurde dadurch zu einem Mysterium. Die Sinnhaftigkeit und die Bedeutung der menschlichen Existenz fehlte fundamental, denn dadurch wurde der übergeordnete göttliche Plan und der individuelle Seelenplan und damit die göttliche Schöpferkraft eines jeden Einzelnen radikal untergraben.

Für alle höchst bewussten Menschen jedoch ist klar, dass unsere feinstoffliche Seele beim Tod den Körper verlässt und gemäss ihrem freien Willen wieder inkarnieren kann. Mit jedem Leben möchte die Seele mit Lernprozessen eine neue energetische Ebene erreichen. Was diesen hoch bewussten Menschen genauso einheitlich klar ist: Alles, was wir fühlen, denken und handeln wird abgespeichert in unserer Seele, in unseren Zellen und im Quantenfeld. All dies wird somit im nächsten Leben wieder mitgenommen als feinstofflicher Aspekt der Seele, inklusive dem gesamten physischen genetischen Paket der Eltern und der Ahnen. Während das physische Herz stirbt, lebt das feinstoffliche Herz, die Seele und der Geist, weiter in einer Parallelwelt.

Diese Abspeicherungen und Prägungen sind bereits in der Epigenetik erforscht und geben klare Hinweise auf Reinkarnation. Wissenschaftler haben erforscht, dass z.B. die Erfahrung «Hunger» oder «Gewalt» bei den Probanden an den gleichen DNA-Abschnitten genetische Veränderungen aufzeigten. Aber auch positive Erlebnisse hinterlassen genauso ihre Spuren. Immer dann, wenn wir etwas fühlen, denken und handeln, werden gleichzeitig biologische Prozesse ausgelöst, z.B. Glücks- oder Stresshormone produziert. Forscher haben festgestellt, dass sich z.B. Gene verändern und blockieren können. Sie haben ebenfalls nachgewiesen, dass sich dasselbe traumatische Ereignis bei Menschen, die in einem positiven, integren Umfeld leben, keine genetischen Blockierungen hinterlässt, während dessen das Trauma bei Menschen in einem desintegren Umfeld eine Prägung hinterlässt, die genetisch zu erkennen ist. Die entscheidende Wichtigkeit, ob wir positive oder negative Energie ausstrahlen, bestätigt sich damit eindrücklich.

Das Wissen um diese epigenetischen Prägungen und Mechanismen eröffnet Chancen. Einerseits bestätigt es die Tatsache, dass widernatürliche Programmierungen, wie beispielsweise Ängste oder vermeintliche Defizite, uns aus früheren Leben noch beschäftigen können, da es anscheinend Aspekte sind, die noch nicht mit einer positiven Energie transformiert worden sind. Erfreulich ist andererseits die Tatsache, dass wir den widernatürlichen Prägungen mit transformierender Herzenergie dagegen halten dürfen. Das Grundprinzip der Transformation bestätigt sich mit diesen Erkenntnissen auch auf der Zellebene. Denn mit Negativität lässt sich nichts transformieren, sie hinterlässt gegen die Natur verlaufende, verdichtende Veränderungen auf allen Ebenen.

Das Innerste eines Menschen ist also immer auf das Gute ausgerichtet und hat als Werkzeug seiner Existenz die Liebe geschenkt bekommen. Menschen, die sogar ein Zellbewusstsein besitzen, bestätigen diese These immer wieder und erleben selbst, wie sich durch das Transformieren mit positiver Energie widernatürliche Programme neutralisieren und Veränderungen auf der DNA zeigen. Ängste, Lernschwächen, aber auch Verhaltensmuster oder körperliche Beschwerden sind plötzlich nicht mehr da. Sobald sie transformiert sind, sind sie dies auch für die Ahnen und werden im nächsten Leben keine Belastung mehr darstellen; sie sind gleichsam nachhaltig transformiert. Wir stehen also tagtäglich in diesem Transformationsmodus, bewusst oder unbewusst.

Verfügten wir nicht über diese transformative Kraft der Liebe, wären wir ja längst Opfer all unserer Ahnen, die uns über das genetische Material mit einem schweren Rucksack belasten. Das wäre bestimmt kein göttlicher Plan. Da jedoch jede Inkarnation darauf ausgerichtet ist, einen gewissen Teil zu transformieren, tritt auch nur eine solche Menge in das Leben als sogenannte Schicksale, wie wir verkraften und bewältigen können. Wir sind in diesem Leben nicht das Opfer und die Lastesel unserer Vorfahren (Opferrolle!).

Es zeigt sich deutlich, dass in uns allen der göttliche Ursprung, eine selbstregulierende Ursubstanz, Liebe oder eben Herzenergie dafür sorgt, dass wir unser Leben in eine positive Richtung leben dürfen und die universelle, transformierende Kraft darstellt und nicht etwa das Dunkle, das Negative. Dieses göttliche Prinzip der Natur müssen wir verstanden haben, wenn wir uns selbst, unsere Zellen, unser Umfeld und unsere Welt kollektiv in eine positive Richtung bewegen möchten. Transformationsfähigkeit zeigt einen weiteren wichtigen Kernaspekt der Herzethik.

Herzenergie entwickelt sich von innen heraus, ist nicht im Aussen einzukaufen oder zu konsumieren. Als Individuum profitieren wir allerdings von dem Energieniveau im Aussen durch andere Herzmenschen, die hoch schwingen und uns das Leben und unsere Entwicklung um einiges erleichtern und nicht erschweren. Im Kleinen kennen Sie das: In einer Umgebung, in der echte Fröhlichkeit herrscht, ist es einfacher, ebenso fröhlich zu sein als in einem tiefen energetischen Umfeld, in welcher Depression herrscht. Oder wenn man sich selbst in einem Tief befindet, erträgt man Menschen mit negativer Einstellung gar nicht, weil die desintegre Energie einen noch weiter herunterzieht. Bei tiefen Energien wie z.B. Trauer oder schwersten Depressionen wird eine zu hohe Energie wiederum nicht ertragen. Die tiefe Energie kann dann nicht andocken. Erforderlich sind vielmehr unzählige kleine

Schritte hin zur Energieerhöhung. Dieser Prozess kann sehr individuell ausfallen und braucht oft länger Zeit. Bewusstseinsarbeit, sofern sie überhaupt gewollt und möglich ist, stellt immer eine Win-win-Situation dar. Über unzählige Bahnen der Matrix sind wir alle miteinander energetisch verbunden. Wir sind universelle Geschwister mit unterschiedlichem Bewusstsein und mit unterschiedlichen Lernprozessen.

Aus persönlicher Erfahrung kann ich bestätigen: Auf diesem Planeten sind viele hochenergetische Seelen als Mensch inkarniert, die als einzelnes Wesen ein kollektives Energiefeld von mehreren Millionen Menschen stabilisieren; sie stabilisieren das Menschheitsfeld, um die Zivilisation Mensch vor weiteren Abgründen zu bewahren und ihnen allen die Gelegenheit zu bieten, sich selbst zu einem solchen Leuchtturm zu entwickeln. Solche Menschen stärken das kollektive energetische Feld, indem sie unaufhaltsam und bedingungslos eine enorme Energie ausstrahlen, vergleichbar mit Fixsternen am Himmel.

19

Der freie Wille und die individuelle Berufung im Schöpfungsplan

Wenn Menschen mit stark erweitertem Bewusstsein von individueller Berufung und übergeordnetem Schöpfungsplan sprechen, dann tönt das in der Theorie so logisch und einfach. So könnte man das Weltgeschehen tatsächlich als ein gigantisches Spielfeld bezeichnen mit vorgegebenen Regeln, auf welchem jede Seele bereits vor der Inkarnation eine bestimmte Rolle mit Begeisterung annimmt – ganz nach dem freien Willen der Seele. Das feinstoffliche Herz weiss, wenn es sich in den lichteren Regionen des Universums befindet, dass auf der Erde als dreidimensionalem Spielfeld verschiedene Gesetze wirken. Die Seele weiss auch, dass sie in dem tieferen energetischen Umfeld sozusagen unter erschwerten Umständen arbeitet, da sie in dieser Dichte einfach vieles vergisst und nur sehr wenig im aktuellen Tagesbewusstsein präsent ist, genau soviel wie richtig und wichtig ist. Alles andere, das komplette göttliche Bewusstsein und die göttliche Intelligenz, liegt auf Geistesebene und wird Schritt für Schritt, von Inkarnation zu Inkarnation entfaltet.

Gott hat den Menschen den freien Willen überlassen mit dem Vertrauen und dem unbedingten Respekt, dass sie damit zwischen Gut und Böse, zwischen Herz und Ego unterscheiden lernen, damit sie erkennen, was es bedeutet, göttlich zu sein. Mit dem freien Willen erhielten wir die Entscheidungsfreiheit geschenkt, zugleich die Eigenverantwortung und Selbstermächtigung zum schöpferischen oder zerstörerischen Wirken. Die Konsequenzen und Folgen unseres Wirkens tragen wir selbst – individuell wie kollektiv. Wir selbst erfahren als Feedback unseres Handelns Himmel und Hölle. Es ist nicht Gott, der darüber urteilt. Im Gegenteil, er hat uns die Macht erteilt, schöpferisch und somit göttlich tätig zu sein, was wir ja tun, sobald wir herzbasiert unterwegs sind. Er hat aber auch die Geduld und das unglaubliche Vertrauen, dass Menschen, die sich auf Abwegen befinden, wieder den Weg zum Herzen finden.

Kosmische Gesetze wie das Gesetz der Resonanz sind anonyme Wirkmechanismen: Das, was wir ausstrahlen, ziehen wir an. Wir kennen das kosmische Gesetz aus unzähligen Redewendungen wie: «So wie man in den Wald hineinruft, so schallt es zurück.» oder «Wer andern eine Grube gräbt, fällt selbst hinein.» Alles was wir anderen im Guten und Unguten antun, fällt auf uns zurück, in diesem oder im nächsten Leben. Somit hat die Aussage: «Wir sind die Erschaffer unseres Glücks» schon seine Richtigkeit. Wir sind demzufolge auch die Erschaffer unserer Hölle. Das Ego tut sich schwer mit dieser Erkenntnis, denn es sucht für die eigene Misere aus Mangel an Liebe ständig Schuldige im Aussen. Das Herz jedoch sieht selbstverantwortlich hin und wiegt sich im Vertrauen, dass wir auch schwierige Dinge aus früheren Leben transformieren dürfen und sich dafür in unserem gegenwärtigen Dasein viele Chancen bieten, sich diesem Prozess überhaupt stellen zu dürfen und damit weiteres seelisch-geistiges Wachstum und Reife zu erlangen. Deshalb ist es eine Ehre, Mensch zu sein.

Auch Ihre Seele hat also bereits vor der Inkarnation den freien Willen gelebt und dies freiwillig und hat wohl ziemlich euphorisch in der Warteschlange für eine Inkarnation auf der Erde gewartet, um eben genau durch das Aussenden von Herzenergie die Evolution konstruktiv zu prägen und damit sich selbst sowie der Erde Heilung zu verschaffen. Wir alle entscheiden mit grosser Zuversicht und Freude, uns freiwillig in dieses Leben zu begeben und haben selbst entschieden, welche Matrixkreuzungen der Seele wir durchlichten möchten. Während der Inkarnation bleiben ausschliesslich die Zwischenräume dem freien Willen überlassen, während die einzelnen Schicksalsstationen, so auch die Geburt und der Tod, bereits vor der Inkarnation festgelegt und von der übergeordneten Logistik so organisiert werden, dass sie sicher in unser Leben treten. Es wird also göttlich geführt, dass wir bestimmte Lebenssituationen und Menschen unumgänglich und meist «per Zufall» antreffen und auch wieder ins Jenseits gehen lassen dürfen. Somit unterliegt tatsächlich unser ganzes Dasein dem individuellen freien Willen. In welcher Form die Lernprozesse stattfinden, hängt wiederum vom freien Willen, den Begabungen, der Berufung, den karmischen Verstrickungen und der Aufgabe in der physischen Inkarnation ab. Die Zeitqualität und der Zeitgeist spielen ebenfalls eine Rolle. Respekt oder Zuversicht beispielsweise kann ja in verschiedenen Lernfeldern erfahren und integriert werden, ob im Berufsleben, in der Partnerschaft, in der Familie oder beim Hobby.

Seele und Geist steigen also in eine dichtere Materie, den Körper, ein und arbeiten somit unter erschwerten Bedingungen, da die Energie der feinstofflichen Seele höher schwingt als diejenige des materiellen Körpers. Die Seele vergisst unglaublich viel in dieser Dichte. Dieses Wissen aus vergangenen Leben liegt als Unterbewusstsein in uns und bewirkt, dass wir uns im Ego verlieren anstatt den Herzweg zu wählen. Im Rahmen der Potenzialentfaltung bzw. der Bewusstseinsentwicklung schickt die Seele Dinge aus dem Unterbewusstsein ins Tagesbewusstsein, damit sie mit positiver Energie ein negativ abgespeichertes Verhaltensmuster oder eine Erfahrung transformieren kann. Positive Dinge aus der Vergangenheit müssen nicht transformiert werden.

Der freie Wille und damit die Selbstverantwortung und Selbstermächtigung ist eines der wichtigsten universellen und göttlichen Gesetze überhaupt, welches uns in dieser Dualität stets die Entscheidung überlässt, schöpferisch oder zerstörerisch zu wirken. Dies bildet einen weiteren Kernpunkt der Herzethik, denn der Alltag fordert ständig Entscheidungen zwischen positiv, natürlich, und negativ, widernatürlich.

Mit jedem Lernprozess, mit jeder Entscheidung, mit jedem Gedanken entwickeln wir die Seele weiter zum Licht hin oder eben zurück in die Dunkelheit und strahlen dementsprechend Energie aus. Das Herz mit der göttlichen Verbindung zeigt uns immer den aktuellen Weg des Lichts, die eigene Berufung für dieses Leben. Wir alle wurden zudem nicht allein hierhingeschickt. Es sind inkarnierte Mitmenschen mit dabei, die wir brauchen - je nach Lebenssituation. Auch Menschen mit weniger weitem Bewusstsein sind hier, die uns mit ihren Lernsituationen ein Lernfeld bieten, eine wachsende Liebesfähigkeit zu entwickeln, unser Potenzial zu entfalten, denn die sogenannten «Widersacher» und «schwierigen Lebenssituationen» wirken als unsere Potenzialentfalter. Auch diese Erkenntnis ist für das Ego schwer anzunehmen.

Der eigene Seelenplan ist in diesem grossen göttlichen Plan, der sich ja ständig verändert, integriert. Er ändert sich deshalb, weil alle Menschen über den freien Willen verfügen und aus diesem Grund auch einmal abseits des Seelenplanes desinteger wirken. Geschieht dies, passt das Puzzleteil für einmal für den Moment nicht in den grossen Plan.

Es stellt sich die Frage, wie frei dieser freie Wille wirklich ist. Oft haben wir doch das Gefühl, dass wir durch andere Menschen oder Situationen, die wir nicht erwartet hätten, zu etwas geschubst oder gedrängt werden. Es wird von uns eine Veränderung verlangt, die uns gar nicht willkommen ist, eine Veränderung, die eine grosse innerliche oder äusserliche Anpassung erforderlich macht, bis sie innerlich stimmig ist. Es sind Situationen, bei welchen wir über unseren Schatten springen müssen; oder anders formuliert: bei welchen das Ego sich dem Herzen anzupassen hat. Dies ist meist dann der Fall, wenn vielleicht ein Todesfall, eine Krankheit, eine tiefe Verletzung, eine Kündigung oder eine Trennung von Partnern ansteht. Spätestens in solchen Situationen kommt die Frage des freien Willens auf. Das Ziel des göttlichen Plans ist immer, dass jede Seele ihre vorgenommene Aufgabe erfüllen kann. Die Form, in welcher die Aufgabe auf uns zukommt, kann sich allerdings verändern. Genau wie im grossen göttlichen Plan im Moment das Erwachen der Menschheit auf dem Plan steht, stehen bei uns individuell die Lernstationen unserer Seele fest. In welcher Umgebung wir beispielsweise den Aspekt von

Selbstliebe, von Verzeihen oder Achtsamkeit lernen, kann sich im Verlauf des Lebens ändern, denn darauf haben wir Einfluss mit unserer eigenen Energie.

Wir dürfen im tiefen Vertrauen leben, dass wir uns bewusst entschieden haben, in diese Welt zu gehen und in keine andere. Wir haben bewusst entschieden, uns in diese veralteten Systeme hineinzubegeben, in eine massiv zerstörte Welt. Wir haben bewusst entschieden, in welche Familie, in welchem Land mit welchen Seelen wir diese Aufgabe bewältigen möchten. Wir haben bewusst entschieden, bevor wir in einen dreidimensionalen Körper verankert wurden, diesen zu respektieren und zu lieben. Wir haben auch bewusst entschieden, hier für die kollektive Friedensverankerung zu arbeiten, gerade in dieser Zeitepoche. Wir sind Herzmenschen, die bevorzugt wurden für das Leben, das wir genau jetzt leben; weil niemand anders da ist, der diese Rolle besser leben könnte. Wir haben es lediglich vergessen.

Anders ausgedrückt: Wir sind alle ein Puzzleteil, das in ein grosses Bild passt. Es braucht uns alle, niemand ist überflüssig. Jeder von uns hat ein Leben als Chance für die eigene Weiterentwicklung geschenkt bekommen. Niemand anders als wir selbst leben unser Leben. Wir verfügen stets über die Wahl, wie wir es leben und tragen selbstverantwortlich auch die Auswirkungen davon! Wenn ich diese Überlegungen auf mein eigenes Leben projiziere und dieses rückblickend durchleuchte, dann kann ich einfach alles nur in allen Belangen bestätigen.

Doch was ist mit all jenen, die das gar nicht bemerken? Was ist mit denjenigen, bei denen egobasierende Ängste in vielen Formen, Zweifel, Opferrollen, Neid und Materialismus das Leben dominieren und die dadurch dem Seelenplan oftmals nur entfernt folgen? Was, wenn diejenigen Menschen, die in meinem Leben eine grosse Rolle spielen, in dieses grosse Puzzle plötzlich gar nicht mehr hineinpassen und ich meine Rolle und meine Erfahrungen auch nicht mehr entsprechend ausführen kann? Was, wenn ich selbst meine Rolle nicht erfülle, auf egobasierende Abwege gelange und für andere nicht die Andockstelle und die entsprechende Energie bieten kann, für die ich vorgesehen bin?

Ich bin im Vertrauen, dass wir immer ein Feedback unserer Seele erhalten, ob wir auf dem herzbasierten Seelenplan sind. Wir erfahren innere Stimmigkeit und viele Formen von positiven Energien wie Motivation und Begeisterung, sobald Authentizität gelebt und die Herzimpulse umgesetzt werden. Es stellen sich keine Fragen nach dem Warum und dem Wieso, obwohl auch – oft ziemlich viele – Herausforderungen anstehen. Nur wenn wir uns ständig im Chaos befinden, sind solche Herausforderungen Zeichen von Abwegen, da sich das innere Chaos meist auch im äusseren Chaos zeigt. Man beschäftigt sich ständig mit den gleichen Themen, dreht in sogenannten Hamsterrädern und Teufelskreisen.

Wir müssen zuerst Chaos erlebt haben, damit wir zur Einsicht gelangen, dass Ordnung stimmiger ist. Wir wünschen uns früher oder später aus dieser Situation heraus, denn unsere Seele hat von Natur aus immer den Drang, sich weiter zu entwickeln, genauso, wie es Kleinkinder noch tun. Wir dürfen dann zur Erkenntnis gelangen, dass alles mit einem höheren Energieniveau einfacher und effizienter geht. Wir erfahren, dass Ordnung existiert, mit und in welcher sich vieles einfach ergibt und die wunderbarsten Zufälle unser Leben bereichern, weil das Universum kräftig mithilft. Dann reihen sich kleine Wunder an Wunder. Synchronizität, die Physiologie und Funktionalität des Universums werden dann erst richtig bewusst. Denn erst wenn man richtig positiv unterwegs ist, fügt sich alles natürlich und effizient, ohne energieraubende Umwege und Negativspirale.

Eines der Lebensprojekte verzögert sich vielleicht; ein anderes wiederum entwickelt sich sehr schnell, sobald alle Involvierten ihre Berufung mit Begeisterung leben und somit die Energie stimmt. Deshalb sind Zukunftsvorhersagen sehr schwierig zu machen. Die grossen Eckdaten unseres Lebensplans und der übergeordneten Entwicklung jedoch sind fest und werden eintreten. Je positiver die eigene Energie ist, desto weniger stellen sich Fragen bei sogenannten Schicksalsschlägen. Vielmehr herrscht dann ein tiefes Vertrauen aus dem Herzen, dass es schon so kommt, wie es kommen muss und alles seinen übergeordneten Sinn hat.

Nur das Ego hat Fragen und Zweifel, da es ja im Mangel steht, sucht - und weiss doch weit entfernt, dass in uns eine Antwort liegt. Denn eine Frage kann nur entstehen, wenn irgendwo bereits eine Antwort existiert.

Wenn wir ein Puzzle mit 1'000 Teilen zusammensetzen, verfügen wir im ersten Moment kaum auf Anhieb immer über die passenden Teile. Aber je mehr Teile bereits am richtigen Ort sind bzw. ihre Berufung leben, desto einfacher wird es für die restlichen, ihren Platz zu finden. Der Vergleich passt irgendwie schön in unsere Zeit. Je mehr Menschen ihr Bewusstsein entwickeln, ihre Berufung leben, umso schneller geht der ganze Transformationsprozess hin zu einer friedvolleren Welt. Derzeit ist eine enorme Beschleunigung festzustellen. Es gibt immer mehr Menschen, die mit viel seelischer Erfahrung und somit unfassbarer Energie ihre Ziele erreichen. Andere wiederum nehmen das sehr viel gemütlicher. Nichts ist falsch oder richtig, alles ist erlaubt und unterliegt auch einem Plan, nämlich Geduld und Verständnis zu üben mit denen, die sich nicht mit diesen Themen beschäftigen. Es geht darum, in der Tiefe zu erkennen, dass man gewisse Dinge erfahren haben muss, bevor sie im Verstand ankommen und im Leben aus dem Herzen umgesetzt werden können.

Energetisch gesehen ist die Zeitqualität heute so, dass die schlimmsten Vergehen verziehen werden können, dass der dunkelste Mensch sich zu einem Heiligen entwicklen kann. Dank dem dauernd steigenden Energieniveau kommen immer mehr Menschen mit diesem Bewusstseins-Status dazu. Dieser Prozess beschleunigt sich im Moment enorm und wir sind alle mitbeteiligt an diesem gigantischen Umwandlungsprozess hin zum Guten, Konstruktiven, einem Quantensprung der Menschheit.

Ein Bewusstsein, wie es die ganz grossen spirituellen Lehrer Jesus, Buddha, Mohammed auch lebten, ist heute keine Seltenheit mehr. Heute weiss man, dass bereits Tausende diesen Bewusstseinszustand - man spricht von sogenanntem Kristallbewusstsein – erreicht haben. Ich erachte dies als eine beruhigende Tatsache. Es sind die Lichter, die meist still als Leuchtturm hier auf dem Planeten das Energieniveau für Millionen von Menschen halten. Ich denke, es gibt eine gute Handvoll Menschen, die über ein so stark entwickeltes Bewusstsein verfügen, dass sie die ganze Menschheit energetisch halten und dadurch den wenigen vorhandenen extremen dunklen Kräften die Möglichkeit der Transformation bieten.

20

Synchronizität

Synchronizität bezeichnet die hochkomplexe Physiologie, die natürlichen Lebensvorgänge von uns Menschen und dem ganzen Ökosystem Erde. Es zeigt die Funktionalität des irdischen Daseins mit der übergeordneten göttlichen Matrix, d.h. dem göttlichen Plan, und all den inkarnierten Seelen und ihrer individuellen Matrix, d.h. dem jeweiligen Lebensplan. Es zeigt Gottes urteilsfreie, anonyme Regulierung durch die Herzen als göttliche Verbindung und Führung der Menschen und ihrem dem Verstand entspringenden freien Willen, sich konstruktiv oder destruktiv in das gigantische Ökosystem Erde einzubringen. Ein weiterer Bestandteil dieser göttlichen Synchronizität bilden die irdischen und kosmischen Gesetze, wie Karma-Gesetz, Gesetz der Polarität, natürliche unter- und übergeordnete Rückkopplungsmechanismen. Die Zeitqualität, d.h. das kollektive Energieniveau, und der Zeitgeist, d.h. das aktuelle, kollektive Wissen bzw. Bewusstsein der jeweiligen Zeitepoche, beeinflussen die fortschreitende Bewusstseinsentwicklung der Menschen und damit die Evolution.

Die aktuelle Zeitqualität macht Quantensprünge möglich. Je höher die individuelle und kollektive Energie ist, desto schneller ergeben sich die Ereignisse im Positiven und Konstruktiven und um so natürlicher und friedlicher bildet sich die Organisation. Im Umgekehrten gilt: Je tiefer die individuelle und kollektive Energie ist, desto langsamer, lebensfeindlicher und chaotischer gestalten sich die Prozesse (Murphys Gesetz). Mit zunehmendem Bewusstsein weicht das individuelle und kollektive Chaos (-) wieder zunehmend einer natürlichen, effizienten Organisation (+) ohne Ungleichgewichte.

Synchronizität zeigt deutlich die Physiologie, die Funktionalität und die Dynamik des Universums mit allen Lebewesen, inklusive dem ganzen Planeten. Sie zeigt genau wie im einzelnen Menschen ein hochkomplexes, multidimensionales Zusammenspiel der körperlichen (materiellen), der seelischen (feinstofflichen, energetischen) und der geistigen (formlosen, formgebenden) Welt und Ebenen. Homöostase bezeichnet beispielsweise das Gleichgewicht der vier Elemente im eigenen Körper als natürliche Selbstregulation durch negative Rückkopplung (Feedback-Mechanismus), um sich selbst in einem stabilen Zustand zu halten. Genau wie unser Körper und jede einzelne Zelle eine unfassbar hochkomplexe Physiologie und Intelligenz aufweist, so zeigt sich dasselbe natürliche Prinzip logischerweise auch im Grösseren, dem Universum. Nur ändern sich je nach Dichte bzw. Dimension auch die Naturgesetze und damit auch die Wesensbeschaffenheit, die wir hier mit der Trinität Geist-Seele-Körper kennen.[10]

Alles befindet sich in einem ständigen Fluss, ein Kommen und Gehen. Alles verbindet sich in einem Zusammenspiel von Vergänglichkeit und Erneuerung, nur bemerken wir das nicht mehr. Die bewusste, urnatürliche multidimensionale, ganzheitliche, feinsinnige Wahrnehmung der feinstofflichen und formlosen Welten entwickelt sich in der aktuellen Zeitqualität bei vielen Menschen wieder. Je durchlichteter die Seele, umso besser läuft die Energie durch unsere Matrix, innere Widerstände reduzieren sich oder lösen sich auf. Dadurch finden wir allmählich zurück zur multidimensionalen Wahrnehmung, zurück zu unserem Ursprung und unserer Uressenz. Das Herz mit seiner unfassbaren Kraft wird mehr und mehr sichtbar und wieder bewusst und wirkt zunehmend als Lebensführer.

---

[10] Vgl. das Kapitel 51: Drei aktuelle Bewusstseinsebenen unserer Gesellschaft im Vergleich

2. Teil

Herzethik persönlich leben

21

Umgang mit Gefühlen und Emotionen

Die Fähigkeit, fühlen zu können, ist unglaublich wichtig für ein herzbasiertes Leben. Fühlen ist unsere natürliche, aktuelle feinstoffliche Wahrnehmung, das Feedback der Seele. Das Fühlen wurde uns in den letzten Jahrhunderten jedoch weitgehend abtrainiert. Gleichzeitig wurde das rationale egobasierende Denken - damit auch das Wahrnehmen lediglich über unsere fünf physischen Sinne - gefördert. Der Verstand ist daher auch Meister darin geworden, Gefühle zu ignorieren und zu unterdrücken. Der Geist - unsere innere göttliche Intelligenz - allerdings verfügt über die Unterscheidungskraft. So kann es geschehen, dass durch ein aktuelles Ereignis oder durch einen Menschen, der uns begegnet, ein Gefühl ausgelöst wird. Es ist dies entweder ein Resonanzgefühl, ein Feedback der Seele auf eine Aktualität, welches einer erweiterten Sinneswahrnehmung gleichkommt; oder es ist dies ein Gefühl, welches in einer in uns abgespeicherten Emotion (nicht transformierter Affekt aus der Vergangenheit) gründet, ein sogenanntes Spiegelgefühl der eigenen Seele.

Gefühle sind feinstoffliche Energien. Sie lassen sich in unserer dritten Dimension allein in Worte beschreiben. So bestehen für Liebe, Hass, Ignoranz, Motivation, Wut, Herzlichkeit oder Respekt keine Bilder, sondern eben nur Worte. Versuchten Sie beispielsweise, Toleranz, Mut oder einen Gedanken zu zeichnen, würde es kompliziert werden. Trotzdem wissen wir alle, dass sie in unserer Welt existieren, weil wir sie in diesem oder vergangenen Leben gefühlt haben. Wenn wir beispielsweise von Trauer reden, kennen wir das Gefühl, da wir auch über abgespeicherte Emotionen aus anderen Leben verfügen. Die Intensität dieses Gefühls jedoch bleibt individuell und ist abhängig von der Seelenreife.

Genau wie Gedanken feinstofflicher Art sind, so haben auch Gefühle in der feinstofflichen Seele ihren Ursprung. Gedanken und Gefühle können nicht auf einen rein neuronalen Vorgang reduziert werden. Die feinstofflichen Gedanken und Gefühle haben aber Auswirkungen auf den physischen Körper. Über die Schnittstelle des limbischen Systems im Gehirn lösen Gefühle biochemische Reaktionen im Hormon- und Nervensystem aus und beide Systeme beeinflussen den ganzen Körper. In der heutigen westlichen Medizin geht man irrtümlicherweise davon aus, dass Gefühle ihren Sitz im Gehirn haben, da man die Reaktionen auf der physischen Ebene erst im limbischen System nachweisen kann. Aber der Ursprung der Gefühle und Gedanken ist die Seele.

Gefühle sind also nicht überflüssig. Sie sind die energetischen Komponenten einer Handlung. Die Qualität des Gefühls – z.B. leicht bis stark negativ oder leicht bis stark positiv – beeinflusst die Handlung mehr oder weniger ausgeprägt im Destruktiven bzw. im Konstruktiven. Es ist demnach entscheidend, ob wir ein Essen mit Missmut oder mit Liebe zubereiten. Es ist entscheidend für uns selbst, für jede einzelne unserer Zellen und unser Umfeld, ob wir eine Arbeit mit Begeisterung (+) oder Unmut (-) erledigen. Gefühle sind demzufolge der «Turbo» für eine Handlung: Je stärker das Gefühl, umso kraftvoller und weitreichender die Handlung.

Viele Menschen trauen ihren eigenen Gefühlen nicht, auch nicht den positiven. Es gelingt ihnen nicht immer, die Gefühle einzuordnen. Deshalb ist die Differenzierung so wichtig. Der Geist verfügt über die Unterscheidungskraft, die innere Intelligenz, ob ein Gefühl aus einer Emotion (Abspeicherung) aus dem eigenen Inneren oder ob es aufgrund eines Vorgangs im Aussen entsteht. Der Verstand ist mit dieser Unterscheidung überfordert, deshalb unterdrückt er sie gerne. Mit zunehmendem Bewusstsein erhält der Geist allerdings mehr Wirkung, womit sich die Unterscheidungskraft in der Einordnung von Gefühlen erhöht.

Emotionen

Emotionen sind abgespeicherte Gefühle aus der Vergangenheit, sie sind objekt- oder situationsbezogen, positiv oder negativ. Sie sind in der Seele energetisch gespeichert und kommen in bestimmten Situationen zum Vorschein. Es sind vor allem die negativen, widernatürlichen Emotionen aus egobasierten Handlungen, die uns stören. Sobald sie aufkommen, fordern sie uns geradezu auf, sie mit einer lebensbejahenden Energie aufzulösen um in unserer Seelenmatrix wieder eine Verdichtung zu durchlichten. Selbstverständlich können auch positive Emotionen aufkommen, wenn wir uns an ein schönes Ereignis erinnern und dieses fühlen. Auch dann bewegen wir uns in der Vergangenheit und stehen nicht im Moment. Auslöser dafür sind ähnliche Situationen oder Menschen. Wenn wir z.B. von jemandem bestohlen werden und mit Wut reagieren, so wird dieses Ereignis, sofern nicht transformiert, negativ abgespeichert und kommt irgendwann wieder zum Vorschein als Emotion. Es kommt solange zum Vorschein, bis wir es positiv umformuliert und mit einer positiven Energie, z.B. der Energie des Verzeihens, transformiert haben. Dass wir eine solche Energie transformieren, ist wichtig, weil es sich um egobasierende, negative Affekte handelt, die uns selbst belasten und sich entwicklungshemmend auf unsere Potenzialentfaltung auswirken. Die Seele will sich davon ganz einfach befreien und die Verdichtung in der Matrix lösen. Wir dürfen im Vertrauen darauf sein, dass die Seele uns immer dasjenige zum Transformieren ins Tagesbewusstsein schickt, was in dem Moment richtig und wichtig ist.

Hochsensitivität

Heute verfügen sehr viele Menschen über die Fähigkeit, sich in andere Menschen hineinfühlen zu können (Empathie) oder sie sind gar hochsensitiv, also extrem fühlend, hellfühlend. Dabei handelt es sich um ihre normale Wahrnehmung, die sich nicht mehr abtrainieren lässt. So nimmt ein Baby die Energie der Mutter immer über das Fühlen wahr. Tatsächlich existieren hochbewusste Wesen, welche den ganzen Planeten fühlen. Dies wiederum kann man sich ansatzweise wohl nur als hochsensitiver Mensch überhaupt vorstellen. Menschen mit solchen Eigenschaften sind auch fähig, gewisse Bereiche bewusst auszublenden, sich ihnen zu verschliessen, aber auch wieder zu öffnen. Grundsätzlich kann man davon ausgehen, dass das, was man wahrnimmt, auch die Reichweite der Berufung darstellt. Je nach Bewusstseinsentfaltung wird sich also auch die Art und die Reichweite des Wirkens verändern. Eine gewisse Situation kann bei zwei Menschen verschiedene Gefühle auslösen, da die Seele individuelle Emotionen abgespeichert hat. Für das gleiche Hobby fühlt einer Begeisterung, der andere nicht.

Ich selbst habe die Erfahrung gemacht, dass sich meine ursprünglich mässige Hochsensitivität mit zunehmend herzbasiertem Handeln verstärkt hat. Heute zähle ich mich zu den Hochsensitiven; allerdings war der Umgang damit zu Beginn nicht einfach.

Hochsensitivität ist heute als Hochbegabung zu betrachten und in der Ausprägung sehr individuell. In unserer lauten, verwirrten aber auch wunderbaren Welt ist es unglaublich wichtig, das Echte und Wahre von der energetisch gesehen niederen Illusion zu unterscheiden und Gefühle als Feedback der Seele zu berücksichtigen. Es ist entscheidend, mittels Intuition (innere Intelligenz) klar den individuellen Lebensweg ohne negative Ablenkungsmanöver zu beschreiten. Je erweiterter das Bewusstsein ist, umso weniger können Illusionen aus dem Verstand entstehen.

Wiederum ist es reine Übungssache, die Sensitivität im Alltag zu erhöhen. Wenn Sie jemandem begegnen, erstellen Sie sich rein objektiv mit Ihren fünf physischen Sinnen ein oberflächliches Bild von diesem Menschen (Aussehen, Stimme, Ausdünstung, Gebärden). Subjektiv aber nehmen sie noch sehr viel mehr wahr - bewusst oder unbewusst. Versuchen Sie doch einmal, die Augen zu schliessen und das Fühlen bewusst zu trainieren. Manchmal stimmt das Gefühl mit dem rein äusserlichen Ausdruck der Person gar nicht überein. Mit der Zeit nimmt die feinstoffliche Wahrnehmung jedoch zu und Sie erkennen durch das Fühlen die Energie des Gegenübers. Und schon bald spielen die äusseren Merkmale eine untergeordnete Rolle, weil die energetische, seelische Wahrnehmung sehr präzise ist. Dies kann in Situationen entscheidend sein, in welchen Sie sich fragen, ob Sie einer bestimmten Person vertrauen können. Der Verstand schaut lediglich auf das Äussere. Das Herz jedoch fühlt auch das Innere und verfügt somit über Klarheit.

Resonanzgefühle und Spiegelgefühle

Einige Menschen, insbesondere Kinder, kommen mit der ganzen Gefühlswelt nicht richtig klar. Für sie ist es eine Herausforderung, ihre eigenen Gefühle von den Gefühlen anderer zu unterscheiden. Man kann dies als sogenannte Durchlässigkeit bezeichnen. Ganz besonders dann, wenn Kinder viel Negatives in ihrem Umfeld fühlen, führt dies nicht selten zum Verschluss dieser Wahrnehmung. Das innere Feedback wird unterdrückt, woraus eine Aussenorientierung, eine gestörte Selbstwahrnehmung sowie ein Identifikations- und Vertrauensverlust in die Herzführung entsteht. Das Resultat davon wiederum ist eine fehlende geistige Unterscheidungskraft.

Für Hochsensitive ist der gekonnte Umgang mit den eigenen Gefühlen sehr wichtig. Es geht darum, bei sich selbst zu bleiben und nicht ständig in Resonanz mit den Gefühlen anderer Menschen zu gehen, wenn dies nicht aus irgendeinem Grund notwendig ist. Gleichzeitig ist es wichtig, sich davor nicht abzugrenzen oder zu verschliessen. Auch diesbezüglich ist entscheidend, zu unterscheiden und bedingungslos zu respektieren. Alles ist einfach da, aber wir tragen alle die Verantwortung, die eigene Energie zu halten und nicht permanent in Resonanz mit niederen Gefühlen anderer zu gehen. Je höher das eigene energetische Niveau ist, desto einfacher wird es, sich auf sich selbst zu fokussieren und die Energie zu halten, ohne das eigene Feedback der Seele zu unterdrücken.

Ein negatives aktuelles Gefühl wie Neid kann auftreten, um unser eigenes aktuelles Handeln aus dem illusorischen Ego zu erkennen. Ebenso kann ein negatives Spiegelgefühl auftreten, wenn eine eigene abgespeicherte Neid-Erfahrung als Emotion aufkommt. Im Gegensatz dazu empfinden wir selbstverständlich oft auch positive Gefühle als Reaktion auf unser aktuelles oder vergangenes Denken und Handeln; Gefühle, die für unsere Seele bejahend und aufbauend sind.

Transformieren von Emotionen

Gerade Ängste als Ausdruck von Mangel an Liebe sind oftmals zäh aufzulösen; es braucht dafür viele andere, scheinbar kleine Prozesse, die zuerst vollzogen werden müssen, um die eigene Energie zu erhöhen. Mit der Seelenmatrix ausgedrückt: Bevor eine grosse Kreuzung wieder mit Energie versorgt werden kann, müssen alle kleineren Kreuzungen um das Thema durchlichtet sein, vielleicht auch andere Matrizen beispielsweise auf der Körperebene. Ängste sind im Grunde nichts anderes als ein Mangel an Urvertrauen, die oft aus anderen Leben herrühren; und trotzdem ist das Thema in jedem Moment lösbar, genau mit den aktuellen Lebensumständen. Betrachten Sie es als Aufforderung zur Potenzialentfaltung.

Es ist entscheidend wichtig, nicht an der Angst (-) oder gar gegen sie zu arbeiten, sondern am Vertrauen (+), den Fokus damit aufs Vertrauen und nicht auf das eigentliche Thema der Angst, den Verlust, zu legen. Grosse Ängste sind kaum mittels Konfrontation zu lösen. Vielmehr dürfen wir dann das Thema Vertrauen in unserem aktuellen Umfeld fördern, unser Selbstvertrauen, das Vertrauen zum Partner, dasjenige in unsere Kinder, Vertrauen ins Leben. Ängste (-) fordern uns geradezu auf, am Thema Vertrauen (+) zu arbeiten. Genau wie wir das Thema Gewalt nur mit Liebe lösen können und nicht, indem wir uns ständig mit Gewalt beschäftigen, genauso sollten wir uns nicht in Konfliktmanagement üben, sondern in der Potenzialentfaltung. Dann, wenn die Zeit reif ist und wir die richtigen und wichtigen individuellen kleinen Entwicklungsschritte im gegensätzlichen positiven Thema vollzogen haben, durchlichtet sich die Matrix und das negative, limitierende Thema Konflikt, Angst oder Gewalt löst sich nachhaltig auf. Denn Negatives kann nur durch Positives transformiert werden.

Meine Höhenangst beschäftigt mich schon ein Leben lang, obwohl ich mit Ängsten wirklich kaum konfrontiert werde. Es mag ein abgespeichertes Ereignis aus der Vergangenheit sein, als ich durch einen Sturz über eine Felswand mein Leben verlor. Vielleicht schützt diese Angst mich in diesem Leben davor, dass ich mich fürs Bergsteigen begeistere oder dass ich nicht ein Hochbauingenieurstudium absolviert habe, sondern Bücher schreibe. Alles hat seinen Grund und kann durchaus ein Schutzmechanismus sein, der in diesem Leben wichtig ist und gewisse Leitplanken setzt.

22

Eigenverantwortung und Selbstermächtigung

Mit dem freien Willen erhielten wir auch das Geschenk der Selbstermächtigung, damit auch die Eigenverantwortung für uns selbst, für jede einzelne unserer Körperzellen und für den leidenden Planeten – spätestens jetzt, genau ab diesem Moment, stehen wir in der Selbstverantwortung. Nicht morgen oder übermorgen oder vielleicht in einem Jahr oder gar erst dann, wenn wir pensioniert sind. Nein, wir leben jetzt und wir selbst gestalten ständig unser Leben, unsere Realität. Niemand anders lebt unser Leben. Niemand trägt eine Schuld für unseren gegenwärtigen Zustand, es gibt immer einen Grund, warum die Dinge so sind, wie sie eben sind. Nur wir selbst dürfen Erkenntnis erlangen und uns verändern, niemand anders.

Wir alle sind Herzmenschen; gleichzeitig aber tragen wir auch die Verantwortung dafür, Herzmensch zu sein und die eigene Berufung authentisch und herzbasiert zu leben, um damit schöpferisch tätig zu sein. Niemand anders übernimmt diese Verantwortung. Niemand lebt unser Leben. Niemand bedankt sich bei uns, wenn wir uns ständig für andere verbiegen, ständig die Erwartung anderer erfüllen, unsere Bedürfnisse unterdrücken und damit aus der Mitte bzw. dem Herzen fallen; oder gar aufgrund dessen, dass wir Herzimpulse nicht beachten, in einer Depression landen und Krankheiten entstehen lassen.

Alles beginnt stets bei uns selbst. Als Menschen haben wir einen natürlichen Herzantrieb, die Triebfeder unseres eigenen individuellen Lebens. Die Lösung für eine Unstimmigkeit ist immer, ins Herz zu kommen und eine Energieanhebung anzustreben: in erster Linie der gesunden Selbstliebe willen und in zweiter Linie unserem Umfeld und der Umwelt zuliebe.

Selbstverantwortung bedeutet gleichwohl, andere Menschen ihre Selbstverantwortung wahrnehmen zu lassen, sie darin zu unterstützen und ihnen die Übernahme dieser Selbstverantwortung zuzutrauen (+), insbesondere den eigenen Kindern, dem Partner und Freunden, den Arbeitskollegen oder auch anderen Nationen. In diesem Sinn: Nehmen Sie sich ruhig zurück, anderen eigene Konzepte und Erfahrungen aufzudrücken, lassen Sie sie selbst denken, fühlen und nach ihrer Intuition entscheiden.

Selbstverantwortung heisst, sich bewusst zu werden, dass jeder einzelne Herzmensch hier Verantwortung für unseren Planten trägt. Niemand kann sich vor dieser globalen Verantwortung drücken. Das Leben eines anderen Menschen liegt mehrheitlich in dessen Verantwortung, nicht in meiner. Aber ich kann Anteil an seinem Leben und Schicksal nehmen und ihm ein energetisches Feld bieten, damit er seine Prozesse einfacher absolvieren kann.

In dieser rasant verändernden Welt werden wir unmissverständlich dazu aufgefordert, unsere ganz persönliche Vergangenheit als Teil unseres Daseins liebevoll und selbstverantwortlich anzunehmen, aus Täter- und Opferrollen herauszufinden und unser Leben wieder herzbasiert aus dem Moment heraus zu bewältigen. Jeder von uns ist genau jetzt, genau hier und genau in diese aktuellen weltlichen Strukturen hineingeboren worden, um darin als Herzmensch Spuren zu hinterlassen und Dinge hin zum Guten zu bewegen, mit seinen individuellen Begabungen und Aufgaben. Das ist der übergeordnete Sinn unseres Daseins.

Wenn uns etwas triggert, innerlich oder ganz offensichtlich stresst, kommt dies immer einer Aufforderung an uns selbst gleich, selbstverantwortlich hinzusehen, die Situation zu respektieren und damit umzugehen, auch wenn der Auslöser von einer anderen Seite kommt. Es geht dabei nie um das Thema des Gegenübers, des Partners, des Arbeitgebers, des Kindes oder des Freundes. Es geht immer um unser eigenes Thema. Wir können allein unsere Energie und somit unsere Perspektive ändern, nicht diejenige unseres Gegenübers. Wenn Druck (-) auf Sie ausgeübt wird, dürfen Sie sich daran erinnern, dass niemand von aussen Sie verändern kann. Dies hilft Ihnen, mit dem Gegenüber bzw. dessen Energie nicht in Resonanz zu gehen.

Mit herzbasierter schöpferischer Herzenergie tragen wir zu einer energetischen Basis bei, mit deren Hilfe dem Gegenüber auch ein Energieanstieg offeriert wird. Sobald das Herz in einer Situation eine Stimme bekommt, finden sich auch konstruktive, friedliche Lösungen. Indem Herzenergie fliessen darf, wird das Energieniveau erhöht und das zu bearbeitende Thema kann aus einer neuen Perspektive betrachtet werden, obwohl sich an der Situation selbst nichts ändert. Vielleicht führt dieser Schritt zu einem Herzimpuls für eine Handlung, die eine sichtbare, für uns stimmige Veränderung bewirkt. Es kann auch geschehen, dass man «per Zufall, Unfall oder Schicksal» jemanden trifft, der einen interessanten, vielleicht dann gerade hilfreichen Impuls aussendet. Was wir jedenfalls alle sicher lernen dürfen, ist, die Meinung und die Handlungen anderer urteilsfrei und bedingungslos zu respektieren.

Manche Menschen fühlen sich fehl am Platz hier auf unserem Planeten, sehen nur das Dunkle. Doch das Licht ist stets vorhanden, in jeder Situation, auch wenn das Ego dies nicht sieht. Das Leben wird bekanntlich rückwärts erkannt und vorwärts gelebt. Jeder Mensch ist aus freiem Willen hier, weil es seine Seele so entschieden hat. Sie hüpfte mit Begeisterung und einem sicheren Lächeln in dieses Leben und in unseren menschlichen Körper, mit der unbändigen Gewissheit, dass die Seele immer mit der Urquelle verbunden bleibt und das Leben, das ihr hier geboten wird, grossartig meistern wird. Sinnbildlich dafür ist ein Baby, das scheinbar mittellos und nackt geboren wird, im tiefen herzbasierten Vertrauen, dass alles seine Richtigkeit hat und das Herz immer der Kompass bleiben wird. Allein diese Erkenntnis erzeugt eine berührende, wunderbare Lebenseinstellung, um hier in unserem physischen Körper auch konstruktiv wirken zu können. Die egobasierten Erziehungsstrukturen, die Dogmen und veralteten Gesellschaftsstrukturen sowie die vielen unbewussten Programmierungen aus anderen Leben haben uns vergessen lassen, was es bedeutet, Mensch zu sein mit den wahren inneren Werten.

Wir haben somit mitentschieden, diese Strukturen, genau wie sie sind, in Liebe anzunehmen und darin mit dem Herzen zu wirken. Vielleicht haben wir sie sogar im letzten Leben mitgeprägt, ja, erschaffen. Jede Struktur in unserem Wirtschafts-, Finanz-, Bildungs- und Gesundheitssystem – alles wurde von der schöpferischen Kraft der Menschen erschaffen. Jede Staatsform, jede Erfindung, jede Technologie, Gesetze, Internet, Geld, Kleider, Fahrzeuge, Flugzeuge, Waffen, Genussmittel, Nahrungsmittel aller Art – alles hat seine Berechtigung und wir sind hineingeboren worden, um eben genau zu lernen, mit diesen Dingen konstruktiv umzugehen. Alles lässt sich sowohl destruktiv als auch konstruktiv nutzen und weiterentwickeln.

Geld zu verdienen ist nicht unmoralisch oder unethisch. Die Frage ist immer: Was löst man damit aus? Man kann mit Geld konstruktive Projekte stützen oder es für die zerstörerische Waffenproduktion einsetzen. Stets ist es eine Frage des Bewusstseins. Wir haben in vergangenen Leben bereits viel gelernt. Und so stehen alle Menschen an einem anderen Punkt. Jeder Herzmensch verfügt über sein eigenes Lernfeld und wird mit verschiedenen Lebensprozessen in Berührung kommen. Deshalb sind wir Herzmenschen auch nur schwer zu normieren und zu schubladisieren. Wie man mit sich selbst als Mensch und mit anderen Menschen umgeht, wie man mit den vorhandenen Ressourcen und den vorliegenden Strukturen umgeht, liegt allein in unserer Entscheidung. Das Herz kennt den konstruktivsten Weg.

Alles ist in Liebe anzunehmen, wie es ist: In erster Linie sich selbst, jede einzelne Körperzelle, auch die natürlich vorhandenen Krebszellen. Alle Mitmenschen, egal ob sympathisch oder unsympathisch, das persönliche Umfeld, alle Strukturen, alle Ressourcen – und ganz besonders unsere Erde.

Die Erde hält uns schon ziemlich lange aus und verfügt über eine unfassbare Liebe und Geduld, damit wir all diejenigen Dinge lernen dürfen, welche eine höhere Form von Seelenreife entwickeln lassen. Die Erde selbst ist ein unsagbar kraftvolles Wesen. Sie braucht unsere Liebe, unsere integre Energie als Zustimmung für den nächsten Evolutionsschritt. Denn sie ist ebenfalls ein Wesen wie wir. Wir Menschen sind Teil der Natur und tragen damit eine Verantwortung für das ganze Ökosystem.

Alles Erschaffene hat genau wie jede Lebenssituation seinen Sinn. Es liegt allein in unserer Verantwortung und Selbstermächtigung, welche Strukturen oder Dinge in unserem Leben wir auf welche Art und Weise nutzen und welche wir meiden. Dadurch ergibt sich wie von selbst eine Regulierung hin zum Konstruktiven (+), ohne Anfeindungen (-), Bekämpfung (-), Beschuldigungen (-) und Bestrafung (-). Wir können beispielsweise frei entscheiden, ob wir die Technologie des Internets konstruktiv nutzen. Wir können jede Woche neue Kleider kaufen oder dieselben Kleider über zehn Jahre benutzen. Wie wir mit unseren Begabungen und Gaben umgehen, liegt in unserem Ermessen.

Je nach Seelenentwicklung und damit je nach Bewusstsein und Berufung fallen die Entscheidungen und Prioritäten anders aus. Jede Entscheidung wiederum ist mit einer Konsequenz verbunden, manchmal mit einem Lernprozess, um Einsichten und innere Reife zu erlangen. Denn durch «Fehler» müssen wir erst gehen, damit wir erkennen können, an welcher Stelle Änderungen angebracht sind.

Somit hat niemand das Recht, andere Menschen für ihr Verhalten, ihre Meinung oder ihre Entscheidungen zu verurteilen oder anzufeinden. Wir alle standen auch einmal an dem Punkt oder werden einmal dort stehen. Jeder Mensch hat selbst eine Meinung und insbesondere in dieser Zeit ist es wichtig, klar eine integre Haltung zu signalisieren, dafür einzustehen, egal, was die anderen denken. Je nach Erfahrungshintergrund der Seele und somit je nach Bewusstsein fällt die Meinung eben anders aus. Nichts ist richtig oder falsch. Alles ist eine Frage der egobasierten oder herzbasierten Perspektive und somit des Bewusstseins. Wir können nur für unsere eigene Stimme eintreten. Wenn wir verurteilen, anklagen, anfeinden, Schuld zuweisen und bestrafen, senden wir negative Energie in die Situation oder zu den Menschen. Dies reduziert die Lebensenergie des Absenders und des Empfängers gleichermassen und verhindert eine Horizonterweiterung. Wenn es jedoch gelingt, die Energie in genau solchen Situationen durch Herzenergie anzuheben, werden Win-win-Situationen geschaffen.

In der Zeit des Wandels für grosse Aufgaben einzustehen und hinzustehen, braucht Eigenverantwortung, Mut und sehr viel innere Grösse und Stärke. Sobald man für Wahrheit, Offenheit, Ehrlichkeit, Echtheit, Gerechtigkeit mit viel Herzenergie in seinem ganzen Tun einsteht, macht man sich gegen aussen in egodominanten Feldern nicht immer nur beliebt, dafür umso mehr im eigenen Inneren und bei Menschen, die herzbasiert unterwegs sind. Diese innere Stimmigkeit bestätigt immer wieder neu den eigenen, individuellen Herzweg. Wir alle sind als Herzmenschen hier und leben in der Verantwortung für das Hier und Jetzt und nicht für die Vergangenheit. Diese Verantwortung für das Wohl und das Glück von uns selbst können wir nicht auf andere Menschen, Politiker und Systeme abschieben, denn wir leben hier. Entsprechend sind auch wir dafür verantwortlich, was hier passiert und was nicht - jeder mit seiner ganz persönlichen Berufung, mit seiner Energie und dem freien Willen.

23

Das individuelle, phänomenale Potenzial

Es benötigt viel Übung im Alltag, bei ganz kleinen Entscheidungen die beiden Ebenen Herz und Ego zu unterscheiden. Die erste Stimme ist immer das Herz, die individuelle Herzintelligenz, die Intuition. Die ist anfänglich noch leise, wird jedoch mit der Zeit immer stärker. Es ist Trainingssache. Der Verstand braucht etwas länger, da er stets abwägt und die Situation mit seinen Programmierungen und Erfahrungen aus der Vergangenheit vergleicht. So entspringen ihm immer Argumente und Gegenargumente. Er kalkuliert und plant. Doch er kennt den göttlichen Plan bzw. den eigenen Seelenplan (die Berufung) nicht. Diesen kennt nur das Herz. Das Herz allein kann aber nichts manifestieren und umsetzen. Dazu braucht es den geerdeten Verstand, der die dreidimensionale Ebene kennt und weiss, wie man einen Herzimpuls in dieser Zeit, mit dem eigenen Körper, den vorhandenen Ressourcen und mit den heutigen Mitteln konstruktiv umsetzt. Das Herz fühlt somit die für das höchste göttliche Wohl aller bestmögliche Entscheidung und Lösung. Sogenannte «Zufälle» im Rahmen des übergeordneten Planes bringen uns jeweils mit denjenigen Menschen zusammen, die nötig sind, unsere Berufung umzusetzen.

Unsere Zeit bietet kaum die Ausgangslage, den herzfremden Weg des geringsten Widerstandes zu gehen, sich von aussen unter Druck setzen zu lassen oder der Bequemlichkeit und Abhängigkeit Folge zu leisten. Dies sind negative Energieströmungen, die uns nicht weiterbringen. Als Individuum tragen wir den göttlichen Funken und damit eine Vollkommenheit in uns, die es zu entfalten gilt, indem wir die Seele von Verdichtungen befreien und dafür durch Lernprozesse gehen.

Für die eigene herzfremde Identitätslosigkeit und für die Sinnfrage in unserem Leben gibt es heute klare Antworten. Der Drang nach mehr innerer Stimmigkeit und Frieden aus dem Herzen ist für viele Menschen bereits ein zentraler Punkt im Leben geworden und zeigt die Evolution.

Dies bedeutet, zuerst bei sich selbst die Veränderung in Gang zu setzen und Potenziale zu entfalten. Sobald einem Individuum bewusst wird, dass es sich nicht mehr mit anderen Menschen befasst, sondern mit sich selbst, wird es schnell bemerken, dass es damit genug beschäftigt ist. Bewusstseinsentwicklung und Potenzialentfaltung entwickeln sich mit zunehmender Herzarbeit. Durch die damit verbundene Erhöhung der Energie des Individuums treten bei diesem verschiedene Bewusstseinsphänomene ein wie Aktivierung einzelner natürlich vorhandener Übersinne (z.B. Hochsensitivität oder Synästhesie), Aktivierung der DNA, Hochbegabungen oder kosmisches Wissen. Es werden feinstoffliche Sinneswahrnehmungen aktiviert, wie sie bei den meisten heutigen Kindern bereits natürlich sichtbar sind.

Es geht insbesondere auch darum, der individuellen Lebensaufgabe und Berufung in unserem Dasein bewusst zu werden und authentisch zu leben. Es geht darum, klar eine integre, lebensbejahende Haltung und Position zu beziehen und auch so zu handeln. Geredet wurde in den vergangenen Jahrzehnten sehr viel, insbesondere in der Politik. Die meisten Menschen haben ihre Eigenverantwortung auch dahin abgegeben und leben relativ passiv mit einem unvollständigen Weltbild mitten im Mainstream, in den Wirren des Labyrinths, in welchem ständig neue Begrenzungen auftauchen, während andere abgebaut werden.

Es ist für jeden von uns an der Zeit, Verantwortung für sich und die Welt zu übernehmen und die eigenen Lebensaufgaben mit den individuellen Begabungen lichtvoll zum Wohl aller umzusetzen. Mehr braucht es nicht. Jeder Mensch kann dazu beitragen.

Wir leben in der Zeit der Veränderung, in welcher nichts einfach stehen bleibt; alles befindet sich in intensiver Entwicklung. Aktives Handeln mit einem erweiterten Bewusstsein löst zunehmend Bequemlichkeit, Ignoranz und Ahnungslosigkeit ab.

Für Menschen, die bereits mit einem erweiterten Bewusstsein geboren werden, ist die ganze Metaphysik normal und logisch. Damit besteht für sie die Schwierigkeit, die Physiologie und Funktionalität des Universums auf die energetisch tieferen Ebenen zu übersetzen; nämlich dorthin, wo die Prozesse bei vielen Menschen stattfinden, im normalen Leben, in den Einbahnstrassen des Labyrinths. Wir alle sitzen in irgendwelchen unnatürlichen, selbstlimitierenden Alltags-Prozessen, in denen wir gerne konstruktive Lösungen finden würden und auch die Kraft benötigten, diese Lösungen umzusetzen: im Geschäft, in der Partnerschaft, in der Familie, in den ganzen Gesellschaftsstrukturen. Immer wieder entsteht Stress (-). Die individuellen und globalen Grossbaustellen beschäftigen uns; sie werden allein durch Herzenergie positiv gelöst werden können.

Wie so vieles lässt sich auch das nur in Worte fassen, wenn man selbst durch diese Prozesse gegangen ist. Stark bewusste Menschen lassen uns mit ihrem energievollen Dasein in Vielem lernen und erkennen, ohne zu beeinflussen. Sie bringen uns mit ihren Impulsen auf den Weg der Erkenntnis, wobei wir den Weg selbst beschreiten dürfen, nach unserem freien Willen, in unserem Tempo, mit unseren vorgesehenen Lebensaufgaben.

Ein weiterer Kernpunkt von individueller Persönlichkeitsentwicklung und Potenzialentfaltung liegt in erster Linie beim Erkennen und Annehmen von Programmierungen aus der Vergangenheit wie Prägungen, Verhaltensmuster, emotionale Muster und Gedankenmuster. Besonders wichtig ist das Bewusstsein über den freien Willen, gemäss dem wir nur uns selbst verändern dürfen und niemals das Gegenüber. Somit liegt der Umgang mit jeder Situation bei uns. Es ist schon ein kräftiger Start in ein erweitertes Bewusstsein, wenn uns dieser Leitsatz im Alltag stets begleitet. Plötzlich werden einem so viele Alltagssituationen bewusst, in denen wir andere herumkommandieren (-), anstatt Impulse und Vorschläge ohne Erwartungshaltung zu bieten. Angefangen beim Lebenspartner, über die Kinder, bis zu Arbeitskollegen und Freunden. Wie oft haben wir zudem Erwartungshaltungen (-) an andere! Sobald wir beginnen, uns selbst zu hinterfragen, ist der entscheidende Schritt gemacht. Sobald wir unser Ego und unser Herz erkennen und von aussen betrachten. Versuchen Sie dies einmal in der Familie oder am Arbeitsplatz und achten Sie darauf, wie sich die Energie plötzlich positiv ändern wird und was dann alles passiert.

Es gilt demnach, eine Unterscheidungsfähigkeit entwickeln zu lernen. Denn alles, was uns selbst bewegt, zum Beispiel Glück oder Zufriedenheit, ist Teil von uns, ein positives Feedback der Seele. Empfinden wir in einer Lebenssituation hingegen Stress, sind wir oft versucht, für unseren Stresszustand den angeblichen Auslöser zu suchen und ihn für unser Empfinden verantwortlich zu machen. Dass wir Stress empfinden, ist allerdings ganz allein unser eigenes Thema, nie dasjenige des Gegenübers. Es ist ein zu entfaltendes Potenzial. Das Gegenüber wirkt als Potenzialentfalter, der uns ein Thema aufzeigt. Dieses ziehen wir in unser Leben, weil in uns aktuell etwas zu transformieren ist. Immer wenn uns ein Thema aufgezeigt wird, ist die Seele bereit, dieses zu transformieren.

Wenn der Nachbar wegen einer Banalität nervt, hat das nichts mit ihm zu tun, sondern ganz allein mit demjenigen, der sich genervt fühlt. Wenn ein Kind die Mutter an den Rand ihrer vermeintlichen Grenzen bringt, so ist dies ganz allein das Thema der Mutter, wie sie mit der vom Kind ausgestrahlten Energie in Resonanz geht. Meistens sitzen dann beide ratlos in der negativen Energie. Genauso verhält es sich, wenn wir uns während einer Lebenssituation in einer der unzähligen Opfer-Täter-Rollen wiederfinden: Es ist ganz allein unsere Energie, die uns aus diesem Empfinden herausbringt. Sobald wir etwas als störend oder stressend empfinden, sind in Bezug auf das empfundene Gefühl eigene, egobasierende widernatürliche emotionale Muster, Glaubenssätze, innere Widerstände im Spiel. Wenn wir zulassen, dass uns dies bewusst werden darf, wird gewaltig viel Potenzial freigelegt. Nach erfolgter Transformation wird uns dieselbe Situation nicht mehr triggern und Stress verursachen, da in der Seelenmatrix die Verdichtung aufgelöst ist.

Wenn zum Beispiel in einer Situation Neid (-) aufkommt, ist dies ganz allein das Thema desjenigen, bei dem das Gefühl entsteht und nicht dasjenige des angeblichen Verursachers. Umarmen Sie die in ihnen aufkommende desintegre Energie als Teil von Ihrer im Liebesmangel stehenden Ego-Vergangenheit. Dadurch eröffnen Sie sich die Chance, in Zukunft herzbasiert zu denken und zu handeln, dem anderen etwas zu gönnen, was wiederum ein positives Feedback unserer Seele freisetzt.

Indem wir uns verändern, strahlen wir Positives aus, was sich wiederum schöpferisch auf unser Umfeld auswirkt. Irgendwann, manchmal auch ziemlich schnell, wird dieselbe Situation in Ihnen nicht mehr Stress (-) auslösen. Sie stehen dann «über der Situation» und durchschauen den Auslöser. So wird Mitgefühl (+) entstehen, ohne das Bedürfnis zu streiten (-) oder anzuklagen (-) und ohne in Resonanz zu gehen mit derselben tiefen Energie. Sie erkennen nun klar und deutlich: Es handelt sich nur noch um das Thema des Gegenübers und nicht (mehr auch) um Ihres, womit es in der Selbstverantwortung (+) des Gegenübers bleibt. Für ihn ist es vielleicht noch nicht an der Zeit ist, zu erkennen, welches Potenzial (+) in ihm steckt. Dies möge nicht den Eindruck erwecken, dass das Thema des Gegenübers uns egal sein soll. Es ist vielmehr ein Mitgefühl (+), ein tiefes Verstehen (+) und Respektieren (+), dass unser Gegenüber seinen eigenen Erkenntnisplan hat und sein Leben nicht mit unserer Entwicklung übereinstimmen muss. Damit verbunden ist ein tiefer Respekt (+) vor seiner Seele.

Die Aufgaben, die unser Leben bestimmen, haben wir selbst zu lösen. Wir können sie niemandem delegieren. Wir stehen in unserer Eigenverantwortung (+). Das dürfen auch Kinder bereits lernen, denn sie bekommen den freien Willen nicht erst bei ihrer Volljährigkeit. Wir dürfen sie in deren Aufgabenerfüllung begleiten, indem wir selbst in der Mitte, im Herzen bleiben (+). Wir haben immer die Wahl, wie wir auf Dinge reagieren, die in uns selbst ans Licht kommen; aber auch darauf, wie wir auf andere Menschen reagieren, auf Ereignisse, die in unser Leben treten. Je kräftiger die eigene Energie, umso stärker die Stressresistenz und die Resilienz. Der freie Wille überlässt uns stets die Entscheidung, mit welchen Energien wir in Resonanz treten und mit welchen nicht. Darin erachte ich ein unglaubliches Privileg, welches wir als Herzmensch geniessen dürfen. Ein Privileg, das in erster Linie uns selbst verändert und im weiteren Sinne die ganze Gesellschaft, die ganze Welt.

Wie oft habe ich meine Tochter Dinge gefragt, die sie ganz bestimmt wusste, und doch hat sie mir nur selten eine konkrete Antwort gegeben, bis ich später gemäss meinem Seelenplan die Erfahrung selbst gemacht und dadurch die Antwort auf meine Frage erhalten habe. Mit jedem Aha-Erlebnis hat sich wieder etwas in meiner Seele integriert und zwar genau dann, wenn es für mich wichtig und richtig war. Dadurch wurde ein Stück meiner Matrix durchlichtet. Dies erachte ich als äusserst wichtige Erkenntnis, um nicht blindlings irgendjemandem zu folgen.

Wir brauchen niemanden, der uns den individuellen Weg aufzeigt. Es existiert kein Buch über den Fahrplan unseres eigenen Lebens, wie wir es am erfolgreichsten meistern. Das Leben kann man nicht aus Büchern lernen. Wer aus dem Herzen lebt, setzt seine Herzimpulse um, wobei der Verstand immer im richtigen Mass miteinbezogen wird.

24

Den Mitmenschen ihr Potenzial zumuten

Vor dem Hintergrund unseres phänomenalen Potenzials dürfen wir auch anderen Menschen etwas zumuten. Wie oft reagieren Menschen gegenüber Mitmenschen mit Mitleid (-), sobald sie von etwas Herausforderndem, das diese zu bewältigen haben, erfahren. Dürfen wir diese Selbstverantwortung und die Selbstermächtigung nicht auch anderen Menschen zumuten (+)? Denn diese verfügen auch über den freien Willen und sind auch Herzmenschen mit einer Berufung und einer Aufgabe in ihrem Dasein. Statt Mitleid (-) auszusenden dürfen wir Zutrauen (+), Zuversicht (+) und Hoffnung (+) vermitteln. Damit fördern wir nicht nur unser eigenes Selbstvertrauen (+), sondern auch dasjenige des Gegenübers. So darf dies eine Mutter gegenüber den eigenen Kindern zeigen, der Chef gegenüber seinen Mitarbeitenden oder der Lehrer gegenüber seinen Schülern. Es geht darum, Selbstverantwortung zu übernehmen. Im Sport ist ein solches Selbstvertrauen und Verschieben der Grenzen sehr wichtig und ein immerwährender intensiver seelischer und körperlicher Lernprozess. So muss auch ein Trainer dem Athleten zutrauen, bisherige Leistungsgrenzen überwinden zu können. Dafür braucht es eine integre Grundenergie.

In unserer Zeit ist es sehr bedeutsam, dass wir unseren Mitmenschen ihr Riesenpotenzial zumuten und ihnen in herausfordernden Situationen auch die Hoffnung (+) und Zuversicht (+) vermitteln, dass es eine Lösung geben wird und die Herzkraft immer vorhanden ist, gewisse Situationen auszuhalten und durchzustehen.

In diesem Zusammenhang ist es wichtig, das Fühlen und Denken voneinander unterscheiden zu lernen und auf das Herz zu hören. Es geht darum, auch einmal Schritte auf neuen Wegen zu absolvieren, auf denen das Ziel noch nicht ersichtlich ist, es sich aber richtig und wichtig anfühlt. Nur so ist Entwicklung möglich. Es geht nicht darum, belehrend zu wirken oder dem Gegenüber etwas aufzudrängen, was er tun oder denken sollte, sondern in ihm vielmehr Impulse zur Selbstentfaltung zu setzen. Das Gegenüber kennt seinen Seelenplan und wir dürfen uns nicht anmassen (-), diesen besser zu kennen. Es geht darum, dass die Mitmenschen auf der ganzen Welt ihr eigenes Potential erkennen und entfalten. Dass sie sich des freien Willens, der Selbstermächtigung und der Selbstverantwortung bewusst werden.

Es gibt Menschen, die sich sehr lange mit negativen Energien in Egokreisläufen herumschlagen, bis die zunehmende energetische Leere und das Tief, in dem sie sich befinden, angenommen werden. Eine innere Leere und ein Tief entstehen nicht von heute auf morgen und entsprechend benötigt es auch Zeit, bis das eigene Energieniveau wiederaufgebaut ist. Es geht um den Lernprozess, wieder auf die eigene innere Stimme zu hören und sich nicht von all den äusseren Treibern steuern zu lassen. Es geht darum, dem Herzen wieder die Vollmacht zu erteilen. Menschen, die solche Tiefs überwinden, sind gute Vorbilder für andere und können ermutigen. Andererseits gibt es Menschen, die unglaubliche Lebenssituationen zu überwinden hatten, aber so unglaublich positiv im Leben stehen und über eine phänomenale Resilienz verfügen. Dies zeigt einmal mehr, dass Resilienz durch positive Energie entsteht.

Wunder entstehen, wenn Menschen ihr Herz nach aussen leben.

Vielleicht kennen Sie jemanden, der sich seit längerem in einem Tief oder einer egobasierten Negativspirale befindet, in einem dunklen Gefängnis, in dem das Herz scheinbar keine Chance hat. Denken Sie immer daran: Das Herz ist stärker als das Ego, viel stärker. Diese gewaltige Kraft versiegt nicht. Beachten Sie auch, wo Sie Ihre Liebesenergie am effizientesten hinschicken: Das Opfer im Tief spricht meist wenig auf Herzenergie an, denn es ist das schwächste Glied in dieser Kette. Vielmehr benötigen die Auslöser eine integre Energie, denn diese befinden sich auf einem energetisch gesehen zwar desintegren, aber doch höheren Energielevel als das Opfer. Wenn ein Kind in der Schule gemobbt wird, dann schicken Sie die Liebesenergie nicht allein diesem Kind, sondern auch den Auslösern, die sich im Mangel befinden und vielleicht nie erfahren haben, was Herzenergie bedeutet. Wenn jemand eine tiefe Depression durchlebt, braucht es ein Umfeld, das eine integre Energie ausstrahlt. Solche Situationen sind effizienter lösbar, wenn das Umfeld die Liebesenergie zu spüren bekommt. Erst dadurch kann sich der Betreffende nachhaltig erholen. Bedenken Sie zudem, dass wir in einer Zeit leben, in welcher viele hochentwickelte Seelen solche Prozesse durchlaufen, um sie zu transformieren. Manche bezeichnen dies auch als schwere Prüfungen, ähnlich der Situation von Jesus, in welcher er sich 40 Tage in der Wüste befand und vom Dunklen in Versuchung geführt wurde. Menschen, die solche Prozesse überwinden, gewinnen an seelischer Reife. Wir dürfen allen Menschen zutrauen, dass sie sich der Macht ihres Herzens bewusst werden und die positive Kraft aktivieren können. Wenn sich eine Seele nämlich zutraut, sich in ein solches Tief zu begeben, muss sie eine Reife besitzen, dieses Tief auch zu überwinden. Niemand bekommt eine Aufgabe aufgebürdet, die er oder sie nicht zu bewältigen weiss.

25

In Resonanz gehen

Wie oft in unserem Alltag lassen wir uns auf eine Energie von anderen Menschen oder Situationen ein und gehen mit ihnen in Resonanz. Es unterliegt immer unserem freien Willen, ob wir mit einem Menschen oder einer Situation in Resonanz gehen und damit auf dieselbe Schwingung hüpfen. Kriegsnachrichten, Nachrichten über Unglücke, Dramen und Spekulationen aller Art können auch einfach ganz neutral oder mit Mitgefühl (+) betrachtet werden, ohne damit in Mitleid oder ins Dramatisieren (-) zu verfallen. Denn in diesem Moment strahlen wir dieselbe tiefe Frequenz aus und nähren diese Dramen zusätzlich mit negativer Energie. Folge ist eine fatale Negativspirale.

Wird die übliche Denkroutine unterbrochen, besteht in solchen Situationen die Option, ein Quantum Herzenergie (+) hinzuschicken. Ab einem gewissen Bewusstseinszustand traut man auch den Betroffenen zu (+), Herzenergie zu besitzen und dass sie ihre Situation meistern werden, weil auch sie über einen freien Willen verfügen und Verantwortung für sich selbst tragen.

Wie schnell sind wir im Alltag in Resonanz mit negativen Klatsch- und Tratschgeschichten über andere Menschen und Ereignisse, beispielsweise am Arbeitsplatz oder als Kind auf dem Schulhof. Sie können sein, wo sie wollen, überall wird über andere Menschen gelästert (-). Ausweichen ist meist nur bedingt möglich. Wie geht man damit um? Eine Variante ist, sich neutral zu verhalten und sich nicht dazu zu äussern. Wenn man fühlt, dass es der richtige Moment ist und die Mitmenschen dazu bereit sind, kann auch ein Quäntchen Mut (+) dafür sorgen, herzbasiert Haltung zu beziehen und einen Denkanstoss in die Runde zu setzen: «Niemand weiss, ob das stimmt oder nicht.» In einem anderen Fall lässt sich auch einmal ein Bekenntnis in den Raum stellen: «Wisst Ihr, mich interessiert das eigentlich nicht und ich will mich auch nicht darüber äussern oder gar ärgern (-), denn ich kann ja nur mich verändern, nicht die Betroffenen.» Reagiert man so, bleibt die persönliche Energie konstant, während die Energie der Lästernden sinkt, gehen diese doch in Resonanz mit einem gegen die Natur verlaufenden Verhaltensmuster.

Achtsamkeit im Alltag ist gefragter denn je. Durch Achtsamkeit reduziert sich sehr schnell auch die Flut an Informationen, die plötzlich nicht mehr wichtig sind. Darunter fallen beispielsweise die vielen energiefressenden Facebook-Geschichten anderer Menschen. Das mag ja für einige eine Faszination ausüben und ist ein wichtiger Entwicklungsschritt. Mit der Gewissheit aber, dass wir nur uns selbst verändern können, dass alles auf dieser Welt seinen Sinn hat, lässt sich vielen Dingen gelassener entgegensehen und man beschäftigt sich ausschliesslich mit dem, was im Moment wirklich entscheidend und entwicklungsfördernd scheint. Im Gegenzug verfügen wir auch über den freien Willen, wenn es uns einmal nicht so gut geht. Dies ist übrigens menschlich. In solchen Momenten dürfen wir uns dankbar an unseren eigenen inneren Kern voller Herzenergie erinnern. Das verhindert, eine Erwartungshaltung an den Tag zu legen und zu denken: «Jetzt kommt jemand, der meine Laune hebt oder der meine Probleme löst.» Möglicherweise lassen sich zu diesem Zeitpunkt die Probleme auch nicht lösen. Vielleicht, weil es lediglich darum geht, nur unsere innere Haltung zur Situation zu verändern und nicht diese selbst. Uns daran zu erinnern, dass wir ein Herz haben und die Lösung in unserem Innern zu finden ist. Sicher gibt es Menschen, die uns in schwierigen Zeiten mit ihren Impulsen und ihrer Weisheit helfen. Sie begleiten uns, die Situation allerdings durchzustehen und den Weg zu gehen – das müssen wir selbst. Es ist genau diese Selbstverantwortung, die wir nicht abgeben können.

26

Mit Herz den «Schicksalsschlägen» begegnen

Das Leben stellt uns immer diejenigen Menschen zur Seite, die wir brauchen, um eben genau diesem göttlichen Plan mit unserer Berufung zu dienen und niemals einem Ereignis ausgesetzt zu werden, welches wir nicht imstande sind zu lösen.

Wenn ich auf die vielen schwierigen Ereignisse in meinem bisherigen Leben zurückschaue, so bin ich im Vertrauen, dass wir alle liebevoll begleitet sind und alles einen übergeordneten Sinn hat. Ich habe wahrlich einige Krisen und Extremsituationen in meinem Leben erlebt, auch wenn ich sie, als ich mich mitten darin befand, nie so benannt hätte. Es waren Herausforderungen, die mir niemand abnehmen konnte. Wie in jedem anderen Leben auch gab es Extremsituationen in meiner 20-jähriger Partnerschaft, im Rahmen der Scheidung und in der Folge als alleinerziehende Mutter mit zwei Kids. Es gab jahrelange Ausnahmesituationen mit den extrem früh geborenen Zwillingen, mit dem Tod der Tochter Elena und der jahrelangen aufwendigen Pflege von Christina, als sie über Jahre per Magensonde ernährt wurde. Es gab Extremsituationen als langjährige, erfolgreiche Leistungssportlerin in der Leichtathletik, als Marathon- und Bergläuferin. Es gab Herausforderungen in den 15 Jahren, in denen ich mit der Führung eines KMU Betriebes betraut war, und es gab extreme Lernsituationen in den vielen Jahren meiner Arbeit als medizinische Praxisassistentin. Es gab neue Erfahrungen im Rahmen meines vierjährigen Studiums in Naturheilkunde und Alternativmedizin als Alleinerziehende, währenddem ich gleichzeitig auch zwei Bücher geschrieben habe und durch jenen Herzimpuls in meiner neuen Berufung als Autorin gelandet bin. Heute bin ich mir sicher, dass die Stressresistenz und die Resilienz eines Individuums klar durch jene Energie beeinflusst wird, die es selbst ausstrahlt.

Ob ich mir all die vielen Lernprozesse wirklich ausgesucht hatte, ist eine Frage, die ich mir nie gestellt habe. Nicht einmal in dem Moment, als das Zwillingsmädchen Elena starb und Christina noch unglaublich schwierige erste Lebensjahre vor sich hatte. Alle diese Situationen waren nicht nur seelisch herausfordernd, sondern brauchten auch physisch enorm viel Manifestationskraft - jeden Tag aufs Neue. Trotzdem war alles irgendwie richtig und stimmig, auch wenn die Zukunft komplett ungewiss war. Meine Seele jedoch war anscheinend reif für diese Lernprozesse.

Ich fragte mich damals auch nie, warum und wieso, denn meine Lebenssituation konnte mir niemand abnehmen. Nie fühlte ich mich in einer Opfersituation, denn trotz allem gab es in jeder Situation unglaublich viel Berührendes, Schönes und Positives, was ich genau ohne diese Extremsituationen nie erlebt hätte. Und sehr vieles lief auch komplett normal, ja sogar wunderbar und erfolgreich. Schicksalssituationen kann man nicht mit dem Verstand durchstehen, denn der Verstand sucht immer nach Gründen, Erklärungen, nach Schuldigen und verpufft nur wertvolle Lebensenergie. Er verfügt in solchen Ereignissen über keine tragfähige Bewältigungsstrategie. Solche Situationen ohne eigene Energieabstürze zu überleben, braucht viel Herz mit Endlosenergie, da sich das Herz am Natürlichen, am Entwicklungsfähigen orientiert und immer mit göttlicher Energie versorgt wird.

Bei jeder Hürde zeigt sich auch das Positive, das Gute und Lichtvolle noch viel kräftiger. Plötzlich weiss man: Es ist lediglich eine Frage der Perspektive. Womit gehe ich in Resonanz? Wo lenke ich meine Aufmerksamkeit und somit meine Energie hin? Fokussiere ich mich auf das Positive? Jeder hat in seinem Leben mehrere Lernfelder: Partnerschaft, Familie, Schule, Arbeitsplatz, Freizeit. Überall können wir beobachten, wie Herzenergie wirkt. Oder umgekehrt fühlen wir genau dort sehr gut, wenn dieser lebensbejahende Liebesstrom fehlt oder nur sehr spärlich fliesst. Genau in solchen

Momenten können wir versuchen, nicht in den Gegebenheiten, wie sie sich uns präsentieren, zu verharren und sich durch sie herunterziehen zu lassen. Durch herzbasiertes Denken und Handeln sollten wir vielmehr die eigene Energie auf einen neuen Level heben, indem wir stets das Positive in den Situationen erkennen.

27

Potenzialentfaltung anstatt Konfliktmanagement

Sie als Herzmensch kennen solche Lebenssituationen auch, in denen man in eine Opferrolle fällt und sich fragt: Warum muss das sein? Auf der Reise zu uns selbst werden oftmals irgendwelche Denk- oder Verhaltensmuster aus diesem oder aus dem letzten Leben in unserem Unterbewusstsein getriggert, um sie zu transformieren. Eigentlich dürfte man dafür dankbar sein. Nur – das Dankbarsein für diese Situation fällt dann meistens richtig schwer. Es gilt dann einmal mehr, über diesen egobasierten Schatten zu springen, um ihn nachhaltig zu transformieren. Mit transformieren meine ich: erkennen, in Liebe als Teil von mir selbst annehmen, sich im Hier und Jetzt aber gleichzeitig nicht davon lenken lassen. Es geht darum, ein Gefühl, eine Emotion oder eine Denkhaltung von aussen zu betrachten, zu respektieren, sich davon aber nicht beeinflussen zu lassen. Im Sinne von: «Hallo Neid bzw. hallo Ego, schön bist Du da, als Potenzial sichtbar, aber mein Leben wirst Du nicht mit dieser Energie lenken.» In solchen Situationen den richtigen Umgang zu finden, allein mit dem Herzen zu fühlen, was man tun soll, stellt eine grosse Herausforderung dar. Das funktioniert nur, wenn wir die Ursprungsenergie in der Qualität erkennen und zuordnen können. Wenn wir uns daran erinnern, welche gewaltige Herzkraft in uns selbst strömt.

Im Moment schwieriger Situationen ist einem kaum bewusst, dass man gerade wieder eigenes Potenzial entfaltet. Durch Erkennen, Reflektieren, Annehmen, Respektieren und Auflösen von Problematiken, Mustern, Emotionen oder karmischen Verbindungen entsteht jedoch laufend wieder ein Stück innere Freiheit und innere Heilung. Es ergibt sich ein neues Energieniveau, welches sich auch auf den physischen Körper positiv auswirkt, und zwar auf jede einzelne Zelle, aber auch auf unser Umfeld, ja, auf die ganze Welt oder eben: auf die individuelle sowie globale Matrix. Alles, was aufgelöst ist, trägt dazu bei, die Grundschwingung auf einem neuen energetischen Niveau zu stabilisieren. Dadurch wird auch ein «tiefer Fall» kaum mehr möglich. Jede neue Lebenshürde wird als Lenkung im übergeordneten Plan erkannt. Je höher die Grundenergie bzw. der Zeitgeist ist, desto schneller verläuft die Prozessverarbeitung. Diejenigen Herzqualitäten wieder zu entdecken, die schöpferisch und energieerhöhend wirken, diese für sich selbst zu entdecken und anzuwenden, ist eine ganz schöne Herausforderung und eine enorme innere Bereicherung zugleich. Der Herzmensch beschäftigt sich vor allem mit sich selbst, mit der Veränderung vom eigenen Inneren, von persönlichen Umständen, nicht mit Gepflogenheiten des Nachbarn oder des Partners. Jeder Prozess, jede Lebenssituation ist wichtig und hat einen Sinn. Sie bildet eine kleine oder grosse Lernaufgabe für unsere Seele.

So bildet beispielsweise die Fähigkeit, sich selbst verzeihen zu können, die Grundlage dafür, auch anderen verzeihen zu können, um dadurch die Frequenz für beide zu erhöhen. Dadurch wird eine energetische Win-win-Situation geschaffen. Diese Prozesse müssen wir in verschiedenen Formen zuerst durchlaufen, bis sie wirklich integriert sind. Dies beginnt im Kleinen. Selbst ohne Schuldgefühle zu leben hat zur Folge, dass man keine Schuldzuweisungen mehr macht und somit bei anderen auch keine Schuldgefühle mehr auslöst. Um ehrlich zu sein, müssen wir erlebt haben, wie unstimmig es sich innerlich anfühlt, unehrlich zu sein. Dadurch schaffen wir die Grundlage, uns in künftigen Situationen bewusst für eine Handlung entscheiden zu können. Erst dann gelingt es uns, mit Menschen nachsichtig zu sein, die unehrlich sind. Dies verhindert, keine zusätzliche negative Energie wie Bestrafung (-), Empörung (-) oder Unverständnis (-), auszusenden, sondern vielmehr Mitgefühl (+) und Zutrauen (+).

Die Energie, die wir ausstrahlen, bildet das energetische Feld, in welchem auch andere mit der gleichen Frequenz andocken können. In der Folge werden Situationen und Menschen mit derselben Grundenergie in unser Leben gezogen. Wir erschaffen und verändern damit unsere Realität. Natürlich beruht nicht unser ganzes Leben lediglich auf dem Gesetz der Resonanz. So einfach ist es nicht. Aber mit dem, was wir ausstrahlen, schaffen wir zumindest für uns selbst eine positive Grundlage, ein Energieniveau, um die vorgesehenen Lernprozesse in dieser Inkarnation erfolgreich zu überwinden und nicht unnötig Negatives anzuziehen und in Negativspiralen zu landen.

Schlussendlich unterliegt es unserem freien Willen, ob wir uns dauernd über Menschen und Situationen beklagen (-), jammern (-), innere Widerstände aufbauen (-) und so unsere eigene Energie und diejenige unseres Umfeldes reduzieren. Dies müssen wir zuerst erfahren haben, bis die Erkenntnis eintritt, dass wir in gewissen Situation positiv reagieren könnten. Die Negativreaktionen sind in den Stillstand zu versetzen, um zu verhindern, dass wertvolle Lebensenergie abfliesst. Jede Situation hat so ihren Sinn – für jeden von uns. Sie werden sehen: Mit der Zeit springen Ihnen die Prozesse von anderen Menschen geradezu ins Gesicht, wodurch sehr viel Mitgefühl (+) und Gelassenheit (+) entsteht. Man erkennt, dass man genau auch einmal an diesem Punkt stand, die Prozesse aber überwunden hat. Es entsteht Mitgefühl, Geduld und Verständnis für die Prozesse anderer; und dies sogar ohne Worte, einfach durch unsere Ausstrahlung. Mit diesen integren Energien ergibt sich später auch ein Verantwortungsbewusstsein für sich selbst und andere. Es entsteht die Fähigkeit, andere in ihren Prozessen zu begleiten und zu unterstützen, einfach für sie da zu sein, ohne belehrend zu wirken. Wir strahlen sodann pure Ermutigung aus, auch ohne Worte, allein durch aktives Zuhören, durch das ausgestrahlte Energieniveau. Dabei handelt es sich um stille Brückenbauerfunktionen, die uns selbst sowie anderen helfen, Win-win-Situationen zu schaffen - im Kleinen wie im Grossen. Sie sind Herzmensch. Schätzen Sie sich glücklich, mit welcher Kraft

Sie beschenkt sind und in welche Zeitqualität Sie hineingeboren wurden, mit einem tiefen göttlichen Vertrauen, dass genau Sie diejenigen Situationen konstruktiv lösen, die an Sie herangetragen werden.

28

Selbstreflektion

Wenn es also so richtig «rumpelt» im eigenen Leben und man vor lauter Stress (-) und Problemen (-) im Alltag gar keine Zeit hat für die Sorgen (-) anderer, dann gibt es nur eins: Ehrlich und respektvoll (+) zu sich selbst zu sein, zu reflektieren und all das, was im Leben vorhanden ist, einmal neutral zu betrachten: Die eigenen Emotionen und Bedürfnisse, das eigene Umfeld, die Wohnsituation, die Arbeitssituation, die familiäre Situation, einfach einmal all dies auf den Tisch legen und unterdrückte Bedürfnisse, Herzimpulse, Visionen und Träume, die verwirklicht werden möchten, auf ein Blatt Papier schreiben. Geben Sie auch all den empfundenen Stressfaktoren und Trigger-Situationen einen Namen und skalieren Sie diese nach Wichtigkeit oder Priorität, damit auch sie sich von Ihnen wahrgenommen fühlen. Denn diese sind offensichtlich präsent und wirken in Ihrem aktuellen Leben. Jedenfalls können sie nicht länger ignoriert werden, wenn eine herzbasierte Wende stattfinden soll.

Offenheit und Ehrlichkeit für sich selbst aufzubringen, ist für die meisten schon eine echte Herausforderung. Sich die Dinge genau anzuschauen und zu fühlen, welche integren und nicht integren Energien im Moment das eigene Leben beeinflussen, ist anspruchsvoll. Indem Sie diese aber benennen, erhalten sie einen Namen und können dem Ego oder dem Herzen zugeordnet werden. Dadurch werden alle gleichwertig angenommen und deren Präsenz respektiert. Nehmen Sie die oben aufgeführte Liste zur Hilfe und überlegen Sie, welche Worte aus beiden Listen von Herzenergien und Egoenergien Sie im Moment triggern und welche Frequenz diese ausstrahlen bzw. welche Programmierung dahinter verborgen ist. Geben Sie sich dafür auch gerne zwei Tage

Zeit. Das schafft Ihnen Raum, eine umfassende Auslegeordnung zu machen, die Sie danach von aussen betrachten können. Nach diesem Vorgehen sind die Dinge erkannt und benannt. Dies nicht, um die Flucht zu ergreifen und sie weiter zu verdrängen, sondern mit der klaren Absicht, im eigenen Inneren Übersicht und Transparenz zu erlangen und Prioritäten zu setzen.

An dem Punkt, an dem das Wesen des Menschen allein auf die Herzenergie ausgerichtet ist und sich Liebe als Lebenselixier und innerer Antrieb zeigt, erkennen wir unsere Göttlichkeit. Die Seele sehnt sich nicht nach all den lebensfeindlichen, zerstörerischen Aspekten aus der Liste mit desintegren Energien. Deshalb schaut das Ego auch nicht gerne hin. Jedoch gehört ein solches Hinschauen zu einer herzbasierten Ehrlichkeit zu sich selbst. Erkenntnis bildet die Brücke vom Ego ins Herz. Wird diese Brücke nicht gebildet, kann sich keine positive Veränderung ergeben.

In einem weiteren Schritt geht es darum, eine Beobachterperspektive einzunehmen und den Verstand und die innere Stimme differenziert zu betrachten, sich in Unterscheidungskraft zu üben. Oftmals leiten uns Situationen, Prägungen und Programmierungen aus der Vergangenheit und lösen beispielsweise Emotionen aus. Durch die erfolgte Auslegeordnung sind sie erkennbar und dürfen in Liebe als Teil unserer Vergangenheit angenommen werden, beeinflussen aber nicht das JETZT, denn dieses wird mit dem Herzen gesteuert. Die sich in der Folge ergebende Handlung bezieht somit die aktuellen Lebensumstände, die aktuellen Menschen im Umfeld mit den aktuellen Ressourcen mit ein.

Die Vergangenheit war richtig und wichtig, genauso, wie sie war. Diese Vergangenheit darf man in Gedanken umarmen. Mit dem Schritt der Selbstreflektion lassen sich einerseits die Unstimmigkeiten in uns erkennen, andererseits aber auch der von uns gewünschte Veränderungsbedarf. Denn wie gesagt, die Menschen in unserem Umfeld können wir nicht ändern, weder den Partner, noch die Kinder, noch den Chef, auch nicht die Schwiegermutter und den Nachbarn. Indem wir als Herzmensch uns ändern, ändert sich unsere eigene Energie. Dadurch schaffen wir ein energetisches Feld, welches eine positive Veränderung auch im Umfeld ermöglicht. Denn wir können nicht gegen den freien Willen von anderen Menschen handeln und sie zwingen, sich zu ändern, nur damit wir uns nicht anpassen und verändern müssen. Das wäre Manipulation (-) und wiederum negative Energie, welche die eigene Energie und das Energieniveau des Umfelds reduziert. Es entstünde nie eine Win-win-Situation, in der sich beide Seiten positiv entwickeln können.

29

Selbstakzeptanz

Die ganze Bilanz oder Liste mit den aktuellen Emotionen wie Ängste, Frust, Schmerzen und Widerstände in Ihrem Leben auf einem Blatt Papier zu sehen, mag im ersten Moment frustrierend wirken. Notieren Sie daher auch das Positive. Nichts von dem in Ihrer kompletten Lebenssituation, was Sie auf der Liste notiert haben, ist richtig oder falsch. Alles ist einfach da. Respektieren Sie es. Allerdings hat alles auch eine Wirkung.

Es geht darum, die Vergangenheit, so wie sie ist, komplett in Liebe anzunehmen. Veränderbar ist sie nicht mehr, doch hat sie uns zu dem gemacht, was wir heute sind. Reflektieren ist wichtig, um zu erkennen, wo es noch Ballast abzuwerfen gilt, um aus dem Herzen im Jetzt vorwärts zu arbeiten. Dinge zu verzeihen, anderen Menschen zu vergeben, Schuldgefühle und Ängste in Liebe anzunehmen und damit aufzulösen. Alles war genau so richtig, wie es war, um jeden Herzmenschen auf dem individuellen Weg weiterzubringen; auch wenn die höheren Zusammenhänge noch nicht verstanden wurden. Doch irgendwann finden wir uns im Vertrauen vor, dass alles einen höheren Sinn hat; und zwar wirklich alles, auch das, was uns vielleicht noch länger begleitet und sich noch nicht auflösen lässt. Aber wir können etwas als Teil von uns annehmen (+) und nicht ständig im Energie abfliessenden Modus bleiben, indem wir Widerstand aufbauen (-). Dieser Prozess erfordert viel Geduld mit sich selbst.

Wir verfügen mit dieser Auslegeordnung über eine ganz persönliche Ausgangslage, die unsere ganz individuelle Realität widerspiegelt: angefangen von einem individuellen Körper, über eine berufliche Tätigkeit, bis hin zur eigenen Familie, einer eigenen Freundeskonstellation oder eigenen Begabungen. Der entscheidende Punkt ist: Wie Sie die Realität verändern, liegt an Ihnen - und darin liegt ein gigantisches Potenzial für jeden Erdenbürger. Nur Sie selbst sind befähigt, die Veränderung herbeizurufen - und dies in jeder erdenklichen Situation. Sie verfügen über die Selbstermächtigung. Daher dürfen Sie sich ruhig einmal auf die Schulter klopfen. Sie sind eine sehr reife Seele, die in unzähligen Inkarnationen schon so viel gelernt hat, unzählige Male gefallen und wieder aufgestanden ist. Sie sind in Ihrem innersten Kern ein vollbewusstes Wesen, welches hier mit seinen Berufungen eine Aufgabe zu erfüllen hat. Es unterliegt allein Ihrem freien Willen, ob Sie in Situationen verharren oder eine Weiterentwicklung anstreben und folglich Ihr Riesenpotenzial entfalten. Bei einer Entwicklung aus dem Herzen heraus entsteht nie Druck oder Ungeduld. Wenn wir aus dem Herzen arbeiten, trägt das Leben schon das an uns heran, was im Moment wichtig ist. Denn alles unterliegt einem persönlichen und übergeordneten Fahrplan. Sobald Sie nach Ihrer inneren Stimmigkeit und Berufung leben, erfüllen Sie Ihren Auftrag hier und leben ein Schöpferdasein. Niemand anders könnte Ihre Aufgabe besser meistern. Deshalb ist es eine Ehre, als Mensch hier zu sein.

30

Selbstliebe

Unsere Grundenergie wirkt sich auf jede Körperzelle aus. Folglich ist schon aus reiner Selbstliebe aus energetischer Sicht erkennbar, dass unser Körper bzw. jede einzelne unserer Zellen unter jeglichem Energieabfall leidet. So ist es in jeder egobasierten Stresssituation angebracht, sich zuerst einmal liebevoll und respektvoll selbst zu begegnen und sich damit bewusst zu machen, dass unser physischer Körper in diesem Moment eine Energieerhöhung benötigt, um für jede einzelne Zelle, alle Organsysteme, eine gesunde Regeneration und Selbstheilung überhaupt ermöglichen zu können.

Der Beginn von etwas Grossem, Nachhaltigem beginnt im Kleinen, mit Handlungen aus dem eigenen Herzen. Wenn wir Herzenergie ausstrahlen möchten und mit schöpferischen Energien arbeiten, gehört in erster Linie eine gesunde, herzbasierte Selbstliebe an erste Stelle. Damit ist nicht übertriebener Egoismus gemeint. Wenn wir keine Selbstliebe empfinden, ist es kompliziert, Herzenergie nach aussen fliessen zu lassen und ein energetisches Kraftfeld zu kreieren, in dem sich auch andere positiv entwickeln können. Damit hängt auch echte Selbstanerkennung, aufrichtiges Selbstbewusstsein und tiefer Respekt gegenüber der Seele zusammen. Durch diese Eigenschaften werden wir zu einem gesunden Differenzieren befähigt. Wir erkennen in unseren Lebenssituationen, in welcher Reichweite das eigene Thema liegt und an welchem Punkt das Thema des Gegenübers beginnt. Wir können dadurch ein Mitgefühl mit dem Fokus auf die eigene Berufung entwickeln und lassen uns nicht von den Dramen im Leben unserer Mitmenschen beirren.

Selbstliebe zu leben, bedeutet auch, sich nicht ständig für andere zu verbiegen, wenn es im Inneren nicht stimmig ist. Vielmehr gilt es, Eigenverantwortung zu übernehmen, hinzustehen und den eigenen Standpunkt zu vertreten, unabhängig davon, wie die Reaktion des Umfelds ausfällt. Dadurch definieren wir unseren Selbstwert. Wir leben in einer Zeit, in der so viel Wissen und Bewusstsein vorhanden ist, dass Kompromisse, Halbwahrheiten, Masken und Rollen nicht mehr nötig und im tiefen Inneren auch nicht stimmig sind. Mit vielen unserer Handlungen untergraben oder stärken wir unsere Selbstliebe, unseren wahren schöpferischen Selbstwert.

31

Lernfelder im Alltag

Als Herzmenschen verfügen wir alle über Übungsfelder im Alltag. Mit etwas Achtsamkeit dürfen wir uns selbst beobachten, wie oft wir aus dem Herzen fallen, aus der inneren Stimmigkeit, aus der eigenen Grundenergie. Vielleicht fehlt schon am Morgen beim Aufstehen die Lebensenergie und die Motivation für die Arbeit. Womöglich bilden sich allein beim Gedanken an die Arbeit Stresshormone. Diese richten, sind sie über längere Zeit vorhanden, enormen physischen und psychischen Schaden an. In solchen Situationen aus der negativen Energie in die positive zu wechseln, ist eine Herausforderung.

Es gibt immer und überall auch Positives, Freudvolles. Suchen Sie bewusst danach und orientieren Sie sich an dem, auch wenn es sich vielleicht nur um eine kleine schöne Blume handelt. Nur so kann ein Energiewechsel herbeigeführt werden. Sie werden sehen: Sobald Sie diese Energie ausstrahlen, ergibt sich das Weitere in Ihrem Schöpferdasein und Murphys Gesetz, wonach alles schiefgehen wird, was schiefgehen kann (Pechsträhne), wird nicht Fuss fassen. Vielmehr entsteht laufend mehr sichtbare Synchronizität, ein natürliches Zusammenspiel innerhalb welchem sich vieles einfach ganz wie von selbst fügt und viele «Zufälle» für eine unglaubliche, tempointensive Zusammenarbeit sorgen.

Versuchen Sie für sich in jeder kleinen Situation, den beschriebenen Energiewechsel zu vollziehen. Beispielsweise, wenn Sie einen Termin haben, sich verspätet haben, die Ampel auch noch auf Rot steht und die eigene Energie in den Keller rast, weil der empfundene Stress (-) die Schwingung senkt. Lassen Sie nicht zu, dass bereits eine rote Ampel Ihre eigene Energie beeinflusst. Planen sie fünf Minuten mehr ein oder entwickeln Sie die Gelassenheit (+) in der Situation, dass Sie durch das Warten an der Ampel nun ein wenig Zeit für sich selbst geschenkt bekommen haben, um tief durchzuatmen (+). Überlegen Sie sich, dass Ihr wartender Geschäftspartner ebenso die Gelegenheit erhält, Geduld (+) zu üben. Wenn Sie jetzt vielleicht Ihre Lieblingsmusik anstellen und sich nicht noch zusätzlich von irgendwelchen Halbwahrheiten oder Werbespots im Radio berieseln lassen, wird der gewünschte Energiewechsel rasch vollzogen werden.

Kleine Alltagssituationen bieten gute Übungsfelder. Das Prinzip allerdings ist immer dasselbe: ins Herz gehen und die Energie halten oder gar erhöhen. Bei heftigen Lebenssituation braucht es schon sehr viel Herzenergie und manchmal auch viel Zeit, sich selbst auf einen neuen Energielevel zu heben, damit grössere Themen bewältigt werden können: Z.B. eine Kündigung als Chance zu sehen, eine Scheidung als Befreiung, eine Krankheit als Möglichkeit, auch innere Prozesse anzugehen. Die Lösung liegt immer in der Veränderung zu bzw. mit einer integren Energie.

Oft lassen wir es zu, dass uns irgendjemand oder irgendetwas aus der Mitte bringt und uns in unserer Energie destabilisiert. Durchschauen Sie dies achtsam, allein der Selbstliebe willen, allein aus der Verantwortung Ihnen selbst gegenüber. Lassen Sie nicht zu, dass unzählige unerwünschte Energien auf Sie losdonnern und Sie aus dem Herzen katapultieren. Es liegt an Ihnen, gut hinzufühlen und nicht mehr in Resonanz zu gehen.

Nachrichten und Informationen über die Welt und andere Menschen darf ich einfach einmal im Raum stehen lassen, ohne, dass ich davon Kenntnis habe und ohne, dass sie in mir etwas auslösen und ich darauf reagieren soll. Unsere Seele benötigt keine Likes, keine digitalen Freunde und schon gar keine Fakenews. Wir können die Informationsflut mit Herzenergie wahrlich selbst regeln.

Es ist durchaus erlaubt, die kleinen und grossen Spekulationen und Dramen anderer Menschen einfach deren Spekulationen und Dramen sein zu lassen, insbesondere diese nicht noch mit Mitleid, Ohnmacht, Wut und Empörung in ihrer tiefen Frequenz zu bestärken und zu nähren (-). Vielmehr geht es darum, eine Reife für das Verständnis zu entwickeln, dass nur die entsprechenden Menschen selbst ihre Dramen verändern können und eine entsprechende Verantwortung dafür tragen. Niemand ist hier, um die Probleme anderer zu lösen oder die ganze Welt zu retten. Aber wir sind befähigt, solche Situationen still zu begleiten oder ihnen mit Mitgefühl zu begegnen oder Hilfe zur Selbsthilfe (+) anzubieten, damit sich das Gegenüber akzeptiert (+) und respektiert (+) fühlt und damit echte Optionen bekommt. Ist das nicht entspannend? Mir reicht mein eigener Lebensplan vollkommen aus. Wohl hält er mich ganz schön auf Trab, ist aber dennoch im Inneren stimmig. Und ich bin auch im Vertrauen, dass alle anderen ihren Plan auch meistern. Jedenfalls masse ich mir nicht an, ihren Plan besser lösen zu können. Impulse zu geben, kann allenfalls weiterhelfen, jedoch muss letztendlich jeder selbst die notwendigen Schritte gehen. Das Bewusstsein, dass es der Mensch immer in der Hand hat, sein Energieniveau zu steuern, beruhigt mich ungemein. Veränderungen haben im eigenen Inneren zu erfolgen. Ärger, Schuldzuweisungen, endlose Diskussionen, Ängste und Misstrauen lassen Situationen lediglich erstarren, machen sie aber nicht entwicklungsfähig. Eine Steigerung der Energie und eine nachhaltige Lösung gehen immer über positive Energien.

Oftmals befinden wir uns in Täter-Opfer-Rollen, innerhalb welcher beide in der negativen Energie schweben und es mit rein rationalem Denken meist einen offensichtlichen Schuldigen gibt. Das kann ein kleiner Streit sein oder aber ein schweres Delikt oder es kann sich gar um nationale Kriege handeln.[11] Leider haben wir einen entsprechenden Verhaltenscodex nicht in der staatlichen Schule gelernt. Dazu wird es herzbasierende Schulen brauchen, die von Menschen errichtet werden, welche diese Herzethik bereits leben und wissen, was die Gesellschaft der Zukunft benötigt. Kinder sollen dann auf das wirkliche Leben vorbereitet werden und ihr individuelles Potenzial entfalten können, um im nächsten

---

[11] Wie man einen Energiewechsel in solchen Situationen herbeiführt, ist anhand eines Beispiels im Kapitel 33: Herzethik in Täter- und Opferrollen beschrieben.

Leben als Herzmensch in eine friedlichere, heilere Welt hineingeboren zu werden und sagen zu dürfen: »Das haben wir gut gemacht.»

Unterschiedliche Lernfelder von Mann und Frau

Für Frauen ist der Weg nach innen meistens naheliegender und einfacher. Wenn es darum geht, die weibliche Energie zu fördern, innere Aspekte zu entfalten, sind Frauen mit weniger Dogmen der Gesellschaft belegt. Wenn eine Frau Gefühle oder Emotionen zeigt, ist dies normal. Wenn ein Mann, insbesondere in der Businesswelt, Gefühle zeigt und seiner Intuition folgen möchte, wird dies noch immer von vielen belächelt und als Schwäche bezeichnet. Richtig ist allerdings, dass dies eine Stärke darstellt, denn dadurch wird Herzaktivität und Herzkraft sichtbar. Die meisten Frauen dürfen im Gegenzug etwas mehr von der männlichen Energie entwickeln: Selbstbewusstsein, Selbstständigkeit, Unabhängigkeit und Durchsetzungsvermögen. Das entlastet die Männerwelt. Die männliche und die weibliche Energie können sich harmonisch ausgleichen, individuell und global. Es braucht sie beide in ausgeglichener Form. Frauen wurden früher nur als «ganze» Frauen angesehen, wenn sie Kinder gebären konnten. Diese Programmierung ist noch immer tief in uns Frauen gespeichert, ist aber zunehmend am Abnehmen. Es gibt Herzmenschen, welche in diesem Leben einfach nicht vorhaben, Kinder zu gebären, da sie in früheren Leben all diese Lernprozesse schon durchlebt haben und in diesem Leben für andere Aufgaben vorgesehen sind. Vielleicht finden diese Frauen in der Politik oder in Konzernleitungen ihre Berufung; nämlich dort, wo es unbedingt mehr starke weibliche Führungsenergien braucht, um die verhärteten Strukturen aufzuweichen.

Für einen Mann ist es, zufolge seiner ausgeprägten Fähigkeit, rational zu denken, in der Regel anspruchsvoller als für eine Frau, aus dem Herzen heraus zu fühlen und zu entscheiden. Doch wir leben in einer Zeit, in der sich männliche und weibliche Energie ausgleicht. Die meisten Männer erfuhren in ihrem Heranwachsen mehr männliche Energie als weibliche. Damit wurde die Orientierung nach aussen gefördert, das innere Wachstum jedoch vernachlässigt. Dieses Ungleichgewicht zu erleben war wichtig, um jetzt zu verstehen, dass es an der Zeit für einen Richtungswechsel ist. Das Weibliche, Innenorientierte, Friedliche, Behütende, Sanfte darf wieder mehr in die Gesellschaft einfliessen und den gesunden Ausgleich für alle schaffen, damit das Aufweichen aller harten Strukturen gefördert wird.

Die Haltung, dass ein Mann Gefühle zeigen und auf seine Intuition hören darf, wird zuweilen noch belächelt. Allgemein akzeptiert ist dies höchstens in Sportstadien, wo den Gefühlen und Emotionen, egal welchen, freier Lauf gelassen werden darf. Stark erschwerend für Männer wirken unsere starren Strukturen. Der Wirtschafts-, Finanz- und Businessbereich wird dominiert von Männern, die in den gegebenen Strukturen für diese Herzentwicklung nur wenig Freiraum sehen. Obwohl Männer diese innerlich durchaus fühlen und das Bedürfnis haben, herzbasiert zu arbeiten, sehen sie sich mit einem starren veralteten System konfrontiert. Doch auch hier ergibt sich die Möglichkeit, die eigene Energie einfach zu wechseln. «Make the change!» Die Businesswelt hat schon längst erkannt, dass Menschen, die ihre Berufung leben und somit aus dem Herzen heraus arbeiten, sehr viele positive Eigenschaften mitbringen: Sie sind weniger krank, kennen keine Burnouts, sind belastbar, ausdauernd, immer flexibel und offen für Neues, geben sich kreativ und innovativ und sind stets in Bewegung. Von älteren Männern höre ich oft, dass sie heute viel sensibler sind als früher. Sie werten diese Erweiterung ihrer Wahrnehmung meist ab. Doch das entspricht dem Zeitgeist und der Zeitqualität, in welcher wir alle immer mehr hochsensitiv, hellfühlend werden, damit wir in den Wirren der Zeit auch wieder die richtigen Wege finden und mit dem Unwesentlichen nicht in Resonanz gehen.

32

Herzethik in Täter- und Opferrollen

Wie oft schon wurden wir bewusst oder unbewusst zum Opfer oder Täter. Beide Rollen sind widernatürlich, tiefschwingend, selbstlimitierend, zerstörerisch und energieraubend. Beide haben jedoch stets das Potenzial, auf ein höheres Energieniveau zu wechseln, ist es doch eine Frage der Perspektive auf die Situation, ob man sich als Opfer oder Täter sieht. Die Bereitschaft dazu unterliegt wiederum dem freien Willen jedes einzelnen Menschen. Bereits in der Kindheit sahen wir uns schon mit diesen beiden

Rollen konfrontiert. Man fühlte sich benachteiligt gegenüber anderen Kindern und nicht fair behandelt von Lehrern, Mitschülern, Nachbarn, Geschwistern oder Verwandten. Dieselben Situationen ereignen sich auch laufend im Erwachsenenalter. Dort nehmen die Opferrollen noch ganz andere Dimensionen an, nicht selten genau dadurch, weil die meisten Menschen nie gelernt haben, welches Friedenspotenzial eine solche Situation in sich birgt.

Menschen fühlen sich heute als Opfer ihrer Krankheit, Opfer ihrer eigenen Unzulänglichkeiten, ihrer Schwächen, ihrer Herkunft; sie fühlen sich sozial benachteiligt, fühlen sich als Gefangene des heutigen Systems und als Opfer von Intrigen, von öffentlichen Fehlaussagen und Beleidigungen in den Medien, Opfer der Justiz, Opfer von Suchtmitteln aller Art, Opfer des Schicksals, Opfer von Terror aller Art. Opferrollen entstehen auch bei unerwarteten Kündigungen der Arbeitsstelle oder der Wohnung. Auch auf der Weltbühne fühlen sich ganze Nationen als Opfer der Vergangenheit, was eine verheerende Auswirkung auf die Energie des ganzen Staates und deren Bevölkerung zur Folge hat. Sowohl Täter als auch Opfer verfügen immer über die Option des Perspektivenwechsels. Für das Opfer bedeutet dies in erster Linie: nicht in Resonanz gehen mit dem Täter, um damit keine Nahrung mit negativer Energie in den Prozess zu setzen. Erforderlich ist dann, zu erkennen und bei sich im Herzen zu bleiben, nicht aus emotionalen Mustern zu funktionieren und auch nicht aus gesellschaftlichen Reaktionsmustern zu handeln. Im Idealfall entwickelt man Mitgefühl (+) für den Täter, wissend, dass dieser in einem Lernprozess steht. Es erfordert Dankbarkeit (+), dass genau diese Situation vom Opfer ein mehr oder weniger hohes Mass an Vergebung (+) fordert.

Wir dürfen im tiefen Vertrauen auf eine übergeordnete Macht sein, dass wir nie einem Lebensprozess ausgesetzt werden, ohne die Möglichkeit, diesen auf konstruktive Weise lösen zu können. Wenn Menschen wirklich im Herzen sind, erkennen sie im Täter einen Potenzialentfalter. Gelingt ihnen dies, sind sie auf einer hohen Stufe der Herzethik angekommen.

So wird die unerwartete Situation einer Kündigung oder des Verlassenwerdens durch den Partner ganz einfach zu einem etwas «erzwungenen» Neuanfang, der für den Betreffenden neue Chancen eröffnet und für seinen Lebensplan wichtig ist. Es ist ein Lernprozess, in dem Moment auf die höhere Führung zu vertrauen, dass sich irgendwo Türen öffnen werden und neue Perspektiven aufgehen, die vielleicht sogar besser sind als es die frühere Situation war. Um diese zu erkennen, benötigt der Betroffene selbst eine integre Energie. Als Individuum sind wir es gewohnt, wenn sich Situationen nicht mehr gut anfühlen, wenn es heisst, von einer Person oder einem Ereignis Abstand zu nehmen, wenn es - gefühlt - dunkel oder unangenehm wird. Unser Herz weiss, ob und wann es richtig ist, Abstand zu nehmen, um keine Energie zu verschwenden oder gar als «Andockstelle» für negative Energien zu dienen. Das Herz erkennt auf einer höheren Stufe auch, mit Herzenergie zu wirken, mit dunklen Energien nicht in Resonanz zu treten und trotzdem widrigste Umstände auszuhalten, einfach in der Situation zu bleiben und still Herzenergie fliessen zu lassen; einem Leuchtturm gleich einfach da zu sein und zu leuchten; ohne Worte eine Energie auszustrahlen, damit die Umgebung transformieren kann. Es zeugt von hoher Schule der Herzarbeit, solche Situationen auszuhalten und in der eigenen Grundenergie verankert zu bleiben, in der eigenen Mitte oder eben im Herzen zu bleiben, wenn die Dunkelheit aus nächster Nähe Giftpfeile schiesst. Viele Menschen allerdings schaffen das bereits! Sie sind Transformatoren und Leuchttürme in dieser Zeit, die mit ihrem hohen Energieniveau unglaublich viel bewegen. Dafür dürfen wir Dankbarkeit fühlen. Es sind sehr viele solcher Leuchttürme da, die die Energie einfach still halten für zehntausende von Menschen auf unserem Planeten. Sie sorgen dafür, dass sich alle insbesondere in unserer Zeit extrem schnell hin zum Frieden entwickeln können. Solche Menschen liessen sich auch als Frequenzhalter oder Herzenergiepotenzierer bezeichnen. Im Kleinen allerdings ist jeder Herzmensch ein Frequenzbeschleuniger und jeder Herzmensch verfügt über ein riesiges Potenzial, sich zu einem Leuchtturm entwickeln zu können.

Wie lässt sich nun eine Täter-Opfer-Situation drehen? Wie kommt man aus einer solchen Situation heraus? Wie lässt sich die Energie darin wenden, so dass gar eine Win-win-Situation entstehen kann? In meinem persönlichen Umfeld höre ich dann oft die Bemerkung: «Geh einfach ins Herz.» Ich schmunzle dann jeweils ein wenig über den Umstand, dass wir Menschen manchmal einfach unbewusst, ohnmächtig und überfordert in Ego-Prozessen stecken, die nicht mit vier Worten erklärt und gelöst werden. Trotzdem ist es wie alles im Universum tatsächlich nicht so schwierig, wie wir uns das vorstellen. Es geht immer um das Anheben des eigenen Energieniveaus.

33

Täter- und Opferrollen mit Kindern

Eine Herzethik zum Thema Täter-Oper-Rollen lässt sich auch in der Situation mit zwei streitenden Kindern früh und einfach erlernen. In Täter-Opfer-Rollen entsteht immer von beiden Seiten negative Energie. Diese tiefen Energieströme ziehen beide Streithähne herunter, inklusive deren Eltern. Letztere reagieren meist noch mit Mitleid (-), Überforderung (-) oder Bestrafung (-). Damit Kinder lernen, eine Beobachterrolle einzunehmen, empfiehlt es sich, sich zweier Figuren zu behändigen und den Vorgang des Streits bildnerisch darzustellen; am besten mit den beiden Lieblingskuscheltieren der Kinder. Mit diesen ist das Kind positiv verbunden. Nehmen Sie dazu noch für jede Figur ein blaues und ein gelbes Blatt Papier. Auf das gelbe Blatt schreiben Sie möglichst viele integre Energien. Auf dem blauen Blatt führen Sie die integren Energien auf. Stellen Sie dann die beiden Figuren (Opfer und Täter) auf ein blaues Blatt Papier. Auch ein Kind versteht, dass wir gemäss unserem freien Willen als kosmisches Gesetz nicht das Recht haben, andere zu verändern, sondern immer nur uns selbst. So können Täter und Opfer stets nur sich selbst verändern, nicht das Gegenüber. Die Zielvorgabe als Herzmensch ist es, wieder in eine positive Energie zu gelangen. Der Weg dazu ist, unsere innere Einstellung und damit Energie zu ändern.

Um ein Kind aus der Opferrolle herauszuholen und in die positive Energie zu bringen, braucht es Herzenergie wie Verzeihen, Vergebung, Verständnis, Mitgefühl. Sobald das Opfer dem Täter verzeihen kann, also Herzenergie aussendet, ändert sich die Frequenz des Opfers in die positive Richtung. Das Stofftier wechselt auf das gelbe Blatt. Der Täter kann das Opfer mit seiner tiefen Frequenz nicht mehr erreichen, findet bei diesem keine negative

Resonanz mehr und bleibt unter Umständen in der tiefen Energie - in unserem Beispiel auf dem blauen Blatt. Da der Täter aber auch ein Herzmensch ist, wird er vielleicht gemäss seinem freien Willen an die höhere Energie andocken, indem er in einem ersten Schritt sich selbst verzeiht und sich anschliessend beim Opfer entschuldigt oder um Verzeihung bittet. Dadurch steht auch der Täter wieder auf einem gelben Papier und beide befinden sich auf einem Energielevel, auf der sie sich konstruktiv weiterentwickeln können (Win-win-Situation) und nicht in der tiefen Energie verharren. Beide fühlen sich in ihrem Inneren befreit, unbelastet und lebensfroh, ohne Matrixverdichtung, sondern mit Durchlichtung.

Die Situation könnte sich auch anders entwickeln. Der Täter auf dem blauen Papier könnte sich zuerst selbst verzeihen, sich nachfolgend entschuldigen und auch das Opfer um Verzeihung bitten. Damit strahlt er selbst eine integre Energie aus und stellt sich somit auf das gelbe Papier. Das Opfer steht in dem Moment noch auf dem blauen Blatt. Sofern das Opfer dem Täter auch vergibt und ebenfalls Herzenergie fliessen lässt, wird es auch auf einem gelben Blatt Papier stehen und dadurch eine Win-win-Situation herstellen können. Wenn aber das Opfer dem Täter nicht vergeben kann, bleibt es selbst auf dem blauen Papier stehen, während der Täter, der sich ja selbst verziehen und das Opfer um Verzeihung (+) gebeten hat, auf dem gelben Papier steht und sich somit weiterentwickeln kann.

Täter- und Opferrollen sind stets reziprok, d.h. jeder Täter kann auch Opfer sein und jedes Opfer auch Täter. Oftmals entstehen diese Rollen aus Programmierungen aus der Vergangenheit. Aber im Grunde sind wir alle Herzmenschen. Der göttliche Kern liegt in allen vorhanden, weshalb wir anderen Herzmenschen mit Zuversicht (+) entgegentreten und ihnen zutrauen (+) dürfen, dass sie in der aktuellen Zeitqualität über ihren Schatten springen (+). Es unterliegt ihrem freien Willen, ob sie in der destruktiven Energie stehen bleiben möchten oder nicht. Wir alle fanden uns schon unzählige Male in beiden Rollen vor und lernen mit neuen Herausforderungen genau dieselben Prinzipien. Vor dem Hintergrund von Reinkarnation haben wir manche Prozesse bereits in anderen

Leben durchlebt, einige in diesem. Es ist ein ständiges Wachsen des persönlichen seelischen Potenzials. Diese Beobachterperspektive mit Figuren ist auch für Paare geeignet, bei Konflikten am Arbeitsplatz etc. Selbst Politiker, die ganzen Nationen vorstehen, können dieses Prinzip umsetzen.

Denn wer mit Herzenergie arbeitet, für den ist das Leben ein Geschenk. Er stellt sich in den Dienst eines grossen Ganzen, ohne Worte, allein durch seine Energie. Das Menschsein hat demnach Perspektiven und einen Sinn, trotz allen Herausforderungen und Schicksalen, unabhängig von Herkunft, Kultur, Bildung, Alter und politischer Gesinnung können wir bewusst Einfluss nehmen. Wir sind alle betroffen und mit jeder Win-win-Situation wird sowohl die individuelle als auch die globale Matrix ein Stück freier.

3. Teil

Herzethik in der Gesellschaft

34

Herzethik mit Babys

Eine Schwangerschaft konfrontiert die Mutter schon sehr früh mit sich selbst. Es geht um Veränderungen des eigenen Körpers, aber auch um solche des ganz persönlichen Umfelds (Wohnsituation, Beruf, Freizeit etc.). Wenn sich neues Leben auf unserem Planeten ankündigt, ist also sprichwörtlich viel in Bewegung. So wird eine Schwangerschaft heute viel bewusster gelebt als noch vor 20 Jahren. Das Verantwortungsgefühl bei beiden Elternteilen steigt und die Prioritäten im Leben werden neu gesetzt. Das Bedürfnis von Vätern, sich aktiv an der Begleitung der Kinder zu beteiligen, wird zunehmend manifester, was von fortschreitendem Ausgleich von weiblicher und männlicher Energie in der Gesellschaft zeugt.

Wir leben längst in einer Zeit, in welcher die Seelen der heutigen Kinder mit einer höheren Energie inkarnieren, dementsprechend seelisch reifer und bewusster sind. Der physische Körper in dieser dritten Dimension jedoch ist eine sehr dichte Materie. Je weiterentwickelt die feinstoffliche Seele ist, desto stärker wirkt die Ursprungsenergie und umso mehr Ursprungsintelligenz und Ursprungswissen zeigt sich. Das kann zur Folge haben, dass es nicht so einfach ist, die Seele im dichten Babykörper zu verankern.[12] Umso wichtiger ist es, dass Eltern über diesen Umstand Bescheid wissen und dem Kind ein Energiefeld bieten, welches integer ist, also positiv, aufbauend und geerdet. Diese lebensbejahende Energie bietet den idealen feinstofflichen Nährboden oder das ideale energetische Kraftfeld, damit sich die Seele des Babys bereits im Mutterleib gesund entwickeln kann. Dass Stress (-) in der Schwangerschaft in keiner Hinsicht förderlich ist, leuchtet ein. Die Seele des Babys soll sich im physischen Körper und auch in seinem Umfeld möglichst wohl fühlen.

Bei den heutigen Babys scheint es schon fast normal, dass ihre Seele immer wieder aus dem physischen Körper heraushüpft. Dies findet insbesondere dann statt, wenn es für sie schwierig wird und die Energie um sie herum tief ist. In solchen Momenten begibt sich ihre Seele als multidimensionales Wesen in andere Welten, in welchen die Energie viel angenehmer ist. Sie verbleibt allerdings immer in energetischer Verbindung mit dem physischen Körper. Für multidimensional wahrnehmende Menschen ist dies gut zu beobachten, da sie auch die feinstofflichen Anteile eines Körpers wahrnehmen. Den meisten Eltern allerdings ist diese natürliche Wahrnehmung abtrainiert worden und sie bemerken nichts. Menschen jedoch, die weitere Realitätsebenen wahrnehmen können und hellsichtig sind, sehen, ob die Seele ganz im Körper verankert ist oder nicht. Ebenso bietet die Kinesiologie eine Möglichkeit,

[12] Vgl. hierfür das Kapitel 43: Erdung

dies auszutesten. Eltern erfüllen ihre Aufgabe schon weitgehend, wenn sie selbst in ihrer Mitte und im Herzen sind. Dann nämlich strahlen sie das aus, was ein Kind braucht; und das Kind hat sich ja genau diese Eltern ausgesucht.

Jedes Kind wird mit einem individuellen Seelenplan geboren, mit einigen Lernaufgaben und somit auch in das entsprechende Umfeld. Als Baby lebt es noch vollkommen nach seinem Herzen, seinem ganz individuellen Kompass. Es erlernt allein im ersten Lebensjahr hochkomplexe Bewegungsabläufe ohne einen Lehrer. Allein die Entwicklung in einem ersten Lebensjahr gleicht einem Wunder, doch ist dies zu einer Selbstverständlichkeit in der Gesellschaft geworden. Ein Kleinkind ist über sein Herz immer mit der Urquelle verbunden, wird liebevoll geführt und entwickelt sich noch mehrheitlich natürlich.

Ein Baby besitzt Intelligenz und Bewusstsein. Ohne äussere Aufforderung und Motivation entwickelt es einen phänomenalen Körper. Es lernt vorwärts - und nicht etwa rückwärts - zu laufen. Es besitzt einen natürlichen Bewegungsdrang, ist spontan und fröhlich ohne speziellen Grund und befindet sich ständig in Bewegung. Ein Kind sitzt nicht nur tagelang traurig in einer Ecke oder bleibt nach einem Sturz liegen. Es lebt seine Herzenergie mit Spontaneität, Ehrlichkeit und Begeisterung. Von der Umwelt nicht konditioniert, lacht es unzählige Male und steht unermüdlich wieder auf, wenn es hinfällt. Es empfindet keine Freude an irdischen, materiellen Dingen wie Geld oder Luxus. Ausgestattet mit einem natürlichen Drang zum Lernen und Erleben in der Natur, legt es durch die unbändige Begeisterung am Leben (+) eine sehr hohe Lernfähigkeit an den Tag. Es schläft nach einem natürlichen Rhythmus, wenn es müde ist, holt sich seine Streicheleinheiten, wenn es bedürftig ist, lernt die Sprache und wird trocken, sobald es dafür bereit ist. Dies alles geschieht aus reiner natürlicher Entwicklung aus dem Inneren, ohne Erwartungshaltung, ohne Lehren, Konzepte, Strategien und Normen von ausserhalb. Aus reiner göttlicher Intelligenz ohne einen Lehrer. Wenn diese Lebensintelligenz doch so wunderbar vorgelebt wird, warum stellen wir diese Phänomenalität überhaupt in Frage ? Über diese Unbeschwertheit (+),

Begeisterung (+), Lernfähigkeit (+) und Authentizität (+) verfügen die Kleinkinder noch ganz natürlich, bevor sie der Konditionierung (-) der Gesellschaft unterworfen werden. Ein Baby ist nicht überfordert mit dem Leben; es kommt auch nicht depressiv zur Welt. Erst dann, wenn es aus der Mitte, aus dem Herzen fällt, wird seine Lebensenergie reduziert.

Wenn bei den Eltern Stress (-) aufkommt, liegt dies nie in der Verantwortung des Kindes. Die Verantwortung dafür liegt vielmehr bei den Eltern und ihren oftmals falschen Vorstellungen, wie ihr Kind sein sollte. Eltern entscheiden über die Qualität des energetischen Feldes, in welchem sich ihr Kind aufhält. In erster Linie können Eltern selbst dafür sorgen, dass sie im Alltag Herzenergie ausstrahlen, wodurch sich jedes Kind nach seinem Fahrplan entwickeln kann. Dies bedeutet nicht, dass auf diesem Weg keine Lernprozesse stattfinden. Alle Menschen – Eltern und Kinder – sind ständig am Lernen. Aber sie werden mit ihrem Schicksal nicht überfordert sein, sondern sind aufgrund des Energieniveaus befähigt, alles konstruktiv zu meistern, was ihnen das Leben beschert. Eltern können dies vorleben, indem sie bewusst realisieren, dass ihre eigene Lebenseinstellung mehr Individualität und Flexibilität zulassen kann (+). Dies allein wirkt sich bereits entspannend auf alle aus. Eltern verfügen stets über die Möglichkeit, das Lachen eines Kindes und damit dessen Grundenergie dankbar in sich aufzunehmen (+), wodurch die herausfordernden, kräftezehrenden Momente deutlich erträglicher werden.

Wie lange benötigt ein Baby die Energie und Nähe der Mutter?

Eine Frage, die mir oft per Mail gestellt wurde: Wie lange sollen Mutter und Kind zusammenbleiben? Diese Frage ist besonders interessant in dieser bewegenden Zeit des Wandels mit all diesen bewussten Kindern, die in unserer Realität stehen und mit denen der Umgang für viele Eltern neu ist. Ich selbst erlebte ein aussergewöhnliches Beispiel, das in mir vor einigen Jahren viele

Fragen aufwarf. In unserem Fall wurden die äusserst früh geborenen Zwillinge im Jahr 2001 kurz nach der Geburt zu Beginn der 26. Schwangerschaftswoche von mir getrennt und Elena und Christina verbrachten zwei bzw. vier Monate in der Isolette bei einem Geburtsgewicht von 570 g bzw. 600 g.[13] Ich begab mich damals täglich auf die Intensivstation. Die kleinen Zwillinge hörten dadurch regelmässig meine Stimme und fühlten mit Sicherheit auch meine Präsenz sowie meine Energie. Die Nacht hingegen verbrachten sie ohne ihre Mutter. War dies förderlich für die Zwillinge? Für die heute 18-jährige Überlebende dieser Extrem-Situation war die Antwort auf diese Frage sehr klar: Sie wurde schon sehr früh gezwungen, ihre eigene Energie zu halten, unabhängig von der Schwingung ihrer Mutter. Einmal mehr ergibt alles seinen Sinn aus der Vergangenheit und es schien tatsächlich für alle Beteiligten so vorgesehen. Als Mutter machte ich damals selbst unzählige Extremerfahrungen, die mich mit meinem Bewusstsein dahin gebracht haben, wo ich heute stehe. Ich empfinde es als sehr schön, diesen Lebenssinn immer tiefer zu erkennen und einerseits den übergeordneten universellen Plan mit der gigantischen Logistik im Verstand zu verstehen, andererseits auch im Herzen anzunehmen – genau so, wie er sich mit all seinen unzähligen Höhen und Tiefen präsentiert. Ich wiege mich mittlerweile im Vertrauen, dass wir nicht einfach so ohne Kompass und ohne Führung auf diesem Planeten landen.

Ich traue jeder Mutter und jedem Vater zu, über das Herz immer zu fühlen, was aktuell richtig und wichtig ist für das Kind. Jede Mutter fühlt selbst, wie lange sie stillen möchte, wie und wo sie wohnen, ob oder wann sie wieder arbeiten, ob sie ihr Kind impfen möchte und gegebenenfalls wogegen. Da sich die Seelen vor ihrer Inkarnation absprechen und somit die Lernaufgaben verteilt werden, dürfen wir darauf vertrauen, dass die individuelle und kollektive Entwicklung nach dem übergeordneten Plan erfolgt. Unsere Energie entscheidet immer, ob wir den effizientesten und konstruktivsten Weg gehen oder mit niedrigerem Energieniveau

[13] Vgl. Band 1 der «Christina-Bücher»: Christina – Zwillinge als Licht geboren

manchmal länger und mit widernatürlichen Umwegen in einer Lebensaufgabe stehen. Wenn es eine Mutter erfüllt, schon kurz nach der Geburt wieder arbeiten zu gehen, hat sich die Seele des Kindes auch ausgesucht, diese Erfahrung zu machen. Entweder sind beide in dieser Form des Zusammenlebens glücklich oder einer lernt, aufgrund dieser Umstände trotzdem glücklich zu sein. Wenn jemand voll und ganz für das Kind da sein möchte, wird er auch Kinder haben, die eine solche Zuwendung brauchen und für deren Entwicklung dies wichtig ist.

Einige Eltern begleiten vielleicht handycapierte Kinder und lernen trotz ihrer Riesenpräsenz für das Kind, sich selbst nicht zu vergessen. Sie lernen, eine hohe Form von Selbstliebe (+) zu entwickeln, ihren eigenen Seelenplan trotzdem umzusetzen. Denn das Empfinden von Aufopferung (-) für andere ist eine negative Energie und wirkt sich früher oder später immer auf das Umfeld aus. Aufopferung für Partner, Kinder oder Arbeitgeber, um Anerkennung zu erhalten, reduziert die eigene Lebensenergie. Sobald diese Erfahrung der mangelnden Selbstliebe (-) durchlebt wurde, folgt die Erkenntnis, wieder vermehrt auf sich selbst zu hören, selbstverantwortlich (+) im Leben zu stehen, um auch für andere als Potenzialentfalter zu dienen und nicht als Energiereduzierer.

Für mich ging es beispielsweise darum, meine wahren Begabungen und Bedürfnisse trotz jahrelanger intensiver Pflege eines Kindes und äusserst mühsamen Lebensumständen trotzdem zu leben. Konkret waren der Laufsport bzw. die Bewegung für mich sehr wichtig, obwohl sich der Alltag mit den beiden Kids und dem eigenen KMU-Betrieb sehr anstrengend gestaltete und die Nächte kaum mehr als zwei Stunden Schlaf am Stück hergaben. Allein die aufwendige Nahrungszubereitung und das Sondieren eines Kindes rund um die Uhr während mehr als sechs Jahren kamen einer Herausforderung ohne Ausweichmanöver gleich, die allein mit dem Verstand nicht zu bewältigen war. Kinder, die fast im Dauerzustand mit gesundheitlichen Rückschlägen leben, lassen sich nicht einfach der Grossmutter oder der Nachbarin in die Hand drücken. Jeder Gang aus dem Haus musste überlegt und unzählige Dinge berücksichtigt werden. Mir ist klar, dass sich kaum eine

Frau vorstellen kann, unter solchen Umständen noch körperlichen Ausgleich im Laufsport zu finden. Doch für mich war die Stunde Training pro Tag mein persönliches Date mit mir selbst, mit der Natur. Oftmals auch zu Hause auf dem Laufband, da ich die Kinder nicht in andere Obhut geben konnte. Durch das Ausleben eines Talentes und einer Lieblingsbeschäftigung fühlte ich mich belebt, ausgeglichen und gestärkt. Heute ist mir bewusst, dass dies der entscheidende Punkt war, um damals nicht einen chronischen Energieverlust zu erleiden. Ich tat etwas, das mir Freude (+) und Erfüllung (+) bereitete. Somit war das Schwierige besser zu ertragen und durchzustehen und es verhinderte, in Selbstmitleid und eine Opferrolle (-) zu fallen.

Bestimmt kennen Sie solche Situationen aus Ihrem eigenen Leben; Situationen, in denen Sie sich rückblickend fragen: «Wie habe ich das geschafft?» Lebenssituationen, deren Bewältigung sich rein rational nicht erklären lassen. Es sind Situationen, die nur konstruktiv zu bewältigen waren, weil sehr viel lebensbejahende Herzenergie mit dabei war, etwa Respekt, Akzeptanz, Demut und Hingabe. Es sind denn auch die wirklich schwierigen Herausforderungen, die uns in unserem Potenzial weiterbringen. Mit unserer Ausrichtung entscheiden wir immer selbst, ob wir an den eigenen Lebensthemen wachsen (+) oder in einer Negativspirale (-) landen. Wir bevorzugen wohl alle lieber herzbasiertes Wachsen, was uns in unserer Uressenz und unseren Grundwerten bestärkt.

35

Herzethik mit Kindern

Als Herzmensch darf man sich bewusst machen, dass jedes Kind über einen individuellen Seelenplan verfügt und mit individuellen Charakteren, Begabungen und Lebensaufgaben ausgestattet wurde. Das Lernen beginnt nicht erst bei Schuleintritt. Lernsituationen unserer Zeit beginnen bei allen Kindern bereits ab Geburt, sogar ab dem ersten Herzschlag im Mutterleib. Egal, wie sich das Kind entwickelt, wie es aussieht, über welche Begabungen es verfügt, welche genetische Programmierungen oder körperliche Beeinträchtigungen es mitbringt. Es kann auch sein, dass es Wut,

Neid, Trotz oder Hass aus anderen Leben mitbringt. Gefühle aufgrund von abgespeicherten Emotionen sind ganz natürlich bei jedem Kind noch vorhanden; man darf sie annehmen, aber sich davon nicht im Jetzt beeinflussen lassen, sondern Raum geben für Transformation. Dadurch ergeben sich Lernfelder, um die Kinder mit entwicklungsfördernder Herzenergie zu begleiten, präsent zu sein, mit ihnen ihre Zustände auch auszuhalten und damit das für eine Transformation notwendige Energieniveau zu bieten. Wenn ein Kind trotzt oder gar tobt, ist es für Eltern eine kleinere Meisterleistung, in einem solchen Moment bei sich zu bleiben, den Trotz oder das Toben zu respektieren und sich dabei nicht aus der Mitte bringen zu lassen. Das erfordert viel Herzkraft und Grösse. Das Kind erhält dadurch die Chance, seine nicht konstruktiven Programmierungen zu überwinden. Wenn Eltern sich in solchen Situationen aufregen, drohen oder gar schreien, begeben sie sich auf dasselbe tiefe, desintegre Energieniveau und werden sich immer wieder im gleichen Lernprozess vorfinden. Eltern dürfen sich in solchen Momenten vielmehr bewusst sein, dass sie mit positiver Präsenz wichtige Transformationsarbeit für das Kind und für sich selbst leisten (+).

Kinder und Schule

Kommt das Kind in die Schule, beginnt eine weitere neue Herausforderung für Kinder und ihre Eltern – aber auch für die Lehrpersonen. Kinder werden aus ihrem persönlichen natürlichen Fahrplan gerissen, genormt, konditioniert und fallen oft allein schon durch fixe Tagesstrukturen aus ihrer eigenen Mitte. Der Stundenplan der Schule übernimmt die Tagesstruktur, das Herz hat sich unterzuordnen, um den Verstand zu konditionieren. Unzufriedenheit (-), Streit (-), Neid (-), Ängste (-), vielleicht sogar Mobbing ziehen in den Alltag ein. Sehr schnell entstehen aufgrund von innerer Unstimmigkeit Beleidigungen (-), Intrigen (-), Streitereien (-), Missgunst (-) hinsichtlich Begabungen und hinsichtlich materieller Güter. Eltern nähren die Opfer- und Täterrollen oft noch durch

Mitleid (-), Schuldzuweisungen (-) und Strafen (-). Es wird eine Situation mit vielen destruktiven Energien auf allen Seiten geschaffen. Umso wichtiger wird es, dass Kinder und Eltern lernen zu reflektieren. Sie brauchen Lebensräume in Schule und Freizeit, in denen sie sich akzeptiert und respektiert fühlen. Kinder brauchen dringend energieanhebende Optionen, sich mit erholsamen, aufbauenden, entwicklungsfördernden und natürlichen Dingen zu beschäftigen, wie beispielsweise natürliche Bewegung in der Natur. Nicht förderlich sind Beschäftigungen, in denen Kinder zusätzlichem Leistungsdruck ausgesetzt sind.

Spätestens wenn Kinder ins Schulalter kommen, lernen sie zu verstehen, dass Emotionen und Gefühle immer etwas mit ihnen selbst zu tun haben. Ob aus diesem oder dem letzten Leben ist nicht entscheidend. Alle Emotionen dürfen als Teil des Kindes in Liebe angenommen werden, und mit Herzenergie können sie transformiert werden. Da keine negative Energie auf sie zurückfällt, bilden die Kinder weniger Ausweich- und Umgehungsstrategien, sind innerlich freier, spontaner, kreativer und offener. Das verhindert die Bildung der Egostruktur und stärkt die Herzstruktur. Sie entwickeln Respekt, welchen sie wiederum anderen Kindern und Erwachsenen vorleben. Damit wächst in ihnen echte Lebensintelligenz und Resilienz, welche sie für künftige Situationen bzw. für das weitere Leben stärkt. Wir dürfen mit unseren Schulen keine Machtstrategen heranziehen, sondern sollen die Inidividualität und Selbstverantwortlichkeit fördern. Bewusstseinscoaching wird nicht nur in der Erwachsenenwelt immer beliebter, sondern soll bereits in der Kindheit Eingang finden können, wodurch wir Menschen für das spätere Leben früh gestärkt werden.

Mit Alltagsbeispielen können Schulkinder gut auf gegenseitigen Respekt vor dem freien Willen sensibilisiert werden. Kinder lernen sehr schnell und Erwachsene dürfen das den Kindern vermitteln, obwohl sie selbst diese Prozesse auch noch nicht vollständig beherrschen. Sie werden sehr schnell von den Kindern darauf aufmerksam gemacht und «korrigiert», oftmals auf amüsante Art und Weise. Diese Kompetenz verhindert, selbst in Opfer- und Täterrollen zu fallen, verhindert Schuldzuweisungen und stärkt das Selbstbewusstsein und die Resilienz.

Kinder ausserhalb der «Norm»

Wenn die Entwicklung des Kindes nicht nach Fahrplan verläuft oder Krankheiten auftreten, ist dies kein Grund, desintegre Energien aufkommen zu lassen. Vielmehr darf man sich erlauben, Gelassenheit zu üben und ins Vertrauen zu gehen, dass alles genau so richtig ist, wie es ist. Viele der heutigen Kleinkinder fallen mit ihrer erweiterten Wahrnehmung so ziemlich aus der Norm und diese können wir entmystifizieren. Die einzigen, die nicht mehr «normal» sind, sind nämlich die meisten Erwachsenen. Ihnen wurden diese ganzheitlichen Sinne, die viele Kinder noch ganz natürlich leben, früh abtrainiert. Viele Kleinkinder nehmen noch ganz natürlich andere Dimensionen, Sphären und Parallelwelten wahr. Einige werden durch das Verweilen in nicht irdischen Welten zuweilen als Autisten erklärt. Andere sind hochbegabt, sind Synästhetiker oder können ihre Energie schlecht kanalisieren und erhalten so beispielsweise die Diagnose ADHS. Oftmals sprechen sie von Wesen, die sie sehen. Sie spielen mit ihnen oder haben nachts Angst vor ihnen. Die Eltern interpretieren dies in der Regel als «schlechte Träume». Man tut hingegen gut daran, diese Wahrnehmungen des Kindes zu respektieren und ernst zu nehmen. Es ist dies der natürliche Sinneseindruck eines Herzmenschen mit einem erweiterten Bewusstsein. Aufgrund seiner hohen Seelenenergie nimmt er weitere Realitätsebenen, d.h. weitere Frequenzen aus dem Lichtspektrum, wahr. Es handelt sich um die völlig natürliche, ganzheitliche Wahrnehmungsfähigkeit, die uns in unserer Gesellschaft abtrainiert wurde und uns so blind im Labyrinth umherirren lässt.

Als Eltern kennen wir alle die Herausforderungen, die einem das Leben mit Kindern stellt. Wenn wir herzbasiert mit Kindern arbeiten, dürfen wir immer und in jeder Situation auf die innere

Stimme hören. Und manchmal sind sich Eltern nicht einig, wenn einer im Verstand ist und der andere im Herzen weilt. In einer solchen Situation ist es hilfreich, die Zuversicht zuzulassen, dass der Partner diese Differenzierung zu erkennen imstande ist. Sodann braucht es ein Hinstehen und Einstehen (+) für den Herzimpuls. Genau in solchen Situationen vermögen wir zu erkennen, dass mit Kindern stets die ganze Familie am Lernen ist.

Eltern fühlen sehr gut, wann was für welches Kind richtig und wichtig ist. Sie fühlen es über die Seele und wissen es über die Intuition, nicht über den reinen Verstand. Das Herz bezieht den Verstand im richtigen Mass mit ein, wodurch Überforderung verhindert wird.

Im Leben finden sich immer Engel, die in gewissen Situationen schützend eingreifen. Denken Sie an Kinder, die in irgendeiner Form benachteiligt sind, Kinder, die leiden oder Missbrauch erleben. Anstatt solche Kinder zu bemitleiden (-) oder die Eltern in Gedanken, Worten oder Taten dafür zu verurteilen (-), besteht immer die Möglichkeit, als Herzmensch unaufdringlich mit integrer Energie (+) einfach da zu sein und eine Energie auszustrahlen, die allen hilft hochzukommen. Ich erlebte selbst solche Engel und weiss, dass unglaublich viele Menschen still oder ganz offensichtlich ein konstruktives Energiefeld für andere Menschen zur Verfügung stellen, damit der Weg, den man ja selbst zu gehen hat, leichter wird.

Das Lernfeld Familie präsentiert sich in einem ständigen Fluss. Familienmitglieder sind ständig herausgefordert, sich an neue Umstände anzupassen und flexibel zu bleiben. Die Kinder werden grösser, es gesellen sich weitere dazu und die Herausforderungen gestalten sich bei jedem Kind – wir sind alles Individuen – anders. Aber auch die Eltern entwickeln sich weiter. Eine Familie erfährt nie einen Zustand von Stillstand. Eltern dürfen sich heute einstellen auf Kinder, von denen sie sehr viel lernen können, weil Kinder so viel Neues, Evolutionäres mitbringen und spontan vorleben, wie die eigene Phänomenalität entfaltet werden kann.

Kinder fordern uns ständig auf, umzudenken, kreativ zu werden, alles unter einen Hut zu packen, Unmögliches zu ermöglichen, die Evolution mitzugestalten. Sie zeigen uns eigene Grenzen auf, die wir verschieben können. Sie zeigen uns die eigene Individualität auf. Sie sind oftmals unser Spiegel und spiegeln uns manchmal so lange, bis wir das, was sie uns reflektieren, integriert haben. Zudem sind sie mit einer unglaublichen Herzenergie (+) ausgestattet, in deren Schwingung wir sie begleiten und behüten, aber auch unsere Seelen weiter reifen lassen dürfen. Sie bringen eine Herzenergie mit, die uns alle verzaubert, sofern wir es zulassen und sich auf ihre Energie einlassen. Im Gegenzug begleiten die Erwachsenen sie auf ihrem Weg, um weiter Potenzial entfalten zu lassen. Eltern dürfen Kinder als Geschenk annehmen und auch mit derselben Freude wieder loslassen, damit sie ihren eigenen Weg möglichst frei und selbstverantwortlich gehen dürfen.

Eltern dürfen sich von fixen Vorstellungen darüber, wie das Familienleben sein sollte, ohne weiteres lösen, sich unbeschwert einlassen auf Neues und gemäss den eigenen Herzimpulsen handeln. Eltern dürfen ihre neue, durch die Geburt des Kindes entstandene Rolle im tiefen Selbstvertrauen und aus dem Herzen heraus angehen, unabhängig von den Umständen, denn sie wurden für diese Aufgabe ausgewählt. Obwohl keine Gebrauchsanleitung bei der Geburt mitgeliefert wird, befindet sich der Fahrplan in unserem Herzen, ganz egal, wie «kompliziert» die Situation sich zeigt. Nicht nur die Eltern, auch die Grosseltern haben es sich genauso ausgesucht. Grosseltern dürfen ihre Vorstellungen von Familie aus den vergangenen Jahrzehnten ebenfalls loslassen. Nichts muss mit Kindern heute den Vorstellungen anderer, früherer Generationen entsprechen. Das einzige was in allen Generationen auch in Sachen Erziehung identisch bleibt, ist der Grundsatz, herzbasiert zu begleiten.

Jedes Kind, jeder Erwachsene und entsprechend auch jede Familie ist individuell. Darüber, ob die gelebte Form, von der es heutzutage ja ganz viele gibt, stimmig ist, entscheiden allein die

Beteiligten, niemand anders. Wichtig ist, dass die gewählte Form des Zusammenlebens mit Herzenergie erfolgt.

Sollten Sie, wie ich, alleinerziehend sein, so liegen auch in dieser Form viele Vorteile. Entscheidend ist, nicht in die Opferrolle zu fallen, vielmehr die Herzqualitäten zu kennen und anzuwenden, um ein Energieniveau auszustrahlen, in welchem sich alle Beteiligten positiv entwickeln können. Wenn wir wirklich Hilfe benötigen, bekommen wir diese immer in irgendeiner passenden Form von höherer Ebene. Dafür, sie zu erkennen und sie auch bedingungslos anzunehmen, braucht es ebenfalls eine integre Energie.

Horizonterweiterung anstatt Grenzen zu setzen

Denken Sie an das Thema Schlafenszeit. Die meisten Familien sind diesbezüglich so strukturiert, dass die Zeit, zu welcher die Kinder zu Bett gehen, vor allem den Eltern angepasst ist. Ich gebe es zu: Auch für mich als Morgenmensch war es einfacher, wenn die Kids abends eher früh zu Bett gingen und dafür am darauffolgenden Morgen wieder fit waren. Die Zu-Bett-geh-Zeit ist oft mit einem Ritual verbunden. Dazu eignen sich Geschichten z.B. mit Tieren, in denen das Tier beispielsweise noch über den Rücken krabbelt. Mit solchen Geschichten sind die Kinder mit der Seele gerne und richtig im Körper und erfahren zudem eine Portion angenehme Körperwahrnehmung.

Rituale sollten nicht zur Gewohnheit werden oder Abhängigkeiten schaffen. Wenn alle sich im Fluss des Lebens entwickeln und nicht in Situationen verharren, bleibt auch im familiären Gefüge alles in Bewegung. Mit Kindern geht dies auch gar nicht anders. Wer herzbasiert im Jetzt begleitet, geniesst die Momente und wünscht sich später nie Phasen zurück, mit dem Gefühl, etwas verpasst zu haben oder etwas zu bereuen.

Ich wurde auch schon gefragt, wie lange man die Kinder im eigenen Bett schlafen lassen soll. Auch diese Haltung muss jede

Familie für sich selbst entwickeln. Sobald bei den Eltern ein gewisser Leidensdruck (-) entsteht, soll eine Veränderung geschehen. So kann es sein, dass im Zimmer des Kindes etwas unstimmig ist, oder Eltern sind gehalten, für ihre eigenen Bedürfnisse einzustehen und Selbstliebe vorzuleben (+). Strahlen Eltern diese Art von Energie aus, wird sich das Kind nicht abgewiesen fühlen. Strahlen die Eltern jedoch Stress (-) oder einen gewissen Leidensdruck (-) aus, wird dies viel eher der Fall sein. Denken Sie daran: Es gibt keinen Grund, keine Zuversicht auszustrahlen (+), denn alles geschieht nur für eine beschränkte Zeit, das Leben mit Kindern findet in Phasen statt. In jeder dieser Phasen hat das Kind bestimmte Entwicklungsaufgaben zu absolvieren. Schliesslich können sich Eltern damit beruhigen, dass jedes Kind trocken geworden ist und irgendwann im eigenen Bett schläft. Oder anders: Jede Phase geht vorüber.

Als Eltern darf man darauf vertrauen, dass immer eine konstruktive Lösung oder die innere positive Einstellung zu einer Herausforderung gefunden wird. Wir können immer nur an der eigenen Energie arbeiten, nicht an derjenigen des Partners oder derjenigen der Kinder. Dadurch verfügen wir über die Option, anderen ein energetisches Feld zu bieten, in welchem sie sich rein unbewusst und ohne Worte ebenso positiv entwickeln können. In manchen Situationen erweist es sich einfach als richtig, die Kinder im Bett der Eltern schlafen zu lassen. Sobald allerdings Leidensdruck aufkommt, kann es nicht die richtige Lösung sein. In solchen Fällen darf man den Kindern respektvoll eine Veränderung zutrauen, denn kein Kind mag leidende Eltern.

Gerne könnte ich dieses Buch noch mit etlichen weiteren Familienthemen ergänzen. Allerdings geht es hier lediglich darum, Beispiele und deren energetische Aspekte aufzuzeigen. Jede Situation kann so energetisch durchschaut werden. Ein Verhaltenscodex aus dem Herzen wird sich ganz natürlich entwickeln und für positive Veränderungen sorgen, da es dem höchsten göttlichen Wohl aller dient.

Wenn Kinder sterben

Vielleicht verlassen uns Kinder auch physisch schon früh wieder, manchmal als sogenannte Fehlgeburt bereits im Mutterbauch, manchmal als Kleinkind oder manchmal als junger Erwachsener. Von Natur aus gehen Eltern nie davon aus, dass die eigenen Kinder diese Erde vor ihnen selbst wieder verlassen. Trotzdem trifft es so viele Male zu, wie wir es durch den Tod unseres Zwillingsmädchen Elena auch erfahren durften. Diese Seelen nehmen uns damit mit auf eine intensive Reise zu uns selbst. Eine Erfahrung, die sich alle Betroffenen Seelen ausgesucht haben - davon bin ich heute überzeugt. Auch wenn ich das damals in der Situation ganz bestimmt nicht so gesehen habe.[14] Keiner Mutter, der das Kind unter den Händen wegstirbt, kann man erklären, dass alles so sein soll und im übergeordneten Sinne etwas Positives auslöst.[15]

---

[14] Siehe auch das Kapitel 50: Herzethik und Sterben

[15] Für mehr Informationen über die Geschichte von Elena und Christina vgl. Band 1 der «Christina-Bücher»: Christina – Zwillinge als Licht geboren

36

Kinder mit erweitertem Bewusstsein

Viele Eltern stellen neue Begabungen an ihren Kindern fest. Es ist enorm wichtig, solche, einmal entdeckt, nicht negativ zu werten, sondern als Teil einer natürlichen, evolutionären Bewusstseins- und Potenzialentfaltung anzunehmen und zu fördern, indem all die natürlichen Wahrnehmungen innerhalb der Familie Platz haben dürfen. Bei den heutigen Kindern lassen sich beinahe bei jedem irgendwelche Ansätze erkennen. Meist sind sie hochsensitiv (hellfühlig), aber auch hellschmeckend, hellhörig, hellriechend, Synästhetiker. Sie verfügen ganz natürlich über Tierkommunikation, diverse Hochbegabungen, verständigen sich telepathisch. Sie verstehen hochkomplexe Abläufe, verfügen über das Verständnis der Multidimensionalität, bringen in vielen Bereichen Wissen mit, welches sie nicht in diesem Leben erlernt haben können. Viele Kinder erinnern sich an frühere Leben hier auf der Erde oder anderen Planeten und erkennen in ihrem Umfeld Menschen, welche sie in früheren Leben bereits begleitet haben. Träume stellen sich als wahr heraus oder Kinder verweilen in anderen Welten, erzählen Geschichten aus diesen Welten, nehmen feinstoffliche Wesen wahr oder haben Mühe, die vielen Sinneseindrücke und ihre Energie zu kanalisieren. Zunehmend ist bei Schulkindern zu beobachten, dass sie mit ihrer Seele nicht richtig im Körper sind.[16]

Alle sogenannten «übernatürlichen» Begabungen dürfen wir mit Gelassenheit und Freude entmystifizieren, denn dadurch zeigt sich lediglich das ganz natürliche Potenzial eines jeden Herzmenschen. Es ist dies ein Potenzial der menschlichen Existenz, welches in den

[16] Siehe dazu das Kapitel 43: Erdung

letzten Jahrhunderten so erbarmungslos abtrainiert und dadurch die natürliche Selbstermächtigung verhindert wurde. Generell bewegt sich die Menschheit mit der zunehmenden Bewusstseinsentfaltung wieder hin zu diesen eigentlichen natürlichen Feinsinnen, anhand derer so vieles ohne Schulbesuch einfach verstanden wird. Sehr viele Menschen können mit all ihren Begabungen auch richtig gut umgehen. Wiederum gilt für alle dasselbe natürliche Prinzip: Nur Herzenergie bringt eine positive, konstruktive Entwicklung.

Die Aura zu sehen, ist für die meisten Kinder möglich, ohne, dass sie dies benennen können; ebenso verhält es sich mit der Hochsensitivität bzw. dem Hellfühlen. Am häufigsten ist wohl, dass Kinder Verstorbene und ihre Geistführer wahrnehmen und dies auch im Alltag erwähnen. Viele Kinder kämpfen nachts auch mit Gestalten, vor denen sie sich ängstigen. Eltern bemerken die Hellsichtigkeit bei Kindern erst, wenn sie nachts angeblich «schlecht träumen». Für die meisten Hellsichtigen ist in der Dunkelheit alles viel besser sichtbar, da diese Frequenzen nachts nicht vom Tageslicht überlagert sind. Die Kinder wünschen sich in solchen Situationen oftmals einfach ein Licht, damit die Gestalten nicht mehr so gut sichtbar sind. Ehrlich gesagt, hatte ich vor einigen Jahren keine Ahnung, dass meine Kinder ständig bewusst mit anderen Welten verbunden waren. Ich liess nachts auf Wunsch meiner Kinder hin auch das künstliche Licht an. Zwar wurde dadurch die ganze Nacht Strom verbraucht, aber in mir fühlte es sich in dem Moment einfach richtig und wichtig an. Strom lässt sich in anderem Zusammenhang ja auch wieder gut einsparen. Ich sah mich damals nicht als «Klimasünderin», da ich keine andere Option sah. Viele Eltern lassen alternativ die Kinder im eigenen Bett schlafen, solange sie es brauchen. Dies kann bei hochsensitiven Kindern sinnvoll sein, da sie andere Wesen nachts fühlen und nicht sehen. Die vertraute Energie ihrer Eltern gibt ihnen Sicherheit. Irgendwann jedoch schläft jedes Kind im eigenen Bett.

Versuchen sie mit dem Kind, die Situationen ganz natürlich im Herzen anzunehmen. Zeigen Sie wahres Interesse und Anteilnahme an seinen Träumen, Geschichten und Wahrnehmungen. Diese urnatürlichen Sinneswahrnehmungen helfen, die Menschen und die Welt ganzheitlich zu verstehen. Fragen Sie, wer diese Wesen sind und was sie sagen. Sobald Wesen drohen und den freien Willen nicht respektieren, sind es dunkle Wesen, die Einfluss nehmen möchten. Hier setzt Herzethik an. Machen Sie dem Kind bewusst, dass es ein Herzmensch ist und dass die einzige Verteidigungsstrategie darin besteht, Herzenergie bzw. Liebe auszusenden. Schärfen Sie sich und dem Kind das Bewusstsein, dass das, was man aussendet, im Grund sich selbst schickt. Denn im tieferen Sinn zeigen sich darin die eigenen Schattenthemen des Kindes. Wenn das Kind gegenüber dem Wesen nicht die Haltung von Angst (-) einnimmt, sondern aus dem Herzen eine Lichtwelle, Liebe (+) entgegenschickt, verschwindet das Wesen in der Regel wieder. Das ergibt eine Win-win-Situation. Auch gegenüber feinstofflichen Wesen darf man Respekt zeigen, aber auch klar signalisieren, auf welcher Seite man steht und damit mit dunklen Wesen nicht in Resonanz geht. Bei Hartnäckigkeit empfiehlt es sich zur Unterstützung, vier schwarze Turmalin Steine in jede Ecke des Zimmers zu legen. Die Steine errichten ein energetisches Feld, damit dunkle Wesen (Energien) keinen Zugang in den Frequenzbereich des Kindes haben. Linderung ergibt sich dadurch allerdings nur symptomatisch. Effektiv auflösen lassen sich die dunklen Aspekte nur, wenn sie mit Liebe als eigene Aspekte, die transformiert werden möchten, erkannt werden. Sobald also Opferrollen (-) auftauchen, lässt sich dies den Kindern mit Energie erklären. Am besten dann, wenn sich das Kind nicht gerade in einer Opferrolle befindet.[17]

[17] Vgl. das Fallbeispiel im Kapitel 32: Herzethik in Täter- und Opferrollen

37

Herzethik im Bildungsbereich

Es braucht sehr viel Vertrauen und Herzenergie, wenn Kinder nicht die Norm oder Vorgaben der Schule, des Schulpsychologischen Dienstes oder des Kinderarztes erfüllen. Letztendlich geht es auch dann darum, ins Herz zu gehen und zu vertrauen, dass sich alles so ergibt, wie es sich zu ergeben hat. Indem sie uns den Spiegel vor Augen halten, fordern viele der heutigen Kinder ihre Eltern, die Lehrer und das ganze Bildungssystem vor allem dadurch heraus, dass sie nicht mehr in unser - in vielen Bereichen wenig natürliches - Schulsystem passen. Viele Kinder sind in verschiedener Weise «auffällig» aufgrund ihrer Wahrnehmung und fallen «aus dem Rahmen». Dabei sind diese Kinder vielfach einfach bewusster. Dementsprechend gross zeigt sich die Herausforderung für unser Bildungssystem.

Die unzähligen Statistiken in der Schweiz sind alarmierend und ein einziger Aufschrei der Kinder an die Gesellschaft, endlich ein Bildungssystem zu errichten, in welchem sich die Kinder natürlich entwickeln dürfen und als Herzmenschen respektiert werden. Was es braucht, ist Aufklärungsarbeit derjenigen Bildungsverantwortlichen, die ein – letztendlich widernatürliches – Unterrichtssystem aufrecht erhalten wollen, in dem alle gleichaltrigen Kinder die gleichen Ziele beim gleichen Lehrer zur gleichen Zeit mit dem gleichen Lehrmittel im gleichen Raum gleich gut erreichen müssen. Unser Bildungssystem, zumindest an den meisten staatlichen Schulen, hat sich in den letzten Jahrzehnten kaum massgeblich weiterentwickelt. Bei gewissen Privatschulen hingegen sind erste starke Ansätze in die richtige Richtung erfolgt.

Gefragt ist künftig ein autonomes Lernen ohne Lehrplan, ohne künstliche Unterscheidung in Fachkompetenz, Selbstkompetenz, Sozialkompetenz und Methodenkompetenz. Echte Potenzialentfaltung kann nur in Freiheit geschehen, ohne Druck, ohne fixe Vorstellung, sondern allein im individuellen Fluss des Lebens, nach den Prinzipien der Natur, im Bewusstsein, dass jeder Mensch eine Phänomenalität und innere Intelligenz mitbringt, welche er in seinem aktuellen Leben mit der aktuellen Zeitqualität entfalten möchte. Insbesondere sollen Lebenskompetenzen wie Faszination am Lernen, Erkennen der individuellen Berufung, Wahrnehmungskompetenz, Stressresistenz und Resilienz durch Herzethik gefördert werden.

Aus ihrer Mitte fallen die Kinder spätestens dann, wenn sie in die Schule kommen und nicht mehr nach ihrem natürlichen Fahrplan leben dürfen. Täglich viele Stunden still zu sitzen, ist allein schon gegen die Natur der menschlichen Existenz. Würde man in der Schweiz ein Haustier auf Kommando für so viele Stunden auf einen Stuhl zwingen, würde der Tierschutz aktiv werden. Für uns ist vieles von der wahren Natur der Schöpfung, vom wahren Wesen des Menschen so weit entfernt, dass wir es nicht mehr bemerken. Wir sind alle selbst schon so genormt und konditioniert, dass wir die Kommunikation mit uns selbst, mit dem Göttlichen, nicht mehr bemerken und komplett aus unserem Bewusstsein verbannt haben. Im Gegenteil, wir stellen diese Natürlichkeit gar in Frage, wenn plötzlich Menschen mit Tieren, Pflanzen, dem Jenseits und dem Planeten kommunizieren und uns damit das Weltgeschehen aus einer ganzheitlichen Perspektive vermitteln. Die unbewussten Menschen im Labyrinth verstehen dies solange nicht, bis sie selbst auf die Mauern gestiegen sind und dann bemerken, wie unglaublich viel Energie sie im Labyrinth verbraucht haben und trotzdem immer wieder in Sackgassen gelaufen sind.

Die materielle Ausrichtung unseres «zivilisierten» Lebens und damit einhergehende Konditionierungen sind längst zur Normalität geworden. Wenn Strukturen im Leben auch Halt geben können, laufen wir dennoch Gefahr, dass wir uns innerlich leeren und nicht erfüllt sind. In unserem Gesellschaftssystem laufen wir Gefahr, dass unsere natürlich ausgeprägten, individuellen Wahrnehmungen früh abtrainiert werden. Kommt physischer Bewegungsmangel dazu, vermindert sich der Fluss der eigenen Energie mit der Folge, dass natürliche Regenerationsprozesse nicht mehr stattfinden können. Die zunehmende innere Abnabelung vom eigenen Herzen, unserem ureigentlichen Kompass, begünstigt wahren Identitätsverlust, Langeweile, Unkonzentriertheit, Träumereien, Motivationslosigkeit, Frustration. Bei den Kindern kann dies zu den heutigen Diagnosen wie ADHS, psychosozialen Störungen, diversen Formen von Autismus, chronischen Bauch- und Kopfschmerzen, Depressionen oder Schulverweigerung führen. Für mich ist klar: Hier fehlt dem Kind die Herzenergie und die wahre, natürliche Verbindung zur Natur, zum Göttlichen. Es fehlt ein positives, integres Energiefeld, in und durch welches Entwicklung stattfinden kann - ohne Bücher, ohne extrinsische Motivation. Erst wenn dies (wieder) gegeben ist, entfaltet sich die wahre phänomenale Intelligenz aus dem Inneren heraus.

An unseren Schulen befinden sich sehr viele sogenannt Hochbegabte, die sehr bewusst sind, und denen ganz einfach langweilig ist. Oftmals werden sie zu sogenannten Minimalisten, stapeln sich tief, obwohl sie zu viel mehr fähig wären. Ihr Interesse gilt nicht dem widernatürlichen, leistungsorientierten Lernen, um gute Noten zu erzielen. Manchen von ihnen ist gar klar, dass sie schon viel bewusster und ganzheitlicher denken und ihren Weg – auf andere Art und Weise – machen werden. Dafür bringen sie bereits alles mit. Sie werden später, nach Abschluss der Schule, das lernen, was sie lernen möchten. Darin werden sie richtig gut sein und ihre Phänomenalität entfalten.

Kinder, die ihre Mitte gefunden haben, geerdet sind, werden nicht destruktiv auffällig. Im Gegenteil entfalten solche Kinder zunehmend Ursprungsintelligenz. Stellen Sie sich Kinder vor, die mit einer positiven Ausstrahlung und einer Zufriedenheit und Begeisterung lernen. Stellen Sie sich vor, welches energetische Feld solche Kinder errichten. Stellen Sie sich den Lehrer solcher Kinder vor. Ein Lehrer, der nicht unter Druck (-) steht, um jedes Kind bis zum Ende des Schuljahrs zu formen und zu konditionieren. In solchermassen positiven Energien, die sich gegenseitig potenzieren, sind gigantische Lernschritte möglich. Wie sich in solchen Energiefeldern die individuelle Phänomenalität des Menschseins entfaltet, lässt sich am Beispiel der Schetinin Schulen in Russland zeigen. Die Befürchtung (-), mit dem freien Lernen verwöhnte Kinder heranzuziehen, die den Härten des Schicksals des Lebens nicht gewappnet sind, ist unbegründet. Denn wer lernt, herzbasiert zu denken und zu handeln, entwickelt eine hohe Resilienz. Die wahre Lebensintelligenz, die in uns allen steckt, wird durch Herzenergie aktiviert. Wir kennen dies von Menschen, denen alles gelingt, was sie in Angriff nehmen. Erst jetzt wird vielleicht bewusst, dass alle Kinder in sogenannten Entwicklungsländern – aus der Perspektive ihres inneren Potenzials - nicht benachteiligt sind. Im Vergleich zu Kindern aus der sogenannten ersten Welt sind sie mit weniger Dogmen, Konditionierungen und Programmierungen aller Art belegt. Sie verfügen mit ihrem individuellen Seelenplan genau über die Intelligenz, um in ihrem Umfeld mit ihren Ressourcen die Welt auch dort evolutionär zu verändern. Genau dieser Respekt und dieses Zutrauen dürfte diesen Kindern entgegengebracht werden, damit sie sich nicht mehr in der Opferrolle finden. Entwicklungshilfe erfolgt auch diesbezüglich über Bewusstseinsentwicklung.

38

Bildung im Wandel

Vom Wort erziehen (-) dürfen wir uns mit gutem Gewissen verabschieden. Es steht für eine nicht entwicklungsfähige, widernatürliche Normierung, eine Konditionierung und damit für einen Identitätsverlust oder gar für eine Manipulation. Anstelle von erziehen entspricht begleiten viel eher dem heutigen Zeitgeist. Denn Herzenergie will Kinder nicht in eine Richtung drängen und über sie bestimmen (-). Herzenergie will sie vielmehr begleiten und sie in ihrem eigenen Tempo entwickeln lassen (+). Was wir brauchen, ist ein Bildungssystem, welches uns erlaubt, die innere Intelligenz und Herzimpulse nach aussen in unser Leben entfalten zu lassen - und nicht, wie es heute der Fall ist, dass die äusseren Umstände das Innenleben prägen. Das heutige Schulsystem begünstigt in seiner Grundstruktur mehr die Identitätslosigkeit anstatt die Persönlichkeitsentfaltung. Dadurch gewöhnen wir uns an Fremdsteuerung, degenerieren zu wenig selbständigen Wesen, vernachlässigen die Liebe zu uns selbst und können schliesslich in einer Depression enden. Wir alle möchten jedoch eine Friedens-Gesellschaft, die eine gelebte Herzethik in sämtliche Lebensbereiche durchströmen lässt und uns damit befähigt, die individuellen und globalen Grossbaustellen zu bewältigen.

Die heutigen Kinder sind kritischer geworden und erwarten nicht nur Anordnungen, sondern auch gelebte Liebe. Sie sind bereit und reif für die heutige Epoche; in ihnen als Herzmenschen schlummert ein enormes Friedenspotenzial. Lassen Sie uns ihre Impulse wahrnehmen, um mit ihnen den Weg der Veränderung aus den gesellschaftlichen Altlasten zu gehen, indem auch wir Erwachsenen uns verändern und gemeinsam Lösungen in allen Bereichen finden.

Auch wenn die Wahrnehmung vieler der heutigen Kinder mehrdimensional ist, sind sie dennoch vor Streitereien nicht gefeit. Denn Weisheit entsteht erst, wenn sich Intelligenz und Liebe ergänzend ineinanderfügen. Genau deshalb ist so entscheidend, Herzethik in den Schulen umzusetzen. Wie gesagt dürfen wir nicht vergessen, dass heutzutage schon Kinder mit stark erweitertem Bewusstsein unter uns weilen, mit sehr viel Wissen in allen erdenklichen Bereichen und einer ausgeprägten Liebes- und Friedensfähigkeit. Man erkennt sie daran, dass sie wie Erwachsene sprechen und sich bezüglich Lebensfragen sehr klar und unmissverständlich auszudrücken wissen. Mit ihrem multidimensionalen Verständnis lassen sie Menschen, die sich rein an der Wissenschaft ausrichten, immer wieder erstaunen. Solche Kinder begleiten die heutigen Eltern in die neue Zeit, so dass beide Lehrer und Schüler zugleich sind. Der Paradigmenwechsel hat bereits begonnen.

Die Schule der Zukunft muss die heutigen Kinder durch herzbasiertes Lehren und Lernen in deren Individualität fördern, damit sie in ihrer ausgeprägten Friedensfähigkeit in sozialer, ökologischer und humanitärer Verantwortung heranwachsen und sich dadurch entfalten können. Es ist wichtig, dass die kommende Generation die aktuellen individuellen und globalen Einbahnstrassen, die rein mit der verstandesorientierten Denkweise entstanden sind, verlassen kann. Eine egobasierende Denkweise, in welcher Macht, Gewalt und Kontrolle dominieren und damit auch immer wieder Angst schürt, wird in Zukunft keinen Raum mehr finden.

Zumindest eine freie Schulwahl sollte heute selbstverständlich sein und jedem Kind sollte ein Bildungsfonds zur Verfügung stehen. Schulen, die eine Herzethik vermitteln, werden unsere Zukunft sein. Ich bin überzeugt, dass mit den neuen Schulen, in denen komplett frei gelernt werden darf, es möglich sein wird, nach nur einer Generation einen kompletten Energiewechsel im Bildungssystem zu bewirken. Kinder und Eltern werden selbst entscheiden, welche Schulen sie für die zukünftigen Kinder benötigen. Schulen, die sich regelmässig mit den Lernbegleitern und den Kindern weiterentwickeln und die Ressourcen den jeweiligen Lebensthemen anpassen, bleiben entwicklungsfähig und innovativ. Die Schulen der Zukunft werden nicht in starren Strukturen gefangen sein, sondern die Lehr- und Lernräume nach den Prinzipien des Universums, in welchem stets alles in Bewegung ist und es keinen Stillstand gibt, gestalten. Macht und Kontrolle, Aus- und Abgrenzung, Gewinner und Verlierer – dies alles wird es nicht geben; vielmehr Räume und Felder, in denen natürliche Ordnung – und nicht Chaos – entsteht. Erst wenn zufriedene Kinder in diese, durch die Schule ermöglichte Selbstverantwortung kommen, können sie die heutigen individuellen, sozialen, ökologischen und humanitären Ungleichgewichte erkennen und einer Selbstregulation zuführen. Viele der heutigen Kindergartenkinder werden Berufe erlernen, die derzeit noch nicht existieren. Wir dürfen uns auf Jugendliche gefasst machen, die nur noch ein paar wenige Jahre zur Schule gehen werden, bevor sie mit einer Herzethik ins Berufsleben einsteigen können. Einigen ist bewusst, dass sie bereits im letzten Leben alles gelernt haben oder sich aufgrund ihres eigenen hohen Energieniveaus sehr schnell in aktuelle Problemstellungen hineindenken und konstruktive Lösungen entwickeln können. Die Welt ist mit Menschen beschenkt, die nachhaltige Lebensräume erschaffen, in denen Herzmenschen, egal welchen Alters, sich natürlich entwickeln können.

39

Jugendliche rütteln die Welt auf

Wir leben in einer Zeit der Gleichberechtigung von Frau und Mann; zumindest sind diesbezüglich in vielen Bereichen Bestrebungen und Ansätze deutlich sichtbar. Auch wenn in der UNO-Kinderrechtskonvention viele Rechte theoretisch verankert sind, so darf in der praktischen Umsetzung in Bezug auf die Gleichberechtigung der Kinder noch viel getan werden.

Auch Kinder sind Herzmenschen, sogar noch sehr aktive. Sie erhalten den freien Willen und die Eigenverantwortung nicht erst bei ihrer Volljährigkeit. Sie bringen uns die Zukunft, verkörpern mit ihrem Seelenplan die Evolution. In einigen asiatischen Kulturen und bei Naturvölkern wird der Wert der Gleichberechtigung viel höher gehalten als in der sogenannten zivilisierten Welt. So würde beispielsweise in einigen dieser Kulturen nie ein Kind angeschrien werden. An diesem Umstand ist erkennbar, wie weit entfernt wir von der Natur sind und wohin uns der sogenannte Fortschritt gebracht hat. Wir sind gut beraten zu überlegen, wer hier Entwicklungshilfe benötigt. Es liegt in der Verantwortung der ganzen Gesellschaft, den Kindern und Jugendlichen jetzt und in Zukunft auf Augenhöhe zu begegnen.

Zum Glück leben wir bereits in einer Zeit, in welcher in der westlichen Welt minderjährige Jugendliche mittlerweile vor Parlamenten, Friedenkonferenzen, Klimagipfeln und auf Hongkongs Strassen auftreten und auf die Missstände dieser Welt aufmerksam machen. Auch mit weltweiten Aktionen wie Schulstreiks machen regelmässig hunderttausende Menschen die Welt friedlich auf die offensichtlichen Probleme aufmerksam. Andere gründen als Minderjährige eigene Unternehmen, dirigieren ganze Orchester oder studieren bzw. dozieren gar an Universitäten. Solche jungen Menschen sind die Vordenker unserer Zeit und sie haben folgendes gemeinsam: Sie haben von der Ignoranz und den leeren Worten der Politiker für die wirklich existenziellen Umweltthemen dieser Welt genug. Sie wünschen sich endlich Handlungen. Sie geben Impulse, die die Herzen der Menschen berühren und wecken dadurch die Bevölkerung auf, herzbasiert zu handeln und endlich soziale, ökologische und humanitäre Verantwortung zu leben.

Wir werden uns nicht nur an zusehends jüngere Staatspräsidenten gewöhnen dürfen, sondern auch an eine stark zunehmende Anzahl von Jugendlichen, die direkt in die Politik und in Berufe einsteigen wie Projektinitianten, Dozenten oder Seminarleiter. Sie lassen sich nicht durch ein Studium Konzepte aufdrücken, die gegen die Prinzipien der Natur sind und nicht nachhaltig wirken. Um nachhaltige Lösungen für die Probleme der heutigen Zeit zu finden, braucht es alle: die impulsgebenden bewussten Jugendlichen, die Behörden und die Ausführenden. Alle müssen sich an denselben runden Tisch setzen, um in dieser Welt wieder eine natürliche Ordnung von Selbstregulierung einzuführen und der künstlichen Deregulierung und Förderung von Ungleichgewichten ein Ende zu bereiten. Insbesondere die Schweiz steht als neutrales, unabhängiges und von Wohlstand beschenktes Land besonders in der Verantwortung. Als mehrheitlich eigenständiges und verantwortungsbewusstes Land mit direkter Demokratie wird sie in vielen Bereichen der Gesellschaft eine 180 Grad Wendung einläuten können, zumal die Menschen dafür bereit und die Ansätze vorhanden sind. Während eine ganze Gesellschaft still und ohne Perspektiven in Sackgassen der veralteten Systeme klebt, wissen diese jugendlichen evolutionären Denker genau, was sie wollen und was nicht. In ihrem Zukunftsbewusstsein und ihrer Seelenreife ist die Mentalität von Macht und Gewalt der Mentalität von sozialer Verantwortung und Frieden gewichen. Solche Menschen folgen ihrer Berufung und begeben sich nicht in Ego-Projekte mit Aussicht auf Vorteile und Macht. Vielmehr leben sie ihre Energie mit einer ausserordentlichen Beharrlichkeit. Dennoch werden sie nie destruktiv auffällig, da sie auf einem höheren Energieniveau denken, fühlen und handeln und damit über eine übergeordnete Perspektive auf unsere Welt verfügen. Zu beobachten ist aber auch, dass genau solche Protagonisten, die weltweit bewegen, zu Beginn ihres Wirkens medial diffamiert werden. Allerdings bilden sich die Leser/innen auf solche Meldungen hin immer mehr selbstverantwortlich ihre eigene Meinung und fühlen zusehends mit dem Herzen.

Aus eigener Erfahrung kann ich bestätigen, dass sich in unseren Schulen Kinder mit einem teilweise massiv erweiterten Bewusstsein befinden. Diese Kinder sind nicht zum ersten Mal auf dieser Welt und sitzen nicht zum ersten Mal in diesen Schulen. Sie wissen ganz genau, an welchem Punkt unsere Gesellschaft steht und worin ihre individuelle Lebensaufgabe besteht. Eltern und Lehrer benötigen Offenheit und Mut, die Kinder in Dingen zu unterstützen, von denen Erwachsene möglicherweise keine Ahnung haben. Entscheidend ist allein, dass es sich im Herzen richtig anfühlt. Wenn solche Menschen mit Herzenergie wirken, können Quantensprünge in unserer Gesellschaft geschehen, die dringend notwendig sind.

Sie treten als Referenten, Impulsgeber, Friedensaktivisten auf mit einer Weisheit, die sie in diesem Leben nicht erlernt haben können. Sie äussern sich klar und unmissverständlich, vertreten die Prinzipien der Natur und zeigen Wege aus globalen Krisen auf. Sie stehen äusserst hartnäckig für ihre Herzimpulse ein und lösen mit ihrer Energie weltweite Diskussionen und Bewegung aus. Es sind Leuchttürme, deren Berufung es ist, der Welt zu zeigen, wie viele Menschen sich eine 180 Grad Wendung wünschen. Sie zeigen: Die wirkliche Kraft und Zukunft liegen nicht in der Politik, sondern in der Verantwortung jedes Einzelnen. Solche Jugendliche werden die Bevölkerung sensibilisieren, sich nicht alles unreflektiert aufdrängen zu lassen, sondern für ihre Herzimpulse einzustehen, was sich innerlich natürlich und richtig anfühlt. Es sind diese jungen Menschen, die mit gewaltiger Energie beginnen, die veralteten erstarrten Strukturen unserer Gesellschaft aufzuweichen und diejenigen Perspektiven aufzuzeigen, auf die wir schon lange gewartet haben, ohne die alten Strukturen anzufeinden. Doch jeder von uns muss die Veränderung auch bewusst mitgehen und Eigenverantwortung zeigen. Kompromisse werden nicht mehr möglich sein, denn bei ihnen handelt es sich um Zwischenlösungen (-/+) von zwei verschiedenen Energiefrequenzen. In einem solchen Kompromiss findet das «Alte» immer auch noch seinen Raum. Mit dem aktuellen Zeitgeist und der Zeitqualität sind Kompromisse nicht mehr notwendig. Wenn die Energie in einem Projekt hoch und schnell ist, gibt es keine Kompromisse mit alten Strukturen, bei denen die Energie ja noch tiefer liegt. Es sind Jugendliche mit einem enorm weiten Bewusstsein, die genau wissen: Alles was gegen die natürlichen Prinzipien läuft, wird auf Dauer keinen Bestand haben; dazu zählen auch Kompromisse. In solche alten, zerstörerischen Systeme werden sie keine Aufmerksamkeit und Energie mehr fliessen lassen, denn sie erkennen, wie ruiniert unser Planet bereits ist. Solche Jugendliche schaffen Neues und geben Impulse für neue, nachhaltige Lösungen, die genau jetzt richtig und wichtig sind, um den Wandel zu stützen. So löst sich Altes, das nicht mehr entwicklungsfähig ist, zunehmend von alleine auf.

Insbesondere in Anbetracht der globalen Weltlage mit den mannigfachen Scherbenhaufen gibt es nur eines: Ein tiefes Einverständnis mit dem Natürlichen, Echten und Wahren ohne Berücksichtigung von egoistischen Individualinteressen. Es braucht eine unglaublich starke, friedliche, evolutionäre Kraft, die sich für neue unabhängige, sich frei entwickelnde Modelle einsetzt; Modelle, die sich in ständiger konstruktiver Entwicklung befinden, nach Kybernetik funktionieren und dem Universum gleich aufgebaut sind.

Nur gemeinsam und aus dem Herzen heraus können wir den positiven Wandel vollziehen und die neue, höhere Energie hier verankern! Wir können Kindern und Jugendlichen als Begleitperson zur Verfügung stehen und ihnen den Boden bieten, den sie verdient haben.

Jeder Einzelne ist aufgefordert, sich selbst zu hinterfragen, achtsam mit sich und dem Umfeld zu sein und das eigene Potenzial zum Konstruktiven hin zu entfalten. Wir alle sind aufgefordert, Kinder in unserer Gesellschaft auf Augenhöhe zu behandeln und als das anzunehmen, was sie sind. Ihre evolutionären und herzöffnenden Stimmen sind weltweit da und der Wandel hin zum Licht wird vollzogen, ob wir wollen oder nicht. Es unterliegt unserem freien Willen, ob wir diesen individuell mitgehen möchten oder nicht.

Denken Sie daran: Bereits ein klares und unmissverständliches «Ja, ich will.» ins Quantenfeld zu stellen, bewirkt eine positive Veränderung. Es gilt die Vergangenheit und das Alte zu würdigen, aber auch mutig hinzustehen für das Neue, das Herzbasierte, das innerlich Stimmige, ohne Vorwürfe und Schuldige zu suchen. Es gilt, klar Position für Herzprojekte zu beziehen, auch wenn anfänglich noch keine offensichtliche Unterstützung ersichtlich ist. Sobald jemand den ersten Schritt macht, werden viele andere folgen. Viele bewusste Menschen befinden sich derzeit in diesem Lernprozess. Sie arbeiten herzbasiert im Stillen und realisieren Projekte, die sich allmählich zusammenfinden und dadurch Synergien schaffen, um eine ganze Gesellschaft in wirklich jedem Bereich mitzutragen und auf eine neue Ebene der Existenz zu führen.

40

Herzethik in der Familie

Es liegt in der Natur des Verstandes, dass er sich – in jedem Lebensbereich – immer wieder sorgt oder ängstigt. Dies liegt daran, weil er sich mit Ungewissheit konfrontiert sieht oder alte Programmierungen im Jetzt wirken. Das Herz jedoch ist für das Vertrauen zuständig, dass die Aufgabe, die man sich als Seele ausgesucht hat, auch gemeistert werden kann und dass alles seine Richtigkeit hat und sich so ergeben wird, wie es zum höchsten göttlichen Wohl aller ist. Das Herz führt uns liebevoll, und dies ganz besonders im Begleiten von Kindern. Entscheidend ist, dass Eltern immer wieder in ihre Mitte finden und eine Schwingung entfalten, die ermöglicht, dass sich alle Beteiligten optimal entwickeln können. Dann ist es unerheblich, ob ein oder zehn Kinder da sind. Familien können dadurch eine grossartige Erfahrung als Team erleben.

Auch mein eigenes Heranwachsen in einer zehnköpfigen Grossfamilie stellte uns alle vor einige Lernprozesse. Indem Erwartungshaltungen an andere Familienmitglieder heruntergeschraubt werden mussten, konnte sich sehr viel Selbstständigkeit und Eigenverantwortung entwickeln, was wiederum eine starke Entfaltung der eigenen Potenziale ermöglichte. Obwohl keines von uns Kindern übermässig viel Aufmerksamkeit erhielt, strahlten unsere Eltern dennoch eine sehr integre Energie aus. Dadurch kam in keinem von uns Kindern das Gefühl auf, nicht beachtet oder ungerecht behandelt zu werden.

Sollten wir dennoch einmal Unterstützung benötigen, werden Engel ins Leben geschickt. Deren Hilfe dürfen wir ohne weiteres dankend annehmen. So gab es auch in meinem Leben immer Menschen, die erschienen, wenn es äusserst schwierig wurde. Von Dank erfüllt schaue ich auf all diese Helfer zurück - ich bin zutiefst dankbar, dass ich sie wahrgenommen, ihnen vertraut und ihre Hilfe angenommen habe. Dadurch landete ich nicht in der Verzweiflung oder kam gar in Versuchung, andere für ihre Unfähigkeit in der Erledigung bestimmter Aufgaben zu beschuldigen. In jeder Extremsituation erhalten wir Menschen die Unterstützung von Engeln - egal in welchem gesellschaftlichen Bereich. Wir laufen meistens Gefahr, sie nicht zu erkennen oder sind zu stolz (-), um ihre Hilfe anzunehmen.

Herzbasiertes Zutrauen und Vertrauen, anstatt egobasierendes schlechtes Gewissen

Wenn wir Kinder in einer Tätigkeit unterstützen möchten, sollten wir sie liebevoll begleiten und wohlwollendes, ehrliches Anerkennen und Respekt schenken. Wir müssen als Eltern nicht auch ein Musikinstrument erlernen, nur weil unser Kind die ersten Musikstunden bekommt. Wir müssen auch nicht beginnen, Fussball zu spielen, um unser Kind für einen Fussballclub zu motivieren. Es braucht kein künstliches Loben (-). Das Herz der Eltern darf sich einfach freuen und Respekt zeigen, wenn ein Kind Begeisterung für ein Hobby entwickelt. Die dadurch ausgestrahlte Zuversicht (+) erzeugt eine positive Energie und stärkt das Kind in seinem Vorhaben.

Jede Mutter kennt es, das egobasierte schlechte Gewissen (-), das sich zeigen kann, wenn man in einem Moment eines Unfalls oder eines Missgeschickes nicht rechtzeitig zu Hilfe eilen konnte. Allerdings ziehen Vorwürfe und Schuldgefühle nicht nur die Mutter, sondern auch das Kind herunter. Vielleicht ist es hilfreicher, sich Unzulänglichkeiten in solchen Situationen einzugestehen (+). Allerdings dürfen wir uns und den Kindern Situationen auch einfach einmal zumuten und ihnen damit ein Lernfeld bieten. Fallen wir als Eltern in eine Überbevormundung, dann laufen wir Gefahr, unsere Kinder zur Unselbstständigkeit zu erziehen. Damit verhindern wir, dass das Kind Selbstwirksamkeit erleben darf, was sehr wichtig ist für sein Selbstvertrauen und sein Selbstwertgefühl.

Wenn ein Kind sein Hobby eines Tages nicht mehr ausüben möchte, so sollen Eltern dem Kind signalisieren, dass seine Meinung und seine Gefühle respektiert werden. Dem Kind gegenüber Vorwürfe zu machen (im Sinne von: Was sagt bloss der Trainer? Was denken die Nachbarn? etc.) ist wenig hilfreich und senkt die Energie im vielleicht ohnehin schon vorhandenen Motivationstief. Gleichwohl darf man auch darlegen, dass man z.B. die Jahresgebühr für den Verein schon bezahlt hat. Alle dürfen sich sodann ein paar Tage Zeit geben im Vertrauen, dass das Kind die richtige Entscheidung für sich trifft. Auch Kinder können sich in solchen Situationen bereits von der Urquelle her Hilfe holen, indem sie um einen Hinweis bitten, damit ihre aktuelle Entscheidung zum höchsten göttlichen Wohl ausfällt.

Darf das Kind in einem so zur Verfügung gestellten Energiefeld entscheiden, wird die Entscheidung stimmiger ausfallen, als wenn diese unter einem Druckgefüge der Eltern erfolgen muss. Oft verhält es sich so, dass, wenn Kinder über viel Talent verfügen, sie lernen, dass sie Freude und Begeisterung an der Sache haben möchten und nicht auf Anerkennung aus sind. Sobald Erfolgs- und Erwartungsdruck von Eltern, Trainern und anderen Menschen auftreten (-), vermindert sich das Wohlbefinden der Kinder.

Gleich verhält es sich bezüglich der Berufswahl. Die heutigen Jugendlichen verfügen über unfassbar viele Möglichkeiten. Wichtig ist, dass die Kinder selbst suchen und finden, ausprobieren und erfahren dürfen. Dazu gehört auch die Erfahrung, selbst zu erkennen, dass eine Berufswahl vielleicht nicht der richtige Weg ist, ohne dies gerade als «scheitern» zu bezeichnen. Scheitern gibt es nicht, vielmehr geht es um ein Lernen. Als Herzmenschen können wir Jugendliche begleiten, nicht aber für sie entscheiden. Wir können aber gemeinsam mit den Jugendlichen in die Entscheidung hineinfühlen. Wenn der Weg stimmt, fühlt es sich dann für beide stimmig an. Wenn nicht, ist die Zeit vielleicht noch nicht reif oder es braucht noch eine massgebende Erfahrung für beide. Herzmenschen entscheiden, was im Moment richtig ist und sie fühlen exakt, wenn es Zeit ist, sich zu verändern. Sie sind deswegen nicht wankelmütig und ändern ihre Meinung nicht jeden Tag neu.

Wir dürfen Jugendlichen auch unkonventionelle Wege zumuten, sie ihre Erfahrungen machen lassen, auch wenn es Wege sind, die noch niemand beschritten hat. Denn jede weiterführende Schule, jede Lehre bringt die Jugendlichen mit neuen Menschen zusammen, die wir als Eltern auch nicht auswählen und kontrollieren können. Niemand weiss, mit welchen Situationen sie konfrontiert werden, mit welchen Kollegen sie ihre Freizeit verbringen. Anstatt Kontrollwahn aus dem Verstand entstehen zu lassen, darf man Vertrauen aus dem Herzen walten lassen und somit eine integre Energie aussenden. Dies fühlt der Jugendliche, auch wenn man dies nicht ausspricht. Die Folge wird sein, dass keine inneren Widerstände und Stress aufgebaut werden.

Friedliche Scheidungen im Sinne aller

Kinder fühlen bewusst oder unbewusst die Energie des Leidensdrucks (-) bei ihren Eltern. Kein Kind benötigt Eltern, die sich eingeengt fühlen oder vielleicht gar unterdrückt. Kinder lieben positive Energieströme in ihrem Umfeld, die ihrem Seelenniveau entsprechen. Friedliche Scheidungen sind heute gang und gäbe. Eine Trennung bringt selbstverständlich eine neue Familienregelung mit sich. Diese muss aber nicht zwingend negativ sein. Wenn die beiden Partner diese Entscheidung wünschen und dabei auch friedlich und glücklich sind, so sind es auch die Kinder. Im Gegenzug sorgen streitende Eltern, egal, ob diese zusammen sind oder getrennt leben, immer für ein niedriges energetisches Feld. Je nach Intensität und Länge des elterlichen Konflikts kann das Kind derart darunter leiden, dass eine Kindeswohlgefährdung entsteht und das Gericht, die Kindes- und Erwachsenenschutzbehörde oder andere Fachstellen eingeschaltet werden müssen. Indem wir herzbasiert leben, verhindern wir auch, dass schlussendlich Fremdinstanzen über unsere Lebensumstände entscheiden.

So oder so, Trennungen eröffnen ein Lernfeld, in welchem alle Parteien auch viel Selbständigkeit, Toleranz und Respekt lernen dürfen und der freie Wille respektiert werden darf. Die Situation zeigt allen auf, dass die Natur es nicht vorsieht, dass ein Mensch ein Exklusivrecht an einem anderen Lebewesen hat. Genauso hat kein Arbeitgeber ein lebenslanges Recht auf seine Mitarbeiter.

Und wenn Paare neue Wege gehen, so ändert sich an der Liebe zu den Kindern nichts. Diese wird einfach anders gelebt. Das Umfeld der Familie darf sich ebenfalls in Respekt üben und hat keinerlei Recht, zu dieser Entscheidung Position zu beziehen. Vielmehr hat auch das Umfeld die Entscheidung zu respektieren und die Familie weiterhin liebevoll zu begleiten.

Kinder sollen in den verschiedenen Lebensphasen auch ihre Bedürfnisse mitteilen dürfen und ein Mitspracherecht haben. In manchen Lebensphasen sind sie lieber bei der Mutter, in manchen bevorzugen sie den Vater. Sobald die Partner frei von negativen Mustern des Egos sind (verletzt sein, benachteiligt fühlen etc.), lässt sich die neue Familienkonstellation vielleicht sogar ohne schriftliche Regelung innerhalb der Familie sehr gut zugunsten der Kinder lösen. So zumindest haben ich und mein Ex-Mann unsere friedliche Scheidung nach zwanzig gemeinsamen Jahren durchlebt. Auch da denke ich heute: Es war alles richtig, so wie es war. Für alle standen Lernprozesse dahinter und für alle eröffneten sich dadurch neue Wege, auf denen sich das wirkliche Potenzial zeigen konnte.

So gab es seit damals auch einige Wendungen in meinem Leben. Während der Zeit als alleinerziehende Mutter absolvierte ich ein vierjähriges Studium und wurde zur Autorin. Dennoch war alles, was ich in fünfzehn Jahren mit einem eigenem KMU-Betrieb und in zwanzig Jahren Partnerschaft erleben durfte, wichtig und richtig und ich konnte alles auch wieder in Frieden loslassen. Die Qualität einer Beziehung zeigt sich meist in der Art und Weise, wie eine Trennung vollzogen wird. Trennungsgründe sind nicht immer neue Partner, vielfach sind es unüberwindbare energetische Unterschiede – damit verbunden unterschiedliche Lebensauffassungen, Zukunftsvorstellungen und Verhaltensweisen. Die vielen Trennungen entsprechen dem heutigen Zeitgeist, da sich viele Menschen in ihrem Bewusstsein verändern. Damit ändert sich auch die Ausgangslage in Partnerschaften.

41

Herzethik in der Partnerschaft

Auch Partnerschaften befinden sich extrem im Wandel; sie bieten ein wunderbares Lernfeld. Es gibt allerdings auch Herzmenschen, die genau wissen, dass sie in diesem Leben keine Lernthemen innerhalb von Partnerschaften haben. Denn auch ohne partnerschaftliche Beziehung und ohne eigene Kinder - als Single - kann unser Seelenplan gelebt werden. Ein Single-Leben hat sehr viele andere Lernthemen, so lernt ein Single z.B., sich selbst auszuhalten und in aller Freiheit eine stimmige Form von Selbstliebe zu entwickeln.

Wir leben in einer Zeit, in der sich die Menschen teilweise sehr stark in ihrem Bewusstsein entwickeln. Das ganze Partnerschaftsbewusstsein hat sich demzufolge in den letzten Jahrzehnten enorm verändert. Nie zuvor waren die Menschen so auf der Suche nach einer herzbasierten, erfüllenden, harmonischen und entwicklungsfähigen Partnerschaft, in der leben und lieben authentisch auf allen Ebenen gelebt werden kann, denn im tiefsten Inneren wissen wir anscheinend, dass es eben möglich ist. Je transformierter die Seele, umso bewusster die Partnerschaft, umso stärker lassen sich Herzaspekte leben und die negativen, energieraubenden Energieströme wie Neid, Eifersucht, Stillstand, Perspektivlosigkeit, Macht- und Gewaltmuster verblassen.

Unser Herz ist der Kompass und das einzig wahre Instrument der Natur, um einer Partnerschaft das bestmögliche energetische Fundament für gegenseitige persönliche Entwicklung zu bieten.

Die ganze Verunsicherung durch die «MeToo – Debatte» zeigt geradezu auf, dass sich einiges bewegt und gleichzeitig grosse Verunsicherung herrscht. Wieviel an Berührung ist in welcher Situation erlaubt? Benötigen wir zur Beantwortung dieser Frage wirklich neue Leitplanken von aussen oder einfach ein Herz, das fühlt und damit einen gesunden Menschenverstand, der für die eigenen Bedürfnisse offen und ehrlich einsteht und das Gegenüber genauso bedingungslos respektiert?

Je höher das Energieniveau in einer Partnerschaft ist, desto entwicklungsfähiger, lebensbejahender zeigt sie sich. Je mehr die positiven Energieströme, insbesondere Respekt vor dem freien Willen, Vertrauen, Zärtlichkeit oder Sanftheit gelebt werden können, umso mehr Vertrautheit, Erfüllung und individuelle Potenzialentfaltung stellt sich ein. Dabei ist das natürliche Prinzip von weiblichen und männlichen Aspekten sehr wichtig; sie ergänzen sich und verhelfen zu einem gemeinsamen Potenzial. Eine herzbasierte Beziehung erfährt nie Stillstand, da sich beide stetig entwickeln.

In unserer Gesellschaft zeigen sich zunehmend mehr Alleinerziehende, Patchworkfamilien oder gleichgeschlechtliche Paare. Dabei handelt es sich um neue Lernfelder, die erst seit ein paar Jahrzehnten zur Verfügung stehen. Daran lässt sich erkennen, wie schnell sich die Menschheit entwickelt. Während Jahrhunderten bestand eine Partnerschaft vom Zeitpunkt der Heirat bis ans Lebensende der Partner und diente in erster Linie dem wirtschaftlichen und sozialen Überleben. Es ist positiv, dass wir heutzutage mehr Individualität und Authentizität, ja, mehr nach dem inneren Fahrplan leben und lieben dürfen.

Die vielen Scheidungen in den letzten Jahrzehnten sind somit ein positives Zeichen unseres Bewusstseinswandels. Eine positive Veränderung zeigt sich auch darin, dass sehr viele (leider noch nicht alle) Trennungen heute friedlich und ohne Schuldzuweisungen (+) geschehen, im gegenseitigen Einverständnis und mit stimmigen Regelungen für die Kinder.

Die Menschen sind nicht untreuer oder wankelmütiger geworden, sondern ganz einfach bewusster. Sie dürfen sich heute friedlich aus Partnerschaften befreien, die im Herzen nicht mehr stimmig sind. Früher oder vielleicht im letzten Leben hatte man bis ans Lebensende in einer Partnerschaft auszuharren, und dies teilweise in den abscheulichsten Zuständen. Heute wissen wir, dass ein solches Ausharren krank macht. Auch Gleichgeschlechtliche leben heute als Paare.

Es existiert kein Naturgesetz, welches vorsieht, zwingend mit demselben Partner durch das ganze Leben zu gehen. Ein solches Prinzip existiert weder in der Pflanzen- noch in der Tierwelt. Es widerspricht förmlich der wahren Natur, welche in ständiger Entwicklung, Offenheit und ohne Begrenzung erstrahlt, denn sie gründet in der Liebe mit all ihren Aspekten. Aber es gibt durchaus Langzeitpartnerschaften. Entscheidend in Partnerschaft und Sexualität ist wiederum, ob sie dem freien Willen entspricht und mit welcher Energie diese gelebt wird.

Die Wichtigkeit der Prinzipien der Natur in der Partnerschaft

Die verschiedenen Gesellschaftsstrukturen der letzten Jahrhunderte schufen künstliche, widernatürliche Leitplanken und Normen; angeblich primär für Ordnung, Kontrolle und Machtausübung (-). Ein solches System ist selbstlimitierend und kann nicht aus einem göttlichen Gedanken entstanden sein. Niemand hat ein Exklusivrecht am Körper und am Wesen seines Partners. Wenn eine Herzethik in der Partnerschaft gelebt werden will, kommt man nicht darum herum, sich die Prinzipien der Natur vor Augen zu halten. Dies sind im Besonderen:

- Prinzipien von männlicher und weiblicher Energie
- Prinzip von Annehmen (Empfangen) und Geben
- Bewusstsein über die integren und desintegren Energieströme
- Wahrung des freien Willens
- Gesetz der Resonanz (und damit auch die energetischen Aspekte)
- Gesetz von Ursache und Wirkung (Karmagesetz)
- Reinkarnation

Das Prinzip der Natur von ausgeglichener männlicher und weiblicher Energie in einer Partnerschaft bewirkt die Potenzialentfaltung von Mann und Frau. Die weibliche, gegen innen orientierte, empfangende, behütende, sanfte und zärtliche Energie darf sich heute in einer Partnerschaft mit der männlichen, gebenden, beschützenden, umsetzenden, kraftvollen und gegen aussen orientierten Energie ausgleichen. Nicht immer ist es so, dass die Frau die weiblichen Teile mitbringt und der Mann die männlichen, denn beide Energien sind in jedem Menschen vorhanden. So kann es durchaus vorkommen, dass die Frau mehr männliche Anteile mitbringt oder der Mann mehr weibliche. Sie vermögen nun sicher zu erkennen, warum wir folgende beiden Redewendungen in unserer Kultur vorfinden:

- «Gleich und gleich gesellt sich gern», da beide mit ausgeglichener Energie zusammenfinden.
- «Gegensätze ziehen sich an», Gesetz der Polarität

Auch diese beiden Redewendungen verstehen wir erst, wenn die verschiedenen Prinzipien auf verschiedenen Bewusstseinsstufen wirken.

Die vermehrte Integration der Herzaspekte birgt ein ungeahntes Potenzial der Entwicklung für beide Partner und für eine ganze Gesellschaft. Die gut 110 Leitsätze von Herzenergie bzw. Liebe können gut in der Partnerschaft angewendet werden. Allein schon den freien Willen des Partners zu respektieren, dürfte für viele eine Herausforderung sein. Mit zunehmendem Bewusstsein entsteht generell eine neue innere Einstellung zu Partnerschaften. Es wächst eine Einstellung, sich gegenseitig in den eigenen Lernprozessen zu begleiten und zu unterstützen, indem ein Stück des Lebensweges gemeinsam beschritten wird; dies nicht mit unfreiwilligen Kompromissen, sondern mit innerer Stimmigkeit und ehrlicher Einigkeit. Man darf sich gemeinsam neu entdecken und vergangenheitsbezogene, selbstlimitierende Programmierungen, Gedankenmuster, emotionale Muster, Versagensängste, Hemmungen, vergangene Beziehungsmuster und Prägungen erkennen und abbauen.

Von Echtheit lebt eine Partnerschaft, wenn man sich Unstimmigkeiten, aber auch Stimmigkeiten mitteilt. Das vermittelt Respekt, Vertrauen und gegenseitige Entfaltungsmöglichkeiten, verbunden mit neuen Perspektiven für beide, ohne die Befürchtung, «Fehler» zu machen oder verlassen zu werden. Ein integres Energieniveau ist die Basis, das Fundament, welches innere und äussere Bewegung und damit Entwicklung zulässt. Einsicht zu gewinnen über die eigenen Muster verhindert Opfer- und Täterrollen, Schuldzuweisungen oder gar Gewalt. Eine solche innere Durchlichtung erschafft neue Perspektiven in jeder Hinsicht. Mit zunehmendem Bewusstsein lösen sich Kontroll-, Verlust- und Machtdenken zusehends auf. Das herzbasierte, selbstverantwortliche Leben in der Partnerschaft prägt das Bewusstsein, dass jeder Mensch auf der Erde eine Aufgabe hat und dass wir uns gegenseitig eine Zeit lang authentisch begleiten, ohne Sicherheiten und Garantien, vielleicht sogar ein Leben lang. Bewusster fühlen und spüren führt zu neuer Körperwahrnehmung. Nähe- und Distanzprobleme können einfühlsam, behutsam angegangen werden. Mit positiver Energie bleibt auch eine Beziehung immer entwicklungsfähig, erfährt keine Stagnation und Routine, sondern eröffnet stets neues Potenzial. Und manchmal bedeutet dies auch, jemanden in Liebe wieder loszulassen.

Gelübde, Eide und Versprechen schwingen auf einer niederen Energie und entspringen dem Mangeldenken des Egos. Die heutige Gesellschaft ist dabei, sich aus den religiösen Dogmen, die nicht selten selbstlimitierend wirken und nicht der wahren Natur des Menschen entsprechen, zu befreien. Jeder bewusste Mensch weiss auch, dass es einer Lüge (-) gleichkäme, wenn er jemandem versprechen würde, dass er ein Leben lang bei ihm bleibe; bei aller Liebe würde er dies nie tun. Da das Leben ein Fluss im völligen Vertrauen auf den göttlichen Plan darstellt, weiss niemand zum Vornherein, was uns noch auf unserem Lebensplan erwartet. Eine bewusste Beziehung arbeitet vielmehr aus herzbasiertem Vertrauen heraus – ohne Misstrauen, Neid, Erwartungshaltungen, Kontrolle und Macht. Beide bleiben authentisch und leben ihr Herz (+), wodurch sich sogar das Energieniveau hebt und ein energetisches Feld entsteht, das eine sehr schnelle Bewusstseinsentwicklung zulässt. In der Folge bleibt eine Beziehung immer dynamisch, innerlich erfüllend und in sich stimmig, keinesfalls instabil, obwohl in ständiger Bewegung und Entwicklung.

Neue Partnerschaften

Oft trifft man im Leben auf die Partner, die im Moment richtig und wichtig sind, seelisch oder körperlich, oder im besten Fall in beiden Punkten auf der sogenannten gleichen Wellenlänge durchs Leben gehen. Dies ist vergleichbar mit Magneten, die je nach Energie entsprechende Menschen ins Leben ziehen. Je nach Bewusstseinsstand suchen wir bewusst oder unbewusst nach Partnern, die innere und äussere Qualitäten mitbringen, welche uns fehlen oder die uns wunderbar ergänzen, oder man ist bewusst oder unbewusst auf der Suche nach Gemeinsamkeiten.

Menschen, die ihren Seelenplan wirklich herzbasiert leben, sind nie auf der Suche, weder nach sich selbst, noch nach Partnern. Sie leben nicht im Mangel, sondern im Urvertrauen des Lebens, dass, wenn jemand für sie bestimmt ist, dieser Jemand auch ins

Leben tritt, manchmal über die wundersamsten «Zufälle». Jedem, der auf dem Seelenweg ist, werden im richtigen Moment die Partner zugeführt, damit er seine Lernaufgaben erfüllen kann, die im Moment wichtig sind. Vielleicht bekommt er aber auch einmal die Möglichkeit, für eine Weile ohne Partner durchs Leben zu gehen, um mehr mit sich selbst konfrontiert zu werden und eigene Entwicklungsschritte in Freiheit und ohne Zugzwang eines Partners zu absolvieren und damit auch eine Reife und Liebesfähigkeit entwickelt, die für eine neue, noch erfüllendere Partnerschaft Grundvoraussetzung ist.

Mit zunehmendem Bewusstsein ist eine Partnerschaft mit immer weniger Erwartungshaltung und Bedingungslosigkeit möglich. Eine Beziehung mit Herzenergie limitiert sich nicht selbst, sie bewirkt vielmehr gegenseitige Potenzialentfaltung. Herzenergie respektiert den freien Willen des Partners und anerkennt sein Denken, Fühlen und Handeln. Herzenergie in Partnerschaft kann bedingungslos annehmen und in Frieden und in Liebe loslassen. Herzenergie vermag zu verzeihen, sich selbst und dem Partner. Herzmenschen leben authentisch, ohne Masken und Rollen, was eine Partnerschaft erheblich vereinfacht.

Herzenergie in Partnerschaften steht im offenen Vertrauen, sucht immer eine friedliche Lösung. Auch bei Trennungen (-) oder – positiver ausgedrückt – bei neuen Wegausrichtungen. Herzenergie hält nicht an der Vergangenheit fest, ist dankbar für alles gemeinsam Erfahrene und mit offenem Denken, Fühlen und Handeln für die Gegenwart.

Eine zunehmende Herzethik leben wir dann, wenn wir dem Partner gegenüber keine Erwartungshaltungen mehr haben, an Äusseres und Inneres keine Anforderungen und Bedingungen mehr stellen, wenn wir frei sind von fixen Vorstellungen, Bindungsängsten, Verlustängsten, Kompromissen, Notlösungen und Verträgen. Doch das wird wohl erst möglich, wenn wir sie in irgendeiner Form durchlebt haben. All die Herzaspekte wie Offenheit, Interesse, Ehrlichkeit, Bedingungslosigkeit etc. sind Herzqualitäten, die wir nicht von heute auf morgen entwickeln. Partnerschaften bilden dafür wunderbare Lernfelder. Eine Partnerschaft ist so individuell wie jeder Fingerabdruck. Es gibt keinen standardisierten Ratgeber und keinen Fahrplan. Da jeder Mensch ja über sein Herz verfügt und damit über den individuellen, zuverlässigsten Kompass überhaupt.

Eine Garantie für eine Beziehung gibt es nicht und ein Zustand in einer Partnerschaft lässt sich nicht festhalten oder konservieren (-), denn in der Natur herrscht nie Stillstand. Was sich in einer Partnerschaft hingegen fühlen lässt, ist ein Vertrauen aus dem Herzen heraus, dass der gemeinsame Wegabschnitt ohne Zweifel wichtig und richtig ist, egal wie lange er dauert. Im Vertrauen ruht auch eine innere Stimmigkeit, die Offenheit für die Entwicklung beider Seelenpläne und für das übergeordnete Ganze enthält. Je authentischer wir aus dem Herzen heraus leben, umso entwicklungsfähiger ist eine Partnerschaft. Je mehr Rollen gespielt und je mehr Masken aufgesetzt werden, umso schwieriger wird eine gemeinsame Entwicklung. Doch ein richtig oder falsch gibt es auch hier nicht. Alles sind irdische Lernprozesse, die wir durchlaufen, um innerlich zu wachsen. Und manchmal sind wir dann einfach unzählige Male in der gleichen Rolle, bis wir etwas integriert haben.

42

Partnerschaften in der Bewusstseinsentwicklung

Insbesondere dann, wenn ein Partner eine bewusste Entwicklung oder Bewusstseinsentfaltung beginnt, werden auch bei seinem Lebenspartner Prozesse angestossen. Oftmals gibt es ein ausschlaggebendes Ereignis wie ein Todesfall, eine Kündigung, eine Krankheit, ein Unfall, ein Burnout oder wir stellen durch eine bewusste Entscheidung vermehrt auf das Herz um.

Durch die dadurch entstehende positive Anhebung des Energieniveaus werden Prioritäten plötzlich anders gesetzt, Gesprächsthemen verändern sich, die Wahrnehmung verändert sich, das Hobby verändert sich, vielleicht sogar der Job, es kommt noch eine Weiterbildung dazu und man geht plötzlich ins Yoga und die gemeinsamen Freunde befinden sich auf einmal nicht mehr auf derselben Wellenlänge der beiden Partner. So vieles ist dann bewusst oder unbewusst positiv in Bewegung. Für den einen Partner kann dies anfänglich ungewohnt oder gar schwierig sein. Durch die vom Partner gefühlte Bewegung fühlt er sich womöglich unter Druck gesetzt, da die Energiesignaturen der beiden auseinanderdriften. Es entsteht ein Spannungsfeld.

Herzenergie setzt nie unter Druck, aber sie bewegt; sie bewegt auch den Partner aus den Komfortzonen heraus. Herzenergie bewegt immer in die lichtvolle Richtung, in die Berufung und somit bewegt sie indirekt auch das Umfeld in die richtige Richtung. Es unterliegt jedoch dem freien Willen, ob der Partner persönliche Entwicklungsschritte mitgehen möchte oder nicht.

Viele Paare stecken heute in dieser Situation, ohne dass sie gleich die Scheidung einreichen. Sie lassen sich auf dieses Prozessing ein und lassen sich übergeordnet führen, ohne abrupte Entscheidungen zu fällen. Sobald es eine Entscheidung braucht, werden sie es beide fühlen. Der Partner, der sich in der Bewusstseinsentwicklung befindet, hat dann zuweilen Situationen auszuhalten, in denen der andere nur sehr langsam und skeptisch infolge seiner eigenen Programmierungen und Verhaltensmuster folgen kann. Eine Energieerhöhung hängt immer mit inneren Prozessen zusammen, die zuerst absolviert werden wollen. Wenn die Schwingungen zweier Partner zu weit auseinanderdriften, werden sie sich nicht mehr verstehen, nicht mehr dasselbe fühlen, denken und handeln. Das Zusammensein mit unterschiedlichen Energieniveaus wird für beide mit der Zeit immer unstimmiger. Unbesehen davon, wie solche Situationen ausgehen, eröffnen sich stets Wege und innere Entwicklungsschritte für beide. Niemand trägt dafür eine Schuld. Vielmehr zeigt sich hier der natürliche Fluss des Lebens, indem wir alle über den freien Willen verfügen und in einer individuellen Entwicklung stehen.

Seelenverwandte / Seelenpartner / Dualseelen / Zwillingsseelen

Seit ein paar Jahrzehnten treffen immer mehr reife Seelen auf unserem Planeten auch Seelenverwandte und Seelenpartner. Durchaus mag es an der Zeitqualität und dem Zeitgeist liegen, dass wir diese überhaupt erkennen. **Seelenverwandte** sind Seelen, die sich bereits aus anderen Leben kennen. Mit zunehmender Bewusstseinsentwicklung trifft man immer mehr solche Seelen, von denen man bereits nach einer kurzen Begegnung weiss, dass man sich auf der Seelenebene kennt und bereits in anderen Leben zusammen unterwegs war. Meistens löse ich solche energetischen und karmischen Verbindungen, die im Moment nicht alle mehr zu unserem höchsten göttlichen Wohl sind, auf. Sinnvoll ist es, wenn dies vom Gegenüber auch erfolgt, denn in unserem Unterbewusstsein ist alles abgespeichert. Dies kann ich guten Gewissens machen, denn all diejenigen Verbindungen, die wir im Jetzt noch benötigen, bleiben ja bestehen.

In unserem Unterbewusstsein laufen Unmengen von Programmierungen, die in diesem Leben behindernd sein können. Wenn wir also auf den Partner aus dem letzten Leben treffen, will dieser Umgang mit Seelenverwandten gelernt sein, denn Seelenverwandte zeigen einem immer etwas auf und begleiten uns meistens auch im aktuellen Leben, jedoch in einer anderen Funktion als im letzten Leben. So kann es sich um Familienmitglieder handeln, mit denen man vielleicht ein widernatürliches Programm aus der Vergangenheit auflöst, eine bestimmte Aufgabe zu erledigen hat, z.B. durch eine Krankheit begleitet oder ein Projekt realisiert.

Seelenpartner sind nicht nur seelenverwandt; vielmehr handelt es sich bei ihnen um sehr tiefe Verbindungen, die im Lebensplan vorgesehen sind. Bereits im zweiten Band der Christina-Buchreihe haben wir die Dualseele und die Zwillingsseele angesprochen. Dualseelen sind sehr tiefe, alte Seelenverbindungen, die beiden Seiten den Spiegel vorhalten, welche Aspekte noch integriert werden dürfen. Eine so tiefe Verbundenheit und gleichzeitig die Konfrontation mit den eigenen Unzulänglichkeiten zu fühlen und zu erleben, sind tiefe, schwierige Seelenprozesse und müssen nicht zwingend in einer Partnerschaft erfolgen. Es kann auch einfach ein Arbeitskollege sein, von dem man sich extrem angezogen und gleichzeitig herausgefordert fühlt. In meinem Umfeld befinden sich viele Partnerschaften in diesem Prozess, welcher ihnen meist nach Jahren erst so richtig bewusst wird.

Die Duale zeigen sich beispielsweise darin, dass der eine Partner ein Bewegungsnaturell ist und der andere eine Couch-Potato, oder einer der beiden Partner ist sehr egobasiert unterwegs und der andere sehr herzbasiert. Anfänglich werden diese Duale meist nicht als Potenzial erkannt, nicht gerne integriert und man möchte sich ausweichen. Und trotzdem ziehen sich die beiden Seelen wie zwei Magnete solange an, bis sie ihre zu lernenden Aspekte integriert haben. Sobald der eine Partner seinem freien Willen gemäss die Lernprozesse absolviert hat, ist dies auch mit einer Anhebung des Energieniveaus verbunden. Nach Abschluss dieses Dualseelenprozesses erfolgt eine tiefe innerliche Befreiung und ein tiefer Frieden, in welchen meist einer der beiden nicht mehr folgen kann. Folglich vermindert sich die Anziehungkraft. Aus diesem Grund verbinden sich Dualseelen eher nicht als Langzeitpartner. Diejenige Seele, die den Dualseelenprozess abschliesst, fühlt, wie sich eine neue höhere Form von Liebesfähigkeit ausbreitet und Kompromisse (in Partnerschaften) in Zukunft gar nicht mehr möglich sind. Man kann auch sagen, dass die beiden Seelen zu Beginn noch dem Polaritätsprinzip (Prinzip der Bedingung) unterliegen und dieses zum Prinzip der Dualität auflösen (Prinzip der Gegensätzlichkeit, ohne Bedingung).

Zwillingsseelen begegnen einem meist erst in der zweiten Lebenshälfte, jedoch ist davon auszugehen, dass sich diese - aufgrund der höheren Seelenreife heutiger Kinder - zunehmend früher begegnen. Zwillingsseelen sind Seelenverbindungen, die bereits bei einer ersten Begegnung «flashen», auch ohne Worte. Es sind Seelenenergien, die sich allein durch ihre ausgestrahlte Energie auf der Herzebene begegnen und die Seelenmatrix mit einem Schlag in gewissen Bereichen durchlichten. Es sind Verbindungen mit einer neuen energetischen Tiefe, wobei beide Seelen bereits eine hohe Reife entwickelt haben. Dadurch ergibt sich eine Seelenpräsenz, die in den ganzen Ereignissen eine übergeordnete Rolle spielt und doch den freien Willen immer walten lässt. Ein oder mehrere Seelenpartner stützen mit ihrer Energie unabhängig von Raum und Zeit gegenseitig einen Lebensplan. Es entsteht eine Herzenergie, die gegenseitig fliesst, ohne physische Präsenz, ohne Bedingung, ausschliesslich für eine übergeordnete Aufgabe, für ein grosses Ganzes. Die Zwillingsseelen erleben eine magische Verbindung, die alles miterlebt, alles mitfühlt und durch welche sich das Bewusstsein weiterentwickelt. Es handelt sich dabei um ein unfassbar tiefes Geschenk, das in einer tiefen inneren Verbundenheit und dem inneren Bedürfnis besteht, Liebe ohne Bedingungen regelrecht fliessen zu lassen, um den Partner in seiner Entwicklung zu fördern, seine Matrix zu durchlichten – und zu heilen.

In einem wahrnehmbar wird dadurch ein Gefühl bislang noch nie bewusst erfahrenen inneren Friedens und eine Vollkommenheit neuer Qualität. Daraus resultiert nicht nur ein Energieaustausch von zwei hochenergetischen Seelen, die sich auf ein neues Terrain begeben, es entsteht vielmehr ein magisches Kraftfeld, in welchem sich die beiden Energien nicht nur verdoppeln, sondern hochpotenzieren und dadurch eine neue Qualität ungeahnter globaler Energieanhebung bewirken. Zwillingsseelenverbindungen sind nicht nur gekennzeichnet durch die unglaublichsten Zufälle und eine unfassbare Vertrautheit, eine erste Begegnung löst auch noch das Gefühl von «Heimkommen» aus. Sodann stellen sich im normalen Leben der beiden Seelen oftmals auffällige Zufallsfakten heraus. So können beispielsweise das Geburtsdatum, die Namen oder der berufliche Werdegang der beiden Seelen eine klare Verbindung darstellen.

Sicherlich trifft nicht jeder in diesem Leben auf die Dualseele oder die Zwillingsseele. Einige haben das schon im letzten Leben erlebt. Meine Erfahrung zeigt, dass sich sehr viele im Dualseelenprozess befinden, was wiederum eine Bestätigung unserer Zeitqualität ist. Wir leben in einer sehr bewegenden Zeit mit gigantischen Umbrüchen; eine Zeit, die unglaublich starke Seelenverbindungen benötigt, um die ganze Menschheit auf eine neue Ebene zu bringen und sie dort energetisch zu halten. Zwillingsseelen können uns auch einfach rein seelisch begleiten, nachdem sie den physischen Körper wieder verlassen haben. Mir persönlich ist jemand bekannt, deren Zwillingsseele sich als dessen Hauskatze inkarniert hat und die Person nun durch eine äusserst herausfordernde Zeit der Selbstheilung begleitet. Haustiere entpuppen sich in einer solchen Situation als sehr intelligent, fühlen alles, lassen Herzenergie in die Lebenssituation fliessen und bieten damit ein energetisch starkes positives Feld. Ich vermute, solche oder ähnliche Begebenheiten kommen häufiger vor als wir denken. Aus Erfahrung weiss ich, dass viele Menschen sich von ihrem Haustier besser verstanden fühlen als von ihrem Lebenspartner; dies nicht zuletzt deshalb, weil das Tier nicht reden kann und - abgesehen von den Grundbedürfnissen - keine Erwartungshaltung an den Tag legt. Tierhalter und Tier verstehen sich vor allem über das Fühlen der Seele und die innere Intelligenz.

Schattenseiten beim Partner als Potenzial erkennen

Viele Menschen verfügen heutzutage über eine so starke Sensitivität, dass sie bei ihrem Partner alles fühlen - das Gute wie das Schlechte. Man ist geneigt, sich gegenüber letzterem zu verschliessen, um sich (vermeintlich) zu schützen, indem man den Verstand über das Gefühl stellt. Wichtig ist jedoch, im Fühlen zu verbleiben und die echte Wahrnehmung für die Potenzialentfaltung zu nutzen. Über wahrgenommene dunkle Aspekte des Partners darf man mit ihm offen reden, um ihm das Gefühl zu geben, verstanden zu werden. Auch hier gilt: Das Gefühlte soll nicht verdrängt (-) werden. Einmal mehr ist gefragt, Haltung zu beziehen und für die eigenen Gefühle und Gedanken einzustehen. Durch welche Ereignisse wir jedoch unser Leben beeinflussen lassen und wohin wir unsere Energie hinlenken, unterliegt der persönlichen Entscheidung. So lassen sich die dunklen Aspekte des Partners, seine «Defizite», als sein grosses Potenzial sehen, welche sich womöglich gar gemeinsam transformieren lassen (+), anstatt dass man sich über diese beklagt (-). Hilfreich ist, die Dinge positiv zu formulieren. Anstatt in den Befehlston zu gehen («Du sollst / Du müsstest doch...») (-) lassen sich auch ermutigende Worte finden («Wow, da hast Du noch so viel Potenzial!») (+). Gleichzeitig gilt es zu respektieren, wenn dieses Potenzial im Moment nicht entfaltet werden bzw. der Partner sich noch nicht ändern möchte. Damit ergibt sich ein Lernprozess, sich in Respekt (+) und Geduld (+) zu üben.

Sexuelle Gewalt

Nach der neuesten Studie im Mai 2019 hat jede fünfte Frau in der Schweiz sexuelle Gewalt (-) erlebt. Dies zeigt, dass es in unserer Gesellschaft noch am Gleichgewicht zwischen männlicher und weiblicher Energie fehlt. Die übermässige männliche Energie führt zur Verdrängung bzw. Unterdrückung der weiblichen Aspekte. Die, meist unbewusste, Respektlosigkeit (-), die der Weiblichkeit entgegengebracht wird, zeugt von Prägungen alter Systemstrukturen, welche in unserer Seele und in unseren Zellen eingraviert sind. Dass die Sexualität, verbunden mit Liebe, ein natürliches Grundbedürfnis des Menschen darstellt, haben gewisse Religionen verkannt und diese Natürlichkeit in den letzten Jahrhunderten regelrecht unterdrückt. Dieser Umstand führte zur Kompensation durch sexuelle Ausbeutung von Schwächeren und in der Mitte des letzten Jahrhunderts sodann zur Emanzipation der Frau und damit zu einer verhärteteren weiblichen Energie. Mittlerweile lässt sich die Tendenz zur Gleichstellung in vielen gesellschaftlichen Bereichen erkennen, wodurch der Überhang von männlicher Energie und der Mangel an weiblicher Energie allmählich ausgeglichen wird.

Die gemeinhin anzutreffende Annahme, dass der Sexualtrieb bei Männern stärker ausgeprägt sei als bei Frauen, stellt keine befriedigende Begründung für die sexuelle Gewalt dar. Sexualität ist ein Grundbedürfnis des Menschen und damit auch der Frau. Die Natur bzw. die Schöpfung hat auch diesbezüglich bestimmt kein Ungleichgewicht geschaffen. Die Gründe für die sexuelle Gewalt sind vielmehr mangelbasiert, sprich: widernatürliche Vorstellungen und eingravierte sexualfeindliche Prägungen aus früheren Leben, die sich heute mit Gewalt Luft verschaffen. Sexualität findet bei vielen Menschen ohne Gefühle, ohne das Herz statt, wodurch die weiblichen Aspekte fehlen, die es aber für eine erfüllende Sexualität (auch) braucht. Die weiblichen Aspekte wie Zärtlichkeit, Behutsamkeit, Empathie und Sinnlichkeit können gefördert werden, indem schädliche negative Programmierungen abgebaut werden und die individuelle Authentizität gelebt wird. Damit wird eine integre Grundenergie als Fundament einer Partnerschaft geschaffen. Einmal mehr geht es darum, innere destruktive, lebensfeindliche Programmierungen zu transformieren - genau wie in jedem anderen Gesellschaftsbereich. Frauen wie Männer sind verantwortlich dafür, ein Fundament für eine erfüllende und glückliche Partnerschaft auf allen Ebenen zu legen. Die Qualität einer Partnerschaft hängt also vom Bewusstsein, der Entwicklungsbereitschaft und dem Erkennen von Ego und Herz ab. Dies lässt sich nicht aus Internetportalen lernen, vielmehr wird solches mit zunehmendem Bewusstsein einfach nur logisch. Auch auf diesem Gebiet führt der einzige nachhaltige Weg über das Fördern des Bewusstseins und das Anheben der Energie. Einmal mehr sind wir alle gleichermassen gefordert, auch auf diesem Gebiet erneut ein Gleichgewicht herzustellen, indem wir – Sie wissen es bereits – unser Herz leben und die Egostrukturen entlarven.

43

Erdung

Dem Thema Erdung kommt in der aktuellen Zeit und auch in der Zukunft grosse Bedeutung zu. Entscheidend dabei sind die Themen Körperbewusstsein und Selbstliebe. Voraussetzung für die persönliche Entwicklung ist nämlich, dass der physische Körper die Energie der Seele gänzlich annimmt. Die Energie der Seele schwingt oftmals viel höher als die Körperenergie in der physischen, dreidimensionalen Ebene bzw. Dichte. Ist die feinstoffliche Seele dem physischen, grobstofflichen Körper adaptiert bzw. darin integriert, dann verfügt man über eine gute Erdung. Diese zeichnet sich durch eine solide Erdverbundenheit aus, die das Fundament für eine gute Fähigkeit zur nachhaltigen persönlichen Entwicklung bildet. Eine gute Erdung sorgt für Bodenständigkeit und verhindert eine Entwicklung in die «Abgehobenheit». Das Höchstmass an Erdung hat eine Seele dann erreicht, wenn sie über das Zellbewusstsein verfügt. Solche hochbewussten Menschen sind extrem selten. Sie haben nicht nur geistig ihre Ursprungswissen bereits so weit entwickelt, wie es in dieser Dichte möglich ist, sondern bringen auch die höchste Form der Erdung mit, um alles im eigenen Körper, aber auch in der Materie unserer Welt verankern zu können. Diese Menschen könnten über eine einzelne Zelle ein hochinteressantes Buch schreiben. Unsere Erde ist kein lebloser runder Klumpen, auf dem wir per Zufall gelandet sind. Vielmehr sind wir mit der Erde energetisch verbunden. Sie trägt, wie jedes Lebewesen, eine Seele in sich und strahlt somit auch ein Energiefeld aus.[18] Als Herzmenschen sind wir daher nicht fehl am Platz, sondern aus freiem Willen und absolut richtig hier.

---

[18] Vgl. das Kapitel 48: Herzethik und Klimaschutz

Wir sind alles Seelen in einem menschlichen, physischen Körper, die das Irdisch-Sein mit all den vorhandenen Strukturen in Liebe annehmen dürfen, ohne etwas aus- oder abzugrenzen oder gar anzufeinden. Alles, was uns begegnet, ist Schöpfung und hat somit seine Richtigkeit. Auch das Dunkle, das Böse und die Zerstörung auf unserem Planeten haben ihren Sinn. Sie wirken als Potenzialentfalter und rütteln uns auf, vom Egobewusstsein auf das Herz umzustellen. Solange auf einer Existenzebene noch Dunkelheit vorhanden ist, bietet diese stets die Möglichkeit, eine noch höhere Form von Herzenergie / Liebe zu lernen und das Dunkle zu transformieren. Es ist sozusagen ein Aufruf des Egos ans Herz.

Meine Erfahrung zeigt, dass sehr viele Menschen kaum oder ungenügend geerdet sind. Grund dafür ist oftmals eine hohe Seelenreife dieser Menschen. Sind diese hochschwingenden Seelen doch hier, um die Bedeutung der Erdung zu erfahren und zu verstehen, was es bedeutet, in einen physischen Körper zu inkarnieren. Für manche ist das «Runtererden», in diesen Körper zu kommen, gar eine lebenslange Aufgabe, insbesondere dann, wenn sie noch keine oder nur sehr wenige Inkarnationen in dieser Dichte erlebt haben. Wie bereits schon erwähnt, kommen insbesondere die Seelen der heutigen Kinder mit einem stark erweiterten Bewusstsein und damit mit einer sehr hohen Seelenenergie in einen physikalisch gesehen dichten Körper. Sie zeigen Mühe mit der dichten Materie und sind oft nicht vollständig im Körper verankert, da sie mit dem physischen Körper und den irdischen Begebenheiten generell schlecht zurechtkommen. Die Seele arbeitet sozusagen unter sehr anstrengenden, gleichsam erschwerten Bedingungen, denn sie ist an lichtere Welten gewöhnt. Da Kinder mit einem stark erweiterten Bewusstsein in unser System hineingeboren werden, verstehen sie buchstäblich das blinde und realitätsverschlafende Verhalten der Menschen dieser Welt nicht. Folglich fühlen sie sich oft fehl am Platz. Erdung ist für sie jedoch zentral. Erst das Spüren des physischen Körpers ermöglicht das Erkennen und Fühlen der eigenen Berufung, um das eigene Potenzial vollständig zu entfalten.

Das Thema Erdung wurde bereits in Band 2 der Christina-Buchreihe behandelt. Vielen Lesern und Leserinnen wurde vor Augen geführt, dass ihre Seele oftmals nicht richtig im Körper verankert ist. Sie haben dadurch ihre eigene, weitestgehend unbewusste, Thematik in ihrem Leben erkannt und somit den Weg zur Potenzialentfaltung geebnet, was mich sehr hoffnungsvoll gestimmt hat.

Wenn die Seele nicht ganz im Körper verankert ist, hat dies meistens mit Schocks, Traumata, Unfällen oder einem energetisch tiefen Energieniveau im eigenen Umfeld zu tun. Bei solchen Begebenheiten flüchtet die Seele automatisch in lichtere Welten, um das, was ihr widerfährt, nicht so nah erleben, spüren und fühlen zu müssen. Allein schon die Geburt ist ein Schockerlebnis für solche Seelen. Viele Menschen sagen sich, dass sie nie mehr auf die Erde kommen wollen. Diese lebensfeindliche Einstellung (-) ist, wenn wir im Bewusstsein der Reinkarnation leben, leider nicht förderlich für die Seele. Wenn der Satz in einem letzten Leben ausgesprochen wurde, kann das Ankommen in diesem und im nächsten Leben unter Umständen nur zögerlich stattfinden. Solche Glaubensätze lassen sich jedoch auflösen.

Es lässt sich in Liebe eine natürliche Einstellung zum Menschsein herstellen, so dass man sich getragen und geliebt fühlt von der Urquelle selbst, aber auch vom Planeten Erde und all den lieben Menschen in unserem Umfeld. Um einen negativen Glaubenssatz aufzulösen, könnten wir für unser nächstes Leben etwas Positives formulieren. Allerdings müssen wir dabei immer bedenken, dass wir momentan nicht wissen, was in unserem nächsten Leben wirklich zu unserem höchsten göttlichen Wohl sein wird. Sobald wir das Herz führen lassen und ihm vertrauen, wird in jedem Moment alles zu unserem höchsten göttlichen Wohl herbeigeführt, auch im nächsten Leben.

44

Erdung fördert Potenzialentfaltung

Speziell bei den Kindern und generell bei hochsensitiven Menschen - wenn geballte Ladungen von Informationen gleichzeitig über verschiedene Sinneskanäle hineinbrechen - wirkt eine starke Erdung wie ein Blitzableiter. Wenn Kinder überfordert sind, verschliessen sich oftmals ihre individuellen Wahrnehmungen. Dies bewirkt, dass sie weniger im Tagesbewusstsein, sondern vielmehr allein im Unterbewusstsein wahrnehmen. Jedoch erkennen sie dadurch auch ihre eigentliche Berufung im Tagesbewusstsein nicht. Ist ein Mensch gut geerdet, ist er in sich stabil und vermag dadurch klare Entscheidungen zu treffen. Erdung stabilisiert auch das eigene Energiefeld, die Aura, schützt gegen äussere widernatürliche Einflüsse und fördert die Resilienz. Je länger der physische Körper ignoriert wurde, desto mehr Zeit benötigt die Seele, sich mit dem Körper anzufreunden und diesen richtig funktionieren zu lassen. Damit zu beginnen, ist allerdings nie zu spät. Manche arbeiten ein Leben lang daran, eine ausgeprägte Selbstliebe zu entwickeln. Diese korreliert mit Erdung: Je stärker die Liebe zu sich selbst entwickelt ist, desto ausgeprägter ist die Erdung. Wenn der eigene Körper nicht respektiert, geschützt und liebevoll ernährt und gepflegt wird, hat es auch die Seele nicht leicht, den Körper zu bewohnen und durch ihn zu wirken.

Unser Körper ist irdisch, physisch und mit dem Planeten Erde verbunden. Erdung bedeutet aber auch, sich mit Himmel und Erde zu verbinden, d.h. in der dritten Dimension, in der wir leben, verankert und gleichzeitig vertrauensvoll mit dem Göttlichen verbunden zu sein. Ist man nicht geerdet, führt dies zu «luftigem» Verhalten, welches auf Ideen basiert, die mit dem Verstand in dieser Realität nicht umzusetzen sind; Ideen, die im praktischen Arbeitsablauf nicht zu Ende gedacht wurden, die weder «Hand noch Fuss» haben, wie der Volksmund sagt. Dass jemand, der buchstäblich den Verstand verliert, ebensowenig genügend geerdet sein könnte, dürfte eine wegweisende Erkenntnis für die Psychatrie sein.

Nur mit einer starken Erdung lassen sich Herzimpulse konkret umsetzen und lässt sich somit unser Seelenplan erfüllen. Erdung bedeutet keinesfalls, dass die individuelle Energie sinkt. Es heisst viel mehr, mit dieser irdischen Energie umgehen zu können, sie zu respektieren und zu lieben, genauso wie sie ist. Wir benötigen sogar maximale Erdung, um das ganze geistige Potenzial zu entfalten und nicht «abzuheben» oder «den «Boden unter den Füssen zu verlieren».

Aufgabe einiger Herzmenschen ist es denn auch, für hochenergetische Seelen ein extrem geerdetes Feld zu bieten. Dadurch ist es hochentwickelten Seelen überhaupt möglich, als Mensch zu inkarnieren und auf der Erde Fuss zu fassen. Ebenso bieten weit entwickelte Seelen mit ihrer Energie ein Feld, um geistige Entwicklung zu fördern. An diesem Beispiel ist wunderbar ersichtlich: Es braucht - wie immer - alle Menschen. Niemand ist besser oder schlechter, weiter oder weniger weit. Während ein Grossteil der Menschen zu sehr aus dem Verstand lebt, handeln ungenügend geerdete Menschen zu wenig stark aus dem Verstand und sind zu ausgeprägt geistig unterwegs.

Psychologisch und psychiatrisch geschulten Menschen erschliesst sich vielleicht nun, dass diverse «psychische Erkrankungen» wie die Borderline-Störung, Essstörungen mit Über -und Untergewicht, Süchte, Bipolarität, Autismus oder Geschlechtsdysphorie (Geschlechtsidentitätsstörungen) auch mit mangelnder Erdung zu tun haben können, da die Seele der jeweiligen Menschen nicht oder nur unvollständig im Körper integriert ist oder gar immer wieder hinaus- und hineinswitcht. Durch diese Erkenntnis können neue Therapieansätze ins Licht rücken. So kann Reinkarnation eine Rolle spielen. Gerade bei Menschen mit sogenannten Geschlechtsidentifikationsstörungen darf man sich überlegen, ob sich diese noch zu sehr mit dem Geschlecht aus dem vergangenen Leben verbunden fühlen. Sodann könnte es auch für sie bedeuten, sich mit Liebe und Respekt der Realität im aktuellen Leben mit den nun gegebenen Umständen zu stellen.

Vielen der heutigen Kinder, die aufgrund ihrer Multidimensionalität ein auffälliges Verhalten zeigen, werden alle möglichen Arten von psychosozialen Auffälligkeiten wie Autismus, ADHS oder – wie erwähnt und deutlich zunehmend – auch Geschlechtsidentifikationsstörungen zugeschrieben. Die neuen Schulen werden sich dem Thema Erdung stark widmen müssen, indem sie mittels Erlebnispädagogik viel mehr Lernfelder in der Natur nutzen, stärker auf körperliche Bewegung der Kinder achten, die Wahrnehmung schulen und Sinneswahrnehmungen im Alltag integrieren. Wichtig bei alledem ist, den Planeten Erde als Lebewesen in das Weltbild zu integrieren und der Erde damit auch mit viel Herzenergie zu begegnen; genauso, wie dies bei vielen Naturvölkern in bewusster Verbindung geschieht.

Mögliche Anzeichen fehlender Erdung

Um besser zu erkennen, wann eine Erdung (zu) wenig ausgeprägt ist, möchte ich Ihnen einige Beispiele als Anzeichen aufführen:

- Tagträume, welche oftmals einer Erdflucht entspringen, vielleicht infolge eines Traumas oder eines Schocks;
- Mangelndes oder fehlendes Körpergefühl;
- Als Folge davon Selbstverletzungen, Süchte, Essexzesse, Extremsportarten;
- Mangelnde Kommunikation mit der Umwelt;
- Überforderung mit Sinneswahrnehmungen;
- Aussagen wie: «Ich wurde nie verstanden.» «Ich fühle mich fehl auf diesem Planeten.»
- Dadurch unnatürlicher Rückzug und unnatürliche Abschottung;
- Abneigung gegen oder gar Anfeindung von sich selbst oder gegen gesellschaftliche Strukturen;

- Mühe, sich selbst und den eigenen Körper zu akzeptieren;
- Fehlende Manifestationskraft, d.h. Ideen, die immer an der Umsetzung scheitern;
- Nicht zu Ende gedachte Arbeitsabläufe;
- Interessenlosigkeit, fehlende Entscheidungskraft;
- Mangelndes Urvertrauen, mangelnde Lebensfreude;
- Mangelnde Selbstliebe;
- Körperliche Trägheit;
- Fehlende oder mangelnde manuelle Fertigkeiten;
- Z.T. auch Verwahrlosung als Folgeerscheinung von obengenannten Aspekten.

Wie kann Erdung gefördert werden

Sich besser zu erden, lässt sich fördern, und zwar wie folgt:

- Herzethik leben und in seiner Mitte bleiben;
- Sich selbst, diese Inkarnation, den Planeten und alle irdischen Strukturen in Liebe annehmen;
- Kommunikation mit dem Körper aufbauen oder intensivieren, d.h. ihn einbinden und Beachtung schenken;
- Körperarbeit, d.h. Förderung von adäquater Bewegung, die Freude bereitet;
- Bewusstes Barfuss-Laufen in der Natur;
- Liebevoll mit dem Körper umgehen, lernen zu geniessen;
- Den Körper liebevoll und gesund behandeln, ernähren und pflegen;
- Körperliche Symptome und Bedürfnisse liebevoll beachten;
- Für genügend Erholung und Schlaf sorgen;
- Sich viel in der Natur aufhalten;
- Manuellen Beschäftigungen nachgehen;
- Chakrenarbeit mit den unteren Chakren (z.B. Wurzel- und Erdsternchakra);
- Behindernde Glaubensmuster transformieren;
- Sich mit Kindern täglich im Freien aufhalten, sie im Freien spielen, erfahren und spüren lassen;

- Sich selbst und/oder auch Tiere versorgen lernen;
- kochen, gärtnern;
- Selbstliebe, Selbstvertrauen, Authentizität fördern.

Meine derzeitige Inkarnation war zu Beginn sehr ausgeprägt auf Erdung ausgerichtet. Die geistigen Themen haben mich erst viel später beschäftigt. Ich kann mir dies heute so erklären, dass es wichtig war, damit ich meinen Kindern für ihre Entwicklung ein geerdetes Feld bieten konnte. Die Erdung begann bereits in meiner Kindheit mit der Inkarnation in eine Grossfamilie, in welcher das einfache Leben und viel körperliche Arbeit in der Landwirtschaft den Alltag prägten. Mit einem täglichen Schulweg von über acht km war es gar nicht möglich, die Seele aus dem Körper gehen zu lassen. Bereits im Kindergartenalter stand ich oftmals am Mittag unten im Dorf mit Hunger vor dem fast zwei km langen Anstieg und wusste nicht, wie ich diesen hochkommen sollte. Insbesondere im Winter, als nicht selten noch knietief Schnee lag und die deutlich älteren Geschwister mit einem hohen Tempo nach Hause liefen, war das für mich als kleingewachsenes Mädchen jedes Mal eine extreme körperliche Herausforderung. Doch hatte ich es anscheinend so gewählt.

Als pure Erdung kann ich auch das Aufwachsen in einer 10-köpfigen Grossfamilie und das viele Arbeiten in der Landwirtschaft bezeichnen. Nach der Schulzeit faszinierte mich der Laufsport, welchem ich mich sehr gerne widmete. Im Laufe der Zeit entwickelte ich mich zu einer begeisterten und auch erfolgreichen Marathonläuferin. Meines Erachtens ist der Ausdauersport sehr dazu geeignet, um die Seele tief mit der Materie in der dritten Dimension zu verankern. Ausdauersport ist eine sehr extreme Körpererfahrung, wodurch eine starke Erdung ermöglicht wird. Geboren im entsprechenden Sternzeichen – als Steinbock mit Aszendent Waage - wurde mein Leben ziemlich eindeutig auf Erdung vorbereitet. Auch diese für mich schlüssige Fügung war offenbar auf meinem Lebensweg vorgesehen und zeigt mir einmal mehr, wie liebevoll wir alle in einem übergeordneten Plan begleitet und behütet sind und wie jeder Mensch seine eigenen Themen zu bewältigen hat, dabei niemand schlechter oder besser dasteht.

Auch Sie, liebe Leserin und lieber Leser, haben in früheren Leben schon sehr viel gelernt, ansonsten wären Sie jetzt nicht hier, genau in dieser Zeit. Ist das nicht beruhigend? Und weckt das nicht ein gewisses Urvertrauen, dass wir all das, was jetzt – in unserem Leben und generell auf dieser Welt – geplant ist, respektieren und bewältigen können? Sowohl alle gemeinsam als auch jeder in seiner ganz individuellen Funktion als Herzmensch – wir können in dieser Zeit extrem viel bewegen und das Fundament des Friedens stärken; und dies allein dadurch, indem wir aus unserer Mitte heraus authentisch leben und eine integre Energie ausstrahlen, ohne abzuheben und realitätsflüchtig zu werden.

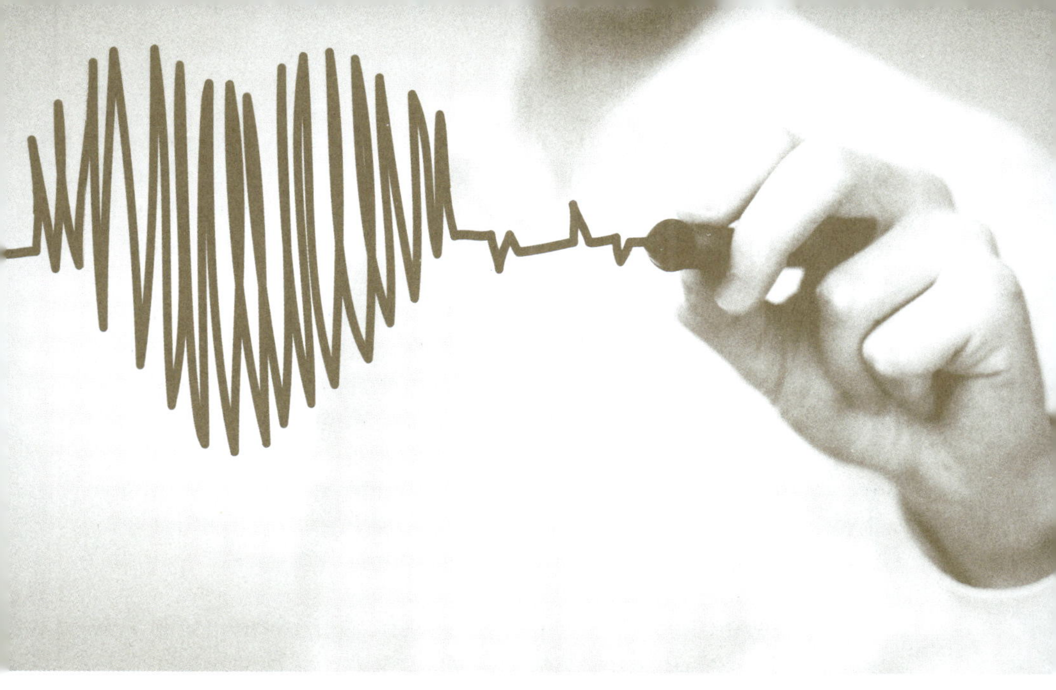

45

Herzethik und Gesundheit

Wir, die auf diesem Planten leben, sind alles reife Seelen. Unsere Seele lebt in einem dreidimensionalen, physischen Körper, wobei die Frequenz der Seele deutlich höher ist als diejenige des physischen Körpers und insofern eine andere Energie aufweist. Damit sich die Seele wohl fühlt und auch wirklich im physischen Körper verankert werden kann – mit anderen Worten: damit Erdung stattfindet –, müssen sich die beiden Energien annähern. Dafür ist ein Körperbewusstsein notwendig, d.h. ein Verantwortungsbewusstsein, den eigenen Körper zu pflegen, mit Nahrung zu versorgen, die ihn aufbaut und schützt; aber auch das Bewusstsein dafür, mit angemessener Bewegung die Grundregulationen und damit die Selbstheilungskräfte des ganzen Körpersystems zu stützen und zu erhalten. Bei vielen Menschen beruht die Körperwahrnehmung noch auf einem Minimum der existenziellen Überlebenstriebe Hunger, Durst, Ausscheidung, Schlaf und Sexualität.

Körper und Seele wollen wahrgenommen und gepflegt werden. Die Verantwortung dafür können wir nicht delegieren. Für unsere Ernährung, unsere Erholung mit genügend Schlaf und somit für die Regeneration unseres Körpers sind wir selbst zuständig. Dabei ist klar: Den Körper zu bewegen oder mit mehr Energie zu versorgen, ist immer mit physischer Arbeit verbunden. Dafür benötigen wir den Verstand mit seinem Willen, eine Portion Disziplin und Durchsetzungsvermögen; oder anders: die erdenden Komponenten im richtigen Mass.

Mit der Entwicklung des Körperbewusstseins entwickelt sich auch das Ernährungsbewusstsein. Wenn man sich sportlich betätigt, weiss man mit der Zeit intuitiv, welche Nahrungsmittel die eigene Leistungsfähigkeit limitieren und welche diese fördern. Sobald die Frage der Ernährung hingegen Leidensdruck bzw. Stress (-) verursacht, dürfte es sich nicht um den richtigen Weg handeln. Denn die Entwicklung des Wohlbefindens und der Lebensqualität erfolgt nicht über Verzicht (-), sondern über die Freude und Erfüllung (+) an einer für sich angepassten Ernährung und Bewegung. Um das - viele Menschen betreffende - Thema Übergewicht nachhaltig angehen zu können, bedarf es daher einer positiven Grundenergie und auch Erdung. Wie das geht? Die Einstellung muss lauten: Nicht gegen Kilos und Kalorien anzukämpfen (-), sondern für mehr Gesundheit und Lebensqualität einzustehen (+).

Ernährung

Es geht in diesem Buch nicht darum, generelle Empfehlungen abzugeben, denn zu empfinden, was für wen wann richtig ist – dazu ist jede/r selbst befähigt. Auch bei der Ernährung geht es um die Frage des Bewusstseins. Daher geht es auch diesbezüglich einzig darum, aus dem Herzen zu arbeiten und intuitiv zu handeln. Auch z.B. für die eigene Familie zu fühlen, was richtig und wichtig ist. Ernährungsratgeber und Diätbücher dürfen ohne weiteres auf die Seite gelegt werden, doch einige aktuelle Ernährungsrichtlinien lassen sich durchaus in der Familie festlegen wie z.B.: fünf Portionen Gemüse oder Obst pro Tag. Versteht man unter einer «Portion» eine «Hand voll», unterscheidet sich die Menge für einen Erwachsenen von derjenigen für ein Kind automatisch.

Eine Ernährungsumstellung kann vielleicht darin bestehen, gewisse Dinge nicht mehr einzukaufen und dafür auf Entdeckungsreise zu gehen und nach neuen, hochwertigen Produkten Ausschau zu halten. Eine Lebensumstellung kann auch dadurch erfolgen, indem man das Rauchen aufgibt und Alkohol auf ein Mindestmass reduziert. Dies lässt sich von heute auf morgen ermöglichen, sobald Bewegung ins Spiel kommt und das Umdenken stattgefunden hat. Es gibt unzählige Möglichkeiten, Bewegung in den Alltag einzubauen, z.B. einen eigenen Garten mit Biogemüse anzulegen oder einen Topf mit Insekten anziehenden Blumen auf dem Balkon zu pflegen. Die körperliche, seelische und geistige Entwicklung läuft bei jedem Menschen individuell ab. Bei Kindern lässt sich dies fördern, indem man mit ihnen Lebensmittel einpflanzt, einen Samen setzt, um dann mit eigenen Augen zu sehen, wie daraus – durch die eigene göttliche Intelligenz – eine Karotte wächst. Die Karotte wächst übrigens ohne einen Lehrer! Genau wie sich jedes Tier auch ohne Lehrer natürlich entwickelt. Wenn das Kind die Karotte später mit Freude eigenhändig ernten und essen darf, wird dadurch der Nährboden für ein komplett anderes Ess- und Genussverhalten gelegt. Es sind diese kleinen, urnatürlichsten Wunder, die eine stark erdende Komponente aufweisen und in den Schulen der Zukunft ganz bestimmt eine zentrale Rolle spielen dürfen, damit wir unser Dasein als Mensch und die übergeordneten ökologischen und klimatischen Zusammenhänge dieses gigantischen Ökosystems wieder stärker in unser Bewusstsein zurückholen. Letztendlich ist auch in diesem Punkt die Haltung entscheidend, wie wir die Dinge als Eltern, Therapeut, Manager, Betriebsökonom oder als Bundesrat vorleben. Allein dadurch wird ein grosses Stück Gesundheit gewährleistet. Den Weg zur körperlichen und seelischen Gesundheit darf jeder selbst durchschreiten.

Aus dem Herzen zu fühlen und darauf zu vertrauen, bewirkt sodann eine Erhöhung der Energie, wodurch körperliche Ungleichgewichte – also Krankheiten und Über- und Untergewichte - zunehmend weniger entstehen können und sich auch mehr innere Intelligenz zeigt. Man isst nicht mehr aus aktueller gesellschaftlicher Gewohnheit oder aus früheren Hungersnot-Programmierungen (Mangeldenken), sondern dann, wenn der Magen knurrt und uns ganz natürlich auf Körperebene zu verstehen gegeben wird, dass wir Energie benötigen. Zunehmend fühlt und spürt man auch, dass der Körper echte Energie braucht, also keine leeren, schnellwirksamen Kalorien. Wir haben wohl alle in früheren Leben Hungererfahrungen erlebt, die noch zu transformieren sind. Solche selbstlimitierenden, negativen Programmierungen können ein weiterer Grund für unnatürliches Essverhalten sein. Zu intutiver Ernährung gehört auch eine Verhaltensänderung und eine Beschäftigung mit Ernährung. Man isst zusehends weniger Fleisch, kauft vermehrt Bioprodukte aus der Region und achtet auf saisonale Angebote. Mit der Zeit unterstützt man ganz natürlich die Tiermastindustrie immer weniger, wodurch die gigantische Futtermittelproduktion nicht mehr gefördert wird, welche für den Welthunger und die Umweltzerstörung mitverantwortlich ist. Folglich fallen auch ökologisch unsinnige, umweltbelastende Transportwege weg.

Nahrungsaufnahme und Stress

In vielen Bereichen stehen Menschen heute unter Stress (-). Da stellt sich die Frage: Was nützt eine gesunde Ernährung, wenn man selbst ständig negative Energie (-) verbreitet? Eine gesunde Ernährung nützt wenig bis gar nichts, wenn die Nahrung auf ein gestresstes oder gar krankes Körpersystem wie den Verdauungstrakt trifft. Jede Art von Stress fährt das sympathische Nervensystem funktionell hoch. Im Gegenzug wird sein Gegenspieler, das parasympathische Nervensystem, funktionell heruntergefahren. Von dieser Funktionsweise sind die meisten inneren Organe betroffen, insbesondere das ganze Magen-Darm-System einschliesslich Leber und Bauspeicheldrüse. Verdauungssäfte und Verdauungsenzyme werden unter Stress nur spärlich gebildet und die Darmperistaltik, also die Muskeltätigkeit des Darms, reduziert sich. Wie soll so die gesunde Nahrung verdaut werden? Die Folge davon ist vielmehr, dass im Magen zu wenig Salzsäure produziert wird. Dadurch wird das sehr saure Milieu (PH 1-2) zusehends basisch, was die Vermehrung von unwillkommenen Bakterien ermöglicht. Die Folge davon: Gastritis (Magenschleimhautentzündung). Im Darm entstehen aufgrund von zu wenig Verdauungssäften und Enzymen Verdauungsprobleme. Es entstehen Gärungsprozesse, die ein entsprechendes Völlegefühl auslösen; Blähungen, Durchfall und/oder Verstopfung sind die Folge. Dieses Beispiel zeigt, dass Stress erhebliche multiple Langzeitschäden an unserem Körper auslöst, wenn er zu lange und zu stark andauert. Hinzu gesellen sich Gefässwandschädigungen bzw. Arteriosklerose und damit Herzkreislauf-Krankheiten. Genussvolles Essen in Ruhe ist somit um einiges gesünder.

Wir kommen zurück auf die körperliche und feinstoffliche Herzebene: Ein entspannter Organismus (+) kann sehr vieles kompensieren oder regeneriert sich bei einer Anpassung des Lebensstils wieder von alleine. Wenn die Energie hoch ist, führen auch die am Körper sichtbaren Veranlagungen und genetischen Vorbelastungen, Diathesen (fehlerhafte Reaktionsneigungen des Körpers) und Dispositionen (vererbte organische Schwachpunkte) nicht zwingend zu Erkrankungen. Vielmehr zeigen diese genau unsere Schwachpunkte und Herausforderungen am Körper auf, um gezielt präventiv und gesundheitsfördernd zu handeln.

46

Körperbewusstsein und Bewegung

Bewegung liegt in der Natur des Menschen und des ganzen Universums. Es handelt sich um ein natürliches Prinzip, dass nichts einfach stehen bleibt. Adäquate, angepasste Bewegung entspannt. Diese Liebe zu sich selbst und zum eigenen Körper bedarf in unserem Alltag einer gewissen Priorität. Die meisten Menschen in Mitteleuropa leben mit einem ordentlichen Gesundheitsbewusstsein. Sie fühlen, was ihr Körper braucht. Um - in einem weiteren Schritt - in die Handlung zu kommen, gilt es, Bequemlichkeiten loszulassen, Prioritäten zu setzen, körperlich aktiv zu werden. So kann die Fernsehstunde am Abend beispielsweise durch Bewegung ersetzt werden, die Arbeitswege können mit dem Velo bewältigt werden oder es ist genügend Zeit einzuplanen, um den Weg zu Fuss zu gehen. Die eigenen Ressourcen können erfinderisch und kreativ genutzt werden. Bewegung und Sport machen Spass (+). Es handelt sich dabei nicht um einen Kampf gegen sich selbst, sondern um ein liebevolles Entfalten des eigenen körperlichen Potenzials, welches wir vollkommen unterschätzen. Denken Sie daran: Indem wir uns bewegen, verschieben wir ständig unsere Grenzen.

Der Verstand findet womöglich oft Argumente, warum man sich in einem gewissen Moment nicht bewegen kann: «keine Zeit», «zu viel Arbeit», «Familie», «zu müde», «zu gestresst». Die Seele aber weiss genau, dass Bewegung für das Wohlbefinden wichtig ist. Es lassen sich daher genügend Gründe finden, um sich genau in solchen Situationen doch zu bewegen. Bewegung hilft, Stress abzubauen, eine höhere Belastbarkeit und Lebensqualität zu erlangen, körperlichen Ungleichgewichten entgegenzuwirken oder Resilienz zu entwickeln. Die Verantwortung für unseren Körper liegt bei uns selbst. Körperliche Ungleichgewichte (Krankheiten) entstehen nicht von heute auf morgen. Sobald Menschen krank werden, fallen sie oftmals in ohnmächtige Opferrollen (-), insbesondere bei chronischen Erkrankungen. Ob nun Opfer von sich selbst, von irgendwelchen angeblichen Ursachen, äusseren oder inneren Faktoren. Ertappt man sich in einer solchen Sichtweise, ist es wichtig, aus der Opferrolle zu schlüpfen, Alternativen zu suchen, Lebensstile zu ändern.

Werden Sie in Ihrer eigenen Verantwortung aktiv und fangen Sie an zu leben, denn Leben und Lieben sind gleichbedeutend. Nehmen Sie das Ihnen zugewiesene «Thema» als neue Ausgangslage in Liebe an. Bauen Sie keine energieraubenden Widerstände auf. Durch das Einnehmen einer solchen Sichtweise allein bewirken Sie einen Energieanstieg. Und diesen benötigt der Körper dringend, wenn er aus dem Gleichgewicht geraten ist. Es geht darum, nicht gegen eine Krankheit anzukämpfen (-), sondern mit dem Zustand der «Krankheit» zu leben (+). Das persönliche Energieniveau ist ganz entscheidend, denn die Vergangenheit lässt sich nicht ändern, die Zukunft jedoch schon.

Als Herzmenschen haben wir noch lange nicht ausgelernt. Wir verfügen über unglaublich viel Potenzial und wir entscheiden selbst, ob wir es entfalten. Mit all dem, was wir in diesem Leben lernen, werden wir im nächsten Leben nicht mehr konfrontiert. Das finde ich unglaublich beruhigend, denn ehrlich gesagt, möchte ich nicht noch einmal durch die gleichen, teilweise zähen Mühlen gedreht werden. Wichtig ist und bleibt, auf die eigenen Herzimpulse zu achten. Dabei ist auch diesbezüglich Geduld (+) gefragt. Wenn ein Körper während vierzig Jahren ignoriert, seine Bedürfnisse unterdrückt worden sind oder die Seele darin gar nie richtig angekommen ist und entsprechende Erdung fehlt, vollzieht sich eine Veränderung nicht von heute auf morgen. Was dann hilft, ist, Dankbarkeit dafür zu entwickeln, die entsprechende Erkenntnis erhalten zu haben. Für einen Anfang in eine lebensbejahende Richtung ist es nie zu spät. Notwendig ist anfänglich lediglich ein erster Schritt in die richtige Richtung, so dass es sich im Herzen stimmig anfühlt. Ich habe es während meiner Arbeit auf der kardiologischen Rehabilitation oft erlebt, dass die Menschen sich nach dem ersten Herzinfarkt und der damit verbundenen Lebensumstellung (Stressmanagement, Ernährung, Bewegung, positive Lebenseinstellung) auch körperlich leistungsfähiger fühlten als je zuvor in ihrem Leben. Ich erfuhr deutlich, dass viele Menschen gar nicht wissen, was es bedeutet, körperlich fit zu sein, dass Bewegung zum Menschsein, zu einer ganzheitlichen Lebensphilosophie dazu gehört und so viele positive Aspekte mit sich bringt.

Wir alle wissen, wie anstrengend es sein kann, sich selbst, dem Chef, der Familie und den Freunden gerecht zu werden. Doch wir sind auf der Welt, um zu leben, nicht um anderen gerecht zu werden! An erster Stelle kommen Sie selbst. Welche Bedeutung kommen digitalen Freunden, hunderten von Likes, beruflichen Karrieren oder gar einem Nobelpreistitel zu, wenn der eigene Körper krank wird? Allein Sie selbst sind dann betroffen, niemand sonst. Manchmal lassen sich durch die Medizin sogenannte Ursachen, Auslöser für ein Ungleichgewicht unseres Körpers (Krankheit) finden. Meistens fühlt sich das Ego des Patienten besser, wenn es einer angeblich medizinischen Ursache oder Umweltgiften die Schuld geben kann. Sie begeben sich dadurch allerdings in eine Opferrolle (-) und damit nicht selten auch in eine Konsumhaltung (-) und Abhängigkeit (-) von Medikamenten. Diese sind zuweilen notwendig und wichtig. Doch die Ursache liegt an einem anderen Ort und oft gibt es Alternativen. Die Haltung sollte dann darin bestehen, die neue Ausgangslage bedingungslos zu respektieren und damit eine positive Lebenseinstellung einzunehmen. Daraus entspringen immer Herzimpulse dafür, welche Wege jetzt für das Individuum richtig und wichtig sind. Dafür gibt es keine Ratgeber, denn alle Wege sind individuell.

In der Tat gibt es sehr viele Umweltgifte, unglaublich viele sogar. Viele Menschen können mit dieser erschreckenden Wahrheit gar nicht umgehen. Weder sollten wir davor die Augen verschliessen noch aufgrund der erschreckenden Tatsache in eine Opferrolle (-) fallen. Vielmehr soll diese Erkenntnis einer Aufforderung an uns gleichkommen, dem Körper und der Umwelt Sorge zu tragen und ihn energetisch zu fördern. Wenn unser Körper gesund ist und alle Organsysteme in ihrer Selbstregulation einwandfrei arbeiten, ist der Körper zu Unglaublichem fähig. So verfügt er beispielsweise über die Fähigkeit, sich stark zu entgiften. Gleichzeitig hilft ein entsprechendes Bewusstsein dabei, die Giftzufuhr in Grenzen halten zu können.

Körperliche Bewegung: ein Date mit sich selbst

Meistens widmen wir uns unserem Körper erst, wenn er krank ist und er uns offensichtlich Symptome zeigt. In Bezug auf die Prävention und somit auf die körperliche Bewegung stehen wir auch diesbezüglich in der Verantwortung für uns selbst, aber auch in der Verantwortung, unserem Umfeld Raum für Bewegung zu ermöglichen: Als Lebenspartner, als Eltern, als Arbeitgeber aber auch als Gesellschaft bzw. Staat. Mit etwas Wille lässt sich Bewegung effizient und einfach in den Alltag einbauen, auch in denjenigen von Kindern. Selbst in Unternehmen gehören kostenlose Kursangebote z.B. für Yoga oder Sport zu den Erfolgsrezepten, die nachweislich dazu beitragen, dass deutlich weniger Krankheitsabsenzen entstehen.

Bewegung auszuüben, bedeutet immer auch, ein Date mit sich selbst wahrzunehmen, sich auf eine Auseinandersetzung mit Körper und Seele einzulassen, ihn wieder einmal so richtig zu spüren, um ein Körperbewusstsein zu entwickeln, damit wir verstehen, was auch andere Körper brauchen: Derjenige unseres Partners oder derjenige der eigenen Kinder und ihnen Raum dafür schaffen, diesem Grundbedürfnis nach Bewegung nachgehen zu können. Bewegung soll möglichst natürlich und mit Freude in den Alltag eingebaut und möglichst in der freien Natur ausgeübt werden. Kinder, die einen Spielplatz zur Verfügung haben, sitzen wohl nie gelangweilt auf dem Boden. Vielmehr klettern sie selbstverantwortlich, schaukeln, rutschen und haben unzählige persönliche Erfolgserlebnisse, die wir kaum beachten und deren Bedeutung wir völlig unterschätzen.

Unser Körper möchte gefordert werden, aber nicht überfordert und nicht unterfordert. Er braucht adäquate Bewegung. Das Ego, welches ja lieber den bequemen Weg geht, muss sich das zuerst eingestehen. Es braucht wiederum auch hier zuerst eine positive Lebenseinstellung. Sobald wir aus dem Herzen respektieren, dass wir für unseren Körper etwas tun müssen, folgt ein Umdenken und Umstellen der Lebensgewohnheiten. Wenn wir in unserer Mitte sind, fühlen wir immer sehr genau, was in diesem Moment richtig ist. Wir finden die richtige Dosis, Intensität und Bewegungsform, welche Freude bereitet. Wenn Sie sich nach dem Sport belebter fühlen als vorher, haben Sie die richtige Intensität gefunden. Regelmässige Bewegung gehört zu einer ganzheitlichen Lebensphilosophie und fördert die Lebensqualität und Gesundheit deutlich.

Unser Körper hat, was man bei Kindern bereits spürt, einen natürlichen Bewegungsdrang. Er ist extrem leistungs- und auch entwicklungsfähig. Als Marathonläuferin habe ich schier unglaubliche innerliche und äusserliche Grenzen überwinden können. Mein fast tägliches Lauftraining seit fast dreissig Jahren ist mein persönliches Date mit mir, meine Meditation, meine tägliche Portion Erdung, frische Atemluft in der Natur, Entsäuerung des Körpers durch Kohlenstoffdioxid-Abatmung, Kontakt in der freien Natur und mit den Jahreszeiten, Synchronisierung der beiden Hirnhälften, Ausgleich und körperlicher Aufbau, Steigerung der Resilienz, Lebensqualität pur - und dies alles innerhalb von einer Stunde. Auch vier Mal dreissig Minuten pro Woche würden bereits reichen. Bewegungspotenzial ist nahezu in jedem Alltag vorhanden. Insbesondere wenn man bedenkt, dass der durchschnittliche digitale Medienkonsum drei Stunden pro Tag beträgt. Bei den Jugendlichen unter fünfundzwanzig Jahren liegt der tägliche durchschnittliche Medienkonsum gar bei vier Stunden.

Laufen ist übrigens, egal in welchem Tempo, die natürlichste und die effizienteste Sportart überhaupt. Jeder kann spazieren, wandern, walken, joggen oder rennen – mit dieser Fähigkeit werden wir geboren. Es ist die kostengünstigste, unabhängigste und globalste Sportart überhaupt, die ohne grosse Hilfsmittel und Ausrüstung, überall und bei jedem Wetter, unabhängig von Jahreszeit und Alter ausgeführt werden kann. Beim Laufen handelt es sich um eine sehr effiziente Sportart; und Effizienz ist ein Herzaspekt, denn das Universum in seiner absoluten Logik verschwendet keine Energie für Kompliziertes oder Aufwändiges. Je stärker wir in diesem ansteigenden Energieniveau leben und uns selbst in eine höhere Energie bringen, desto effizientere, für uns stimmige, nicht Stress verursachende sondern entspannende Lösungen finden wir im Alltag. Dazu braucht es Mut zur Veränderung, Mut, aus der alten Denkroutine auszubrechen und auch immer wieder neue Reize zu setzen. Es braucht Mut für Neues, ständige Offenheit, Kreativität und Ideenreichtum, etwas umzusetzen für sich ganz persönlich oder gar gemeinsam mit anderen.

Manchmal ist Bewegung bereits in der täglichen Arbeit integriert. Ein Bauarbeiter, ein Landwirt oder ein Postbote benötigt kaum zusätzliche Bewegung. Bei Kindern ist der Schulweg wichtig. Dieser stellt für sie ein Erlebnisweg dar und Bewegung, die Kinder auf dem Schulweg erfahren, reduziert deren Stress. Auch das Erlebnis des Schulweges ist Teil einer herzbasierten Bildung, die Potenzialentfaltung fördert und nicht die Identitätslosigkeit. Die Bewältigung des Schulweges hilft den Kindern, sich selbst zu sein, sich zu erden – und wirkt letztendlich als Kostenbremse im Bildungs- und Gesundheitswesen.

In manchen Momenten, z.B. in Fieberzuständen, in welchen sich das ganze Körpersystem im Ausnahmezustand befindet und in der Selbstheilungsreaktion steht, ist es ganz und gar nicht förderlich, Sport zu treiben. In solchen Situationen sollte sich der disziplinierte Verstand dem Herzen unterordnen und Vernunft walten lassen. Mit Aktionen nach dem Motto «Mit dem Kopf durch die Wand» gibt es nie etwas zu gewinnen. Trainingsrückstände hin oder her. Jede Art von körperlichem und psychischem Stress (-) verzögert die Heilung. Beim Fieber handelt es sich übrigens nicht nur um ein körperliches Symptom, sondern es zeigt sich dadurch ein äusserst wichtiger Selbstheilungsprozess, der den ganzen Körper betrifft. Wenn jemand über Jahre kein Fieber mehr hat, ist dies nicht Ausdruck von Gesundheit, sondern ein Alarmzeichen, das dieser äusserst wichtige Selbstheilungsregulationsmechanismus nicht mehr funktioniert.

Schliesslich aber gilt es zu respektieren, dass es für manche Menschen nicht die richtige Zeit ist, sich mit dem Thema Gesundheit zu beschäftigen. Denn auch dies liegt wiederum in der Selbstverantwortung jedes Einzelnen. Irgendwann werden wir alle damit konfrontiert. Dennoch ist Prävention letztendlich massiv kostengünstiger und angenehmer als zu erkranken. Auch im Gesundheitswesen stehen wir vor einer extrem breiten Kostenschere. Weniger bewusste Menschen verursachen früher oder später deutlich mehr Kosten als bewusstere Menschen.

47

Herzethik im Gesundheitswesen

Rufen wir uns noch einmal in Erinnerung, dass alles, was existiert, Schöpfung ist. Dazu gehören auch die Naturheilkunde und die westliche Medizin; als Herzmensch fühlt man, welches für einen der richtige Weg ist. Kein wirklich bewusster Mensch würde weder das eine noch das andere davon in Verruf bringen oder gar anfeinden. Ich sah mich in meiner zehnjährigen Tätigkeit als Praxisassistentin und in der späteren vierjährigen Ausbildung zur Diplomierten Naturheilpraktikerin (In der Schweiz mit höherer Fachprüfung) nie in einem Spannungsfeld zwischen Medizin und Alternativmedizin, sondern erachtete es als Privileg, beide Seiten zu erfahren und entsprechend zu erkennen, gegebenenfalls zu delegieren und zu handeln. Die Palette vom diagnostischen und therapeutischen Nutzen der Alternativmedizin wie Phytotherapie, Orthomolekulare Medizin, Homöopathie, Akkupunktur oder verschiedene Reflexzonentherapien ist lang.

Die Annäherung der klassischen Schulmedizin an die Alternativmedizin bzw. der Naturheilkunde wird immer deutlicher und wird sich mit zunehmendem Bewusstsein der Bevölkerung nochmals deutlich verstärken. Denn Gesundheit betrifft jeden von uns. Die Entscheidung für eine rein symptomatische oder für eine ganzheitliche Diagnostik und Behandlung liegt bei jedem Individuum selbst. Ich habe mich mit beiden Systemen über die Jahre nicht nur theoretisch befasst, sondern auch in der täglichen Praxis erlebt und dabei stets die Erfahrung gemacht, dass es beide braucht und beide ihre Berechtigung haben. Denn nicht nur unsere Tochter hat aufgrund von monatelanger Intensivmedizin als extreme Frühgeburt mit 570 g Geburtsgewicht in der sechsundzwanzigsten Schwangerschaftswoche überlebt, sondern auch ich wäre damals an einer Sepsis bzw. an einem Multiorganversagen gestorben, hätte es keine Antibiotika gegeben. Die damit einhergehenden Nebenwirkungen können allerdings vielfach alternativ gelöst werden. Dies zeigt deutlich: Wir benötigen dringend beides und ich bin dankbar, dass wir in der Schweiz diesbezüglich ziemlich pionierhaft unterwegs sind, werden hierzulande doch viele erfolgreiche alternative Heilmethoden von den Krankenkassen gestützt.

Welche Strukturen in unserer Gesellschaft wir nutzen, liegt in der alleinigen Verantwortung von uns Menschen. Sobald wir beginnen, selbst zu fühlen und zu denken, werden wir auch zu unserem höchsten göttlichen Wohl handeln und diejenige Behandlung wählen, die für uns in der jeweiligen Situation stimmig ist. So werden automatisch diejenigen Strukturen gefördert, die in einer herzbasierten Zukunft benötigt werden. Damit wird nicht nur die körperliche und seelische Gesundheit der Menschen gefördert, sondern auch die Kostenexplosion im Gesundheitswesen deutlich reduziert. Es kann nicht oft genug betont werden: Das Umdenken und Handeln beginnt bei jedem Einzelnen, in jedem Sektor des Labyrinths. Die Kostenexplosion im Gesundheitswesen können wir mit unserem aktuellen Energieniveau also entscheidend beeinflussen, indem wir zuerst uns selbst auf ein lebensbejahendes Energieniveau bringen. Dies fördert auch das Bewusstsein und somit die natürliche Regenerationsfähigkeit.

Energieanhebung in Kliniken

Der Alltag, der sich in heutigen Kliniken zeigt, ist alarmierend und gleicht einem Armutszeugnis für eine Nation wie die Schweiz. Stress, Zeitdruck, Personalmangel, zunehmender administrativer Aufwand fördern die Unzufriedenheit (-) beim Pflegepersonal, Fehlverhalten bei der Ärzteschaft und ganz besonders die Unzufriedenheit bei den Patienten, die sich oftmals kaum mehr als Mensch wahrgenommen fühlen. Auch dies ist zur Norm geworden und wir haben uns daran gewöhnt. Eine Klinik ist heutzutage rein wirtschaftlich ausgerichtet. Es zeigt sich das gleiche Bild wie in den Schulen, in denen sich Lehrer, Kinder und Eltern unglücklich im Druck des Systems befinden. So findet sich auch in der Medizin mehrheitlich ein energetisches Umfeld vor, das sich komplett negativ zeigt. Sackgassen wie ständige Prämienerhöhungen oder die steigende Zahl an Verfahren wegen Kunstfehlern lassen sich mit dem Denken der heutigen Politik nicht lösen. Die Systemhintergründe im Gesundheitswesen sind genauso erschreckend wie in vielen anderen Gebieten.

Doch die Wende ist auch hier machbar. In einer Klinik oder Praxis braucht es dringend ein Bewusstsein der ganzen Belegschaft und auch der Patienten, sich selbst Gedanken über ihre eigene Energie und Ausstrahlung zu machen und sodann auch daran zu arbeiten. Vielleicht wäre es für den einen oder anderen Betrieb gar vorteilhaft, einen Coach anzustellen, der den Menschen eine Herzethik näherbringt.

Sobald auf einer Spitalabteilung die Energie auf positiv dreht, damit sich auch die Kranken in einem integren energetischen Feld erholen können, liessen sich die Spitalbett-Tage deutlich reduzieren. Es gäbe weniger postoperative Komplikationen und einen beschleunigten Heilungsverlauf. Studien belegen, dass z.B. Menschen mit Humortherapie (+) deutlich schneller genesen, weniger Komplikationen wie postoperative Wundinfekte aufweisen und deutlich weniger Schmerzmittel benötigen. Insbesondere bei chronischen Erkrankungen sind selbst erschaffene kleine Inseln, die Freude (+) bereiten, sehr wichtig. Generell heilungsfördernd sind eine lebensbejahende mentale Einstellung (+), freudvolle Beschäftigungen (+) und stimmige soziale Kontakte (+).

Wenn nun auch noch das ganze Personal eine integre Schwingung ausstrahlen würde, wäre das energetische Feld deutlich gesundheitsfördernder. Ärzte mit Herz sehen den Patienten ganzheitlich und strahlen dies auch aus, was sich bereits im Team konstruktiv auswirkt und sodann auch bei Patienten fühlbar wahrgenommen wird; dies sogar dann, wenn der Patient im Koma liegt.

Der Körper des Komapatienten spürt zwar nichts, aber seine Seele fühlt trotzdem alles, speichert es ab und kann es später wieder ins Tagesbewusstsein holen.

Mit dieser geistigen Entwicklung des menschlichen Bewusstseins wird es auf ganz natürlichem Weg weniger Kranke geben, da mit jeder Anhebung des Energieniveaus auch jeder über die zunehmende Kraft der körperlichen Selbstheilung und Selbstregulierung verfügt. Solange allerdings Konsumhaltung (-) - im Sinne von: Jemand anders muss etwas für meinen Körper tun -, Zweifel (-) und Skepsis (-) dominieren, wird eine Energieanhebung nicht möglich sein und die erwähnten Selbstmechanismen bleiben aus.

An dieser Stelle möchte ich all jene Menschen erwähnen, die bereits jetzt herzbasiert unfassbare und unbezahlte Sozialarbeit in unserem System leisten: Mütter, die pflegebedürftige Kinder rund um die Uhr pflegen, Angehörige von chronisch psychisch und körperlich Kranken, die fast rund um die Uhr Pflegeleistung absolvieren, ohne je mit einem Franken dafür bezahlt zu werden, aber auf Job und Weiterbildung verzichten. Menschen, die Langzeit-Pflege ihrer Angehörigen zu Hause übernehmen und dafür oftmals eine Arbeitsreduktion in Kauf nehmen. Und bedenken wir auch der zunehmend hohen Anzahl Jugendlicher, sogenannter Young Carriers, die ebenfalls chronisch kranke Eltern und Geschwister betreuen. Laut erstmaliger Studie sind dies in der Schweiz beachtliche acht Prozent der unter Sechzehnjährigen! Niemand beachtet diese Arbeit. Sobald in solchen Situationen Überforderung oder Leidensdruck (-) entsteht, gilt es auch für Jugendliche: Hinstehen für die eigenen Bedürfnisse und konstruktive Lösungen suchen, bevor fremde Instanzen eingreifen.

Aus eigener Erfahrung weiss ich, was es bedeutet, unter erschwerten Umständen ein Sondenkind während mehr als sechs Jahren rund um die Uhr am Überleben zu halten. Dabei handelt es sich um selbstverständliche Herzarbeit von Eltern, ohne je Wertschätzung, Anerkennung und finanzielle Entschädigung zu erwarten. Trotz der vielen damit zusammenhängenden Verzichte ist dies einfach stimmig. Sehr viele Menschen stehen heutzutage mit Hingabe in bedeutenden Lernprozessen und sorgen damit für eine kraftvolle kollektive Energieanhebung in der Gesellschaft. Entscheidend in solchen Situationen ist aber auch ein authentisches Hinstehen für die eigenen Bedürfnisse, bevor Überforderung (-) droht, denn mit dieser lebensfeindlichen Energie ist niemandem gedient. Es gibt immer konstruktive Lösungen, damit sich alle Parteien in herausfordernden Lebenssituationen positiv entwickeln können.

Süchte

Menschen, die im Lernprozess einer Sucht wie Nikotin, Alkohol, Übermass an Koffein, Drogen, Spielsucht, Internetsucht, Kaufsucht, Sexsucht, Magersucht, Esssucht, exzessivem Bewegungsdrang etc. stehen, befinden sich in Lebenssituationen mit hohem Lernpotenzial und innerem Wachstum für Betroffene wie für das Umfeld.

Menschen, die sich in diesem wichtigen Lebensprozess befinden, dürfen mit Mitgefühl (+) und Respekt (+) begleitet werden, wenngleich Jahre dafür notwendig sind. Solche Lebenssituationen eröffnen den Betroffenen wie dem Umfeld die Möglichkeit, eine höhere Form von Respekt vor dem freien Willen (+), Geduld (+) und Mitgefühl (+) zu entwickeln. Für das Umfeld besteht die einzige, aber wichtige Option, liebevoll zu begleiten (+), Zuversicht (+) und Vertrauen (+) auszustrahlen, dass der Betroffene, wie auch das Umfeld, die notwendige eigene Kraft aufbringt, diesen Prozess zu bewältigen. Damit wird ein stabiles, positives energetisches Feld in einer aktuellen Lernsituation für einen energetisch geschwächten Menschen geschaffen, welches das Fundament für einen positiven Verlauf darstellt. Dasselbe gilt für das Begleiten von anderen schwerkranken, schwerverletzten oder sterbenden Menschen. Denn unterbewusst nimmt jeder das positive Energiefeld wahr, einige auch bewusst. Ein Koma-Patient oder ein Frühgeborenes in der Isolette - alle entwickeln sich in demjenigen Energieniveau, welches zur Verfügung steht. Das Umfeld soll und darf in der eigenen positiven Energie, d.h. stark im Herzen bleiben.

Dieses Bewusstsein über die energetischen Aspekte und deren Auswirkungen dürfte bereits während der Ausbildung von Pflegepersonal gelehrt werden oder – noch besser - schon in der Grundschule. Kliniken dürften ihr eigenes Personal vermehrt in Achtsamkeit und herzbasierter Persönlichkeitsentwicklung fördern, Ruheräume zur Verfügung stellen, Entspannungs- und Achtsamkeitstrainings und Potenzialentfaltungscoachings anbieten. Dadurch würde die ebenfalls stark wachsende Anzahl an ausgebranntem Pflegepersonal und Ärzten zurückgehen und die Attraktivität der Spitalberufe würde zunehmen.

Wir haben immer die Möglichkeit, insbesondere bei uneinsichtigen Menschen, ein energetisches, positives Feld zu bieten. In Partnerschaften regen sich die Partner oftmals auf (-), weil der Partner sich zu wenig um seine Gesundheit kümmert und nur Medikamente konsumiert. Jedoch geht es auch hier wiederum um Selbstverantwortung, bedingungslosen Respekt, den freien Willen und Selbstliebe für beide Partner. Es geht darum, die Probleme des Gegenübers nicht zu seinen eigenen zu machen und das ganze Lebensumfeld davon beherrschen zu lassen.

48

Herzethik und Klimaschutz

Befreien Sie sich als erstes vom Denkmuster, Sie allein könnten nichts für das Klima tun! Bestätigen Sie sich in Ihrer Menschenwürde mit Ihrem unglaublichen Potenzial, welches Sie befähigt, wirklich schöpferisch tätig zu sein. Befreien Sie sich aus der Ohnmachts- und Opferrolle, der lebensfeindlichen Negativspirale. Umwelttechnisch gesehen sind wir nicht die Opfer irgendwelcher Umweltsünder, Auslöser einer Atomkatastrophe oder gar Opfer der Umweltsünden unserer Vorfahren. Vielleicht waren wir in der letzten Inkarnation gar mitbeteiligt - mit einem noch weniger weiten Bewusstsein? Wir wissen es nicht.

Mittlerweile ist das Umweltbewusstsein - zumindest bei den allermeisten Mitteleuropäern - vorhanden. Alle wissen, dass es so nicht weitergeht. Die Uhr hat bereits fünf Minuten nach Zwölf geschlagen. Nach jahrelangen Forschungen wissen wir um all die Ökosysteme und um die Umstände, die sie - vermeintlich - aus dem Gleichgewicht bringen. Experten aus der ganzen Welt haben im Mai 2019 mit ihrem zusammenfassenden Bericht bezüglich weltweiter Biodiversität klargestellt: Wir leben in der Zeit eines extremen Massenaussterbens, wie es die Weltgeschichte noch nie gesehen hat. Vierzig Prozent aller Tiere sind bedroht. Das gigantische Ökosystem Erde, von dem wir mehrheitlich nur die dreidimensionalen Symptome erkennen und die multidimensionalen, energetischen, tieferen Zusammenhänge noch gar nicht begriffen haben, scheint bedroht und nicht mehr zu retten. Was braucht Mutter Erde, um sich erholen zu können? Was können wir genau ab jetzt tun, ohne Ressourcen zu verbrauchen, Bewilligungen einzuholen, Geld zu investieren oder Wissen anzueignen? Weltweit erhebt sich das Volk wie nie zuvor für mehr Klimaschutz und für einen Strahlenschutz, z.B. hinsichtlich des Stopps für den Ausbau von G5, währenddem die UNO-Klimaziele und Abkommen nicht erfüllt und Grenzwerte künstlich nach oben verlegt werden. Die Umweltpolitik wird uns nicht retten und all die finanziellen Mittel, die in sogenannte Klima-Abgaben investiert werden, versickern wirkungslos. Wir versuchen mit Abfalltrennung, Tierschutz, Pflanzenschutz, Förderung der Artenvielfalt die Biodiversität zu erhalten, währenddem gleichzeitig die Umweltzerstörung und Vergiftung unseres Planeten und deren Lebewesen erbarmungslos weiter gefördert wird. Ein Ausdruck davon sind die mehr als 80'000 Brandrodungen allein im Jahr 2019 in Brasilien. Es sind traurige Allzeit-Negativrekorde der heutigen Zeit. Dabei stellt die Abholzung der Wälder als Klima- und damit auch Wasserregulatoren Nummer eins der entscheidenden Faktoren dar.

Obschon während Jahrzehnten zahlreiche Untersuchungen und Studien durchgeführt worden waren, blieben tiefgreifende, existenzfördernde Handlungen bislang aus und es fanden höchstens Verlagerungen der Probleme statt. Allenfalls und immerhin ergab sich in der Gesellschaft über die Zeit ein wichtiger Erkenntnisprozess, welcher bestätigt, dass wir mit dieser symptomatischen Pflasterpolitik nicht weiterkommen. Offensichtlicher als heute – im Sommer 2019 – kann das Sterben unseres Planeten nicht sein.

Welche Handlungen sind tatsächlich notwendig, damit die Erde ihre Lebendigkeit nachhaltig zurückgewinnt und wieder in ihre Ursprungsenergie findet? Solange wir die Erde selbst nicht als Lebewesen betrachten und als Teil unseres gigantischen Ökosystems respektieren, werden wir keine ganzheitlichen und nachhaltigen Lösungsansätze finden. Umweltschutz braucht dringend ein multidimensionales Verständnis und Bewusstsein. Auch in Entwicklungsländern führt der Weg nicht über politische und gesetzliche Neustrukturierungen. Vielmehr geht es auch hier darum, das Bewusstsein der Menschen zu fördern – und damit um den alles entscheidenden quantenphysikalischen Aspekt: Anhebung des Energieniveaus durch Herzenergie – im Kleinen wie im Grossen. Die Erde braucht ab sofort und unaufhaltsam unsere bedingungslose Liebe (+++)! Ich würde sogar behaupten: sie braucht Herzenergie hoch zehn. Sie braucht Herzenergie in allen Formen wie Respekt und Dankbarkeit, dass wir auf ihr leben dürfen. Sie braucht Menschen, die ihren Lebensplan authentisch leben. Sie braucht unsere Wertschätzung (+), Zuversicht (+) und ein tiefes Vertrauen (+), dass Heilung und Regeneration des Planeten möglich sind. Die Erde braucht unsere ganz persönliche schöpferische Energie, damit auch sie sich wieder regenerieren und gesund entwickeln kann. Die Erde braucht jetzt unglaublich viel Herzenergie, welche wir ihr allein schon durch diese Anerkennung zukommen lassen. Sie braucht so viel Herzenergie von uns, damit sie sich tief geliebt von uns Menschen fühlt.

Ich bin überzeugt, dass auch unser Planet zu Unfassbarem fähig wird und phänomenale Selbstheilungskräfte mobilisieren kann, sobald er unser radikales Umdenken (+) und die Energie fühlt.

Genauso wie viele Menschen ihre eigenen Selbstheilungskräfte erfahren, so wird auch die Erde als Wesen Selbstheilungskräfte mobilisieren können. Lassen Sie uns daher die Erde in unser Bewusstsein einbinden, egal, ob Sie beten, ob Sie bewusst in die Natur gehen, ob Sie dies in Form von Meditation machen oder ob Sie immer einmal wieder ganz bewusst eine Lichtwelle aussenden und unsere Erde dadurch als Mutterwesen einer gigantisch grossen Familie in Ihr Leben integrieren. Vielleicht umarmen wir in Gedanken jeden Morgen dankbar als erstes die Erde, anstatt die WhatsApp-Botschaften, Mails und Tweets zu lesen. Vielleicht lassen wir einen Lichtstrahl aus unserem Herzen ins Herz der Erde fliessen; sie wird sich über diese Energie bestimmt freuen.

Ich bin überzeugt, dass sich viele Umweltkatastrophen mit dem steigenden Planetenbewusstsein (+) neutralisieren. Ich traue der Erde zu, dass sie die vermüllten Weltmeere gar selbst regenerieren kann und das Ökosystem darin so erneuert, dass sogar der gigantische Plastikmüll in unseren Weltmeeren neutralisiert wird. Um ihre Kraft mobilisieren zu können, benötigt sie eine unmissverständlich herzbasierte Haltung der Menschen und damit eine integre Energie. Die Erde wird wieder fähig sein, die Luft zu reinigen und die ausgelaugten, vergifteten Böden regenerieren zu lassen. Ich traue der Erde zu, dass sie Medikamentenrückstände wie Hormone, Antibiotika, Betablocker oder Psychopharmaka, aber auch Düngemittel, Pestizide, Herbizide, Mikroplastik und alle übrigen Gifte wieder aus unserem Wasser zurückfiltern kann und damit wiederum ein Stück des Ökosystems Erde intakt werden lässt.

Dazu braucht die Erde Herzenergie, die wir ihr kostenlos zufliessen lassen können und unsere unmissverständliche Absicht, dieser gigantischen Umweltzerstörung Einhalt zu gebieten. Ohne diese Liebe und die damit verbundene Energieerhöhung bleiben sämtliche Klimaabkommen, WHO-Verordnungen oder UNO-Chartas toter Buchstabe.

Ich bin zudem überzeugt, dass Menschen hier sind, die über Visionen und deren Manifestationskraft verfügen, um Radioaktivität zu neutralisieren, um neue wirklich umweltfreundliche Endlosenergie in Fahrzeugen ohne Ressourcenverbrauch zu installieren. Genauso wird es Menschen mit einem erweiterten Bewusstsein geben, die für jeden Bereich der derzeitigen Umweltsünden eine konstruktive Lösung finden. Und ich bin der klaren Überzeugung, dass die Menschheit durch das Universum grosse Unterstützung erfährt, sobald dieses Umdenken (+) stattfindet. Herzenergie wirkt Wunder - im Kleinen wie im Grossen. Ich vertrete die feste Ansicht, dass dieses Planetenbewusstsein, welches es wieder zu erwecken gilt, der wirksamste Klimaschutz überhaupt ist. Genauso, wie heute wissenschaftlich erwiesen ist, dass auch Pflanzen und Wasser eine Intelligenz, ein Bewusstsein besitzen – da bin ich überzeugt – besitzt auch unser Planet eine unfassbare Intelligenz. Ich hoffe gar, dass wir weiter von unserem Planeten lernen dürfen.

Der Aufruf gilt jedem: Anstatt sich den vielen Medienkanälen zu widmen, darf man sich überall und jederzeit einmal wieder der Erde widmen. Dafür sind weder Kosten notwendig, noch ist eine Bewilligung einzuholen. Respektieren Sie Mutter Erde als ein Lebewesen, wie einen anderen lieben Menschen, wie einen Freund, der in erster Linie das braucht, was wir alle brauchen, um ein glückliches und gesundes Leben zu führen: Die Ursubstanz Herzenergie bzw. Liebe. Wir können uns in der Kommunikation mit der Erde gegenseitig helfen.

Einmal mehr sind wir alle gefragt, ohne Ausreden und Ausnahmen: Der Gefängnisinsasse, der Buchhalter, der Papst, der Diplomat, der Postbote, der Sportler, der Künstler, der Beamte, jeder Mensch auf der ganzen Welt. Alle stehen in der Verantwortung, denn wir trampeln alle auf unserer Erde herum, als ob es nichts gäbe, was selbstverständlicher wäre. Erlauben wir uns doch, eine Energie auszustrahlen, welche unsere Erde zum Überleben braucht. Die gigantische Kraft, die dadurch entsteht, ist unvorstellbar. Durch das dadurch steigende Energieniveau des Planeten werden sich ganze Ökosysteme neu aufbauen, die genau für uns alle aktuell nützlich sind. Da viele Politiker wohl kaum verstanden haben, dass die Erde ein Lebewesen ist, werden sie die ganzheitlichen, multidimensionalen Zusammenhänge und Lösungsansätze nie finden. Daher sind wir als Bevölkerung gefragt und stehen in der globalen Verantwortung, unsere Erde zu beachten, zu respektieren und als Lebewesen zu würdigen, um es ihr zu ermöglichen, weiterhin Leben entstehen lassen zu können. Es braucht keine Anklagen und Verurteilungen der Umweltsünder. Vielmehr braucht es uns, die als Herzmenschen still oder öffentlich klar Haltung beziehen und unmissverständlich und selbstverantwortlich für diese Energieanhebung einstehen. Lassen Sie uns nicht nur davon reden, sondern auch handeln! Wir sind verantwortlich, eine Energie auszustrahlen, damit unsere Nachfahren und somit auch wir selbst als Seele im Zyklus der Wiedergeburt erneut hier auf einer Welt inkarnieren dürfen, die sich dem Guten und Friedvollen zuwendet.

49

Herzethik im Alter

Herzethik macht nicht Halt im Ruhestand. Herzenergie stellt auch für jeden Menschen im Alter ein wichtiger Energieträger dar. Vielleicht sind Sie pensioniert und alleinstehend? Sie möchten sich engagieren? Es muss sich dabei nicht um Entwicklungshilfe in Afrika handeln. Es reicht schon, wenn Sie Entwicklungshilfe bei sich selbst und im eigenen Umfeld leisten. In jedem Dorf, in jeder Stadt gibt es soziale Armut, meist in nächster Nähe: Einsame Menschen, die Herzenergie brauchen, um bei sich selbst wieder eine Anhebung ihrer Grundenergie zu erfahren. Menschen, die aus dem Herzen arbeiten, sind nie einsam, fühlen sich nicht unterfordert oder nutzlos. Sie sind aktiv und tauschen sich mit Freunden und Bekannten, Gleichgesinnten aus. Indem sie ihren Herzimpulsen folgen, finden Herzmenschen stets sinnvolle und erfüllende Aufgaben. Sie hüten Grosskinder oder wirken womöglich als Nanni für fremde Kinder, die dringend eine integre, schöpferische Energie in ihrem Leben brauchen. Vielleicht besuchen sie regelmässig einsame Menschen und Betagte in Pflegeheimen. Auch Senioren bereiten mit ihrer Herzenergie auf simpelste Art und Weise Freude. Selbst wenn sie nur im Zug sitzen und reisen, verbreitet sich ihre Energie ohne Worte!

Herzmenschen fehlt es im Alter nicht an Möglichkeiten und Kreativität; sie fühlen sich vielmehr innerlich frei, erfüllt und gebraucht. Sie trauern nicht der Vergangenheit nach, in der sie für vieles keine Zeit hatten. Insbesondere in der Schweiz verfügen viele Pensionierte über einen Luxus, den viele Menschen nicht haben: Zeit und Geld! Beides stand dieser Generation in jungen Jahren nicht zur Verfügung. Zeit, sich etwas zu gönnen, sich zu freuen, Zeit für Freunde, Zeit für Reisen, Zeit für den Garten, für

Aktivitäten, für die Familie, Zeit, einfach Herzmensch zu sein, Zeit, Träume und Herzimpulse umzusetzen. Damit versprühen sie eine integre Energie. Unterschätzen Sie nicht, dass diese genauso wichtig ist wie ein integrer Energiefluss von Kindern und anderen Erwachsenen.

Auch jemand, der im Pflegeheim lebt, ist imstande, Energie zu vervielfältigen, zu potenzieren. Dieser Mensch ist genauso wichtig wie jeder andere Herzmensch. Herzenergie lässt sich nicht einfach abstellen, denn sie wird dringend gebraucht. Sehen Sie sich jetzt vielleicht das Cover dieses Buches an und erlauben Sie sich, ein paar Tropfen von Herzenergie mehr fliessen zu lassen.

Bei der Generation der Senioren ist zu beobachten, dass viel Bewusstseinsentwicklung stattfindet. Diese Generation verfügt über viel Zeit zum Lesen und dafür, viel Konfrontation mit sich selbst zuzulassen. Senioren arbeiten nicht mehr in der Abhängigkeit des Systems, dürfen Authentizität leben und haben nichts zu verlieren, wenn sie für ihre Meinung einstehen. All die pensionierten CEOs, Manager, Ex-Bundesräte, Ex-Sportler, die in unserem Land noch sehr viel Bekanntheit geniessen – auch sie dürfen einstehen für eine herzbasierte Gesellschaftsführung, um die Wende mit allen zusammen zu bewerkstelligen und eine neue friedvolle Zukunft zu kreieren.

Ehepaare im Alter

Leben Sie als Paar zusammen und sind vielleicht schon fortgeschrittenen Alters? Freuen Sie sich, denn auch dann ergeben sich noch Lernprozesse. Keine Beziehung steht einfach still, jeder entwickelt sich ständig weiter; manche in kleineren, manche in grösseren Schritten. Dies ist auch im Alter nicht anders, wodurch sich ständig neue Perspektiven und Chancen entfalten. Es ist die Generation der Älteren, die in jungen Jahren diese Entfaltungsfreiheit und das Leben der Individualität nicht oder nur wenig erleben durfte. Jedoch ist das globale Energiefeld derzeit so hoch, dass für alle der Wandel möglich ist.

Die Seele lernt immerzu, bis sie ihren Körper wieder verlässt, unabhängig vom körperlichen Alter. Bei den meisten Menschen ist es so, dass sie erst im letzten Lebensdrittel eine unfassbare Entwicklung und Durchlichtung im Inneren durchleben. Damit diese Schritte gemacht werden können, braucht es neue Lebenssituationen. Und da erscheinen sie wieder, diese Schubser für unsere Potenzialentfaltung; diese unangenehmen Lebenssituationen, die uns auf dem Lebensweg weiterbringen, sehr viel inneres Potenzial entfalten. Im ersten Moment fühlen sie sich meistens ungewohnt, ja, unangenehm an, weil sie sehr viel innere Anpassung bzw. Energieerhöhung von uns abverlangen. Es dauert seine Zeit, bis wir uns in einer neuen, vielleicht anfänglich belastenden Situation wohlfühlen, geschweige denn uns glücklich schätzen, dass sie da ist. Das Ego tut sich in diesen Momenten schwer, dem Herz die Führung zu überlassen.

Zu denken ist speziell an Situationen, in welchen Menschen ihren chronisch kranken Partner begleiten und pflegen. Es geht beispielsweise um Beeinträchtigungen wie demenzielle Entwicklungen oder Nerven- Muskelerkrankungen, die eine zunehmende körperliche Invalidität bewirken. Allein in diesem Lernfeld sind etliche potenzialentfaltende Lebenssituationen enthalten, die aus dem Herzen gelöst werden können, um nicht an einer Überforderung zu zerbrechen. Auch hier sind zwei Personen und ein Umfeld betroffen, weshalb die Energie von allen entscheidend ist.

Für den Pflegebedürftigen sowie für den Pflegenden kann die Energie erhöht werden durch:

- Die neue Ausgangslage annehmen, dem Aufbau von Widerständen Einhalt gebieten;
- Dankbarkeit entwickeln für das Vergangene und das Jetzt;
- Keine Erwartungshaltung aufbauen;
- Eigene Bedürfnisse formulieren;
- Den eigenen Körper und die Umstände respektieren;

- Sich nicht als Belastung sehen;
- Ständige Flexibilität und Veränderung annehmen;
- Flexibel neue Tagesabläufe entwickeln;
- Selbstliebe entwickeln;
- Dafür sorgen, dass man in seiner Mitte bleibt;
- Persönliche Inseln aufbauen;
- Offener und ehrlicher Umgang mit allen Beteiligten;
- Hilfe von aussen dankbar annehmen, für Entlastungsdienst sorgen;
- Loslassen von Bestehendem, offen werden für Neues;
- Erkennen eines neuen Lebenssinnes;
- Defizite in Liebe annehmen und sich am Positiven orientieren;
- Neue Herzmenschen durch die Situation kennenlernen;
- Die Vergangenheit loslassen, im Jetzt leben;
- Herzimpulsen folgen;
- Sich dem Vertrauen hingeben, dass alles richtig und wichtig ist, so wie es ist, zum höchsten göttlichen Wohl aller Beteiligten.

Das Umfeld der Betroffenen soll sich genauso bewusst werden, dass es die Situation mit lebensbejahender, aufbauender Energie begleiten darf, um die Situation zu stützen.

50

Herzethik und Sterben

Das Sterben beschäftigt ebenfalls sehr viele Menschen. Zum Glück ist es in der Gesellschaft kein Tabuthema mehr, wie dies noch vor zwanzig oder dreissig Jahren der Fall war. Viele Menschen glauben an Reinkarnation und haben selbst Erinnerungen daran. Ich erlebe sehr viele ältere Menschen, die richtiggehend bereit sind, diese Welt zu verlassen, die verbleibende Zeit jedoch noch geniessen, wie nie zuvor, auch wenn sie nicht an Reinkarnation glauben. Auch darin besteht ein wichtiger Beitrag zur Anhebung des individuellen sowie globalen Energiefeldes.

Es ist spannend, wie bezüglich des Themas Sterben die Durchlichtung in der Gesellschaft zunehmend anzukommen scheint.

Mittlerweile gibt es den Beruf des Sterbebegleiters, eine Funktion, die früher eher von verschiedenen Seelsorgern der Religionen gestützt wurde. Sterbebegleiter sind heute nicht immer Theologen, sondern bewusste Menschen, die all das, was in diesem Buch steht, bereits verstanden haben und so ihre Berufung leben.

In der Regel tun wir uns schwer, jemanden, den wir lieben, loszulassen und den freien Willen seines feinstofflichen Herzens zu respektieren, wenn es den physischen Körper und diese Welt verlässt. Dies ist darin begründet, weil wir uns noch im egobasierten Verlustdenken befinden. Wenn wir uns jedoch vorstellen, dass diese Seele nun die Möglichkeit bekommt, wieder neu zu inkarnieren, eröffnet sich doch eine ganz andere Perspektive. Wenn wir herzbasiert im Vertrauen leben, dass er oder sie in einer nächsten Inkarnation erneut auf dieser Welt geboren wird, so sollten wir uns im aktuellen Leben dafür einsetzen, dass wir beim nächsten Mal eine schönere Welt vorfinden, die ganz bestimmt wieder mit neuen Herausforderungen gespickt sein wird. Das jedoch, was wir in all unseren Inkarnationen gelernt haben, werden wir nicht nochmals lernen müssen, ausser, wir stellen uns freiwillig dafür zur Verfügung. Da sich die Energie des Planeten und der Menschheit erhöht, erwartet uns mit Sicherheit eine bessere Welt, sofern wir noch einmal inkarnieren möchten; vielleicht sogar mit denjenigen Seelen, die auch in diesem Leben Teile mit uns verbracht haben. Trotzdem ist Sterben bei manchen Menschen mit einer Angst vor Ungewissem verbunden, ja, mit fehlendem Vertrauen in den Schöpfungsplan, den man uns so lange vorenthalten hat.

Wir standen so lange in diesem Vergessen, wer wir sind und woher wir kommen oder man hat uns in dem Glauben belassen, dass nach dem Tod nichts mehr kommt oder dass wir im Himmel oder in der Hölle landen. Doch ein wirklicher Gott kann unmöglich nachtragend sein und bestrafen. Ein Konzept, das weder göttlich noch logisch ist, hingegen aufzeigt, wie manipuliert mittlerweile die ursprünglichen wahren Botschaften der Religionen sind. Sobald das Sterben als eine Weiterreise im Weltbild mit einer solchen Freude wie bei einer Geburt gefeiert werden kann, haben wir punkto Herzethik alles integriert. Dann ist das Sterben nichts anderes mehr, als dass das feinstoffliche Herz den Körper verlässt und in die Zwischenebene reist. Annehmen (Geburt) und Loslassen (Sterben) sind wichtige Prinzipien der Natur und gehören auch zu einer Herzethik.

In dieser Zwischenebene wird die Seele des Herzmenschen so lange betreut, bis wieder entschieden werden kann, wann sie wieder für wie lange inkarniert und welche Aufgaben sie sich vornimmt. Es ist unerheblich, wie alt das Wesen bei seinem Tod ist, ob es gar nur kurz im Mutterleib die Erfahrung macht, wie es sich anfühlt, in einem menschlichen Körper zu sein. Vielleicht brauchen Seelen manchmal mehrere Anläufe, bis sie wirklich in einem menschlichen Körper ankommen können. Ob nun eine Fehlgeburt damit begründet werden kann, dass die Seele diese dichte Materie nicht ausgehalten hat, kann niemand wirklich bestätigen. Möglich ist diese These durchaus.

Jeder Tod eines Angehörigen erfordert das Bewältigen. Es braucht gemeinhin eine gewisse Zeit, bis die Menschen beim Tod eines Angehörigen dieses egobasierende, widernatürliche Mangeldenken (-), etwas «Eigenes», Nahestehendes zu verlieren (-), ablegen können. Dieses Denken weicht sodann herzbasierender Dankbarkeit (+) dafür, dass alles, was war, wichtig und richtig war, genauso, wie es war. Auch darin zeigt sich ein Zeichen, wie der lichtvolle Wandel unsere Gesellschaft mehr und mehr durchdringt. Wir dürfen der verstorbenen Seele dankbar sein, dass wir verschiedene Aspekte durch das Erleben und Erfahren in einem gemeinsamen Dasein in unserer Seele integrieren durften; dies in der Gewissheit, dass alles stets einen verborgenen Sinn hat.

Wenn Menschen in dieser Zeit ihren Körper verlassen, stelle ich mir jeweils vor, dass sich diese Seele geradewegs wieder in die Reihe der Anwärter für eine nächste Inkarnation als Herzmensch stellt und sich freut, baldmöglichst wieder inkarnieren zu dürfen; sind wir doch als Herzmensch alles reife Seelen, die diesen Wandel prägen.

Ich kenne diesbezüglich mittlerweile viele Beispiele, die so spannend sind, dass auch darüber Bücher zu schreiben wären (und wahrscheinlich auch entstehen). Beispielsweise die Geschichte jener jungen Frau, die ihren physischen Zwilling im Leib der eigenen Mutter verlor, sie selbst jedoch die Schwangerschaft überlebt hat. Als sie selbst Jahrzehnte später schwanger wurde, meldete sich dieselbe Seele des Zwillings an und wurde als ihr eigenes Kind geboren. Oder ich denke an jene Geschichte eines sechsjährigen Jungen aus Syrien, der im Leben zuvor als Soldat erschossen und danach verscharrt worden war. Er inkarnierte schnell wieder und traf seinen Mörder, dem er spontan zeigte, wo er den Körper verscharrt hatte und wo sich die Schusswunden befanden. Solche Beispiele gibt es heute nicht wenige. Es sind eindrückliche Geschichten, die den Reinkarnationszyklus bestätigen wie nie zuvor. Auch unter den heutigen Kindern sind einige darunter, die noch wissen, wo sie im letzten Leben gelebt haben, selbst wenn dies gar auf anderen Planeten gewesen war.

Wenn wir vor diesem Hintergrund Menschen im Übergang begleiten oder wenn Sie sich gar selbst in diesem Übergang befinden, darf sich doch angesichts dieser Tatsache eine grosse Beruhigung einstellen. Wir dürfen vertrauensvoll anerkennen, dass das gelebte Leben voll und ganz richtig war, dass all die positiven wie negativen Ereignisse Lernprozesse zur Reifung der Seele waren. Wie beruhigend ist es doch, dass all die Menschen auf unserem Weg richtig und wichtig waren - Engel wie Bengel - und wir selbst in beiden Rollen tätig waren. Wie unfassbar wichtig und welches Geschenk stellt es für uns dar, eben genau das individuelle Leben hier zu haben, nicht das Leben und die Prozesse des Nachbarn oder der Mutter oder des Freundes. Wir dürfen im eigenen Leben mit bestem Gewissen erkennen, dass alles darin richtig und wichtig war, jede Erfahrung, jedes Gefühl, jede Handlung, jeder Umstand, jeder «Fehler», jeder Mensch, der uns begegnet ist und all die Menschen, die uns noch immer begleiten. Wir dürfen Gewissheit darüber empfinden, dass alles in einem göttlichen Plan enthalten ist und wir doch immer den freien Willen hatten, eben genau das zu lernen, was unsere Seele lernen wollte. Dies, obwohl Umwege in Kauf genommen werden mussten und uns nicht alles bewusst war.

Umgang mit Trauer

Auch mit zunehmendem Bewusstsein ist Trauer (-) beim Tod eines geliebten Menschen vorhanden und es braucht Zeit, diese zu überwinden. Die Trauer jedoch bestimmt nicht das aktuelle Leben, da Menschen mit einem erweiterten Bewusstsein auch über ein viel höheres Mass an Selbstliebe (+) verfügen. Das Herz orientiert sich selbstverantwortlich wieder am Lichten, am eigenen Lebensplan, an der aktuellen Realität, am Irdischen und lebt im Vertrauen, dass durch den Tod nichts verloren ist, sondern die Seele durch ihr vergangenes Leben mehr Reife erlangt hat und zu einem anderen Zeitpunkt wieder inkarnieren wird. Das Verlustdenken (-) verliert sich mit zunehmendem Bewusstsein und zunehmendem Energieniveau.

Auch ein weniger bewusster Mensch hängt gerne in der Trauer (-). Das Urnaturell der Seele jedoch ist auf das Licht ausgerichtet. Niemand wünscht sich Trauer herbei. Wir möchten alle glücklich und zufrieden sein. Aber wir treffen Trauer immer einmal wieder an. Daraus können wir lernen, dass wir in dieser Beziehung noch über Entwicklungspotenzial verfügen und noch in eine höhere Form von Liebe hineinwachsen dürfen. Sobald das eigene Ego keine Verluste mehr zeigt, sondern einfach zutiefst dankbar ist für die Zeit und für die Lernprozesse, die mit dem verstorbenen Menschen genossen werden durften - auch wenn es ein Feind war - sind wir auf einer höheren Bewusstseinsebene angekommen. Denn wir sind alles universelle Geschwister, die sich hier eine Zeit lang begleiten, herausfordern und weiterbringen und mit Herzenergie erfüllen dürfen.

Wir alle prägen den globalen Wandel, der das Leben dieser Welt auf eine neue Ebene hebt. Wer jetzt geht, der kommt in eine lichtvollere Welt zurück. Einem Kreislauf gleich haben alle Herzmenschen, welche dableiben, viel zu tun, um genau jenen wieder den Boden zu bereiten, die ihnen ebendiesen als Pioniere vorbereitet haben. Die Geschichte der Menschheit geht in eine neue entscheidende Phase, in einen Quantensprung, für den jeder

Einzelne mitverantwortlich ist. Wohl deshalb scheint der Andrang an Seelen so gross wie nie zuvor, sind doch mehr als acht Milliarden Seelen am Werk – und unendlich viele dürften es ausserhalb der dreidimensionalen Realitätsebenen sein.

Selbstmord

Eine Selbsttötung ist nie im Lebensplan vorgesehen. Jedoch ist wichtig zu verstehen, dass auch hier der freie Wille des Herzmenschen zählt. Dessen Seele kam unter den erschwerten Bedingungen dieser dritten Dimension, in einem dichteren menschlichen Körper, nicht zurecht. In der heutigen Welt ist das nicht verwunderlich. Es braucht gute Erdung, um dieses Leben, diese Menschen, diese Strukturen wirklich in Liebe anzunehmen und all das, was einem hier als Lernprozess vorgelegt wird, zu würdigen, zu respektieren, zu lieben.

Auch bei Selbstmorden ist also Respekt (+) und Wohlwollen (+) von den Angehörigen gefragt, keine Schuldgefühle (-) oder gar Schuldzuweisungen (-), sondern bedingungsloser Respekt der Seele des Verstorbenen gegenüber und tiefes Vertrauen in unsere göttliche Ordnung, dass niemand, wirklich niemand darin alleine und verloren ist, auch nicht die Hinterbliebenen. Sie erhalten stets die notwendige Kraft und ihre Seele wird dadurch einen Aspekt mehr integrieren können.

Die Seele, die nach dem freien Willen das Leben verlassen hat, wird wiederkommen und die nicht absolvierten Lernprozesse in einer nächsten Inkarnation absolvieren; vielleicht ist sie sogar schon wieder da. Im Schöpfungsplan wird einfach die Route neu berechnet, auch die Route der im Leben Involvierten. Die Seele ist deswegen nicht schlechter gestellt. Sie hat ja Zeit, denn die Schöpfung hat endlos Geduld und Liebe mit uns allen. Das Herz kann auch viele Jahre warten, auch wenn dies anscheinend keine wirklich attraktive Option darstellt für die extrem begeisterte, entwicklungswillige Seele. Die Erde ist im Moment so attraktiv wie kaum ein anderer Ort im Universum. Es ist wirklich eine Ehre, als Mensch hier inkarniert zu sein. Dies, weil die aktuelle Zeitqualität mit dem energetischen Umfeld individuelle Quantensprünge und Transformationen möglich macht.

Sterbehilfe

Wie wir festgestellt haben, ist die Menschenwürde eine Frage des Bewusstseins und sollte dem freien Willen jedes Individuums überlassen werden. Auch gesetzliche Normen sind als Ausgangslage zu respektieren. Gleichzeitig gibt es Möglichkeiten der Selbstvorsorge, beispielsweise Patientenverfügungen, mittels welchen sich die individuellen Wünsche für den Fall der eigenen Urteilsunfähigkeit festhalten lassen. Genauso lassen sich heutzutage Anordnungen bezüglich Organspende treffen. Eine Skalierung zwischen richtig oder falsch ist nicht möglich. Selbst wenn man gar keine Meinung dazu hat, ist das völlig in Ordnung.

51

Drei aktuelle Bewusstseinsebenen unserer Gesellschaft im Vergleich

Bewusstsein

Das Bewusstsein, der Geist als Ursprungsintelligenz, steuert die seelischen, energetischen sowie die körperlichen Komponenten. Das noch vorhandene geistige Potenzial aus der Ebene des Geistes wird als Überbewusstsein bezeichnet. Unter Unterbewusstsein verstehen wir alle auf den verschiedenen Seelenebenen abgespeicherten Informationen und Erfahrungen.

Im Tagesbewusstsein (aktuelles Bewusstsein) eines jeden Individuums fliesst ein Dreifaches zusammen:

1. Die aktuelle bewusste geistige Ursprungsintelligenz und das Ursprungswissen;
2. Die aktuelle objektive und subjektive Wahrnehmung über unsere fünf physischen und metaphysischen Sinne;
3. Unterbewusste, vergangene Seelenerfahrungen, wie z.B. das erlernte Langzeitwissen, unser intellektuelles Wissen, welches in unserer Seele auf der Mentalebene abgespeichert ist.

Je mehr Verdichtungen – damit meine ich überholte Ansichten und nicht mehr aktuelle Glaubenssätze – wir aus dem Tages- oder Unterbewusstsein transformieren, umso mehr durchlichtet sich die Seelenmatrix und umso intensiver erfolgt die Annäherung an unseren Ursprung, den göttliche Funken, an das reine, göttliche Bewusstsein.

Durch herzbasiertes Handeln erweitern wir unser Bewusstsein, wodurch sich eigene Verdichtungen auflösen. Sehr offensichtlich bemerken Sie diese positive Veränderung dadurch, dass Sie sich nicht mehr über andere Menschen beschweren und diese verändern möchten, sondern sich vielmehr lieber selbst verändern - im Bewusstsein, dass andere auch eine Selbstverantwortung haben und über einen freien Willen verfügen. Sie stören sich nicht mehr an Neidern, die andere in Verruf bringen, um sich deren Positionen, Erfolgen und Begabungen zu bemächtigen. Sie möchten sich nicht mehr mit sinnlosen Leerläufen und Mittelmässigkeiten begnügen, sondern mit natürlicher, unkomplizierter Effizienz. Halbwahrheiten und fragwürdige Kompromisse empfinden Sie als nicht mehr stimmig. Ihre Projekte und Beziehungen stehen vielmehr in einem tiefen, ehrlichen Einverständnis.

Ihre geistige Entwicklung wird Ihnen bewusst, wenn Sie Endlosdiskussionen, von denen Sie genau wissen, dass es sich nur um leere Worte handelt, nicht mehr ertragen. Sie empören sich nicht mehr über die Fehler anderer, sondern stellen konstruktive Kritik ohne Anschuldigung und Erwartungshaltung in den Raum. Sie haben lieber keine Meinung, als eine Spekulation zu bestätigen. Sie beziehen ohne Rückendeckung klar Position für ihre Herzimpulse. Sie können sich selbst verzeihen und auch über Ihre eigenen Unzulänglichkeiten lachen. Sie entwickeln Mitgefühl mit all jenen, die sich aus der Egostruktur lächerlich über Sie machen. Sie stehen mit Ihrem ganzen Wesen zunehmend über schwierigen Lebenssituationen, im tiefen Vertrauen, dass alles seinen Sinn hat. Sie ziehen zunehmend Menschen in Ihr Leben, die mehr in ihrem Herzen sind und die Sie als Herzmensch so respektieren, wie Sie sind. Menschen, die in Ihnen die klare Gewissheit auslösen, nicht das erste Mal gemeinsam unterwegs zu sein. Sie treffen Menschen, die offensichtlich helfen, die eigenen Prozesse zu durchschreiten und damit die Matrix unserer Seele zunehmend zu durchlichten. Dazu brauchen wir Mitmenschen und andere Wesen wie unsere Erde oder feinstoffliche Wesen aus Parallelwelten.

Egobasiertes Dasein verbraucht vor allem Energie von anderen Wesen, womit auch eine kollektive Reduktion der Energie unseres Planeten einhergeht. Das Bewusstsein von anderen Menschen erkennen wir insbesondere in der Manifestation, d.h. an ihren Handlungen. Viele Menschen wissen unglaublich viel und reden auch viel von Spiritualität und Herz, nur handeln sie nicht danach. Im Gegenzug finden wir Menschen, die sehr herzbasiert arbeiten, sich jedoch noch nie mit geistiger Entwicklung beschäftigt haben, die ganz natürlich und erfolgreich ihren Herzimpulsen folgen und über eine hohe Resilienz verfügen, ohne dass sie dies mit einer Theorie erklären können.

Jede Zeitepoche ist – aufgrund der Energie des Planeten – verbunden mit einem kollektiven Bewusstsein der Menschen. In jeder Zeitepoche sind diejenigen Seelen inkarniert, die für die jeweilige Zeitepoche auch die nötige Reife mitbringen. Im Moment befinden wir uns in einem zyklischen Wandel, in welchem sich vier Fünftel der Bevölkerung aus dem Egobewusstsein befreit haben und ihrem Herzen wieder mehr Mitspracherecht erteilen. Diese Menschen befinden sich in diversen Lernfeldern unserer alten, egobasierten Systemstrukturen und finden sich mehrheitlich noch in desintegren Energien vor. So dominieren noch Stress, Ängste, Sorgen, Zweifel, fehlendes Vertrauen und Hoffnungslosigkeit. Freude, Respekt, Begeisterung, Vertrauen ins Leben, Liebe in allen Formen, haben derzeit noch zu wenig Kraft. Mit nur ein wenig persönlicher Transformation der desintegren Aspekte können sich diese Menschen in ein komplett integres Bewusstseinsfeld begeben und heben damit auch die kollektive Energie an. Vom restlichen Fünftel befinden sich die meisten im Übergang vom Herz- zum Kristallbewusstsein. Nur ein Promille dürfte sich bereits komplett im Kristallbewusstsein bewegen. Eine weitere Stufe wäre das Diamant-Bewusstsein, welches nur diejenigen Seelen kennen, die aus jenen Sphären kommen und sich aus reiner Liebe zu den Menschen und deren bedeutender Entwicklung inkarniert haben. Sie beschleunigen mit ihrer Seelenenergie diesen Prozess der kollektiven Transformation massiv, stützen damit die umwälzenden Veränderungen, in denen wir uns alle befinden. Der derzeitige Zeitgeist ermöglicht, dass wir über alles Wissen verfügen, um uns selbst und die Welt zu einem friedlichen Ort des Zusammenlebens zu formen; dringend notwendig sind aber unsere Handlungen.

In jeder der drei beschriebenen Bewusstseinsstufen sind nochmals mehrere Unterteilungen möglich, die ich hier lediglich umschreibe. Es geht mir hier nicht darum, Detailwissen zu vermitteln oder Menschen zu klassifizieren, vielmehr geht es mir um das Erkennen und Unterscheiden, insbesondere um das bedingungslose Respektieren aller Bewusstseinszustände in unserer Gesellschaft und um das Darlegen der Tatsache, diese wir diese eigenverantwortlich und eigenmächtig ins Positive verändern können. Voraussetzung dafür ist eine lebensbejahende Perspektive.

Eine genaue Einordnung auf oder in eine Stufe ist kaum möglich. Jeder Mensch liegt mit dem Kern des Bewusstseins bzw. seinen entsprechenden Lernthemen auf einer gewissen Stufe, einzelne Aspekte jedoch können sich darüber oder darunter befinden, denn alles ist ständig in Entwicklung. Bewusstseinsentwicklung verläuft nicht linear und ist komplett individuell. So können Wahrnehmungen multidimensional sein, wie wir es von vielen Kindern kennen, und trotzdem arbeitet der Mensch noch oft im desintegren

Bereich. Geistige Entwicklung steht im Zusammenhang mit früheren Seelenerfahrungen, dem aktuellen Lebensplan, dem Zeitgeist und der Zeitqualität. Zu bedenken ist auch, dass wir bis zu unserem irdischen Lebensende Dinge zu transformieren haben, insbeson-

Lebensaspekte	**Ego-Bewusstsein**	**Herz-Bewusstsein**	**Kristall-Bewusstsein**
Lebensqualität	Das Leben ist anstrengend, fordernd, zermürbend	Das Leben ist angenehm. Hochs und Tiefs wechseln sich ab	Das Leben ist vollkommen, alles hat seinen Sinn und seine Wichtigkeit; das Leben ist im Fluss des Schöpfungsplanes; alles ist ständig in Bewegung
Lebensplan	Herzimpulse und Intuition werden vom dominierenden Verstand verdrängt	Herzimpulse und Intuition werden meist wahrgenommen, Ego und Herz wechseln sich in der Führung ab	Herzimpulse und Intuition wirken lebensführend; der Verstand wird im richtigen Mass miteinbezogen
Lebensantrieb	Erfolgt durch das illusorische Ego und die niederen Seelenerfahrungen wie Urtriebe und Urinstinkte	Erfolgt durch abnehmendes illusorisches Ego bei leichtem bis starkem Herzantrieb	seelisch-geistig, reiner Herzantrieb
Energie	Ist desinteger, niedrig bis unterhalb der Integritätsgrenze	Befindet sich um die Integritätsgrenze herum; ist leicht desinteger bis klar integer	leicht integer bis stark integer
Identität	Definiert sich über das Aussen, den Beruf, die Herkunft, über Statussymbole und das Aussehen	Definiert sich zunehmend über das innere Wesen, weniger über das Ego	identifiziert sich als Mensch, als göttliches Wesen

dere tiefe Programmierungen und Prägungen aus anderen Leben und solche unserer Vorfahren.

Um die Bewusstseins-Ebenen besser zu verstehen, sind sie nachfolgend anhand von verschiedenen Parametern charakterisiert.

Wahrnehmung	Findet dreidimensional mit den fünf physischen Sinnen statt	mit fünf physischen Sinnen, leichte Übersinne wie z.B. Hochsensitivität	multidimensionale Wahrnehmung in unterschiedlicher Ausprägung
Ethik	Sandkasten-Ethik, sucht Liebe und Bestätigung im Aussen	leichte Sandkasten-Ethik bis klare Herzethik	Herzethik
Partnerschaft	Ausgleich eigener fehlender Aspekte, Sicherheiten werden zu Abhängigkeiten, Stillstand.	Geben und nehmen, Kompromisse	Liebe fliesst ohne Erwartungshaltung, dient dem übergeordneten Plan
Sozialverhalten	Findet sich in Täter-Opferrollen, Feindbildenken, Schuldzuweisungen, Uneinsichtigkeit, möchte andere verändern, nur nicht sich selbst	Umsetzen des Lebensplanes, Befreien von Abhängigkeiten, Überwinden von Existenzängsten, Team-Bewusstsein	Persönlichkeitsentfaltung, Bewusstwerden des göttlichen Plans, zunehmende Schöpferkraft, Leben im Jetzt, Kollektivbewusstsein
Körperbewusstsein	Körper bildet die vermeintliche Identität; Seele und Geist werden abgelehnt	Seele-Körper-Bewusstsein	Trinitätsbewusstsein, Geist-Seele-Körper-Identität
Gesundheitsbewusstsein	Kaum bis wenig vorhanden	Leicht bis stark	Sehr präsent
Umweltbewusstsein	Kaum bis wenig vorhanden	Leicht bis ausgeprägt	Sehr präsent

52

Im Fluss des Lebens

Im Fluss des Lebens sein bedeutet, sich vom Herzen führen zu lassen, auf den göttlichen Kompass zu vertrauen und Herzimpulse mit dem aktuellen Zeitgeist und der aktuellen Zeitqualität umzusetzen. Entscheidungen werden nach der Intuition gefällt, der eigene Seelenplan wird erkannt und herzbasiert umgesetzt. Man weiss: Es ist an der Zeit, die Vergangenheit bedingungslos zu respektieren und ruhen zu lassen, jedoch klar Haltung zu beziehen und aus dem Jetzt heraus in jedem Bereich für eine herzbasierte Zukunft einzustehen.

Der Herzweg ist nie egoistisch oder gar narzisstisch. Vielmehr beginnt er bei uns selbst, mit der eigenen Transformation. Wir alle sehen uns in Herausforderungen unserer Zeit, die geradezu nach einer herzbasierten Veränderung schreien. Ich selbst erachtete es insbesondere zu Beginn des Jahres 2018 als sehr herausfordernd, meinem Herzen zu folgen. Ich wurde mit diesem Prozess in höchstem Masse gefordert. Symbolisch gesehen fühlte es sich damals so an, als würde ich als kleines, ruhiges Bächlein plötzlich in einen grossen Strom des Lebens hinein fliessen, in dem ich meine aktuelle Rolle und Berufung erst wieder neu finden musste. Um einen fortlaufenden Prozess der Transformation zu beginnen, mussten alte Denkweisen abgelegt und Vertrauen in ein umfangreicheres Weltbild gefasst werden. Viele Prozesse mussten zuerst durchlebt werden, um sagen zu können: Es geht jetzt allein um das Sein. Oftmals sind heftige innere und äussere Veränderungen notwendig, bis man sich diesem Lebens- und Liebesstrom mit einem viel kräftigeren kollektiven Potenzial in tiefem Einverständnis anvertraut. Es zeigt sich als herausfordernd, alles zu respektieren und klar zu fühlen, wann, wie und wo das eigene aktive Handeln notwendig ist. Eines der Zeichen dafür, dass man im Fluss des Lebens dahinplätschert oder dahinströmt, ist insbesondere jenes, dass im eigenen Leben viel in Bewegung ist, sich vieles sehr schnell verändert und entwickelt und dennoch das Herz mit Liebe erstrahlt und sich alles stimmig anfühlt. Getragen durch ein Urvertrauen, in welchem keine Fragen nach dem Warum und Wieso aufkommen. Auch wenn keine genauen Zukunftspläne ersichtlich sind, lässt sich dennoch eine lebensbejahende Richtung erfühlen. Übernimmt erst einmal das Herz die Lebensführung, ergibt sich im aktuellen Leben alles so optimal wie möglich. Störungen und Blockaden im göttlichen Plan können sich dann allein durch den Verstand ergeben. Diese bestehen meist aus Zweifeln, Gegenargumenten, Ängsten oder manifestieren sich in fehlendem Vertrauen.

In diesem Fluss des Lebens sind nicht nur erarbeitete Kompetenzen gefragt, sondern auch grosse Flexibilität und die Fähigkeit, sich auf Neues einzulassen. Es geht darum, nicht nur aus Erfahrungsmustern der Vergangenheit zu handeln, sondern die eigenen Impulse und Visionen aus dem Moment mit den vorhandenen Ressourcen umzusetzen. Manchmal braucht es einen Anstoss zum eigenen Glück bzw. zur eigenen Berufung durch ein Burnout, eine Kündigung, eine Trennung, einen Todesfall im Umfeld, Unfälle oder andere Schlüsselereignisse; und manchmal ist es eine freie Entscheidung, das eigene Leben einfach auf das Lichtvolle auszurichten und damit wieder natürlich, selbstverantwortlich und liebevoll in die eigene Hand zu nehmen.

Jeder Mensch verfügt über individuelle Lernfelder. Mit zunehmendem Fluss verschnellern sich auch die Lernprozesse, welche aber auch rascher transformiert werden. Die individuelle Matrixdurchlichtung nimmt – mathematisch gesehen – geradezu exponentiell Fahrt auf. Veränderungen in Beruf, Familie oder Partnerschaft ergeben sich dann möglicherweise rasch, unerwartet und ungeplant und ungeahnte Türen öffnen sich. Deshalb ist offenes Vertrauen in den Umstand, dass alles zum richtigen Zeitpunkt passiert, fundamental wichtig. Solche Änderungen erfordern stets aufs Neue eine innere und äussere Anpassung, gilt es doch, stets neue Perspektiven einzunehmen. Das Leben zeigt die Rollen des eigenen Lebensplanes immer klar auf, sobald man auf die Intuition hört und der Stimme des Herzens folgt. Dabei sind die Wege des geringsten Widerstandes (Ausweichmanöver) die Abwege. Die heutige Zeit mit dem Wandel hin zum Licht zeigt mehr als deutlich, wie alles, was aus lichtvollen Gedanken, Worten und Taten hervorgeht, sich sehr schnell und effizient entwickelt. Grund dafür ist die Zeitqualität. Es sind unsere Herzen, die den globalen lichtvollen System-Wandel antreiben und dadurch in der aktuellen Zeit viel in Bewegung bringen. Dennoch hängt es von unserem freien Willen ab, ob und in welchem Tempo wir mit dieser sich beschleunigenden Entwicklung mitgehen.

Wenn es gelingt, das ganze Leben wirklich authentisch und offen, mit Freude, Vertrauen und Begeisterung aus dem Herzen zu leben, wird viel Bewegung in positiver Hinsicht aufkommen. Das eigene Leben bringt - mit unterschiedlicher Reichweite - das ganze Umfeld ebenso in Bewegung. Sinnvollerweise lebt man dann in Dankbarkeit für alles, was das Leben an einen heranträgt: das unglaublich viele Positive, aber auch das Desintegre, welches geradezu nach Herzenergie schreit. Es ist als erstes wichtig, für sich in Besonnenheit zu fühlen, was individuell wichtig und richtig ist, worin die Berufung besteht, ohne blind jemandem zu folgen. Sodann gilt es, für die eigene Meinung bzw. Intuition einzustehen, ohne die Erwartungshaltung zu entwickeln, Rückendeckung von anderen zu erhalten. Und schliesslich geht es darum, sich durch andere Stimmen nicht wieder umstimmen und verbiegen zu lassen.

Sie sehen: Es ist nicht so, dass man sich im Fluss des Lebens in den Liegestuhl setzen kann und das Aussen einfach geschehen lässt. Denn wir sind genau in diese materielle, dreidimensionale Welt hineingeboren worden, um hier als Schöpfer zu wirken und um Spuren zu hinterlassen. Herzimpulse sind oftmals mit viel Arbeit für ein grosses Ganzes verbunden, deren Verrichtung sich innerlich aber als überaus stimmig anfühlt. Stellen Sie sich hierfür ein kleines Kind vor, das noch aus dem Herzen arbeitet und im Fluss lebt. Ein Kleinkind, noch weitgehend ohne Egostruktur, weiss ganz natürlich, dass dieses Leben auch mit physischer Arbeit und ständigem Lernen verbunden ist. Es geht alles, was es tut, mit Begeisterung an und lernt ohne Hilfe anderer Menschen hochkomplexe physische Bewegungsabläufe. Es experimentiert mit den Gegenständen, die es findet, lebt einfach in den Tag hinein, ist immer aktiv, lacht unzählige Male. Ein Kleinkind schläft dann, wenn es müde ist, meldet sich, wenn es wirklich Hunger hat. Es ist noch nicht geprägt, konditioniert und auf Bequemlichkeit und Vorteile aus. Es steht nach einem Sturz ohne Aufforderung immer wieder auf. Wir Erwachsene dürfen ebenso wieder lernen, wie ein spontanes, lachendes, hochmotiviertes Kind zu sein, welches ohne Lehrer über genügend innere Intelligenz verfügt, sein Leben auf die Reihe zu bringen und seine Phänomenalität zu entfalten.

Weil es dafür noch keine Statistiken oder auch Strategien gibt, fehlt es derzeit noch oft an der Überzeugung, dass sich durch Intuition etwas, was auch funktioniert, umsetzen lässt. Der Verstand ist ein Meister darin, sich in den Vordergrund zu drängen mit Ausreden (-) wie: «Ich habe keine Zeit.» «Ich habe dafür kein Geld.» «Ich habe keine Idee.» «Ich wohne am falschen Ort.» «Es mangelt an Infrastruktur und Ressourcen» etc. Die Phase der Ausreden ist jedoch endgültig vorbei. Vielmehr ist es an der Zeit, für uns und unsere Umwelt Eigenverantwortung zu übernehmen. Indem wir auf unsere innere Stimme hören, begeben wir uns automatisch in den natürlichen Fluss des Lebens und integrieren uns in effizienter Weise mit unserer Berufung in den göttlichen Plan. Das Universum bzw. die feinstofflichen Wesen unterstützen uns dabei tatkräftig, was sich darin zeigt, dass durch Zufälle, Unfälle und Schicksale die richtigen Menschen ins Leben gezogen werden und alles – von Lernsituationen bis zu notwendigen Ressourcen – von aussen zum richtigen Zeitpunkt herbeigeführt wird. Etliche Zeichen werden sichtbar, die uns klar auf unserem Weg bestätigen und führen. Als ich beispielsweise Ende Dezember 2018 entschied, ein Buch über Herzethik zu schreiben, wurde mir durch eine wundersame Lichtspiegelung während des Schreibens ein ca. acht Zentimeter langer, knallfarbiger Regenbogen auf den rechten Handrücken projiziert. Während des Schreibens dieses Buches erlebte ich weitere unfassbare Zufälle oder Geschichten, die ich teilweise darin beschrieben habe. Oder ich stand, was höchst selten vorkommt, in einem Stau auf der Autobahn, der mir mehr als klar aufzeigte, dass gerade ein aktueller Energiestau in mir selber präsent war. Manchmal finden wir auch in der Natur Bestätigungen oder Hinweise. Mit zunehmendem Bewusstsein weiss der Betrachter diese auch klar zu deuten, genau wie die eigenen Träume am besten von der Person selbst verstanden werden können.

Im Fluss des Lebens finden die meisten Begegnungen und Meetings rein intuitiv und oft spontan statt. Treffen, die plötzlich aufgrund der sich ständig verändernden Ereignisse nicht mehr nötig oder aktuell sind, werden dann, aus welchen Gründen auch immer, nicht selten einfach abgesagt oder hinausgeschoben, weil sich etwas verzögert. Damit wird unnötiger Energieverbrauch und Ineffizienz verhindert. Das Universum schafft mit seiner Synchronizität stets die Ausgangslage, unsere Herzimpulse und Lernaufgaben zum richtigen Zeitpunkt zukunftsorientiert umzusetzen, auch wenn das Umfeld von einem Lebensfluss nichts wissen will.

Im Fluss des Lebens befinden wir uns im Wir-Bewusstsein, d.h. im Wissen, dass jeder Mensch mit individuellen Aufgaben inkarniert und diese in den Dienst eines grossen Ganzen stellt. So kann ein Herzmensch allein die Welt nicht verändern. Viele Herzmenschen gemeinsam erzeugen allerdings ein starkes Kraftfeld. Dessen Entstehen wird friedlich organisiert. Plötzlich reihen sich Wunder an Wunder und es wird zur bewegenden, aber freudvollen Herausforderung, mit so viel Liebe in allen Formen umzugehen. Um diesen Zustand zu beschreiben, braucht es neue Wortschöpfungen; genau wie Herzethik eine Wortschöpfung ist, die bislang noch nicht existiert. Wir erkennen: Würden alle Menschen aus dem Herzen leben und die natürlichen Gesetzgebungen respektieren und danach handeln, bräuchten wir keine Landesgrenzen, keine Aus- und Begrenzungen und keine staatlichen Gesetze mehr.

53

Wahrheit kommt ans Licht

Ein Rückblick auf die Gesellschaftsentwicklung zeigt sehr deutlich, wie sich aufgrund des Zeitgeistes und der Zeitqualität die Rollen und Lernprozesse in jeder Zeitepoche wieder verändern. Wir leben nicht mehr in einer Zeit, in welcher wir ums nackte Überleben zu kämpfen haben. In früheren Leben allerdings haben wir wohl Folter, Abgeschiedenheit, Krieg, Martyrium schon mehrfach erlebt und sind schon unzählige Male umgebracht worden. So viele Jahrhunderte waren seither notwendig, um global aus dem tiefen Vergessen wieder zu erwachen und eine lebensbejahende Energie entwickeln zu können. All den egobasierten bedauerlichen Negativ-Rekorden wie Umweltzerstörung, Kriege, Flüchtlingsströme, weltweite Aufrüstung etc. stehen mittlerweile genauso viele Positiv-Rekorde gegenüber: Noch nie gab es so viel Positives zu berichten, noch nie so viele Umweltorganisationen, Wandelorganisationen und individuelle Bewusstseinsentwicklung. Noch nie standen Millionen von Menschen weltweit regelmässig auf den Strassen, um für ihre Herzimpulse einzustehen.

Alle Menschen sind dem Wandel unterworfen und sind in Bewegung. Immer mehr Menschen setzen ihre Prioritäten neu nach der inneren Stimmigkeit und nicht nach egobasiert-äusserem Erfolg und materiellem Reichtum. So lernen Menschen heute mehrere Berufe oder verabschieden sich trotz guter Perspektiven von Kaderpositionen. Sie verabschieden sich von privaten Komfortzonen und sogenannt «goldenen Käfigen» voller Abhängigkeiten und Unselbständigkeit, um mehr Freiheit und Individualität zu erfahren, um Authentizität und ihre eigentliche Berufung zu leben. Sie verabschieden sich von Managerposten und suchen wieder die Natur, die Einfachheit, den eigentlichen Sinn in ihrem Dasein. Die

Sackgassen des Kapitalismus' sind – eingraviert in unsere Seelen – in der ganzen Gesellschaft mehr als deutlich erkennbar. Das Herz allein jedoch ist der Erfolgsfaktor, um in eine positive Zukunft hinein zu arbeiten. Ich bemerke immer öfter, wie Menschen mit materiellem Reichtum gesellschaftliche Verantwortung im sozialen Bereich übernehmen. Noch nie gab es so viele gemeinnützige Stiftungen und noch nie verfügten diese über so viel Geld. Auch dies ist Zeugnis unserer Lernprozesse, die man vor einigen Jahrzehnten noch nicht vorfand und ein weiteres Zeichen dafür ist, wie erfahren unsere Seelen bereits sind. Für mich zeigt dies klar den übergeordneten göttlichen Plan und den zyklischen Wandel mit seiner Durchlichtung.

Wenn wir im Vorleben schon Rechnen und Schreiben gelernt, ein Musikinstrument gespielt, eine Sprache gesprochen oder Bücher geschrieben haben, dann haben wir entsprechend anstehende Lernprozesse in diesem Leben schneller durchlaufen. Wir bemerken dies, indem uns bei solchen Menschen Begriffe wie «Multitalent» oder «Hochbegabung» in den Sinn kommen. Solch tiefe Erkenntnisse und Weisheiten, Talente und Begabungen, die wir in diesem Leben nirgendwo erlernt haben können, dürfen wir mit Freude und Dankbarkeit annehmen.

Die generelle Anhebung des Energieniveaus auf der Erde bewirkt, dass alle Menschen zunehmend wacher und bewusster werden. Eine Erscheinung, die damit einhergeht, ist, dass nebst den positiven Aspekten auch tiefgreifende Traumata, Ängste, Schuldgefühle oder verschiedene widernatürliche Vorstellungen und Programmierungen aus dem Unterbewusstsein ans Licht kommen, die lange verdrängt wurden oder gar aus anderen Leben stammen und noch zu transformieren sind. Diesen Vorgang dürfen wir mit unserer Herzenergie als Chance zur Transformation annehmen, denn belastend bleiben nur die nicht transformierten dunklen, widernatürlichen Aspekte. Solange wir im Modus «Verdrängen» laufen, werden diese Aspekte nicht transformiert. So sind bewusstseinstrübende Psychopharmaka wohl manchmal medizinisch angezeigt, aber langfristig unbefriedigend, weil die blockierenden Themen durch die Medikation nicht aufgelöst werden können. In einer Zeit, in welcher global so viele Skandale ans Licht kommen, drängt auch in jedem Individuum vieles ans Licht. Albträume beispielsweise sind ein Hilfeschrei der Seele, endlich selbstverantwortlich hinzusehen und zu transformieren.

Im aktuellen Zeitgeist der zunehmenden individuellen Selbstoptimierung und der Bewusstseinsentwicklung werden auch verdrängte oder unverarbeitete Situationen plötzlich bewusst. Sie werden vom Unterbewusstsein ins Tagesbewusstsein freigesetzt. Es ist dabei wichtig zu verstehen, dass die Seele bezüglich dieser – ans Tagesbewusstsein drängenden – abgespeicherten Emotion oder Erfahrung bereit ist, sie zu transformieren. Mit anderen Worten verfügt die Seele in jenem Moment über die Reife – beispielsweise – der Einsicht oder des Verzeihens und ermöglicht die Transformation. Dies scheint mir ein entscheidender Aspekt, um zusehends mit mehr Herzenergie arbeiten zu können. Denn je weiter wir uns vom Egokreislauf entfernen, desto mehr schwindet das Verlustdenken. Doch es unterliegt dem freien Willen, welche Schritte wir unternehmen. Wenn wir uns für Transformation entscheiden, macht sich zunehmend Urvertrauen breit, ein tiefer Frieden und eine unbeschreibliche Dankbarkeit, all das hier erleben zu dürfen.

Bei vielen Menschen ist ihre Seelenreife so weit fortgeschritten, dass sie eine Liebesfähigkeit zeigen, die Unglaubliches verzeihen lässt. Damit durchlichten sie nicht nur sich selbst, sondern auch ein Stück des Planeten. Denn so viel Herzenergie bewirkt beim Individuum eine unglaublich starke Energieanhebung. Es ist vielleicht ein wenig so, wie wenn ein Scheinwerfer ohne Strom plötzlich mit Energie versorgt wird und beginnt zu leuchten: stark und unaufhaltsam. Damit wird nicht nur das gesamte Menschheitsfeld energetisch gestärkt, sondern auch unsere Erde. Oder wir ziehen wieder den Vergleich mit der Matrix: Die Transformation kräftiger Verhärtungen hat die Durchlichtung einer Matrix-Kreuzung zur Folge, wodurch die Energie wieder ungehindert in verschiedene Bahnen und verschiedene Matrizen fliesst.

Wahrheit hat viele Gesichter und ist wohl so individuell wie die Menschen selbst. Um der dunklen Vergangenheit dieser Welt zu verzeihen, benötigen wir grosse Herzkraft wie Eigenverantwortung, Mut oder innere Reife. Es geht darum, der individuellen Wahrheit und den eigenen Abgründen und Baustellen ins Gesicht zu sehen - aber auch der Wahrheit des Systems. Es geht darum, Menschen und Gesellschaftsstrukturen zu verzeihen, die uns vielleicht jahrelang getäuscht, enttäuscht und verletzt haben. Doch viele Menschen wussten es damals einfach nicht besser. Sie befanden sich mit einem Mangeldenken in einer lieblosen Egostruktur. Ein Herzmensch jedoch ist fähig, ein Energieniveau zu erreichen mit einem Bewusstsein, welches keine Enttäuschung (-) mehr fühlen lässt - von nichts und niemandem, auch nicht von einem System oder einem Staat. Denn Enttäuschung (-) setzt immer eine Erwartung (-) voraus, die nicht erfüllt wurde. Ein Herz in der Fülle von Liebe erwartet nichts. Es befindet sich nicht im Mangel. Vielmehr sind Mitgefühl (+) und Verständnis (+) vorhanden, insbesondere kein Drang, das Alte, Vergangene zu verurteilen und geringzuschätzen (-). Da ist ein sehr starker Herzimpuls zugegen, neue Brücken (+) in eine konstruktive Richtung zu bauen. Es sind Brücken des Vertrauens und des Friedens, über die auch andere mit ähnlichen Situationen gehen können.

Wenn nun immer mehr Wirtschafts-, Doping- oder Missbrauchsskandale in Religionen, Skandale um Macht und Korruption in der Politik und im Sport auftauchen, wenn Whistleblowers auf Skandale hinweisen, welche die dunklen Seiten der Vergangenheit aufzeigen, dann sind wir als Gesellschaft aufgerufen, diese unveränderbare Vergangenheit nicht mit negativen Gedanken, Worten und Taten – und damit negativer Energie – zu verurteilen (-). Wir sind vielmehr dazu aufgerufen, diese Prozesse mit Mitgefühl (+) und Verständnis (+) als Zeichen der Zeit mit zunehmender Friedensenergie anzunehmen, um damit eine Anhebung – und kein Absturz – des Energieniveaus zu erreichen. Denn alles ist richtig, so wie es ist. Ohne das viele Dunkle zu legitimieren, ist gleichzeitig festzuhalten, dass dies unsere Realität ist oder war, ja, unsere Ausgangslage darstellt, die wir voll und ganz zu respektieren haben und teilweise in diesem oder im letzten Leben mitgeprägt haben. Wir stehen immer wieder aufs Neue in der Selbstverantwortung zu entscheiden, welche Energie wir in die Waagschale dieser Welt legen.

54

Gewalt im Schöpfungsplan?

Mit dem Umstand, dass es in unserem Leben keine Zufälle gibt und dass eine gigantische universelle Logistik dafür sorgt, dass wir unseren Seelenplan erfüllen dürfen und über den freien Willen verfügen, geht ein Urvertrauen einher, dass wir alle in einem übergeordneten Plan liebevoll begleitet und behütet werden. Niemand inkarniert ohne Herausforderung in seinem Dasein. Unsere Seelen haben sich vielmehr einiges vorgenommen und sie sind zielstrebig. Dies gilt ganz besonders für die aktuelle Zeit.

Menschen, die bereits sehr bewusst im Leben stehen und tiefe Befreiung erleben, nachdem Traumata transformiert worden sind, bezeugen, dass die Transformation von Negativem ins Positive aufgrund der derzeitigen Zeitqualität stets leichter fällt. Insbesondere sind das Verzeihen und das Vergeben sehr wichtige Lernaspekte. Geführt durch ein solches Bewusstsein hadern die Menschen viel weniger mit all ihren Schicksalsschlägen, sondern stehen im Urvertrauen, dass alles einen übergeordneten Sinn hat. In diesem ganzen Prozessing geht es letztendlich darum, negative Gedankenmuster, Vorurteile, Traumata, Schuldfragen oder Prägungen von Gewalt und Krieg, die unter Umständen lange Zeit eine innere Schwere verursacht haben, eigenverantwortlich zu transformieren. Es geht weiter darum, sich selbst Delikte zu verzeihen, die bereits seit Jahrzehnten herumgetragen werden. Dass dies möglich ist, ist der aktuellen Zeitqualität mit dem sich stetig anhebenden globalen energetischen Umfeld zu verdanken bzw. der Vorarbeit derjenigen Menschen, die solche Transformationen bereits hinter sich haben. Je mehr Menschen diese Prozesse der eigenen Potenzialentfaltung und Bewusstseinserweiterung durchlaufen, desto einfacher wird das Aufgreifen dieser Prozesse für die nachfolgenden Menschen.

So mancher Mensch hat sich schon die Frage gestellt, warum oder wieso genau ihn oder sie ein Schicksalsschlag ereilt. Bei schwierigsten Lebensthemen ergeben sich immer viele Fragezeichen. Mit dem Verstand allein blickt man im Moment der Situation nicht dahinter, da man energetisch aus der eigenen integren Grundenergie fällt. Das Herz aber weiss, dass der vermeintliche Schicksalsschlag auf einem göttlichen Plan basiert. Viele Menschen wissen mittlerweile auch um die Wirkung der verschiedenen kosmischen Gesetze. Vielleicht darf durch das ereilte Schicksal Karma aufgelöst werden. Vielleicht habe ich demjenigen, der mir etwas antut, im letzten Leben etwas angetan, und fordert mich damit zur Vergebung auf. Dies, damit sich alles nicht im nächsten Leben nochmals ereignet, sondern endgültig transformiert ist.

Wenn es um soziale Ungerechtigkeit und Gewalt geht, müssen wir uns nicht nach Afrika oder in Richtung Naher Osten orientieren. Die Konflikte sind überall. Gewalt zeigt sich durch viele Gesichter. Jeder von uns hat, vor allem in der Kindheit, schon mehr oder weniger heftige psychische oder physische Gewalt erlebt. Es ist nur ein paar wenige Jahrzehnte her, seit Schläge in Schule und Familie eine weitherum akzeptierte Erziehungsform darstellten. Eine Studie vom Mai 2019 zeigt, dass jede fünfte Frau sexuelle Gewalt erlebt hat. Bedenken wir zudem, dass in vielen Ländern der Welt junge Männer gegen ihren freien Willen per Gesetz zum Militärdienst gezwungen und zum Töten ausgebildet werden. Gewalt und Terror existieren nicht nur im Ausland. Psychoterror gibt es versteckt in vielen Partnerschaften, Schulen und Familien. Menschen werden zu Gehorsam (-) gezwungen, manipuliert, unter Druck gesetzt, sind von Intrigen (-) umgeben und in ihnen gefangen. Solche Situationen zu durchschauen und sich davon zu befreien, scheint oftmals unmöglich und schon gar nicht würde man sich eingestehen, dass man sich den Käfig vielleicht selbst erbaut hat, indem man diesen Terror durch mangelnde Selbstliebe zuliess, vielleicht sogar damit in Resonanz tritt oder der Bequemlichkeit den Vortritt liess. Oftmals liegen kulturelle, gesellschaftliche, moralische, traditionelle oder persönliche Blockaden vor, um herzbasiert Position zu beziehen. Es fehlt der Mut, eine herzbasierte Haltung einzunehmen und dies dem Gegenüber auch friedfertig zu signalisieren. Erst mit dieser Haltung und mit dem Ausstrahlen der positiven Energie kann sich etwas positiv bewegen.

Es gibt verständlicherweise viele Menschen, die am Schöpfungsplan oder an der Existenz von Gott zweifeln, weil sie in einer schwierigen Lebenssituation stecken (-). Es braucht in der Tat ein sehr tiefes Verständnis vom Schöpfungsplan und seiner Synchronizität, wenn wir alle die schwierigsten Themen in unserem Leben verstehen und transformieren möchten. Keiner Mutter, der das Kind in den Händen wegstirbt, kann man erklären, dass dies einem höheren Sinn entspricht oder diese Erfahrung von ihrer Seele so gewählt wurde, um durch bedingungsloses Loslassen an Liebesfähigkeit zu wachsen. Durch die eigene Erfahrung bin ich mir heute sicher, dass alles in meinem Leben einen zusammenhängenden, übergeordneten Sinn hat, unter anderem auch der Tod eines eigenen Kindes. Jede Lebenssituation trägt das Potenzial des inneren Wachstums, der Seelenreife in sich (+). Mit Hilfe des freien Willens treffen wir selbst die Entscheidung, ob wir das Schicksal annehmen und daran wachsen oder es verweigern und uns in die Opferrolle (-) begeben. Mit dem freien Willen entscheiden wir, ob sich unsere Seelenmatrizen durch solche Ereignisse verhärten oder durchlichten.

In Lebenssituationen, in denen noch «Schuldige» oder «Fremdverursacher» zu finden sind wie z.B. bei Verkehrsunfällen oder medizinischen «Kunstfehlern» mit schwerwiegenden Folgen oder gar Todesopfern wird oftmals vom Opfer und den Angehörigen sehr viel negative, zerstörerische Energie freigesetzt und dem Verursacher zugetragen. Nur ändert das nichts an der Tatsache. Niemand macht den Menschen wieder lebendig. Was passiert ist, ist geschehen. Die Vergangenheit können wir nicht verändern. Das Jetzt jedoch ist veränderbar mit unserer Haltung, mit unserer Energie. Anklagen und Verurteilen verursachen sehr viel negative Energie und den Tätern, die sich sowieso schon in einem Tief (-) befinden, wird, energetisch gesehen, kein positives Grundenergieniveau geboten, um sich selbst zu verzeihen.

Schwerste Delikte zu verzeihen und zu vergeben, geht nur mit Herzenergie. Denn ein so hohes Mass an Liebe und an Kraft des Verzeihens und Vergebens kann nicht von jemandem ausgehen, der keine hohe seelische Reife besitzt. Geschieht jedoch ein so hohes Mass an Verzeihen, kann ein gewaltiger Energiestrom entstehen, welcher eine Win-win-Situation für Opfer und Täter darstellt. Denn es ist wichtig zu verstehen, dass auch Täter Opfer sind. Sie sind Opfer von sich selbst und damit ihrer verlorenen Herzführung; oder sie wurden selbst bereits als Kind Opfer von Gewalt und diese Programmierung steuert ihr Dasein noch heute.

Anhand eines Fallbeispiels möchte ich nachfolgend aufzeigen, was echte Transformation durch Herzenergie bedeutet. Nicht per Zufall fand das dem Fallbeispiel zugrunde liegende Telefonat mit dem Absender unbekannt genau in jener Zeit statt, als ich mich mit dem Thema Täter-Opfer befasste. Telefonate von unbekannt nehme ich immer nach Intuition ab oder eben nicht. Wenn ich einen Anruf entgegennehme, hat das spannenderweise immer eine Bedeutung.

Der Anruf kam von einer gut fünfzigjährigen Frau, die eine schier unfassbare Lebens- und Leidensgeschichte hinter sich hatte und so wahrhaftig zeigte, wozu wir Herzmenschen fähig sind. Erst vor wenigen Jahren wurde dieser Frau bewusst, dass sie in ihrer Kindheit, die lange komplett aus ihrem Tagesbewusstsein verschwunden war, von ihrem noch lebenden Vater sexuell missbraucht worden war. Die Vermutung, dass ihre zahlreichen Geschwister dasselbe Leid erlitten hatten, fand sie teilweise bestätigt. Der übliche Weg mit dem alten Bewusstsein oder mit der alten Egoenergie wäre gewesen, in die Opferrolle zu fallen (-), den Vater anzuklagen (-), alle Geschwister in ebenfalls negative Energie zu versetzen und aufzuhetzen (-), mit anderen Worten einen gigantischen Prozess von negativer Energie in Gang zu setzen, der sich damit auch in die Seele eingraviert.

Doch die Frau hat sich entschieden, mit Herzenergie zu handeln. Sie hat während Jahren ihre körperlichen und seelischen Strapazen, die aus dieser Situation in der Kindheit entstanden sind, in Liebe angenommen und in einem langen, schwierigen Prozess ihrem Vater verziehen. Allmählich hat sie in der Folge für sich seelische und körperliche Heilung erlangt. Dabei blieb es jedoch nicht. Sie fühlte gar die innere Berufung und Bestimmung, alle ihre zahlreichen Geschwister und ihren Vater auf demselben schwierigen Weg mit Herzenergie zu begleiten, sie zu unterstützen, nicht den Weg der Wut (-), der Opferrolle (-), der Anklage (-) und der Beschuldigung (-) zu gehen, sondern sich in Vergebung (+) zu üben und dadurch unbeschreibliches Licht zu verbreiten – für sich selbst und für die ganze Welt.

Menschen wie diese Frau sind stille Leuchttürme, von denen viele Menschen nichts wissen. Vielleicht aber sind Sie, liebe Leserin, lieber Leser, auch so ein stiller Leuchtturm, oder Sie kennen einen in ihrem Umfeld. Menschen, die solche Tragödien überwinden, entwickeln sich zu energetischen Leuchttürmen, die für die ganze Menschheit leuchten und nicht mehr ausgehen. Nicht vergessen werden darf dabei, dass diese Menschen das Quantenfeld mit ihrem herzbasierten Verhalten neu programmieren. Auf die übergeordnete Matrix der Menschheit bezogen – mit welcher alle Menschen verbunden sind – bedeutet dies, dass einzelne blockierte Energiebahnen geöffnet werden, so dass dieser Weg für viele andere Menschen auch möglich wird, weil sie – unbewusst – ebenso die Information im Feld vorfinden bzw. die Deblockierung der Energiebahnen wahrnehmen.

Solche Vorbilder sind Energiepotenzierer und Brückenbauer unserer Zeit. Sie leben in unserer ganz normalen Gesellschaft, ohne dass sie in Politik, Wirtschaft und Wissenschaft Beachtung finden. An diesem Beispiel wird uns bewusst, wohin sich die moderne Zivilisation entwickelt hat. Die inneren wahren Herz-Werte der menschlichen Existenz, die übergeordnete Transformation und der Sinn unseres Daseins sind so tiefgreifend in Vergessenheit geraten, dass es zwingend notwendig ist, eine Herzethik in jedem Bereich der Gesellschaft zu leben, um mit unserem Planeten wieder nachhaltig ein Ökosystem mit den wahren Prinzipien der Natur zu fördern. Die erwähnte Lebensgeschichte ist nur ein Beispiel. Ich kann Ihnen allerdings bestätigen, dass es tausende solcher Leuchttürme gibt und wir alle über das Potenzial verfügen, selbst zu einem solchen Leuchtturm zu werden. Solche Transformationen prägen unser Dasein – bewusst und unbewusst. Allerdings finden diese Wunder kein Interesse in den meisten Medien, in der Wirtschaft oder der Politik. All jene, die sich nicht mit Positivem beschäftigen, befinden sich auf einer Bewusstseinsebene, auf welcher sie das Positive nicht erkennen können oder wollen. Aber solche Wunder geschehen unaufhaltsam und bestärken das Licht dieser Welt, welches sich dank all den vielen reifen Seelen, die hier mit Herzenergie arbeiten, auf souveränste Art und Weise, leise und weise, durchsetzt.

Wir können immer selbst aufs Neue entscheiden, wohin wir unseren Fokus im Alltag legen und ob wir oberflächlichen Likes, negativen Schlagzeilen und Fakenews folgen oder die wahren Lebensumstände um uns herum im Blickfeld haben. Die Menschheit kann weiterhin Nobelpreise für irgendwelche Erfindungen und Entdeckungen vergeben, doch der Wert solcher menschlichen Leuchttürme kann in Worte gar nicht gemessen werden und braucht auch keine Anerkennung von aussen. Solche Menschen leben ohne Erwartungen, leuchten still für andere, für Zehntausende von Menschen, unaufhaltsam, damit auch diese ihren Weg gehen können und die Menschheit damit auf eine neue Ebene kommt. Diese Menschen leben von der inneren unerschöpflichen göttlichen Liebe, die in jedem Herzen wohnt und in dieser Zeit geradezu danach schreit, gelebt zu werden.

Ich bin mir sicher, dass vereinzelte Menschen – unglaublich reife Seelen – in unserer Zeit leben, welche bedingungslos für Millionen von Menschen die Grundenergie halten, damit die kollektive Energie nicht in den Keller rast. Sehr viele Seelen unserer Zeit begeben sich in abscheuliche Lernsituationen, welche sie aufgrund ihrer Reife gar nicht mehr absolvieren müssten. Doch sie machen dies aus reiner Liebe zur Menschheit, damit diese als Zivilisation einen entscheidenden Schritt vorwärtskommt und an Einsicht gewinnt. Ist das nicht schön und hoffnungsvoll? Wenn ich nicht selbst Hunderte von wunderbaren Geschichten und Episoden zugeschickt bekommen hätte, könnte ich dies gar nicht glauben. Wenn es Ihnen ebenso geht, kann ich dies sehr gut nachvollziehen und respektiere das.

Die ganze Gesellschaft, jeder Herzmensch trägt demnach durch sein eigenes Beispiel zum Anheben des kollektiven Energieniveaus bei. Diese Zeitqualität verhilft daher den Opfern und den Tätern auf eine neue Stufe des Bewusstseins. Faszinierenderweise kann dies ohne Worte geschehen, sondern einfach durch die Ausstrahlung und die natürliche Präsenz auf unserem Planeten. Jeder Herzmensch darf sich über sein Herz mit dem Göttlichen verbinden und um Hilfe bitten – in jeder Situation. Mit Mitgefühl, Akzeptanz, insbesondere tiefem, bedingungslosem Respekt hilft das Umfeld mit, die Situation zu tragen und versprüht eine integre Energie, welche es demjenigen in der Opfer- und Täterrolle leichter macht, den höheren Sinn dahinter anzunehmen und über den Schatten zu springen. Es braucht kein Mitleid (-) mit dem negativen Energieniveau. Was es in solchen Situationen vielmehr braucht, ist eine lebensbejahende positive Ausstrahlung mit Vertrauen und Zutrauen.

Je mehr Menschen die Kraft bekommen, diese schweren persönlichen Schicksalsthemen zu transformieren, umso einfacher fällt dies auch den Nachfolgern und der grossen Zahl derer, die im Stillen an solchen Erfahrungen leiden (-). Wir leben in einer Zeit der Transformation. Die Zeitqualität ist so gut wie noch nie. Mit dem aktuellen Zeitgeist und der aktuellen Zeitqualität geht die Prozessbewältigung viel schneller vonstatten als noch vor zwanzig Jahren. Dies ist nicht zuletzt auch dem Umstand zu verdanken, dass es viele erfolgreich geschafft haben, im Sinne einer Pionierarbeit die persönliche Matrix mit Energie zu durchlichten. An dieser Stelle möchte ich betonen: Sie, liebe Leserin, lieber Leser, sind ein grossartiger, sehr reifer Herzmensch, der es schaffen wird, anstehende Aufgaben zu transformieren, egal, wie diese aussehen werden. Selbst die dunkelste Seele kann sich in der aktuellen Zeitqualität zum Heiligen entwickeln.

Alle, die verstanden haben, dass Gewalt nicht mit Gewalt gelöst werden kann, haben schon in früheren oder in diesem Leben Gewalt angewandt und dadurch eingesehen, dass ein solches Handeln ihnen und dem Opfer seelisch schadet und selbstlimitierend wirkt. Sie haben diesen Aspekt der Egostruktur überwunden und sind aus der Sandkastenethik Schritt für Schritt ausgestiegen. Erst nach diesem Lernprozess sind sie zu Mitgefühl fähig und können sich in die Situation des Täters wie auch in diejenige des Opfers hineinversetzen. Sie wissen daher, dass es keine Verurteilung braucht, weil das Karmagesetz wirken wird.

Täter- und Opferrollen sind im Seelenplan oftmals vorgeplant. Bestimmt haben Sie sich auch schon die Frage gestellt, ob Sie sich gewisse Lebenssituationen tatsächlich ausgesucht haben. Es braucht sehr viel Herzenergie, bis man dem eigenen Vergewaltiger oder dem Mörder des eigenen Kindes verzeihen kann. Es braucht auch sehr viel Herzenergie, die mannigfache Gewalt in der Partnerschaft oder der Familie zu verzeihen. Wir wissen nicht, was wir aus anderen Leben und den Programmierungen in unseren Zellen durch unsere Ahnen noch zu transformieren haben. Solche schwierigen Begebenheiten zeigen uns aber auf, dass wir als Menschheit generell noch zu lernen haben und damit noch ein unfassbares Liebespotenzial freisetzen können. Wenn wir dies schaffen, wird sich das kollektive energetische Feld weiterhin so anheben, dass solche schwerwiegenden Vorkommnisse nie mehr passieren werden, denn schwere Vergehen können nur in einem energetisch tiefen Niveau überhaupt entstehen.

Viele Missbrauchsopfer, in der Schweiz auch sogenannte Verdingkinder, Inzestopfer etc. schreiben darüber, wie sie mit ihrer Situation umgehen können und möchten diese nicht als Tabu-Thema ihrer Seele überlassen. Sie möchten sich befreien aus einer Programmierung der Vergangenheit, die ihr Leben im Jetzt dirigiert. Dies geht nur durch Verzeihen und durch Vergeben.

Mit all diesem Wissen über den Schöpfungsplan und die Vereinbarungen der Seele gelingt es vielleicht besser, folgende Fragen mit einer offenen Perspektive zu betrachten:

- Hat es sich jemand ausgesucht, als Kind in eine Alkoholikerfamilie zu inkarnieren?
- Hat sich ein ungeborenes Baby ausgesucht, abgetrieben zu werden, um diese Erfahrung zu machen?
- Hat eine Mutter sich eine Notsituation ausgesucht, ihr Kind abzutreiben, um diese Erfahrung zu machen?

- Haben Eltern es sich ausgesucht, ein handicapiertes oder krankes Kind zu begleiten?
- Hat sich ein Bergretter oder Feuerwehrmann ausgesucht, sein Leben für andere zu verlieren?
- Gibt es jemanden, der sich ausgesucht hat, mit einem erweiterten Bewusstsein nicht verstanden zu werden und dadurch Drogen oder anderen Süchten zu verfallen?
- Haben sich Eltern ausgesucht, ein solches Kind zu begleiten, um über die neuen Kinder zu lernen?
- Gibt es Seelen, die es sich aussuchen, unschuldig im Gefängnis zu landen, allein um bedingungslose Liebe zu lernen?
- Hat sich jemand ausgesucht, den an Alzheimer erkrankten Lebenspartner jahrelang zu begleiten, sich unter Umständen schlagen zu lassen und nicht mehr erkannt zu werden?
- Hat eine Frau oder ein Mann es sich ausgesucht, unfruchtbar zu sein und damit einen Lernprozess für beide Partner eingeleitet?
- Hat sich eine Familie ausgesucht, dass die Mutter oder der Vater früh von der Familie wegstirbt?
- Haben sich Young Carers (Kinder, die Familienangehörige pflegen; in der Schweiz acht Prozent der unter sechzehnjährigen Jugendlichen) ausgesucht, kranke Eltern oder Geschwister zu betreuen?
- Hat man sich schwere Krankheiten ausgesucht?
- Hat man sich Kriegsfolter und Vertreibung ausgesucht?
- Hat sich jemand ausgesucht, das entführte Kind nie mehr zu sehen?
- Hat sich jemand ausgesucht, durch einen nicht verschuldeten Unfall handicapiert durchs Leben zu gehen?
- Hat sich jemand ausgesucht, während Jahren im Koma zu liegen?
- Hat man sich ausgesucht, einen geliebten Menschen durch Suizid zu verlieren?

Solche Fragen betreffen nicht nur einzelne Menschen, sondern uns als Gesellschaft. Sie fordern uns auf, mehr über den Sinn des Schöpfungsplanes zu erfahren und unsere Rolle darin wahrzunehmen. Auch wenn wir sie nicht abschliessend beantworten können, besitzen wir das Potenzial, integer damit umzugehen, insbesondere die Dinge aus dem Herzen und nicht aus dem Ego zu betrachten. Alle Menschen sind aufgefordert, weiter für eine globale Energieanhebung einzustehen, damit genau solche Gegebenheiten mit Herzenergie transformiert werden können und somit in Zukunft nicht mehr passieren. Wir alle tragen die kollektive Verantwortung für das Jetzt, im Sinne aller Menschen integer vorwärts zu arbeiten und nicht rückwärts.

Bei all diesen schwierigen Fragen ist überall auch das Positive, das Lichtvolle zugegen, doch seltsamerweise wird dies oftmals übersehen.

Genauso könnte man sich ja fragen:

- Hat sich jemand ausgesucht, sein Leben für einen Ertrinkenden zu riskieren?
- Hat sich jemand ausgesucht, in diesem Leben Musik zu komponieren oder Lieder zu singen, die Millionen von Menschen im Herzen berühren, begeistern und fröhlich stimmen, womit die Energie global erhöht wird?
- Haben Kinder und Jugendliche, die bereits auf grosser Bühne vor dem britischen Parlament oder dem Klimagipfel als Friedensaktivisten referieren, diese Rolle ausgesucht?
- Haben Whistleblower sich ausgesucht, Licht ins Dunkel zu bringen und dunkle Machenschaften aufzudecken?
- Haben all die vielen Natur- und Tierschützer sich ausgesucht, der Zerstörung der Artenvielfalt Einhalt zu gebieten und damit Verantwortung für uns alle zu übernehmen?
- Haben Menschen sich ausgesucht, entlassen zu werden, nur weil sie Ehrlichkeit an den Tag legen?
- Haben sich Menschen ausgesucht, fremde Kinder und Flüchtlinge bei sich aufzunehmen?
- Haben sich Menschen ausgesucht, sich herzbasiert zum Wohle der Menschen einzusetzen – im Kleinen wie im Grossen?
- Haben Menschen sich ausgesucht, viel Geld zu spenden für wirklich nachhaltige Herz-Projekte?

Viele reife Seelen stecken in Lebenssituationen, in welchen sich verschiedene Wege zeigen, aber keine Variante davon wirklich schön und angenehm für das Ego und damit scheinbar perspektivlos ist. Solche Situationen können nur aus dem Herzen entschieden und getragen werden. Ich nenne Ihnen ein persönliches Beispiel, in welchem für mich klar ersichtlich war, dass auch in den schlimmsten Situationen Herzentscheidungen wichtig und richtig sind, die man nie bereut oder anders machen würde. Es war die Situation, als wir als Eltern das Loslassen auf extremste Art und Weise erfahren durften. Wir wurden innerhalb von wenigen Tagen vor die Entscheidung gestellt, die lebensverlängernden intensivmedizinischen Massnahmen unseres Zwillingsmädchens Elena zu stoppen und sämtliche lebenserhaltenden Geräte auf der Intensivstation abzustellen. Wenn man nach zwei Monaten Intensivstation in der Hoffnung lebte, dass das eigene Baby den Einstieg in das menschlichen Leben schafft und dann mit einer Situation konfrontiert wird, dass lebensverlängernde Massnahmen rein medizinisch keinen Sinn mehr machen, so könnte der Verstand sehr bald nach dem Warum und dem Wieso fragen. Selbstverständlich sind in einer solchen Situation die ärztlichen Gutachten eine wichtige Entscheidungsgrundlage. Jedoch entscheidet letztendlich das Herz des Verantwortlichen, weil es fühlt, was für das Kind richtig ist. Das Ego will festhalten, während das Herz fühlt und über die Gewissheit darüber verfügt, wohin der Weg der Seele des Kindes führt. Das Gefühl in diesem Moment ist Trauer, die dem Ego entstammt. Gleichzeitig erspürt man die Intuition, das innere herzbasierte Wissen, dass alles seine Richtigkeit hat und losgelassen werden darf.

Klar möchte das Ego solchen Prozessen ausweichen. Es ist die Horrorvorstellung einer jeden Mutter, das eigene Kind oder einen geliebten Menschen in seinem Leiden oder eben gar in den Tod zu begleiten. Es ist eine Herzentscheidung, dies trotzdem zu tun. In unserem Fall waren die letzten Stunden so unsagbar friedlich, dass wir geradezu in uns und um uns die Bestätigung bekamen.

Das Lächeln auf ihrem Gesicht kündigte damals bereits an, dass Elenas Wirken auf der Erde noch nicht beendet ist. Elena begleitet ihre Zwillingsschwester Christina seit diesem Ereignis noch heute rein feinstofflich.[19] Dies ist kein Einzelfall. So vieles ist von übergeordneter Hand geplant, integriert in unsere aktuellen Lebensumstände, ohne dass wir dies durchschauen. Mit zunehmendem Bewusstsein allerdings wird Gottes Logistik erkennbar.

Denken wir auch an die stillen Lichter. Unzählige Menschen sind in unseren veralteten Systemen in Schlüsselpositionen und dort herzbasiert am Arbeiten. Sie wirken gewissermassen undercover und werden meist nur von bewussteren Menschen in ihrer Reife erkannt. Das Licht ist leise und weise und zeigt sich erst, wenn es Zeit dafür ist. Auch sie erhöhen stetig ihre Energie und lösen damit viel positive Bewegung im unbewussten Umfeld aus. Ihre alleinige Präsenz bewahrt u.a. eine ganze Zivilisation Menschen vor dem Abgrund, ansonsten wäre die Welt längst per Knopfdruck zerstört.

Zum Abschluss dieses Abschnitts möchte ich Ihnen danken, dass Sie sich auf dieses herausfordernde Kapitel eingelassen haben. Möge es ein Ansporn sein, die eigene Energie zu überdenken und zu erhöhen, still und leise. Denn schon kleine Schritte im Umdenken lösen oftmals wundersame Situationen und Begegnungen aus.

---

[19] Vgl. dazu Band 1 der «Christina-Bücher»: Christina – Zwillinge als Licht geboren

55

Herausforderer als Potenzialentfalter

Wenn Sie jetzt denken, dass es die bewussteren Menschen einfacher haben, weil sie einfach so im Fluss durchs Leben dahingleiten, kann ich Ihnen aus eigener Erfahrung mitteilen, dass diese Menschen genauso schwierige Prozesse zu transformieren und zu durchleben haben. Da gibt es keine Verschnaufpause. Der Unterschied liegt nur darin, dass diese Menschen ihr Gegenüber nicht als Feind sehen, sondern als Potenzialentfalter. So werden Lebenssituationen vom Herzen respektiert, möglichst rasch transformiert und nicht mit dem Ego verdrängt oder bekämpft, weil sie gerade nicht in die aktuellen Lebensumstände passen. Das Herz findet immer den bestmöglichen Weg und fühlt sich friedvoll und in der Liebe getragen.

Solch bewusstere Menschen finden sich nicht in Opferrollen und sind nicht am Jammern. Sie verfügen in ihrem Herzen immer über genügend Energie, um ihre Herzimpulse umzusetzen und sich nicht vom Verstandesimpuls verwirren und ablenken zu lassen. Obwohl ich Prozesse auf der dreidimensionalen Ebene meine und weniger solche aus den feinstofflichen, für die meisten nicht sichtbaren multidimensionalen Welten, so weiss ich aus Erfahrung, dass doch viele Menschen auf den feinstofflichen Ebenen wichtige Transformationsarbeit leisten. Sie durchlichten sozusagen die übergeordnete Matrix, damit die Prozesse der Menschen bzw. der untergeordneten Matrizen vereinfacht werden. Wie sich unsere Gedanken, Gefühle und Handlungen auf allen Existenzebenen auswirken, so wirkt sich die Arbeit im feinstofflichen Bereich immer gleichzeitig auf die materielle Existenzebene aus. Wenn wir in unserem Leben Chaos verursachen, wirkt sich dies auch als Chaos aufs globale energetische Quantenfeld aus. Für all jene, für die solche Bereiche wahrnehmbar sind, ist es in etwa so, als würden sie im Beispiel des Labyrinths nicht nur einen Sektor sehen, sondern das ganze Labyrinth und auch das, was ausserhalb noch existiert. Möglich ist eine solche multidimensionale Wahrnehmung für jeden. Sie ist lediglich abhängig von seiner seelischen Reife, seinem aktuellen Bewusstsein und seiner Lebensaufgabe. Es gibt sehr weise Menschen, die ihre Lebensaufgabe ausschliesslich auf der materiellen Ebene haben. Somit werden diese nicht automatisch hellsichtig, denn das wäre nicht zu ihrem höchsten göttlichen Wohl. Die individuelle Wahrnehmung eines Individuums entspricht stets seiner Seelenreife, dem Lebensplan, dem Lebenszyklus und der Zeitqualität. So bin ich der klaren Auffassung, dass alle Menschen noch über unfassbar viel Potenzial verfügen.

Fatalerweise ist es ja genau die Dunkelheit, die das ursprüngliche Licht in uns allen zum Strahlen bringt. So sind genau die Widersacher im eigenen Leben meist die ganz persönlichen Potenzialentfalter. Und ich gebe zu, dass es sehr viel Herzenergie braucht, bis das Ego sich dies immer wieder aufs Neue eingestehen kann. All das, was uns trotz lichtvollen Aktionen bösartig gesinnt ist und aus nächster Nähe mit Giftpfeilen schiesst, stets mit neuer Intensität bedingungslos zu respektieren, ist ein Reifeprozess. In solchen Situationen im Herzen zu bleiben und nicht in Resonanz mit dem egobasierten Gegenüber zu gehen, benötigt Barmherzigkeit (+++). Solche Situationen können sich in jeder Lebenslage ergeben, ob privat oder am Arbeitsplatz, in der Politik genauso wie in der Wirtschaft. In solchen Situationen bieten sich je nach Seelenreife verschiedene Möglichkeiten:

- In Resonanz zu treten und zu streiten (-);
- Selber die Flucht zu ergreifen, sich der Verantwortung zu entziehen (-):
- Den anderen in die Flucht zu treiben (-);
- Sich zu besinnen, ob man wirklich im Herzen ist. Ist das, was man tut, wirklich die Berufung? Wenn ja, dann einfach dableiben und sich nicht aus dem Herzen katapultieren lassen (+), weiter die Energie halten, auch wenn die Giftpfeile des Gegenübers das scheinbar Tragbare sprengen. Doch ich habe die

Erfahrung gemacht, dass es auch genau in solchen Situationen eine klare herzbasierte Haltung braucht, ein selbstverantwortliches klares Position-Beziehen, nicht einfach stille Toleranz oder gar Leiden ohne Handlung. Es braucht immer ein klares, unmissverständliches herzbasiertes Hinstehen und Sie werden sehen, dass es sich dann im Herzen unglaublich stimmig anfühlt und das Gegenüber mit positiver Energie flutet. Durch das Position-Beziehen verstärkt sich die integre Energie, da keine Resonanz mehr zur Egohandlungsweise des Gegenübers besteht. Im Gegenteil, es fliesst positive Energie, die stärker ist als die negative Energie des Gegenübers. Plötzlich entspannt sich die Situation, da das Dunkle, Böswillige nicht mehr an die positive Schwingung andocken kann und somit keine Nahrung an negativer Energie mehr bekommt. Meistens folgt dann eine Entspannung durch Transformation, sofern Einsicht (+) vorhanden ist. Oder diese Personen selber verlassen den Posten, da sie die positive Energie nicht aushalten.

Genau dieses Dableiben, Hinstehen für das Positive, dieses Halten der Energie, in diese herzbasierte Eigenverantwortung zu treten, sich nicht aus dem Herzen katapultieren zu lassen, scheint gerade heute für viele ein Lernzprozess in jeder Lebenslage zu sein: in Unternehmensleitungen, in Teams, im Sport, in Familie, in Partnerschaften, überall in diesem Labyrinth. Bei sehr reifen inkarnierten Lichtwesen ist zu beobachten, dass das Dunkle an ihrer hochenergetischen Aura geradezu abprallt und in potenzierter Form direkt zum Absender zurückgeschleudert wird. Solches lässt sich in Situationen ersehen, in welchen wir manchmal denken: Gott straft sofort. Diese Leuchttürme stehen in ihrer Seelenreife bereits über den irdischen Prozessen und lassen sich nicht aus ihrer Mitte bringen. Sie sind damit Vorbild für das göttliche Potenzial, das in uns allen schlummert. Es gibt mittlerweile auch Kleingruppen, die mit ihrer Energie schwierige Prozesse von einzelnen Menschen oder gar Unternehmungen begleiten und stützen. Dies sind sehr erfreuliche Bewegungen, die derzeit massenhaft entstehen, meist organisiert unter Freunden oder über soziale Medien.

56

Herzethik in Strafanstalten

Es braucht sehr wohl eine gesetzliche Massnahme, ein physisches Absitzen im Gefängnis, wenn jemand das Umfeld in ausgeprägter Weise verletzt. Schlussendlich aber geht es auch hier um die innere Entwicklung, um nachhaltige Bewusstseinsentwicklung, damit die straffällige Person einsichtig wird, danach integer im Leben steht und eine Rückfälligkeit ausbleibt. Und so kommen wir zum nächsten Fallbeispiel.

Gleichsam berührend war eine Mail eines jungen Erwachsenen, der sich wegen Betäubungsmittelmissbrauchs straffällig gemacht hatte und mit mir in Kontakt trat. Er bedankte sich für die beiden Christina-Bücher und teilte mit, er habe durch diese zu sich selbst gefunden. Er ging also mit positiver Energie ins Gefängnis und hat damit im Labyrinth nicht nur Boden und Wände gesehen, sondern auch den Himmel. Der junge Mann schrieb auch, ihm sei bewusst, welcher Sinn hinter seinem Gefängnisaufenthalt stehe. Er sah es gar als seine Aufgabe an, dort auch anderen Sträflingen zu helfen und eine andere Sichtweise auf deren Leben zu vermitteln. Für mich ist dies ein wunderbares Beispiel für Menschen, die bewusster werden und sich zu Brückenbauern entwickeln.

Diese Geschichte macht einmal mehr deutlich: Auch Täter sind Herzmenschen und besitzen ein unglaubliches Potenzial an brachliegender Herzkraft. Zudem gilt es zu beachten, dass diese Menschen nicht als Täter geboren werden. Es sind genauso Herzmenschen, die an einem Defizit an Herzenergie leiden. Und genau für diese ist es so wichtig, Herzenergie möglichst kraftvoll an sie heranzutragen, damit sie diese – wenn auch nur unbewusst – zu fühlen vermögen. Eine Möglichkeit dafür besteht darin, Liebe fliessen zu lassen, z.B. dadurch, dass das Opfer dem Täter vergibt. Oder es hat Gefängniswärter, die eine integre Energie ausstrahlen. Man darf wissen: Herzenergie löst immer etwas aus, meist allerdings zeitverzögert. Auch hier steht erneut die ganze Gesellschaft in der Verantwortung, die kollektive Energie anzuheben, damit dunkle Vergehen möglichst rasch transformiert werden bzw. gar nicht erst weiter entstehen können.

Ein Herz und somit Liebe sind in jedem Menschen vorhanden, auch in jedem Täter. Liebe darf nicht nur von aussen erwartet, sondern von innen entdeckt, entwickelt und gelebt werden. Auch unschuldig verurteilte Menschen können in eine positive Energie kommen. Dadurch wird im Quantenfeld ebenso eine Reaktion stattfinden und es kann sich beispielsweise ergeben, dass plötzlich ein neuer Zeuge auftritt, der den Unschuldsbeweis erbringt.

Im Zeitraum, innerhalb welchem ich dieses Kapitel am Bearbeiten war, sass ich einmal für sieben Minuten kurz im Auto und hörte dabei Nachrichten. Im Auto höre ich selten Radio, da mich in der Regel die Werbung stört und das Hören von Musik ohne künstliche Unterbrechung für mich viel stimmiger ist. Weil mein Wagen jedoch kurz davor in der Autogarage für eine Service-Kontrolle gewesen war, war das Radio angeschaltet. In dieser Synchronizität wurde die Situation vom Universum so eingerichtet, dass genau während dieser sieben Minuten das Radio lief und ich eine wichtige Botschaft bekam, die dieses Kapitel wunderbar ergänzt: Es wurde nämlich genau in jenem Moment im Radio berichtet, dass an jenem Tag, am 17. April 2019, in Burma achttausend Häftlinge begnadigt und freigelassen worden waren.

Wir alle kennen Täter-Opfer-Rollen aus verschiedenen Situationen in unserem Leben. Jeder hat schon gefühlt, wie erlösend und befreiend es ist, wenn er oder sie sich selbst oder anderen verzeihen konnte und man ihm bzw. ihr verziehen hat. Es wird in der Regel allerdings kaum bemerkt, dass dadurch die Energie angehoben wurde und dass dieser Mensch wieder ein klein wenig globale Energieerhöhung ausgelöst hat. Opfer und Täter, unbesehen der Intensität, können eine kraftvolle transformative Rolle spielen. Stellen Sie sich das Kraftfeld vor, wenn auch noch der Partner oder vielleicht eine ganze Familie eines Opfers oder Täters die jeweilige Tat auch verzeihen können. Wenn dieses Vergeben bereits in der Familie bei kleinen Situationen vorgelebt wird, ist es für Kinder logisch, dass Verzeihen und Vergeben zum Leben, zur Potenzialentfaltung gehören und es sich sehr gut anfühlt, wenn belastende Themen nicht mehr im Raum stehen.

Das Opfer sowie der Täter und dessen Umfeld sind dadurch mit einer Energie beschenkt und können auf einer neuen Stufe des Seins bestehen, auf welcher nicht mehr die Vergangenheit die Gegenwart bestimmt, sondern die Gegenwart die Zukunft mit Herzenergie steuert. Dies kann eine unfassbare Befreiungsaktion für alle Beteiligten sein. Wenn sich ein Gefängnisinsasse von Herzenergie berühren lässt, so werden seine Zellgenossen im Unterbewusstsein ebenso von dieser Energie erfasst und es wird auch bei ihnen eine Bewegung ausgelöst. Da braucht es zu Beginn gar keine Worte. Einer Kettenreaktion gleich kann dadurch das Energieniveau bei weiteren Gefängnisinsassen angehoben werden. Ein ganzes Gefängnis könnte also von der trägen, negativen, destruktiven Energie zu einem unglaublichen Leuchtturm für den Planeten Erde transformieren, obwohl noch alle in Haft sind. Die Insassen können sich zu Herzmenschen und Lichtern mit einem unfassbaren Potenzial entwickeln. Es entsteht eine Energie, welche sich laufend potenziert – und das unter dem Schutz der Systemstrukturen; ohne zu riskieren, von der Öffentlichkeit angegriffen zu werden. Welche Wunder könnten da geschehen, wenn durch zunehmende Herzenergie in Strafanstalten Energiepotenzierer anstatt energetische Tiefhalter entstehen? Da das Potenzial unserer Herzenergie unglaublich gross ist, tragen dafür alle eine Verantwortung. Das darin enthaltene Friedenspotenzial ist für den Verstand jedoch nicht vorstellbar; denn wenn das Herz bestimmt, wird eine positive Kaskade im Quantenfeld in einem Tempo in Gang gesetzt, in welchem der Verstand nicht mehr folgen kann.

57

Umgang mit Medien

Das ganze Labyrinth wird derzeit von den Medien überschwemmt mit weltweiten verworrenen Situationen und Informationen, mit Halbwahrheiten und Fakes, mit Zahlen und Fakten, die oftmals mit unserem realen Leben nichts mehr zu tun haben. Was fasziniert die Menschen an dicken Negativschlagzeilen? Was ist so faszinierend an Promis und Sensationsgeschichten? Warum werden Staatsoberhäupter tagtäglich in den Medien verzerrt? Ob die Geschichten wahr sind oder nicht, ob ein positiver Teil davon gar nicht beschrieben ist, ob die Zitate in einen anderen Kontext gesetzt werden, wird von der Leserschaft nicht bemerkt.

Es ist ein Spiel mit den Gefühlen der Leserinnen und Leser. Deren Ego fühlt sich besser, wenn andere in den Schmutz gezogen werden und es sich empören (-) kann. Kriegsnachrichten, welche ja regelmässig Beängstigendes und Unberechenbares enthalten, tragen dazu bei, die Leserschaft auf einem tiefen energetischen Niveau und dadurch kontrollierbar zu halten, denn Macht ist immer verbunden mit Kontrolle.

Gleichzeitig gäbe es über unzählige konstruktive Entwicklungen in unserer Gesellschaft zu berichten, wodurch das Zielpublikum energetisch aufgebaut und gestärkt würde in seiner eigentlichen Existenz. Sehr viele Menschen durchschauen dies bereits. Sie geben den ganzen Negativschlagzeilen keine Aufmerksamkeit mehr und speisen sie dadurch nicht mehr weiter mit Energie. Tatsächlich gäbe es für die Medien täglich unzählige tolle Nachrichten, über welche berichtet werden könnte. So liesse sich über wichtige Hintergründe unseres Labyrinths berichten, über Menschen, die Gutes tun, mit herzbasierter Führung äusserst erfolgreich wirken, im Sport und anderen Projekten in allen Sparten unserer Gesellschaft.

Es sind Menschen, die allein mit ihrer Herzenergie unglaublich viel bewegen. Sie bringen Botschaften und Impulse aus der Gegenwart für die Zukunft und zeigen in allen Gesellschaftsbereichen Perspektiven auf.

Solche Nachrichten scheinen jedoch völlig uninteressant, weil sie bei vielen mehrheitlich egobasierten Menschen die eigenen Unzulänglichkeiten aufzeigen und so etwas wie ein schlechtes Gewissen (-), nicht selbst so zu handeln, aufkommen lassen. Die Menschen möchten ja nicht jeden Tag mit ihren vorhandenen dunklen Seiten des eigenen Egos konfrontiert und daran erinnert werden. Sie beschäftigen sich lieber mit anderen Menschen als mit sich selbst. Den eigenen Abgründen ins Gesicht zu sehen, braucht Mut, Selbstliebe und Selbstverantwortung. Erst wenn dies geschieht, entfaltet sich jedoch ein riesiges Potenzial an Menschlichkeit, Friedensfähigkeit, wahrer Intelligenz und Weisheit. So existieren mittlerweile sehr wohl Medien, welche sich das Positive als Grundlage nehmen, eine positive Energie versprühen und die Leserschaft dadurch nähren, aufbauen, Impulse und Hoffnung geben. Sie machen damit Mut, es anderen gleich zu tun und für die eigenen Herzimpulse im Sinne aller einzustehen. Mit zunehmendem System-Wechsel werden sich die Medien diesen positiven Geschichten noch viel ausgeprägter widmen.

Ein Richtig oder Falsch gibt es für Medienkonsumenten nicht. Es ist eine Frage des Bewusstseins, wohin man seine Aufmerksamkeit lenkt. Zudem unterliegt es dem freien Willen und der Individualität eines jeden einzelnen Menschen, wieviel Medienkonsum in welcher Form er für richtig und wichtig erachtet. Persönlich finde ich beide Energieströmungen spannend. Wenn man sich nur am Guten orientiert – wie will man denn das Negative erkennen und auflösen? Sinnvoll wäre daher eine Presse, die ausgeglichen über beide Bereiche berichtet. In Zukunft werden sich jedenfalls auch in diesem Bereich jene durchsetzen, die wirklich eine aktuelle, herzbasierte Ausrichtung für die Gesellschaft einnehmen. Es wird eine Unternehmensphilosophie brauchen, welche erlaubt, dass Journalisten ohne Druck des Systems herzbasiert arbeiten und schreiben dürfen, was die Menschen im Herzen berührt und nicht im Ego.

Mit zunehmender Herzarbeit entwickelt und verfeinert sich bei den Menschen auch die Wahrnehmung; insbesondere wird das Fühlen bei den meisten sehr ausgeprägt (Hochsensitivität). Mit zunehmendem Bewusstsein fühlt man daher im Text die Energie des Absenders und damit dessen Absicht. Es wird plötzlich fühlbar, welche Texte sich für einen zu lesen lohnen und welche nicht, mit welcher Energie und welchen Hintergedanken beispielsweise eine E-Mail geschickt wird. Dies ist eine äusserst nützliche Feineinstellung, eine natürliche Hochsensitivität, damit Klarheit und Wahrheit stets präsent sind. So gibt es bereits einige Menschen, welche allein aus dem Berühren eines Buches dessen Inhalt wahrnehmen können (Psychometrie). Dies ist eine Begabung, die wir alle entwickeln können.

In unserer Zeit ist es mehr als wichtig, zu lernen, die Dinge zu unterscheiden, um genau zu fühlen, womit wir in Resonanz treten und somit durch unsere Aufmerksamkeit Energie hinfliessen lassen. So ist auch der Umgang mit Medien eine Sache des Bewusstseins, welche in der Selbstverantwortung eines jeden Einzelnen liegt. Es gibt Kinder, gegenüber denen man nie ein Medienverbot aussprechen muss, weil sie ihren Hauptfokus in ganz natürlicher Art und Weise anders legen, in eigene Hobbys, bei richtigen, physischen Freunden, bei ihren Tieren, beim Sport oder in die Musik. Sie empfinden das Erfahren, Erleben und Lernen im realen Leben und in der Natur einfach interessanter und erfüllender als die virtuelle Realität. Dafür benötigen Kinder jedoch vielfältigen Lebens- und Erfahrungsraum und soziale Kontakte auch ausserhalb der Schulstruktur.

Ich bin heute der klaren Meinung, dass ohnehin alles in unser Leben fliesst, was individuell und aktuell wichtig ist. Es stellt sich vielmehr die Frage, ob ich diese Zeichen überhaupt wahrnehme vor lauter Medienkonsum und festgelegten Tagesabläufen. Achtsamkeit für die wirklich wichtigen Dinge im Leben erfordert Training. Irgendwann benötigen wir für unser Wirken keine äusseren Motivatoren, Antreiber oder Stimulatoren mehr, da der eigene Herz-Antrieb wieder ausgeprägt vorhanden ist und sich dies sehr stimmig anfühlt. Keine oder nur sehr wenige Medien zu konsumieren, ist dann auch kein Verzicht (-), sondern im inneren Einklang (+). Das hat auch nichts mit Gleichgültigkeit (-) zu tun, sondern vielmehr mit Selbstliebe (+) und Selbstverantwortung (+), denn dadurch hält sich die eigene Grundenergie im integren Bereich und das eigene Wirken wird nicht negativ abgelenkt. Das Ablenken von unseren Herzimpulsen und unserer Berufung hat fatale Folgen in jedem Bereich unserer Gesellschaft, auch global. Anstatt jetzt in Opferrollen (-) zu fallen, empfiehlt sich, das eigene Leben wieder gut zu durchschauen und eigenständig in die Hand zu nehmen. Das Twittern, Surfen, Liken, Chatten und Posten wird dann plötzlich nicht mehr so wichtig. Denn für Ihre Gesundheit und Ihre Lebensqualität sind allein SIE verantwortlich, niemand anders.

Friedens- anstatt Gewaltspiele

Was wäre, wenn energiereduzierende Gewaltspiele ganz einfach verboten würden und stattdessen energieanhebende, lebensbejahende Friedens- und Lebensspiele auf den Markt kämen, die seelisch aufbauen und die wahren menschlichen Werte und den Umgang damit aufzeigen? Was wäre, wenn Lebenssimulatoren entstünden, die Berufs- und Alltagssituationen wie Täter-Opfer-Rollen nachvollziehbar energetisch erklären und so die Kinder und Erwachsenen in ihrer wirklichen Intelligenz und in ihrem tatsächlichen Liebespotenzial schulen, damit Weisheit entstehen kann? Genau wie es Flugsimulatoren mit allen erdenklichen Notfallsituationen gibt, so könnte es auch Lebenssimulatoren geben für jedes Alter und jede Berufsgattung. Denn wir sind alle absturzgefährdet. Es könnten Lebenssimulatoren entstehen, welche die Menschen auf ihre wirklichen inneren Wertpotenziale aufmerksam machen und helfen, diese im Leben bewusst einzusetzen, anstatt dass, wie es derzeit noch häufig der Fall ist, die äusseren Faktoren das Innere des Menschen programmieren. Mit herzbasierten Lebensspielen würden wir Menschen lernen, was Erfolg im Leben wirklich bedeutet und dass das Herz den Erfolgsfaktor Nummer 1 darstellt.

Menschen, welche dies bereits begriffen haben, haben keinerlei Interesse mehr an Macht- und Gewaltspielen, da sie bereits gelernt haben, dass man damit nie etwas gewinnt, sondern nur verliert.

58

Das Herz als Erfolgsfaktor Nummer 1

Erfolg wird heute sehr unterschiedlich interpretiert. Aus meiner Sicht bezeichnet Erfolg die Folge einer Handlung, das Ergebnis einer Entwicklung. Ich meine hier den positiven Erfolg. Grundsätzlich kann Erfolg auch negativ ausgelegt werden, wenn z.B. ein Krieg gewonnen wurde oder ein Anschlag gelungen ist, bezeichnen Regierungen dies oftmals als Erfolg. Energetisch müsste dies jedoch vielmehr als Misserfolg bezeichnet werden, denn es bleiben nur Zerstörung und Verluste (---). In Streit und Kriegen gibt es nur Verlierer auf allen Seiten. Energetisch gesehen sind auch jene die Verlierer, die mit der Rüstungsindustrie hinterhältig (-) unfassbar viel Geld verdienen. Man bedenke auch die Tatsache, dass weltweit am meisten Geld in Rüstung investiert wird, im Jahr 2018 gar mit neuem Allzeitrekord. Würde man all die Milliarden in einen herzbasierten System-Wechsel investieren, würde einiges an Regulierung in allen Gesellschaftsbereichen geschehen.

Erfolg im positiven Sinne ist ein persönlicher Prozess, durch den eine Energieanhebung (+) bewirkt wird. Persönliche Erfolge können also auch das Auflösen oder Überwinden von blockierenden inneren Vorstellungen, Ängsten, Verhaltensmustern etc. sein. Ein solcher innerer Erfolg ist ausgesprochen wichtig und entscheidend, um äusseren konstruktiven Erfolg überhaupt zu ermöglichen.

Ein Paradebeispiel dafür zeigt sich im Leistungssport. In meinen gut zwei Jahrzehnten Leistungssport als begeisterte Langstreckenläuferin in der Leichtathletik wurde mir so klar aufgezeigt, dass äussere Grenzen nur zu überwinden sind, nachdem innere Blockaden oder Selbstlimitierungen aufgelöst worden sind. Im Sport sind also nicht nur diejenigen Sportler erfolgreich, welche nationale oder gar internationale Titel vorzuweisen haben. Für die meisten bedeutet Erfolg im Sport dasselbe wie Erfolg im normalen Leben: Das Erreichen von eigenen Zielen, nachdem sowohl auf der feinstofflichen als auch auf der physischen Ebene eine Grenze gesprengt worden ist: Beispielsweise dann, wenn man mit Laufsport beginnt und nach ein paar Monaten regelmässigen adäquaten Trainings fähig ist, zehn Kilometer am Stück zu laufen. Persönliche Erfolgserlebnisse bereiten Freude (+); sie lösen nicht Stolz (-) aus. Das Ego ist oft stolz auf andere (-), jedoch wäre herzbasierter freudvoller Respekt (+) vor einer Leistung konstruktiver. Wirkliche Erfolge sind keine Zufälle. Erfolg geht immer mit innerer und äusserer Entwicklung einher. Wirklicher Erfolg kennt auch keine Exklusivität. Erfolg ist für jeden möglich.

Es gibt zunehmend mehr Menschen mit einer Herzmentalität, die einfach alles in Erfolg verwandeln. Alles, was sie in die Hände nehmen, gelingt, ob Projekte oder ihre eigenen Lebenssituationen. Sie sind immer erfolgreich und positiv unterwegs, oftmals ohne Studium. Meistens handelt es sich um Menschen, die sehr herausfordernde Biographien aufweisen. Der Unterschied liegt nur darin, dass sie vieles erfolgreich transformiert haben, vorwiegend mit Herzenergie arbeiten und sich nie in einer Opferrolle finden. Es sind Menschen, die sich über ihre Intuition führen lassen, womit der Verstand immer im richtigen Masse dabei ist. Die meisten könnten ihre Erfolge nicht begründen. Sie entfalten ihre Phänomenalität auf natürliche Art und Weise: Im Sport, in der Wissenschaft, in Familien, in der Kultur, in Wirtschaft und Politik. Oft sind es sogenannte Multitalente, die bezüglich ihrer Fähigkeiten keine Zeugnisse, Referenzen oder Diplome vorzuweisen haben. Sie verfügen über innere Intelligenz und wissen genau, wann sie sich wie in der Gesellschaft engagieren. Egobasierte Negativspiralen und Hamsterräder sind ihnen fremd. Und die gute Nachricht: Jeder Mensch verfügt über diese Phänomenalität.

Erfolg im Unternehmensbereich

Was nützen Karriere und hohes Einkommen, wenn keine innere Zufriedenheit und Sinnhaftigkeit gegeben ist? Auf der anderen Seite ist es möglich, ein völlig ausgeglichenes und friedliches Dasein mit sehr wenig Materiellem zu führen. Mit einer positiven Lebenshaltung in der eigenen Berufung gibt es keine Ausreden mehr wie: «Es geht nicht!» «Warum?» «Wieso?» Denn es existieren stets neue Perspektiven, Offenheit und Flexibilität. Es geht bei allem darum, Situationen in Liebe, bedingungslos und kompromisslos als Ausgangslage anzunehmen und integer daran zu arbeiten. Die eigenen Herzimpulse zeigen den Weg in die konstruktive Richtung und mit genügend Erdung gelingt das selbstverantwortliche Umsetzen. Alle unnatürlichen, auf dem Ego basierenden Programme aus der Vergangenheit führen nie zu nachhaltigem Erfolg. Bequemlichkeit, Festhalten an alten Gewohnheiten, fehlende Motivation und Offenheit, fixe Vorstellungen, Unflexibilität, eigennützige Ideen etc. führen zu Stagnation und Depression. Jedoch ist nicht alles, was wir in der Vergangenheit gelernt haben, in der aktuellen Zeitqualität nicht mehr brauchbar. Durch innere Intelligenz des Geistes gelingt es, alles Wissen in der Aktualität mit dem Verstand richtig einzusetzen und praktisch umzusetzen. Jede Mutter weiss, wie zu wirtschaften ist. Sie versteht, dass ohne physische Arbeit auf diesem Planeten ganz einfach nichts geht. Denn wenn eine Mutter mit Kindern einen Tag oder eine ganze Woche nicht arbeitet, die Kinder am Morgen nicht weckt, keine Wäsche macht, nicht einkauft und kocht, kein Geschirr abräumt, nicht für Ordnung sorgt, bricht ziemlich schnell das totale Chaos aus. Erfolg zu haben setzt also viele positiven Herzaspekte voraus, aber auch physische Arbeit, im Kleinen wie im Grossen. Denn Erfahrungen entstehen nur aus Handlungen. Die Erde stellt unsere physische Erfahrungs- und Handlungsebene dar. Jede Handlung stellt zugleich eine Schöpfung dar. Erfolg hat also immer mit Herzaspekten und physischer Handlung im Ausgleich zu tun. Kein Sportler[20], kein Unternehmer, kein Musiker, kein Künstler, keine Mutter wird erfolgreich und innerlich erfüllt, wenn Herz und Verstand nicht in ihrer Kraft sind.

Erfolg im Unternehmensbereich bedeutet heutzutage oft, mit Marketingstrategien und kurzfristigem Profitdenken möglichst viel Gewinn zu erzielen. Diese Denkweisen und Strategien entstammen einem niederen Ego-Bewusstsein, welche auf Macht, Kontrolle und materieller Gewinnmaximierung (-) basieren. Aus energetischer Sicht ist diese Denkweise noch auf einer desintegren Ebene angesiedelt. Soziale, humanitäre und ökologische Verantwortung, Nachhaltigkeit, Lebensqualität und Vermeidung von Ungleichgewichten in jedem Bereich stehen noch nicht an erster Stelle. Diese nicht natürlichen Strategien funktionierten sehr gut in dem niedrigen energetischen Umfeld des letzten Jahrhunderts, dem damaligen Zeitgeist und der damaligen Zeitqualität. Da sie nicht mit den natürlichen Prinzipien übereinstimmen, hat dieses Denken und Handeln fast in jedem Gesellschaftsbereich gewaltige Sackgassen und Müllhalden hinterlassen, mit denen wir heute konfrontiert sind. Zeitqualität und Zeitgeist haben sich extrem entwickelt, womit dunkle Machtsysteme des Labyrinths weiter zerfallen und zunehmend mehr Unternehmen entstehen

[20] Vgl. das Kapitel 60: Herzethik im Sport

werden, die in ihrer Unternehmensphilosophie und -strategie die Herzaspekte und die energetische Aktualität berücksichtigen. Es wird Unternehmen geben, die das soziale Ungleichgewicht durch Win-win-Situationen aufheben. Wir sehen schon viele Start-up-Unternehmen, die mit dieser positiven Energie arbeiten, sich unglaublich schnell entwickeln und sehr erfolgreich unterwegs sind.

59

Herzethik in Wirtschaft und Politik

In unserer individuellen energetischen Ausstrahlung liegt der einzige nachhaltige Weg, eine globale Veränderung zum Positiven hin zu bewirken, auch in der Wirtschaft und in der Politik. Der Wandel macht auch in diesen Sektoren keine Ausnahme. Die Interessen in der Wirtschaft sind nach wie vor mehrheitlich geprägt von Gewinnmaximierung. In der Politik ist die Handlungsmaxime der Politiker stets auch beeinflusst von ihrem Bestreben, nach Ablauf der Wahlperiode wieder gewählt zu werden um damit ihren Machterhalt zu sichern. Kurzfristige Erfolge zählen sowohl in der Wirtschaft als auch der Politik in der Regel mehr als nachhaltige Lösungen. Im Gegenzug versucht weltweit eine ganze Masse von bewussten jungen Menschen, auf die fatalen Folgen dieser widernatürlichen, fehlenden ganzheitlichen Sichtweise aufmerksam zu machen. Daraus wird in den nächsten Jahren eine deutliche Verjüngung der Parlamente resultieren. Alteingesessene Parteien werden sich komplett neu ausrichten müssen, um überhaupt den aktuellen Forderungen gerecht zu werden. Im Gegenzug werden neue, junge Parteien erscheinen. Nicht nur Parlamentarier werden jünger, sondern auch die Regierungschefs und Staatspräsidenten.

Bedenken wir zudem: Auch Menschen in Machtpositionen tragen ein Herz und keinen Steinklotz in ihrer Brust. Auch sie brauchen von der Bevölkerung eine integre Energie, keinen Hass, damit eine positive Wende vollzogen werden kann. Damit bekommen die unter Existenzdruck stehenden Machthaber und Leiter dieser politischen, ökologischen, sozialen und wirtschaftlichen Einbahnstrassen auch eine Chance zur Transformation. Nur so wird eine 180 Grad Wendung im System möglichst rasch umsetzbar. Die Wende wird nur mit ihnen möglich; niemand kann bei dieser

Transformation ausgegrenzt werden. Erst dann kann konstruktiv und nachhaltig in eine positive Richtung gearbeitet werden. Solang Macht- und Kontrollmuster (-) vorhanden sind, kann keine soziale Verantwortung (+) entstehen. Je schneller die Bevölkerung das Energieniveau erhöht, umso schneller werden sich auch die entscheidenden obersten Instanzen aufweichen lassen, denn sie sind ohne Perspektiven und extrem unter Druck. Ihnen kann man nicht mit Sanktionen (-), sondern nur mit Strafbefreiung (+) begegnen und sie lichtvoll ins Boot holen für eine gemeinsame, konstruktive Zukunft.

Unternehmen sehen sich zusehends unter dem Druck des Systems. Meine persönlichen Erfahrungen basieren auf bescheidenen fünfzehn Jahren Betriebsleitung (1997 bis 2012) im damals eigenen KMU-Betrieb. In Kleinbetrieben läuft ohnehin noch viel mehr über die Herzebene, was sich kaum mit Konzernen, Finanzinstituten und Staatsbetrieben vergleichen lässt. Dort herrscht die Meinung vor, die verhärteten Systemstrukturen könnten nicht aufgeweicht werden. Doch Herzenergie weicht alles auf – auch diese Strukturen. So werden massive Veränderungen in Unternehmensphilosophien die Folge sein. Veränderungen benötigen aber auch Zeit und die 180 Grad Wendung kann nicht von heute auf morgen geschehen. Allerdings können wir die richtige Richtung einschlagen, wodurch sich vieles ganz natürlich und konstruktiv ergeben wird, ohne dass sich der Verstand dies wird vorstellen können. Mit dem aktuellen Zeitgeist und der Zeitqualität ist der Quantensprung möglich.

Es wird klar ersichtlich, welche Folgen herzbasiertes Handeln zeitigt. Auch in Unternehmensführungen sind die Zeichen des Wandels deutlich ersichtlich. Diese Erfahrung ist überwältigend und ich treffe in den folgenden Monaten «per Zufall» einige internationale Führungskräfte, Firmengründer und CEOs. Ich treffe Menschen, die innerhalb von zwei Generationen internationale Unternehmen mit einer vierstelligen Anzahl an Angestellten aufgebaut haben und diese noch immer herzbasiert nach ihrer Intuition führen. Und ich treffe Menschen, die Banken gegründet haben und heute aus dem Finanzsektor ausgestiegen sind, um sich ihrer aktuellen Berufung zu widmen, CEOs und Manager auszubilden und über ihre Erfahrungen in herzbasierter Unternehmensführung zu berichten und andere zu begleiten. Führungskräfte, die ihre Herzimpulse in diesem Bereich umsetzen und selbst unglaublich viele innere und äussere Prozesse durchlaufen haben. Im Grunde bin ich überrascht, dass genau in diesem Segment so viel positiv in Bewegung ist. Denn im Gegenzug sind in den Finanz- und Wirtschaftssektoren systembedingt Depression und Burnout genauso weit verbreitet. In diesem Bereich liegt so viel Potenzial; und das besonders Erfreuliche: Weit entwickelte Seelen besetzen bereits sehr einflussreiche Positionen und halten still und undercover das Feld, bis die Zeit reif ist, das System bei einer 180 Grad Wendung zu halten und zu tragen, nämlich dann, wenn die Mauern des Labyrinths zusammenkrachen; oder sie sorgen dafür, dass sie eben nicht komplett zusammenkrachen.

Der sanftere Weg wäre, die Mauern ohne äussere Gewalt gemeinsam abzubauen und die Steine als Fundament des bisherigen Labyrinth-Bodens zu benutzen. Durch dieses egobasierende Fundament der Vergangenheit kann sich eine neue herzbasierte Zukunft aufbauen, ohne behindernde Altlasten und Mauerreste.

Es gilt auch hier, der Wahrheit unseres Systems ins Gesicht zu sehen und nicht in eine ohnmächtige Opferrolle (-) zu fallen und anzuklagen (-). Vielmehr geht es darum, die Energie und das Wesen derer zu kennen, die dort an den Machtpositionen sitzen und aufgrund der zunehmenden Energieanhebung immer mehr «unter Druck» gelangen. Diese benötigen echte Alternativen und Perspektiven, keine Anklagen (-). Auch sie möchten aus dem Sandkasten aussteigen, benötigen dafür allerdings dringend klare Signale von aussen, dass sie auch aussteigen dürfen und für die dunkle Vergangenheit nicht bestraft werden. Im Finanz- und Wirtschaftsystem muss der Deregulierung und der positiven Rückkopplung Einhalt geboten und das System zurück in die Regulierung geführt werden. Wenn der Mensch fähig ist, etwas in die Deregulierung zu führen, kann er es auch wieder in die natürliche

Regulierung zurückführen, in einen Regelkreis der natürlichen, negativen Rückkopplung, die aus dem bestehenden Ungleichgewicht von Arm und Reich ein selbstregulierendes Gleichgewicht von Mittelstand schafft.

Doch wie präsentiert sich das Bild in Grossbetrieben, internationalen Konzernen, Spitälern, staatlichen Behörden, im Finanzbereich; in Systemen, die noch nach den Ego-Strukturen, nach dem Denken und der Moral des letzten Jahrhunderts funktionieren? Welche Art von Ethik wird an den Universitäten vermittelt? Welche Wertvorstellungen tragen Studienabgänger in die Wirtschaft und in die staatlichen Strukturen hinein?

Die erfreuliche Gegenbewegung kommt wiederum aus der Bevölkerung. Der Schrei nach einer ganzheitlichen Perspektive, nach mehr Menschlichkeit, Lebensqualität, Kreislaufwirtschaft, Wachstum ohne Ressourcenverbrauch, von der Deregulierung hin zur Regulierung wird immer lauter. Aktionäre von Finanzgiganten zeigen ihren Unmut, indem sie der Konzernleitung die Décharge verweigern. Es sind deutliche Zeichen von Umbruchstimmung im Jahr 2019. Aktionäre beziehen Haltung (ohne anzuklagen) und nehmen damit ihre Selbstverantwortung wahr. Dies sind Entscheidungen der Reife und sehr lichtvolle Zeichen. Grosskonzerne in der Schweiz sollen mit einer Konzernverantwortungsinitiative zu mehr ökologischer, humanitärer und sozialer Verantwortung gezwungen werden. Doch ist das Instrument von Druck und Zwang wirklich der nachhaltigste Ansatz?

Braucht es nicht vielmehr eine ganzheitliche einheitliche Herzethik, basierend auf allen wirklichen Grundwerten des Menschen, die bereits in der Grundschule vermittelt werden dürften? Das wäre doch der ganzheitlichste und nachhaltigste Ansatz. Das praktische Implementieren in den Alltag passiert sodann automatisch. Würde jedes Kind mit der Herzethik erzogen und in seinem Potenzial gefördert, wäre das auf Universitätsstufe, in der Politik und der Wirtschaft ganz selbstverständlich. Innerhalb von nur einer Bildungsgeneration von zehn Jahren wären gigantische, echte, nachhaltige Fortschritte möglich. Und sie werden auch eintreffen. Denn es sind bereits zu viele bewusste und hochbegabte

Menschen hier, die die Multidimensionalität begreifen und nach dieser Ethik leben. Gleichzeitig sind die Staaten dafür verantwortlich, geeignete Rahmenbedingungen zu schaffen. Es braucht uns alle, niemand kann ausgegrenzt werden. Mit einer ganzheitlichen Ethik ändert sich alles: Ansichten, Geschäftsmodelle, Geschäftsstrategien, interne Abläufe, aber auch staatliche Strukturen. Der Verstand kann sich nur noch nicht vorstellen, was das Herz, und im weiteren Sinne die göttliche Matrix selbst, noch alles für uns bereithält.

Konsumenten

Ein stark positives Zeichen dieses Bewusstseinswandels erkennen wir daran, dass die Bevölkerung bewusster konsumiert, was auch die Wirtschaft in Zugzwang bringt. Klimaneutralität, soziale Integration, Nachhaltigkeit in jedem Bereich, Minimierung des Ressourcenverbrauchs und Menschlichkeit haben heute für Kunden, Arbeitgeber und Arbeitnehmer eine stark zunehmende Bedeutung. Die Unternehmensleitungen werden sich früher oder später neuen Unternehmensphilosophien widmen müssen. Kurzfristiges Profitdenken (-) wird sozialer Verantwortung (+) weichen, wodurch mehr positive Energieströmungen innerhalb der Firmenstrukturen zirkulieren werden.

Die neue Generation von Uniabgängern und Arbeitnehmern

Die positive Grundhaltung ist auch bei Berufseinsteigern deutlich spürbar. Für zunehmend mehr Hochschulabgänger stehen nicht Lohn und Privilegien bei einer Anstellung im Vordergrund, sondern innere Stimmigkeit und Lebensqualität, Vereinbarkeit von Beruf und Familie. Viele lehnen lukrative Jobangebote aufgrund einer nicht integren Unternehmensphilosophie ab. Bewusste Menschen möchten nicht in alten, verhärteten, unbeweglichen Strukturen arbeiten. Weil sie mit ihrer Energie immer in Bewegung sind, möchten sie auch positiv bewegen mit einer Arbeit, die ihnen einen sinnvollen Lebensinhalt gibt. Auf keinen Fall soll die innere Stimmigkeit und damit die Lebensqualität und Gesundheit eingeschränkt werden. Es geht um Arbeitnehmer, die stets eine positive Energie versprühen, die Frieden, Menschlichkeit und unternehmerische Entwicklung stark fördern, selbstverantwortlich klar Haltung beziehen und bei Problemen nicht wegschauen. Es sind Menschen, die für Wahrheit einstehen und immer konstruktive Lösungen finden, ohne den Eindruck zu vermitteln, dass sie alles besser wissen.

Im Gegenzug stecken viele Menschen in Arbeitsverhältnissen, in welchen weder Beruf noch Arbeitsplatz innerlich stimmig sind, sondern diese vielmehr einer reinen Pflichtübung gleichkommen. An dieser Stelle sei nochmals erwähnt, dass wir auf dieser Welt sind, um zu leben und zu lieben, nicht um unfreiwillig und innerlich unstimmig die Erwartungen anderer zu erfüllen! Mit einer erfüllenden Freizeitbeschäftigung oder Familie können solche Kompromisse zunehmend nicht mehr kompensiert werden. Oftmals entsteht Leidensdruck (-), der die Menschen in ihrer Energie reduziert und die Langzeitauswirkungen von Dauerstress leise ihre körperlichen Auswirkungen zeigen. Menschen kommen erschöpft nach Hause und bringen nicht mehr die Kraft und Motivation auf, einer energetisch aufbauenden Aktivität oder Entspannung nachzugehen. Manchmal finden sie sich gar in weiteren familiären Herausforderungen wieder. Viele Menschen leben heute mit multifaktoriellem Stress und sind gefährdet, in ein Burnout zu rutschen. Es geht folglich einmal mehr darum, für die innere Stimme klar Position zu beziehen.

Unternehmen mit Herzethik

Eine positive Grundenergie ist das, was Erfolg für alle Parteien wirklich ausmacht: Herzenergie das Erfolgsrezept Nummer 1. Es beginnt bereits bei den Bewerbungskriterien für die Mitarbeitenden. Die Unternehmensleitung entscheidet sich nicht mehr für Mitarbeiter mit einem möglichst guten Abschluss, sondern für dynamische Menschen, die sich für die angebotenen Jobs berufen fühlen; Menschen, die sich mit Freude, Faszination auf dynamische Arbeitsprozesse einlassen; Mitarbeiter, die Offenheit, Teamfähigkeit und Entwicklungsbegeisterung für sich und die Unternehmung mitbringen. Ein Unternehmen soll daher ein positives Umfeld bieten, in dem all die Herzaspekte gelebt werden dürfen, wie Offenheit, Ehrlichkeit, Transparenz, Teamfähigkeit etc. Es braucht ein Umfeld, in dem auch der Mitarbeiter eigenverantwortlich mitdenken und handeln darf. Mitarbeiter fühlen, ob sie noch am richtigen Platz sind oder nicht. Solche Unternehmen befinden sich ständig im Fluss und zeigen trotzdem meistens wenig Fluktuationen. Jeder entfaltet da seine ungeahnten Potenziale und hilft damit der Firmenstruktur, sich ständig dem Zeitgeist anzupassen und nie in Stillstand oder Einbahnstrassen zu fahren; und dies äusserst erfolgreich, ohne ausgebrannte und depressive Mitarbeiter, die gewaltige Kosten verursachen. Die authentisch gelebte Individualität potenziert sich gemeinsam hoch.

Da aus energetischer Sicht alle mitbeteiligt sind und verantwortlich sind – der Chef, der Verwaltungsrat, die Aktionäre bis hin zur Reinigungskraft – stehen gerade grosse Unternehmen in der Verantwortung. Jeder Mitarbeiter und jede Mitarbeiterin prägt mit Gedanken, Worten und Taten das Unternehmen mit und beeinflusst damit deren energetisches Niveau.

Nicht nur Wirtschafts- und Handelskammern, sondern auch Wirtschafts-Universitäten haben diesen Aspekt längst erkannt. Wenn sich also ein CEO mit positiver Grundenergie der Unternehmensführung entsprechend widmet, hat er die Mitarbeitenden sicher auf seiner Seite. Damit ist die Energie schon so klar positiv und entspricht dem Zeitgeist der Neuzeit. So kann mitunter ein Verwaltungsrat, der sich noch im alten, kurzfristigen Profit- und Machtdenken befindet, ganz spontan abtreten, weil er sich mit seiner Energie nicht mehr wohlfühlt. Oder eine Aktionärsversammlung gibt mit dem Verweigern der Décharge still und klar ihre Haltung bekannt, ohne Anklage. Es sind wunderbare Zeichen unserer Zeit, die sich langsam, aber höchst wirksam durchsetzen.

Zu beobachten ist auch eine zunehmende Verantwortlichkeit in Unternehmen. Gewinne werden oftmals eingesetzt für interne Härtesituationen, für die soziale Integration von Benachteiligten, für die Gleichstellung von Mann und Frau, für Firmencoachings, Weiterbildungen, Gesundheitsförderprogramme und für präventive Massnahmen. Oftmals wird auch die Infrastruktur gesundheitsfördernd und umweltfreundlich angepasst.

Dies reicht aber noch nicht. Immer wichtiger wird ein bewusster Ausgleich für die negativen Auswirkungen von Produktion, Ressourcenverbrauch, sozialer Unverträglichkeit etc. So kann z.B. jede Organisation zumindest ein Gegengewicht im positiven Sinn setzen. Dies kann unabhängig vom Produkt geschehen. Es gibt zum Beispiel Unternehmen, die Pestizide herstellen und im Gegenzug neue Grünflächen für Biodiversität erstellen. Eine andere Möglichkeit für Unternehmen besteht darin, den ausgebrannten Mitarbeitenden an verschiedenen Orten Integrations- und Regenerationsplätze z.B. auf einem Weingut, in der Landwirtschaft, im Ackerbau etc. zu ermöglichen. Zumindest ist alles daran zu setzen, dass die Arbeitszeit flexibel wird für Familienväter, Alleinerziehende und Teilzeitarbeitende. Auch in dieser Beziehung darf man branchenübergreifend denken und die weiteren Sektoren des Labyrinths beachten, vielleicht auch einmal eine Brücke bauen in einen anderen Sektor. Vielleicht ergeben sich Synergien. Schulen und Unternehmen könnten sich beispielsweise mit Agrarwirtschaft verbinden.

Das wirklich Nachhaltigste im Sinne aller aber wäre, die Mitarbeiter regelmässig in Bewusstseinsarbeit und individueller herzbasierter Potenzialentfaltung zu schulen, ihnen zumindest gratis Bewusstseins-Coachings anzubieten für die aktuellen Themen. Damit profitiert nicht nur der Arbeitgeber, sondern das ganze Lebensumfeld des Mitarbeiters (Partnerschaft und Familie). Die gesamte Unternehmensenergie wird dadurch stetig angehoben und damit Innovation und Erfolg gefördert.

Gleichstellung von Mann und Frau

Früher hat man auf der Strasse noch gegen etwas protestiert (-), heute solidarisiert man sich und steht für etwas ein (+). Solche Aktionen sind in jeder Hinsicht nur positiv und erfolgreich (+), wenn sie die Solidarisierung fördern und auch die Bevölkerung auf die Themen sensibilisiert (+), insbesondere keine Ohnmachts- und Opferrollen (-) erzeugen, die Wut und Empörung (-) fördern. Doch für Lohngleichheit oder Chancengleichheit z.B. der Frauen, reicht es nicht, auf der Strasse dafür einzustehen oder eine Quotenregelung in Parlamenten und Konzernen einzuführen. Das ändert noch nicht die Mentalität und das Bewusstsein der Konzernverantwortlichen und auch nicht die Mentalität der Frauen selbst. Denn letztendlich liegt es in der Selbstverantwortung jedes Einzelnen, für seine Herzprojekte einzustehen, was einmal mehr bedeutet, auch am Arbeitsplatz klar Haltung zu beziehen, auch wenn die Rückendeckung ausbleibt. Dafür muss man innerlich und äusserlich etwas tun; es sind Reifeprozesse. Es braucht also ein bewusstes Aktivwerden und ein Anheben der persönlichen Energie. Damit öffnen sich viele Türen von alleine, insbesondere diejenigen, die zum entsprechenden Zeitpunkt für die individuelle Seelenentwicklung richtig und wichtig sind.

60

Herzethik im Sport

Für mich war der Sport eine intensive und sehr hohe Lebensschule, insbesondere in der Zeit von 1996 bis 1999 und von 2001 bis 2012 parallel zur Tätigkeit im eigenen Betrieb und der intensiven Zeit in der Familie. Alles ergänzte sich damals sehr stimmig und es gab unglaublich viele Lernprozesse. Ich war körperlich mit dem Sport gefordert, der Verstand im Betrieb und das Herz mit der Familie. Heute bin ich mir gewiss, dass für mich genau diese drei Ebenen wichtig waren.

Im Sport arbeitete ich in den ersten Jahren bis zur Geburt der Kinder mit einem erfahrenen Marathon-Trainer, der mir auch als eine gewisse Begleitung bei Erfolgen und Niederlagen zur Seite stand. Zu durchlaufen hat man solche Lernprozesse letztendlich jedoch immer selbst. Ein Erfolgs-Trainer begleitet einen Einzelsportler dann optimal, wenn er ihn in seinem ganzen Wesen kennt und das Training stets individuell gestaltet und situativ an die Ressourcen, die private Situation, die Arbeitssituation sowie an die mentalen und körperlichen Fähigkeiten anpasst. Stillstand existiert im Sport nicht. Für langanhaltenden Erfolg gibt es kein Universalrezept, genauso wie es für das Leben kein Rezept gibt. Nur sehr reife Sportlerseelen benötigen keinen Trainer mehr, weil sie über ein ausgeprägtes Körpergefühl, ein gesundes Selbstvertrauen, fachspezifische Intelligenz, Selbstdisziplin und mentale Stärke verfügen, um diese Gratwanderung auszuhalten. Sie spüren und fühlen deutlich, wann eine neue Grenzerfahrungen und somit eine Entwicklung ansteht und wie sie effizient zu ihrem Ziel gelangen. Diese Sportler arbeiten im Training oder im Wettkampf aus eigenen Herzimpulsen heraus äusserst effizient, ohne realitätsfremd mit dem Kopf durch die Wand zu gehen.

Talent zu haben, bedeutet nicht automatisch auch, Erfolg zu haben. Nur wenn ein Talent aus dem Herzen heraus gelebt wird, d.h. mit Herzenergie angetrieben ist und sich der Talentierte nicht nur den Stärken widmet, sondern dem Erkennen und Fördern der physischen, mentalen, emotionalen und egobasierenden Selbstlimitierungen, kann ein Talent mit Faszination, mit Herzblut und Begeisterung erfolgreich gelebt und entfaltet werden. Denn bei sportlichen Talenten zeigt sich sehr schnell, ob jemand gewillt ist, nicht nur körperlich weiter zu kommen, sondern auch mit seiner ganzen Persönlichkeit. Erfolg im Sport geht immer über den Weg nach innen, damit unnatürliche Selbstlimitierungen aufgelöst werden; nichts verläuft linear. Insbesondere Ausdauersport hat sehr viel mit Bewusstseinsarbeit und Erdung zu tun.

Gesunder Leistungssport (weniger Spitzensport) stellt eine unglaublich intensive Lebensschule dar. Unabhängig davon, wie viele Male und in welcher Form man «Misserfolge» (-) und «Erfolge» (+) erlebt - es sind alles Ereignisse, die ständig ein Umdenken, Loslassen und Annehmen erfordern und Potenzialentfaltung im Innern und Äusseren fördern. So wird auch im Physischen eine neue Grenze überschritten und es werden neue Erfahrungshorizonte erschlossen. Laufen und Hinfallen, aber immer wieder aufstehen, gehört zum Sport genauso wie zu unserer ganz natürlichen menschlichen Existenz. Wie damit umzugehen ist, lernt man im Leistungssport sehr schnell. Eigentlich lernen wir das bereits als Kind: immer wieder hinfallen, aber niemals liegen bleiben. Weil wir Herzmenschen sind, ist der innere Antrieb der Seele, sich zu entwickeln und weiterzukommen, immer da. Der Erfolgsfaktor Nummer 1 sind auch hier die positiven Energieströme in allen Formen wie Begeisterung, Offenheit, Kreativität, Interesse, Geduld mit sich selbst, Faszination, Gelassenheit, woraus auch Wettkampfintelligenz resultiert.

Diese Fähigkeit der intensiven Prozessbewältigung schlägt sich auch positiv auf das Berufs- und Privatleben nieder. Solche Fähigkeiten lassen sich in keinem Studium erlernen, sondern allein übers praktische Leben aneignen. Sport ist ein ausgezeichnetes Lernfeld, innerhalb welchem sich die innere Intelligenz als Wettkampfintelligenz oder in Mannschaftssportarten als Spielintelligenz manifestiert. Im Sport geht es auch darum, Verantwortung für den Körper zu übernehmen. Ich meine damit nicht nur, den gesundheitsfördernden Gedanken zu pflegen, sondern eine grosse Faszination hinsichtlich der eigenen inneren und körperlichen Entwicklung einschliesslich der Integration von gesundheitsfördernden Massnahmen wie Ernährung, Regeneration, Schlaf, Genussmittelkonsum oder Ressourcen zu erleben. Mit unheimlich viel Geduld über Jahre zu trainieren und dabei Freude und innere Stimmigkeit mit diesem Ausgleich zu erlangen, dabei zu erleben, wie Unmögliches plötzlich möglich wird, stellt eine grossartige Lebenserfahrung dar.

Wie soll sich die Seele bewegen, wenn sich der Körper nicht bewegt? Diese hochspannenden Zusammenhänge zeigte mir mehr als deutlich der Sport. Wie viele konstruktive innere und äussere Anpassungen durfte ich in all den Jahren durch den Leistungssport erleben. Auch die kreativen Ideen für Geschäft oder Familie erhielt ich oftmals nach dem Training, weil durch den Ausdauersport Verstand und Herz synchronisiert wurden.

Solche Auszeiten, wie das tägliche Training mit Ausdauersport, sind ideale Gelegenheiten für neue Impulse, die einfach entstehen, ohne terminierte, sitzende Meetings, sondern in körperlicher Bewegung, und in einem energetisch reineren Feld der Natur. Der Verstand spielt in der Ausübung von Sport eine grosse Rolle. Daraus entstehen Wille, aber auch Vernunft, auf den Körper zu hören, um nicht in Gefahr von Verletzungen zu laufen. Die Prinzipien «Mit dem Kopf durch die Wand» bzw. «Mit dem Verstand ohne das Herz» funktionieren auch im Sport nicht auf die Dauer. Es geht darum, viel Herzblut zu entwickeln und sich und den Körper in viel Geduld zu üben, ohne äussere Aufforderung und ohne Erwartungen und Motivation von aussen, sondern rein nach innerer Stimmigkeit und Berufung.

Im Breitensport (Volkssport) stellt man fest, dass das leistungsorientierte Denken immer mehr abnimmt. Trotzdem boomt insbesondere der Laufsport seit Jahrzehnten. Es gibt immer mehr Sport treibende Menschen, aber immer weniger mit einer Leistungs- und Vereinsmentalität. Ich erachte dies als schöne Entwicklung, welche den Zeitgeist repräsentiert. Mehr Eigenverantwortung, weniger Leistungsmentalität, Resilienzsteigerung und der gesundheitsfördernde Gedanke liegen im Vordergrund. Mit zunehmendem Bewusstsein nimmt auch das leistungsorientierte Denken ab. Es gibt allerdings auch diejenigen, die wirklich dafür berufen sind und durch die innere Stimme geführt werden, um für eine gewisse beschränkte Zeit auch Vorbild für andere zu sein. Auch mit einer sportlichen Begabung kann man anderen Menschen Freude bereiten: mit spannenden Spielen, mit Wettkämpfen, deren Verlauf nie voraussehbar ist, mit Gefühlen, die geweckt werden, wenn eine Topleistung gelingt; oder mit kaum vorstellbaren körperlichen Leistungen, die aufzeigen, dass mehr möglich ist, als wir denken.

Leistungssport stellt extremste Konfrontation mit sich selbst dar und ist eng verbunden mit Psychologie. Sport eröffnet das Lernfeld, die körperlichen und inneren Stärken und herzfremden Schwächen als Potenziale zu sehen und daran zu arbeiten. Im Laufbereich bedeutete dies, mit schnelleren Athleten zusammenzuarbeiten, um davon profitieren zu können; im Gegenzug jedoch auch, andere im Training mitlaufen zu lassen, die davon profitieren konnten. Es ging demnach nicht nur um Teamarbeit im körperlichen Training, sondern auch darum, Erfolge miteinander zu feiern, sich die Erfolge ehrlich zu gönnen; und bei Niederlagen einfach mitzufühlen und mit einer Grundenergie da zu sein, die aufbauend wirkt. Für die meisten Sportler sind sogenannte Niederlagen im Sport noch immer negativ gekoppelt. Doch es sind lediglich Erfahrungen, die anscheinend wichtig sind. Es stellt sich allerdings jeweils die Frage: Sieht man sich in einer Opferrolle oder erkennt man die Situation als Potenzial.

Mit jeglichen Begabungen geht auch stets eine Verantwortung einher. Als erfolgreicher Sportler wird man schnell zur öffentlichen Person und vielleicht gar idealisiert (-). Das Interesse und die Faszination am eigenen Sport und der Persönlichkeit wird immer grösser. Dann ist entscheidend, Authentizität zu leben, auch bodenständig für Ehrlichkeit und Dopingfreiheit einzustehen und die entsprechenden Richtlinien zu erfüllen. Damit einher geht die Haltung, authentisch nicht für jeden Werbeauftrag hinzustehen, wenn man nicht wirklich hinter dem zu bewerbenden Produkt steht. Denn Haltung zu beziehen und authentisch zu sein bedeutet auch, sich in der eigenen Berufung nicht einschränken zu lassen. Solches verhindert Erwartungsdruck und Idealisierung von aussen sowie mentale und finanzielle Abhängigkeiten von Trainingspartnern, Trainern, Sportverbänden und Sponsoren.

Für eine gewisse Zeit in meinem Leben war der Leistungssport richtig und wichtig. Er hat mich mit der Summe aller Lebensfaktoren dorthin gebracht, wo ich jetzt bin und hat mich zu dem gemacht, was ich jetzt bin. Heute sehe ich nicht die vielen Medaillen von Schweizer-, Europa- und Weltmeisterschaften als Erfolg, sondern den Weg dorthin. Der Sport ist eine intensive Lebensschule auf allen Ebenen mit vielen Lernprozessen für eine unglaubliche innere und äussere Entwicklung. So durfte ich lernen, Selbstverantwortung und Loslassen von Konkurrenzdenken zu üben, tiefe innere Freude ohne Anerkennung von aussen zu entwickeln, Ehrlichkeit ohne Doping zu leben. Ich habe gelernt, nach «Misserfolgen» und Enttäuschungen wieder aufzustehen und mich von den Erfolgen nicht blenden zu lassen, sondern sich ehrlich und dankbar daran zu erfreuen. Ich habe gelernt, mich an den Erfolgen anderer zu erfreuen und gemeinsame internationale Erfolge für das Berglauf-National-Team zu realisieren. Ein Sportler lernt als erstes, sich auf sich selbst zu fokussieren, nicht auf die Mitstreiter zu schielen und trotzdem die Konkurrenz als freundschaftliche Potenzialentfalter zu sehen. Ein intensiver Lernprozess war, sich selbst etwas zuzutrauen, Selbstwert und Selbstvertrauen zu entwickeln, herzbasiert intuitiv Trainings- und Wettkampf-Risiken einzuschätzen und diese auch unter physischer Belastung einzugehen. Sich klar zu positionieren schützte davor, sich von angeblichen Besserwissern und Medien irritieren oder gar beeinflussen zu lassen. Im Sport geht es darum, Wichtiges von Unwichtigem zu unterschieden und Prioritäten zu setzen. Der Körper wird nicht nur mit dem Verstand bzw. dem Trainingswillen und der Trainingsdisziplin oder gar durch Ehrgeiz (-) gesteuert; er wird vor allem durch viel Herzenergie, durch wahre Freude und Faszination am Talent und der körperlichen Entwicklung gesteuert.

In jungen Jahren als eher perfektionistische (-) Person durfte ich lernen, dass Begeisterung und wahre Freude am Talent wichtiger sind als Perfektion im Training. Der Sport war ein ideales Lernfeld, auch Erwartungen von aussen wahrzunehmen, jedoch nicht zur eigenen Priorität zu machen und Erfolgserwartungen an sich selbst zu regulieren. Man lernt, klar Haltung zu beziehen bei Niederlagen, authentisch und selbstkritisch «Fehler» gar öffentlich einzugestehen und sie als Potenzial zu sehen, um damit nicht die Energie von Mitleid auf sich zu ziehen. Und man lernt gerade als Ausdauersportler, dass man die ganze Arbeit alleine macht, tagtäglich, bei jedem Wetter, in jeder Situation, eine unsagbar disziplinierte Körperarbeit, die innerlich dennoch stimmig ist und tagtäglich Ausgleich schafft. Nichts davon kann man abgeben. Alles basiert auf dem freien Willen. Als Marathonläuferin ist Geduld als Herzaspekt unter körperlicher und mentaler Extremsituation die bedeutendste Tugend und für mich die faszinierendste und interessanteste Lernerfahrung im Ausdauersport. Eher selten hat das Ego (im Sport auch der «innere Schweinehund») Ausreden fürs Training gesucht oder während eines Wettkampfes geschrien: «Ich kann nicht mehr.» Das Herz wusste immer, dass das, was ich tat, richtig und wichtig für mich war. Trotzdem gab es kaum egobasierte unvernünftige Handlungen und unüberlegte Grenzüberschreitungen. Das ständige Anpassen aller drei Lebensbereiche Familie, Sport, Geschäft erforderte eine äusserst ausgeprägte Feineinstellung der Intuition, um den Balanceakt zu halten.

Leistungssport fordert ein konsequentes Arbeiten in innerer Stimmigkeit. Wichtig ist, intuitiv zu lernen, nach der eigenen Philosophie zu trainieren und nicht nach derjenigen anderer Athletinnen oder Erfolgstrainern. Es geht darum, im Training und im Wettkampf stets offen, flexibel und kreativ zu bleiben, und immer dann individuelle Anpassungen vorzunehmen, wenn es die innere Stimmigkeit verlangt – und nicht etwa der Trainer. Es geht auch darum, sich immer wieder neu auf einen Wettkampfverlauf einzulassen, Unvorhergesehenes (z.B. Sturz, missliche Wetterbedingungen, Emotionen und Gefühle) gelassen zu meistern und auch ganz besonders in Extremsituationen mit der Intuition zu arbeiten, um dadurch einen eigenen Energieabfall während des Wettkampfs zu verhindern.

Mich faszinierte die Psychosomatik enorm. Im Sport, wie generell im Leben, wird etwas sehr schnell klar: Stresssituationen haben extrem negative Auswirkungen. Gerade im Ausdauersport, bei welchem jeden Morgen ein Nüchterntraining (Stoffwechseltraining) von unter Umständen fünfzehn bis dreissig Kilometern angesagt ist, darf nie ein Stresshormonpegel (Adrenalin, Cortisol) vorhanden sein, der vorweg schon die Grundenergie verändert und auch die physische Herzfrequenz um ein paar Schläge erhöht. Eine heftige Stresssituation mit einem Stresshormonanstieg im Blut hat negative körperliche Auswirkungen von bis zu drei Tagen, bis sich der Spiegel wieder normalisiert hat. Die körperliche Konsequenz zeigt sich für den Sportler in einem Leistungsabfall, in einer verlangsamten Stoffwechsel- und Muskelregenerationsfähigkeit und in generell mehr Muskeltonus, was Verhärtungen und somit die Verletzungsanfälligkeit begünstigt. Das zu erleben, war eine tiefsinnige Erfahrung, welche sich auch im alltäglichen Leben anwenden lässt. Im Gegenzug wirken Glückshormone (Endorphine, Oxitoxine) komplett entspannend. Wenn meine Kinder mich jeweils nach dem Training fröhlich und zufrieden mit einem Lachen begrüssten, war das wohl schon eine der effizientesten Regenerationsmassnahmen überhaupt, weil dies bei mir einfach ein Glücksgefühl und damit Glückshormone auslöste und ich in solchen Momenten extrem dankbar war, Familie und Sport gemeinsam zu erleben.

Effizienz ist ein Prinzip der Natur, welches auch im Sport enorm wichtig ist. Es geht darum, mit möglichst wenig körperlichem Trainings- bzw. Energieaufwand eine höchsteffiziente Trainingsgestaltung zu lancieren, um unnötige Belastungen und damit Übermüdung und unnötigen Energieverbrauch zu umgehen. Es geht auch darum, höchsteffizient zu regenerieren. Auch diesbezüglich ist jeder Mensch individuell. Wichtig ist, immer wieder neue Reize zu setzen und die Trainings neu zu kombinieren, was mich enorm faszinierte. Zu dieser Effizienz wurde ich natürlich mit dem Alltag von zwei Kleinkindern und durch den eigenen Betrieb ein wenig gezwungen. Die Unterstützung und Ressourcen in meinem Umfeld waren zudem sehr beschränkt. Es war mir auch nicht möglich, zwei Trainingseinheiten täglich zu absolvieren, wie meine «Konkurrenz», sondern nur eine. Es war für mich eine grossartige mentale und körperliche Erfahrung, dass ich mit einem verhältnismässig bescheidenen Trainingspensum dennoch eine hohe Leistung zu verbringen mochte. Mir standen sozusagen jede Woche sieben bis neun Stunden für die sechs Trainingseinheiten zur Verfügung. Es lag an mir, die Qualität darin ständig so zu verändern, dass ich mit gleichbleibender Quantität mehr Qualität und damit eine Leistungssteigerung anpeilen konnte und in späteren Kaderjahren ein internationales Leistungsniveau halten konnte.

Burnouts kommen auch im Leistungssport vor, insbesondere dann, wenn Menschen für ihr Talent alles andere aufgeben – beispielsweise auch Freunde – und nicht auf ihr Herz hören und die Herzimpulse ignorieren. Das führt früher oder später immer zu einem chronischen Energieverlust. Sobald nur noch die körperliche Entwicklung im Vordergrund steht, kann es innerlich zu Unstimmigkeiten führen. Diese Erfahrung machen viele Ausdauersportler. Der Körper zeigt bald Symptome. Werden diese übersehen, zieht er die Notbremse, z.B. bei einem der bekannten Übertrainingssymptome wie chronische Müdigkeit, Ermüdungsfrakturen, Verletzungen generell, Infektanfälligkeit (insbesondere Pfeiffersches Drüsenfieber).

Zu Beginn des einundzwanzigsten Jahrhunderts war ich noch eine Exotin als erfolgreiche Leistungssportlerin mit zwei Kindern. Heute ist auch das bereits normal und nichts Aussergewöhnliches mehr, was ich ebenfalls als spannende Entwicklung unserer Gesellschaft mit der heutigen Zeitqualität erachte. Die mentalen Grenzen und Selbstlimitierungen wurden gesprengt und heute sind viele Spitzensportlerinnen insbesondere im Ausdauersport gleichzeitig Mami und stehen oftmals noch als vierzigjährige Frauen erfolgreich im internationalen Wettkampfgeschehen. Vor dreissig Jahren hätte man das wohl noch keiner Frau zugetraut – und auch keinem Mann. Wenn der Sport und die Kinder jedoch die eigene Berufung sind, sind immer herzbasierte Wege und ist auch stets die entsprechende Energie vorhanden.

Auch im Sport ist mit der heutigen Zeitqualität nichts unmöglich, was sich anhand der Leichtathletik-Weltmeisterschaft in Doha 2019 gut illustrieren lässt: Mehrere achtzehnjährige Jahrhundert-Talente drängen an die Weltspitze und gleichzeitig wird beim Frauenmarathon Platz drei und vier von neununddreissigjährigen Frauen besetzt. Allein in den letzten zwanzig Jahren sind unheimlich viele limitierende Denkweisen und Sportphilosophien über den Haufen geworfen worden. Das Herz, der Lebensplan und die Zeitqualität spielen auch hier die entscheidende Rolle. Talente sollen gelebt werden, denn sie enthalten wichtige Lernprozesse.

Beim Schreiben dieses Kapitels habe ich mich zum ersten Mal gefragt, warum ich während fünfundzwanzig Jahren die fast tagtäglichen Trainings und die damit verbundenen Strapazen auf mich genommen habe. Eine Frage, die sich mir früher nie stellte, weil ich ja sehr viel Aufbauendes, Schönes erlebte, welches das Anstrengende relativiert hatte. Hätte ich das Talent nicht gelebt und der Bequemlichkeit den Vortritt gelassen, hätten die Lernprozesse auf eine andere Art und Weise in mein Leben gefunden. Vielleicht hätte mich eine Krankheit eingeholt, durch welche ich genau dieselben inneren und körperlichen Prozesse vorgesetzt bekommen hätte, nur wäre die Bewältigung bestimmt nicht so stimmig verlaufen. Es lohnt sich immer, den Herzimpulsen zu folgen und andere Menschen in deren Prozessen auch zu unterstützen und zu begleiten. Das Herz ist somit auch im Sport der Erfolgsfaktor Nummer 1.

Körperliche Bewegung wird also auch weiter mein Leben begleiten, in welcher Form auch immer. Mein Tempo beim Laufen lege ich mittlerweile jedoch nur noch im konditionserhaltenden Bereich. Meine Ansprüche hinsichtlich Leistungsentwicklung sind körperlicher Lebensqualität gewichen. Adäquate Bewegung gehört wie bei vielen Menschen zur Lebensphilosophie. Allerdings könnte ich mich für das leistungsorientierte Training aktuell nicht mehr motivieren, da sich die Lernprozesse und damit auch die Prioritäten in meinem aktuellen Dasein geändert haben. Es ist wunderbar, etwas Schönes mit innerer Stimmigkeit wieder abzuschliessen, und nicht durch Dauerverletzungen oder fehlende Motivation zu einem Rücktritt gezwungen zu werden.

61

Herzethik in Landwirtschaft und Entwicklungshilfe

Genau wie jeder Mensch eigene Ressourcen und Begabungen hat, so verfügt jedes Land über eigene Ressourcen, über eine eigene Kultur, Wertvorstellungen, Gesetze und Strukturen und insbesondere über ganz bestimmte topographische Verhältnisse. Somit sind herzbasierte, nachhaltige und lebensfördernde Massnahmen für jedes Land sehr individuell. In diesem Kapitel ist die Schweiz mit ihrer individuellen Ausgangslage in Bezug auf die Landwirtschaft gemeint. Die Schweiz im Herzen Mitteleuropas, grundsätzlich unabhängig von der EU, ist in vielerlei Hinsicht viel freier, insbesondere mit dem System der Direktzahlungen an die Landwirtschaft. Das System zeigt sich geradezu prädestiniert, Änderungen und Neuausrichtungen relativ schnell umzusetzen.

Antibiotika ist ein wichtiges Thema in der Landwirtschaft. So landen jährlich tausende von Tonnen davon insbesondere in den Obstkulturen. Dies allein, um mehr Ertrag zu erwirtschaften. Im Gegenzug steigen die Antibiotikaresistenzen, indem sich panresistente Superkeime entwickeln, denen die Medizin machtlos gegenübersteht. Der Erfinder des Penicillins, Nobelpreisträger Alexander Fleming, warnte bereits vor fünfzig Jahren vor entsprechenden Resistenzen. So zeigt sich, dass die Sektoren Medizin und Landwirtschaft völlig unabhängig voneinander im Labyrinth wirkten, ohne zu bemerken, welche Auswirkungen damit verbunden sind.

Das Problem ist virulent, denn es betrifft uns alle – und zeigt nur ein Beispiel von Umweltzerstörung, welche in den Entwicklungsländern gar nicht stattfindet. Dort existieren auch ganz viele Zivilisations-Krankheiten nicht wie z.B. Herz-Kreislauferkrankungen oder Stoffwechselerkrankungen wie Diabetes. Wir dürfen demnach gerne unsere eigenen Baustellen begutachten und nach Lösungen suchen, bevor wir jährlich Milliarden von Geldern in Entwicklungshilfe pumpen, bezüglich derer gemäss Studien bekannt ist, dass davon ein gewaltiger Teil allein in der Administration landet.

Von den hunderttausenden an Tonnen Pestiziden, Totalherbiziden, Fungiziden und Düngemitteln, die allesamt in unseren Böden und somit im Grundwasser landen, haben wir noch gar nicht gesprochen. Dazu ein kleines Beispiel: Ein normaler Apfel wird, bis er im Verkauf bereitsteht, durchschnittlich sechsundzwanzig Mal mit verschiedenen Schädlingsbekämpfungsmitteln bespritzt. Es ist kaum auszudenken, welche Interaktionen die ganzen Stoffe in unseren Körpern mit anderen Giften wie Medikamentenrückständen, Lebensmittelfarbstoffen, Zusatzstoffen oder Mikroplastik anrichten. Ich möchte Sie mit den Tatsachen an dieser Stelle gar nicht erst konfrontieren, denn sie sind in Wahrheit noch viel erschreckender, als offiziell bekannt ist. Allerdings sind wir schlussendlich alle betroffen und es zeigt ganz deutlich, dass wir in unserer Zeit die Augen vor den Tatsachen nicht verschliessen dürfen, ohne dabei jedoch in eine Opferrolle zu fallen. Dafür tragen wir alle die Verantwortung. Wir brauchen eine Kreislaufwirtschaft, die sich nicht gegenseitig vergiftet und zerstört, sondern gegenseitig aufwertet. Wir brauchen ein Labyrinth, in welchem sich die Sektoren gegenseitig weiterbringen und nicht limitieren. Die Zeiten der gegenseitigen Limitierung sind vorbei.

Vielmehr geht es im Jetzt darum zu handeln. Der dramatische Rückgang von Insekten ist nur einer der Gründe und damit verbunden ist der Umstand, dass in der Schweiz vierzig Prozent der Vogelarten vom Aussterben bedroht sind. Die Böden sind schwer belastet durch die intensive Überdüngung an Nitraten und Giften aller Art. Damit einher geht eine gewaltige Zerstörung der Mikroorganismen in unseren Böden, die wiederum anderen Tieren an Nahrung fehlen. Monokulturen und schwere Landmaschinen leisten zur Zerstörung der Mikroorganismen einen zusätzlichen Beitrag. Wir verkennen, dass die Böden, wie jedes Lebewesen,

Erholung brauchen. Sie benötigen Regeneration, damit sich die Mikroorganismen als Teil des Ökosystems wiederaufbauen können. Dasselbe gilt für das Grundwasser.

Die geradezu vorteilhafte Lage der Schweizer Landwirtschaft mit dem System der Direktzahlungen dient als vorzügliches Instrument, die Landwirtschaft innerhalb kürzester Frist von hochintensiver Nutzung zurück zu mehr Biodiversität zu führen. Ansätze laufen bereits, doch reicht dies nicht. Studien belegen, dass, würde die ganze Schweizer Landwirtschaft auf Bio umstellen, dies dreissig Prozent weniger an Erträgen gäbe, aber die Schweizer könnten mehr als gut damit leben. Die Bevölkerung kann diese Bioabsätze fördern, indem sie den entsprechenden Konsum fördert und den Fleischkonsum verringert. Die massive Futtermittelproduktion für die Tiermast ist mitverantwortlich für den Welthunger.

Der Wandel macht auch vor der Landwirtschaft nicht Halt. Mit dem klareren Umweltbewusstsein, den aufkommenden Klimadebatten, der steigenden Nachfrage nach Bioprodukten, Biodiversität und ökologischer Nachhaltigkeit sind kritisches Hinsehen, Analysieren und konstruktives Handeln gefordert. Gefragt ist Offenheit für neue kreative Ideen, insbesondere Konzepte, anhand derer das mangelnde Umweltbewusstsein und bewusste Konsumieren der Menschen gefördert und damit die Haltung bzw. Wertvorstellung verändert wird.

Den Bauern bieten sich in der Vielfältigkeit der Schweiz viele Marktchancen. Als Stichworte seien Erlebnisbauernhöfe und Agrotourismus als wunderbare Alternative zum Ausgleich des Ertragsausfalls bei extensiver Bewirtschaftung der Landwirtschaft erwähnt. Damit einher geht für den Landwirt ein geringerer Arbeitsaufwand und eine Abnahme des Drucks (+). Warum soll nicht eine Ferienwohnung auf dem Betrieb angeboten werden, die auch über Wochen für Auszeiten, Sprachaufenthalte, Mitarbeitende auf dem Hof, für Feriengäste und eine steigende Anzahl an Pensionären genutzt werden kann. Viele Kinder aus der Stadt wissen nicht mehr, woher die Milch stammt, wie eine Karotte wächst, wie Tiere leben und wie das Fleisch produziert wird. Es ist ihnen auch unbekannt, dass es unglaublich viele Kräuter und Heilpflanzen gibt, womit sich eine Marktchance im Anlegen von Kräutergärten und der Pflege der Phytotherapie eröffnet. Hofläden entstehen laufend bereits seit Jahren. An geeigneten Orten könnten Partyräume eingerichtet werden, die sogar für Sportkurse, Musikkurse, Lesewochen, Kreativwochen, Wanderwochen oder Seminare für Business-Leute dienten. Solche Ideen sind wiederum abhängig vom Herzimpuls des Landwirts oder der Landwirtin. Auch Betriebsgemeinschaften haben den Vorteil, dass sie ihre Infrastruktur und den Maschinenpark stark reduzieren und dadurch für geregeltere Arbeitszeiten sorgen könnten.

Die Landwirtschaft gehört in der Schweiz zum grössten Wasserverbraucher. Die zunehmende Trockenheit führt auch hierzulande zu einem Umdenken. Der Weg hin zu hitzebeständigen Getreidesorten und ein Reduzieren des Anbaus von stark Wasser verbrauchenden Pflanzen wird immer wichtiger. Der Wald ist weltweit wichtigster Eliminator von Kohlenstoffdioxid und gleichzeitig ein entscheidender Wasserspeicher. Die Aufforstung von Wäldern muss überall auf der Welt, wo immer möglich, rasch stattfinden. Die massive Abholzung und die unvorstellbaren weltweiten Brandrodungen in den letzten hundert Jahren sind mitursächlich für einen rasanten Klimawandel. Der Wald ist unsere grüne Lunge – der Klimaregulator Nummer 1.

Ohne das ökologische Bewusstsein wird die Gesellschaft nicht anders konsumieren, sie wird nicht gesünder essen und sie wird vor allem viel mehr physisch und psychisch erkranken, was wiederum Kosten verursachen wird. Wir brauchen eine neue Generation von Menschen, welche sich mit Technik, Industrie, Mensch, Tier, Pflanzen und dem ganzen Planeten in Verbindung sieht, welche die Komplexität zumindest ansatzweise versteht. Wir brauchen Kinder, denen es gegen das Herz geht, dass Tiere getötet werden müssen, nur um ein Stück Fleisch auf dem Teller zu haben. Wir brauchen eine Generation von Menschen, die mit der Natur mitfühlen und Aktionen ins Leben rufen, die das Leben auf diesem Planeten fördern und nicht zerstören.

Wenn Landwirte, egal ob Gemüse-, Wein-, Obst-, Acker- oder Bergbauern, eine Wohnung anbieten könnten, für Feriengäste oder für Menschen die eine längere Auszeit brauchen, für Alleinerziehende, dann ist dies energetisch gesehen für alle eine Win-win-Situation: für Behinderte und sozial Benachteiligte, aber auch für die unglaublich grosse und wachsende Anzahl an Pensionären, die noch sehr fit sind und gerne einmal entschädigungslos ein paar Wochen bei einer Obst- oder Weinlese mithelfen und dazu vielleicht gerade noch eine Fremdsprache lernen; oder für Menschen, die sich einmal einen Bergsommer gönnen möchten und damit wieder eine andere Perspektive auf ihr Leben einnehmen dürfen. Agrotourismus kann die Begegnung und das soziale Miteinander als inneres Wachstum hinsichtlich Gesundheit und Umwelt generationenübergreifend fördern.

Biohöfe könnten Gemüseservices anbieten und einmal wöchentlich eine Kiste saisonales Gemüse und Früchte in nahegelegene Haushalte liefern, ohne Plastikabfall versteht sich. Auch hierfür werden freiwillige Helfer benötigt.

Grosse Gutshöfe haben die Möglichkeit, sich als Erlebnisbauernhof mit Schulen zusammenzuschliessen, um genau dieses Bewusstsein der nächsten Generation zu fördern. Gleichzeitig fördert dies die Erdung der Kinder und die Freude am Leben und deren Ausgeglichenheit, was sich wiederum positiv auf ihre Familien und die Schule auswirkt. Auf Höfen sind Kinder immer in Bewegung und lernen unglaublich viel durch reines Beobachten.

Generell könnte der Agrotourismus als Chance für eine reizüberflutete, gestresste Gesellschaft werden, die sich nach frisch gemähtem Gras sehnt, nach ein wenig sinnvoller Handarbeit, abseits von Bildschirmen und Medien. Menschen, mit einem wachsenden ökologischen Bewusstsein, welche die Ruhe der Natur für eine integre innere Entwicklung dringend benötigen; eine Entwicklung, die sich wiederum auf das ganze Umfeld und die ganze Gesellschaft auswirkt. Jeder Hof hat mit seiner individuellen Gastgeberfamilie ein individuelles Erlebnis anzubieten. Jugendliche könnten – am besten mit ihren Eltern – vermehrt in den Landdienst geschickt werden, um etwas Naturnahes zu erleben. Dadurch könnte den Menschen vieles – von der Forstwirtschaft bis zu Wasserprojekten – nähergebracht werden.

Aufforstungsprojekte werden nicht nur Schulklassen begeistern, sondern ganze Unternehmen, Sozialbezüger oder Pensionäre. Etwas innerlich Erfüllenderes als in unserer Zeit der dramatischen Klimaveränderung entgegenzuwirken und mit Liebe junge Bäumchen zu pflanzen, kann es kaum geben. Die Regierungen aller Länder sind aufgefordert, der Bevölkerung Land zur Verfügung zu stellen, welches ab sofort bepflanzt werden kann. Weil das Klima uns alle betrifft, muss Entwicklungshilfe zwingend in diese Richtung gehen. Klimaschutz ergibt sich nicht nur durch den Verzicht auf Flugreisen. Mit genügend Wald wird die zunehmende Wasserknappheit ebenfalls natürlich reguliert.

Zubetonierung raubt Lebensenergie der Schweiz

In der Schweiz fallen tagtäglich acht Fussballfelder an Grünfläche dem Strassen- und Wohnungsbau zum Opfer. Damit wird viel Leben und werden viele Ressourcen vernichtet. Die Reichweite der Zerstörung von Ökosystemen kann ein Mensch mit dem dreidimensionalen Bewusstsein kaum erfassen. Durch das Absterben von natürlichem Erholungsraum für die Menschen wird auch die Energie unserer Erde reduziert. Allerdings könnten wir diese Reduktion durch unsere eigene Energie kompensieren; dies allenfalls, indem wir mit integrer Energie Wohnraum erschaffen. Lebensraum für uns Menschen zu entwickeln, ist nicht per se unethisch.

Abgesehen von der energetischen Möglichkeit, der Zubetonierung der Schweiz entgegenzuwirken und alle Generationen zu mehr ökologischem Bewusstsein heranzuziehen ist es auch entscheidend, Leben zu schaffen anstatt zu zerstören. Konkret könnten z.B. Gemüse- oder Blumengärten in Stadtquartieren angelegt werden, Biowiesen oder Biotope anstatt gedüngter Rasen. Heilpflanzengärten, Kräutergärten, ein Bienenhaus oder ein Weingut könnten gemeinsam bewirtschaftet werden. Weitere Ideen sind: Hochbeete auf Betonterrassen von Unternehmen und öffentlichen Plätzen, Biotope, Schattenbepflanzungen, schattenspendende Bäume – allesamt gepflegt von in den Gebäuden arbeitenden

Menschen. Solche Aktionen lassen die Menschen, ob Banker, CEO oder Key Account Manager, erfahren, dass das Leben nicht vom Himmel fällt und wir nicht von Aktienkursen und Börsengewinnen leben. Alle stehen in der Verantwortung, der Natur respektvoll Sorge zu tragen. Die Möglichkeiten sind da, aber es braucht auch uns alle, insbesondere die Regierungen, ab sofort ins Handeln zu kommen. Auch hier geht es darum, einen Anfang zu machen, klar herzbasiert Position zu beziehen, nicht einfach wegzusehen und zu denken: «Mich geht das nichts an.» Oder: «Die anderen machen das schon.»

Erholungsraum in der Natur zur Verfügung stellen

Die Schweiz ist ein unheimlich vielfältiges Land mit wunderbarer Natur. Zudem leben wir in der Zeit, in welcher sich die finanziell stärkste Generation im Pensionsalter befindet. Viele Schweizer verfügen somit über einen Zweit-Wohnsitz oder eine Ferienwohnung in einer erholsamen Gegend in den Bergen, an einem See oder gar im Ausland. Viele dieser Wohnungen sind sehr selten bewohnt und stehen über einen grossen Zeitraum leer. Im Gegenzug gibt es auch in der Schweiz viele Familien, für welche Ferien nicht möglich sind, obwohl ihnen ein Urlaub sehr viel Erholung (+), Freude und Erlebnis (+) bieten würde. Viele Alleinerziehende, sozial Benachteiligte, chronisch Kranke sind froh, wenn sie überhaupt ihre Rechnungen bezahlen können.

Auch in diesem Bereich gäbe es also eine Möglichkeit, Win-win-Situationen zu schaffen. Dies, indem Freiwillige Plattformen betreuen, welche solche Gratisferienwohnungen vermitteln. Die Eigentümer solcher Wohnungen dürfen ihre Skepsis (-) und Erwartungshaltung (-) ein wenig loslassen und der Bedingungslosigkeit (+) Platz machen. Noch besser gehen sie gar selbst auf die Suche nach Familien, denen sie regelmässig die Wohnung zur Verfügung stellen. Vielleicht kann insbesondere für Familien auch einmal ein kostenloser Haustausch für Ferien in einer anderen Gegend oder gar in einem anderen Land als Option in Erwägung gezogen werden.

Entwicklungshilfe

Um Entwicklungshilfe zu leisten, ist es nicht zwingend notwendig, in Entwicklungsländer zu reisen. Zuerst erfolgt die Entwicklungshilfe bei uns selbst. Wir dürfen auf das phänomenale Potenzial hoffen, welches sich durch Herzarbeit in allen Segmenten der Gesellschaft entwickeln kann. Armut hat viele Gesichter, insbesondere im zivilisierten Mitteleuropa. Hier grassiert weniger die materielle Armut oder die Bildungsarmut, sondern viel mehr die seelische Armut, ausgelöst durch genau die einseitige, rationale, herzlose Bildung. Naturvölker sind oft glücklicher und zufriedener mit viel weniger materiellem Einfluss, Digitalisierung, Über- und Fehlernährung. Sie sind kulturell und sozial viel besser eingebettet. Insbesondere sind sie freier in der Entfaltung ihrer Wahrnehmungen und der Herzaspekte, welche uns bereits in der herkömmlichen Volksschule grösstenteils abtrainiert und wir dort zu einem egobasierten Leben erzogen werden.

Einmal abgesehen von der direkten humanitären Hilfe in Notsituationen wie Erdbeben mit Sachhilfen können wir nicht wirklich von Entwicklungshilfe reden. Gelder für die sogenannte Entwicklungshilfe jedoch, für welche die Schweiz in den letzten dreissig Jahren zwischen drei bis fünf Milliarden Franken jährlich ausgegeben hat, sind laut unabhängigen Studien zu achtzig Prozent in die Verwaltungsapparate geflossen. Studien zeigen zudem: Die Armut und der Hunger der Weltbevölkerung hat sich nicht verringert, nur verlagert. Schulen und angebliche Bildung haben mehrheitlich dazu geführt, dass eine Abwanderung der jungen Menschen in die Städte erfolgt. Dorf finden viele keine Arbeit und landen nicht selten perspektivlos in der Kriminalität. Während die Städte mit der Zuwanderung überfordert sind, fehlen die Arbeitskräfte zu Hause in den Dörfern, wo praktisch alle Menschen beschäftigt werden könnten. Dies ist für mich ein Beispiel für Deregulierung anstatt Förderung der Potenzialentfaltung.

Wenn wir dazu noch berücksichtigen, dass kein afrikanisches Land am weltweiten Kapitalmarkt beteiligt ist, wissen wir, warum Drittweltländer in unserer Abhängigkeit stehen. Aus unserer Sichtweise bezeichnen wir diese Länder als arm und drängen sie in die Opferrolle (-). In Wahrheit jedoch sind genau diese Bevölkerungsgruppen einiges freier in ihrer Prägung, um ihr eigenes Potenzial zu entfalten.

Tatsächliche Entwicklungshilfe läuft über Bewusstseinsarbeit, wodurch auch diese Menschen zu ihrem phänomenalen Potenzial finden würden, und zwar in ihrem Tempo, mit ihren Ressourcen, mit ihrer Kultur und mit ihrem Seelenplan. Sie könnten sich dadurch selbstverantwortlich aus der Opferrolle befreien. Sie finden auch ohne Geld zu Wegen, wie sie sich gegenseitig helfen und unterstützen können, ohne Abhängigkeiten und Ressourcenverbrauch.

Einige Inselstaaten wie beispielsweise Kuba finanzieren sich vollständig selbständig. Kuba hat sich das Sozialkapital ohne Staatsanleihen finanziert. Die Kubaner sind ein unabhängiges, sehr lebensfrohes, friedliches Volk mit hoher Lebenserwartung trotz miserablem Gesundheitssystem. Auffällig ist zudem, dass sie bei Wirbelstürmen oder Erdbeben kaum Hilfe von aussen benötigen. Sie wussten sich selbst zu helfen und haben landesweit Schutzmassnahmen eingeführt. Dies ist in anderen karibischen Staaten nicht der Fall. Kuba ist ein schönes Beispiel für Selbstverantwortung, Selbstkompetenz und Selbstversorgung, ohne Abhängigkeiten. In diesem Beispiel zeigt sich eine gelebte Herzkultur mit wenig Stress und Druck, jedoch mit viel Lebensfreude.

Zurzeit sind es mehrheitlich die zivilisierten Länder, welche Ressourcen wie z.B. Lithium oder Kupfer für digitale Geräten und Batterien verbrauchen. Wir Menschen in den westlichen Ländern sind die Verbraucher der Ressourcen der Drittweltländer. Als Gegenleistung könnten wir zur Stabilität des Klimas und der Wasserknappheit beisteuern, indem wir massiv aufforsten, insbesondere in denjenigen Weltregionen, in welchen der Wald am schnellsten wächst.

62

Jeder Mensch ist richtig und wichtig

Alle Menschen befinden sich in Lernsituationen. Niemand ist allein auf diesem Planeten, kein Mensch muss in Abgeschiedenheit leben, um authentisch zu sein, so wie er ist. Es entspricht kaum dem natürlichen Wesen, in Isolation zu leben. Trotzdem können Lebenserfahrungen in Abgeschiedenheit wichtig sein, beispielsweise als Rückzugsort, um die eigene Mitte zu finden, sich aus dem Schnellzug des Geschehens auszuklicken. Führt Rückzug zu Klarheit, zu innerer Erfüllung, zu Ruhe, ist es die richtige Zeit dafür. Stellt der Rückzug die Flucht vor der Welt, vor sich selbst, vor anderen Menschen dar, dann führt diese Abgeschiedenheit früher oder später unweigerlich in die Einsamkeit (-). Fühlbar ist dies dadurch, dass die innere Stimmigkeit fehlt und auch andere Dinge oder andere Menschen vermisst werden.

Sobald wir uns von unseren Mitmenschen zurückziehen, werden wir weniger mit ihnen und den Tücken des Lebens konfrontiert und fühlen uns somit geschützter. Das Fatale dabei ist jedoch, dass wir uns durch die Begrenzung selbst die Möglichkeit nehmen, das Positive und Liebevolle zu erfahren. Wir entziehen uns unter Umständen gar der Verantwortung, hier auf der Erde unsere Berufung zu leben. Begrenzung, Abgrenzung und Wege des geringsten Widerstandes zählen bekanntlich nicht zu den konstruktiven Herzwegen.

Das Leben und damit die Liebe und das herzbasierte Handeln eines jeden Menschen werden hier gebraucht. Jeder Mensch, jedes Wesen ist ein Puzzleteil in diesem grossen Gefüge mit einem phänomenalen Potenzial. Jeder hat eine ganz individuelle Form und passt irgendwo hin. Die Wege sind oftmals nur deshalb schwierig, weil sie nicht durchschaut werden.

Niemand ist in der Hälfte seines Lebens soweit, dass er sagen könnte, er habe seinen Teil erfüllt und dürfe sich die nächsten zwanzig Jahre zurücklehnen. Einen solchen Gedanken kann nur der Verstand hervorbringen; das Herz hingegen hüpft geradezu vor freudiger Entwicklung und lässt keine Sekunde unnütz als Mensch verstreichen. Unser Seelenplan ist so ausgelegt, dass es uns bis zum Ende unseres Lebens nicht langweilig wird. Es geht darum, die komplette Vergangenheit bedingungslos in Liebe zu respektieren, den Opferrollen zu entfliehen und das Leben nach dem eigenen Kompass wieder selbst zu bestimmen und jeden Morgen von Null auf herzbasiert zu steuern. Wir dürfen erfüllt von Dankbarkeit dafür sein, hier als Mensch mit einem unglaublichen Schöpferpotenzial, welches wir in dieser Zeit entfalten dürfen, geboren zu sein. Wir wären nicht hier, wenn wir nicht so viele Qualifikationen und die entsprechende Reife mitbringen würden. Welche Ehre, welches unbeschreibliche Glück, als Mensch hier inkarniert zu sein und diese Welt wieder ein Stück mit der eigenen schöpferischen Energie zu durchlichten, egal, wo und wie und wie lange wir hier sind. Eines ist gewiss: Wir bewegen mit unserem individuellen Dasein die Welt. Unabhängig in welchen Rollen, sind wir alles Herzmenschen. Lassen Sie uns dies wahrhaftig ausstrahlen und ein herzhaftes «Ja» ins Universum schicken; ein «Ja», das sagt: «Mein Wirken soll meinem und dem höchsten göttlichen Wohl aller dienen.»

Denn sobald wir klar Position zum Licht signalisieren, wird uns wirklich alles zugeführt, was wir zur Erfüllung unseres Lebensplanes brauchen: die richtigen Menschen, die nötigen Informationen und Impulse, Ressourcen und sofern nötig, auch finanzielle Mittel. Damit tragen wir mit unserer individuellen Berufung auch die Verpflichtung und die Verantwortung, alles zum höchsten göttlichen Wohl einzusetzen.

Man darf sich ruhig vor Augen führen, dass all die Menschen im Umfeld, ob Engel oder Bengel, richtig und wichtig sind und nicht per Zufall da sind. Wir dürfen Dankbarkeit und Respekt zeigen, dass sie unser Leben begleiten, dass sie sich entschieden haben, uns herauszufordern und zu schleifen, um damit Aspekte in uns zur Transformation sichtbar zu machen. Wir dürfen Respekt und Dankbarkeit an diejenigen Menschen richten, die uns unmissverständlich und direkt aufzeigen, an welcher Stelle unsere individuellen und globalen Themen liegen. Danke an alle, die mit ihrem herzbasierten Dasein einstehen und damit zeigen, dass Gewalt in allen Formen niemals die Lösung für Konflikte darstellt. Danke an all die Kinder, die uns auf so wunderbare Weise den herzbasierten Weg der Zukunft, die evolutionäre Entwicklung immer wieder erneut aufzeigen.

In unserem Dasein ist der herzbasierte Weg das Ziel. Das Lebensziel selbst bleibt unbekannt, was wohl das Spannendste und Herausforderndste im Leben darstellt. Im Leben verhält es sich generell so, ob mit Kindern, mit Partner, im Beruf, wir wissen nicht, wohin dieser Lebenszug fährt und was er noch für uns bereithält. Doch bleibt die Gewissheit allgegenwärtig, dass wir mit unserer ganz persönlichen Energie die Richtung jederzeit selbst bestimmen und damit über Krieg und Frieden in und um uns entscheiden. Sobald wir eine Herzethik leben, kommt alles so, wie es kommen muss, im Bewusstsein, dass wir mit unseren Herzimpulsen und unserer Intuition aus dem Jetzt die Zukunft steuern.

Befassen dürfen wir uns auch mit unseren tatsächlich vorhandenen Grundwerten, den integren Herzenergien, worauf die Herzethik gründet. Wo beginnt ein Verbrechen an der Menschlichkeit? Beginnt dieses womöglich schon dort, wo Kinder und Erwachsene gewaltsam und damit gegen die Natur aus dem Herzen gerissen werden, um in ein egobasiertes Bildungssystem zu passen? Beginnt ein Verbrechen an der Menschlichkeit dort, wo Männer gegen ihren freien Willen zum Töten ausgebildet werden? Beginnt es dort, wo hunderttausende von Tonnen Antibiotika, Nitrate, Pestizide in die Umwelt gelangen und damit auch das Grundwasser verunreinigen und Menschen gefährden? Beginnt das Verletzen der Menschlichkeit nicht schon dort, wo wir Mann, Frau und Kind nicht auf Augenhöhe betrachten?

Wir sind in vielen Dingen unserer Gesellschaft so überholt und gegen urnatürliche Prinzipien unterwegs, dass wir dies nicht einmal mehr bemerken oder einfach wegschauen.

63

Herzethik als Staatsethik

Wir sind alles Herzmenschen, die sich aktuell gerade von der egobasierenden, rationalen und machtdominierenden Sandkastenethik verabschieden und sich selbstverantwortlich auf dem Weg zu einer Herzethik befinden, individuell, als Gesellschaft, als Nation und kollektiv als Menschheit. Je deutlicher wir die wahren Werte des Menschen, seine integren Energien, und die Ethik, die damit verbunden ist, wieder erkennen, erscheinen die bisherigen «Normen» einer veralteten Systemdenkweise zunehmend behindernd und selbstlimitierend, da sie nicht mehr dem aktuellen Zeitgeist entsprechen. Festgelegte Richtlinien, Grenzwerte und Gesetze auf allen Ebenen erfordern zusehends eine Anpassung.

Wir alle haben in vergangenen Leben schon alles Mögliche und Unmögliche überstanden und gelernt, obwohl wir bestimmt auch schon mehrfach umgebracht wurden und – damals noch mit einem niedrigeren Bewusstsein – mit gutem Gewissen Weltkriege geführt hatten. In diesem Punkt scheint die Menschheit von der wahren Essenz Mensch unfassbar weit entfernt. Krieg wird heute nicht einmal mehr hinterfragt und bleibt vom gestressten Mainstream unberührt. Die Opfer des Krieges werden meist ohnmächtig bemitleidet oder bedauert (-). Doch wodurch ergeben sich solche Kriegsschauplätze überhaupt? Wie durchtrieben sind Staatsmächte, die Menschen für Kriege ausbilden? Durch Gehorsam (- - -) und Idealisierung in der Militärausbildung werden das Herz und der freie Wille eines Soldaten so weit in eine Ecke gedrängt und das Ego dermassen aufpoliert, dass Töten unter dem Deckmantel von Kameradschaft und Landesverteidigung plötzlich legitim wird, keine Strafverfolgung droht und damit weder Einsicht noch ein schlechtes Gewissen entstehen. Ist nicht bereits diese

Manipulation ein Verbrechen an der Menschlichkeit? An dieser Stelle möchte ich den Ausdruck Im Krieg und in der Liebe ist alles erlaubt korrigieren. Wenn wir eine Herzethik leben wollen, dann heisst es allein:

In der Liebe ist alles erlaubt.

In der wirklichen Liebe gibt es keinen Krieg. Alles, was aus einem Herzimpuls mit einer integren, positiven Energie gemacht wird, wirkt sich auch positiv für das Individuum und sein Umfeld aus. Im ersten Moment mag eine Handlung möglicherweise nicht für das ganze Umfeld verständlich sein oder positiv wirken, jedoch schubst vielleicht eine Handlung das Umfeld ein wenig in sein Potenzial, wodurch es ebenfalls positiv bewegt wird.

Politische Neutralität

Sind die Gesetze zur Landesverteidigung überhaupt noch zeitgemäss und nicht längst überholt? Die nachhaltigste Landesverteidigung mit dem heutigen Zeitgeist und der aktuellen Zeitqualität zeigt sich durch politische Neutralität und durch eine integre Energie der Bevölkerung als energetischer Schutzschild. Dafür braucht es weder Kampfjets noch Waffen, sondern Weisheit und wahre Intelligenz aus dem Jetzt. Genau wie für jeden einzelnen Mensch die individuelle Energie den eigenen Schutzschild darstellt, so verhält es sich im Grossen. Hat nicht genau die Rolle der Schweiz im Zweiten Weltkrieg gezeigt, dass sie durch Neutralität unter Schutz stand, obwohl rund um die Schweiz Krieg herrschte? Auch damals stand ein Licht-Zeichen am Schweizer Himmel: die schützende Hand des Heiligen Bruder Klaus. Die Generation meiner Eltern hat das noch miterlebt. Wir dürfen auf die Lichtkräfte vertrauen, denn wir erhalten Hilfe, wenn wir mit unserem freien Willen unmissverständlich Position beziehen, um herzbasiert und integer aus dem Jetzt in die Zukunft zu arbeiten. Auch was ganze

Nationen betrifft, dürfen wir ins Vertrauen kommen und unmissverständlich für Neutralität und zur Abrüstung Position beziehen.

Es kommt die Zeit, in welcher es keine Friedenverträge und Abkommen mit anderen Nationen mehr brauchen wird, weil sich alles ganz selbstverständlich organisiert und sich die Menschen herzbasiert ihrer Phänomenalität widmen dürfen. Durch die dadurch bewirkte Regulierung wird die systembedingte Deregulierung auf eindrucksvolle Art und Weise in jedem Bereich der Gesellschaft in ein natürliches, lebensbejahendes Gleichgewicht gebracht.

Noch im letzten Jahrhundert haben wir erlebt, was Macht und Gewalt bedeuten, die von einzelnen Machthabern ausgehen. Jetzt dürfen wir auch erfahren, was es heisst, wenn Millionen von Menschen herzbasiert Verantwortung übernehmen und das Chaos regulieren.

Anstatt Krieg und Terror dürfen wir uns den Tierschützern, Friedens-, Klima- und Umweltaktivisten sowie den unzähligen Wandelbewegungen zuwenden, die zu Millionen jede Woche auf die Strasse gehen. Bei diesen Menschen handelt es sich keineswegs um Machtdenker. Von solchen Menschen geht nie Gefahr aus, denn sie stehen in der individuellen, humanitären, ökologischen und sozialen Verantwortung. Solche Menschen arbeiten mit viel Herzenergie, sehr oft auch im Stillen. Sie wissen sowohl um die Auswirkung von Herzenergie auf ihre Zellen, als auch um die Auswirkungen ins Kollektiv. Mit ihrer bewegenden Energie stellen sie jedoch eine Gefahr für das existierende, egobasierende, tiefschwingende, zerfallende System dar. Nicht selten werden die Protagonisten deswegen mit allen Mitteln in den Medien diffamiert. Doch die Zeitqualität ist zu bedeutend, als dass sie sich mundtot machen liesse.

Noch viele Menschen wirken mit egobasierten Machtgedanken und gestalten ihr Leben stets so, dass sich das Umfeld ändern soll, nicht aber sie sich selbst. Solange Machtgedanken (-) und Ängste (-) aus dem Ego die Basisenergie für das Denken und Handeln bilden, kann keine individuelle, soziale, humanitäre und ökologische Verantwortung aufkommen. Denn gleichzeitig eine positive und negative Energie auszustrahlen, ist nicht möglich.

Herzethik lässt sich nicht in einem Studium erlernen. Herzethik lässt sich nur erfahren, indem wir innerlich zulassen, dass sich unser Potenzial entfalten kann. Jedoch könnte Herzethik als Unterrichtsfach neu eingeführt werden. Gehen dürfen wir die Wege auf alle Fälle selbst, nach unserem freien Willen in unserem eigenen Tempo. Das Beschreiten des Weges liegt allein in unserer Verantwortung, in unserer Selbstkompetenz und in unserer eigenen Selbstermächtigung. Auch die Folgen davon tragen wir eigenverantwortlich. Durch diese Erkenntnis zeigt sich die Einzigartigkeit unseres Daseins als Herzmenschen mit einer unfassbaren Schöpferkraft. Der Prozess des Lernens in unserem Dasein ist erst dann beendet, wenn die feinstoffliche Seele den Körper verlässt. Wir dürfen also darauf vertrauen, dass alle Aufgaben zum richtigen Zeitpunkt an uns herangetragen werden und die Lösung immer in unserem Herzen zu finden ist. Was wir in diesem Leben nicht lernen, werden wir im nächsten Leben erfahren.

Wenn sich unsere Gesellschaft durch die transformierende Kraft der Herzenergie ändern und den Wandel hin zum Guten verwirklichen kann, so entwickelt sich die Sandkastenethik in allen Lebensbereichen hin zu einer Herzethik, die sich irgendwann als Staatsethik manifestiert. Eine kleine Nation wie die Schweiz, die selbständiger und in vielen Dingen unabhängiger als andere Länder ist, darf durchaus selbstbewusst voranschreiten, um als Nation Pionierarbeit zu leisten, damit fundamentale Veränderungen in Gang kommen können.

Jeder Herzmensch, der hier lebt, steht in einer Verantwortung, egal in welchem Beruf, in welcher Position, in welchem Alter. Vieles entwickelt sich aufgrund der Zeitqualität sehr schnell, auch in einer Partnerschaft, in Projekten, in Schulen, in Firmen, in der Gesellschaft sowie als Nation. Die Entwicklungschancen für lebensbejahende Projekte sind so gut wie noch nie. Lassen Sie sich überraschen, wie sehr das Universum mithilft, wenn die Spur erst einmal gefunden ist und in dieser Spur ein paar Herzmenschen zusammenwirken.

Eine Herzethik leben wir, wenn wir uns selbst und unseren Lebensplan verstehen und authentisch leben. Erst danach wird es möglich, den Lebensplan anderer bedingungslos zu respektieren und damit auch die Entwicklung unserer Gesellschaft, unserer Nation, unserer Welt konstruktiv zu begleiten.

Wenn wir im tiefen Vertrauen und im Fluss des Lebens stehen, wird uns alles zugeführt, was wir für die Umsetzung unseres Seelenplanes benötigen. Das können immaterielle, materielle Dinge oder gar Mitmenschen sein.

Herzethik beginnt damit, dass man sich als Individuum nicht dauernd mit anderen Menschen und deren Baustellen und Lebensplänen beschäftigt, sondern mit den eigenen. Allein durch diese Erkenntnis wird bereits die Energie angehoben. Dies gilt individuell, in der Gesellschaft und als Nation. Herzethik beginnt bei uns selbst, sobald wir zur Erkenntnis gelangen, dass all unsere herzfremden Probleme immer etwas mit uns selbst und einem mehr oder weniger grossen Mangel an Liebe zu tun haben.

Sobald wir verstanden haben, dass überall dort, wo uns etwas beschäftigt oder gar stresst, unsere eigenen Prozesse und somit Potenziale liegen. Dennoch unterliegt es stets unserem freien Willen, ob wir uns in den Themen weiterdrehen und stehen bleiben oder ob wir sie aktiv und liebevoll annehmen und transformieren. Damit durchlichten und heilen wir nicht nur ein Stück von uns selbst, sondern auch ein Stück der ganzen Menschheit. Sodann haben wir verstanden, dass wir uns Himmel und Hölle selbst erschaffen.

Wenn das der Vergangenheit Nachtrauern bedingungslosem Respekt gegenüber all jenen Dingen Platz macht, die in unserem Leben jetzt sind und gewesen sind, dann leben wir zusehends eine Herzethik.

Sobald wir unterscheiden können, dass Ego und Herz immer präsent sind, es uns dank der Herzimpulse und Intuition immer gelingt, uns nach dem Licht auszurichten, dann leben wir zusehends eine Herzethik.

Sobald wir anerkennen, dass uns unsere ganze Vergangenheit mit unseren Vorleben als Erfahrungsprozess dorthin gebracht hat, wo wir jetzt sind, nichts unnötig und nichts überflüssig, sondern alles wichtig und richtig war, dann respektieren wir bedingungslos unsere phänomenale menschliche Existenz.

Wenn wir egobasiertes Mangel-, Verlust- und Machtdenken mit der Gewissheit überwinden, dass es nie an etwas mangelt, sondern ein Meer von innerer Fülle an Liebe vorhanden ist, dann können wir humanitäre, soziale, politische und ökologische Verantwortung übernehmen.

Wenn wir Materialismus erlebt haben und uns wieder zurück zur Einfachheit entwickeln, haben wir integriert, dass immaterielle Dinge wie Liebe, Friede, wahre Intelligenz, Glück und Zufriedenheit nicht gekauft werden können, sondern wir und niemand anders dafür selbst verantwortlich sind.

Sobald wir verstehen, dass eben genau dann, wenn wir in dieser Welt reich beschenkt werden, wir auch die Verantwortung dafür tragen, unsere Talente und materiellen Gaben sinnvoll, lebensbejahend und konstruktiv einzusetzen, ohne es als Verpflichtung zu sehen, sondern aus tiefstem Inneren Herzprojekte unterstützen oder sogar in die Welt pflanzen, dann ist wieder eine Mauer abgebaut und eine Brücke der natürlichen Verbundenheit errichtet.

Sobald wir Erkenntnis darüber erlangen, dass Gewalt nicht mit Gegengewalt gelöst werden kann, dann sind wir wieder einen Schritt weiter in Sachen Herzethik. Wenn wir diesen Aspekt im Kleinen wie im Grossen leben, ist er integriert und wir werden fähig, Mitgefühl zu empfinden, da die Erfahrung bereits durchlebt wurde. Dadurch gelingt es, mit den desintegren Situationen nicht mehr in Resonanz zu treten, sondern einfach Licht auszusenden, im tiefen Verständnis, dass da ein Herzmensch im Mangel an Liebe lebt und sein phänomenales Potenzial noch nicht erkannt hat.

Erst wenn wir die Erkenntnis erlangen, dass durch Täter- und Opferrollen erlebte Erfahrungen auch ein enorm hohes Potenzial an innerem Liebespotenzial durch Verzeihen und Vergeben beinhalten, sind hohe Herzaspekte aktiviert.

Wenn wir Kinder so begleiten, dass sie bewusstere Wesen sind als wir selbst und das gegenseitige Lernen stattfinden darf, dann erstellen wir einen entscheidenden Grundpfeiler dieser Gesellschaft für eine lebensbejahende Zukunft; dann wird bewusst, dass wir unsere Kinder nicht zunehmend mit mehr Pathologien etikettieren dürfen, nur um die veralteten Systemstrukturen zu rechtfertigen.

Mit gelebter Herzethik haben wir verstanden, dass unsere geliebte Erde und auch die Sonne Lebewesen darstellen, wie jedes andere. Wir dürfen diese mit unserer eigenen Herzenergie ummanteln und somit in der dringend notwendigen Regeneration unterstützen.

Sobald wir den Tod eines Menschen genau wie seine Geburt vertrauensvoll und ebenbürtig dankbar annehmen, mit derselben tiefen Freude, dass es der freie Wille dieser Seele war, uns eine Zeit lang zu begleiten und wir dies aus tiefstem Herzen respektieren, dann sind Annehmen und Loslassen auf Herzebene integriert.

Wenn wir verstanden haben, dass wir Brückenbauer in einer Zeit sind, in welcher das Alte vergeht und das Neue entsteht – individuell sowie in allen gesellschaftlichen Strukturen –, wenn wir alle unsere Herzvisionen nun auch umsetzen, dann manifestiert sich Frieden, den wir als Herzmenschen alle in uns tragen.

Wenn wir verstanden haben, dass sich gerade in Sachen Bewusstseinserweiterung nicht alle Menschen in denselben Entwicklungsschritten befinden und somit ihre eigenen Ansichten, Weltbilder, Wertvorstellungen, Erfahrungen und Ethik mitbringen, wenn wir dies bedingungslos respektieren, ohne zu überreden, zu missionieren, zu überzeugen oder gar zu manipulieren, dann haben wir verstanden, dass es Dinge gibt, welche die Menschen selbst erfahren dürfen, bevor sie es in ihrem Leben implementieren können – sowohl individuell als auch kollektiv.

Sobald wir tiefen Respekt und Hochachtung gegenüber der ganzen Schöpfung fühlen, anerkennen wir dadurch von Herzen, dass die gesellschaftlichen Strukturen genau richtig sind, wie sie jetzt sind und als Teil der Schöpfung weder angefeindet noch zerstört werden dürfen. Folglich werden wir weder mit Medien- noch mit Systemfeindlichkeit auftreten, sondern für ein friedliches und konstruktives Miteinander einstehen. Wenn das Gute der alten Struktur mit neuem Wissen verbunden und manifestiert werden darf, dann leben wir einen weiteren Herzaspekt – individuell als Nation sowie als Gesellschaft.

Wenn wir verstanden haben, dass nicht alle schon bereit sind für die Veränderung, dann sind wir im Vertrauen, dass jeder Herzmensch über den freien Willen verfügt und zum richtigen Zeitpunkt im eigenen Tempo seine Schritte in die Veränderung macht – als Individuum, als Partner, als Gesellschaft und als Nation.

Sobald in uns der Impuls wachgerufen wird, die Qualität der eigenen Energie, die wir in die Waagschale dieser Welt legen, eigenmächtig zu erhöhen, wird die Energiewende im wahrsten Sinne des Wortes auch auf der persönlichen Ebene stattfinden.

Sobald wir mit einem unerschütterlichen freien Willen unmissverständlich für herzbasiertes Handeln einstehen, selbst unter den widrigsten Umständen, dann ist ein sehr wichtiger Herzaspekt integriert, meiner Ansicht nach einer der höchsten. Wenn Leuchttürme wie Fixsterne, ohne idealisiert zu werden, einfach dableiben und leuchten, vielleicht sogar in der Öffentlichkeit für Freiheit, Wahrheit und Liebe einstehen, spätestens dann verstehen wir, dass in uns allen ein schöpferisches Potenzial von unvorstellbarem Ausmass vorhanden ist.

64

Mit Herz zum Weltfrieden

Was im Kleinen so einfach darzulegen ist, gelingt auch im globalen Weltgeschehen: Sanktionen (-), Gegenanschläge (-) und Drohungen (-) von Staaten gegenüber anderen Staaten limitieren beide Seiten am Weiterkommen und verunmöglichen nachhaltigen Frieden (+). Solange das Bewusstsein einer Bevölkerung und einer Regierung nicht ändert, kann keine Einsicht eintreten. Impulse von Menschen mit erweitertem Bewusstsein können in solchen Situationen richtungsweisend wirken, wodurch Diplomatie immer aus einer höheren Perspektive zu erfolgen hat. Doch dafür braucht es keine ausgebildeten Diplomaten; vielmehr ist jeder Mensch selbst gefordert, als Brückenbauer zu wirken.

Es liegt an uns, wie wir die Welt verändern. Wir alle sind ein Puzzleteil eines grossen Ganzen. Wir dürfen ruhig ein wenig mutiger Eigenverantwortung übernehmen und unser Potenzial entfalten, nicht nur wissen und reden, sondern auch handeln. Egal, in welchem Lernfeld wir uns befinden: in der Familie, in der Partnerschaft, in der Wirtschaft, im Bildungswesen, im Gesundheitswesen, im Sport, in der Kunst, in der Politik, im Finanzwesen. Mit unseren diversen Möglichkeiten – finanziell, energetisch oder mit Fachwissen – dürfen wir uns dafür stark machen, die Welt zum Guten und Konstruktiven zu verändern.

Viele Systeme sind bereits in der Veränderung zum ganzheitlichen Denken vorbereitet. Insbesondere in Mitteleuropa geht es den Menschen gut und sie sehen ihr Dasein nicht mehr allein darin, sich um einen vollen Teller zu bemühen. Die Grundbedürfnisse der Menschen sind gedeckt und viele Menschen kümmern sich bewusst um seelisch-geistige Entwicklung und Potenzialentfaltung. Sie schätzen den materiellen Wohlstand, haben materiellen Überfluss satt und suchen den Weg zu den immateriellen Dingen wie Einfachheit, Echtheit, Sinnhaftigkeit und Verbundenheit des Lebens und die Liebe der Menschen um sie herum.

Die Veränderung hin zum Guten wünschen sich alle. Somit stehen wir alle in der Verantwortung. Ausreden sind nicht erlaubt, denn Herzmenschen reden sich nicht aus der Verantwortung. Wenn ich jeden Herzmenschen meine, dann meine ich alle Kinder und Jugendlichen, Handicapierte, Banker, Landwirte, Mediziner, Politiker, Hausfrauen, Arbeitslose, Schwerkranke, Gefängnisinsassen, Theologen, Psychologen, Pflegepersonal, Sportler, Bildungsverantwortliche, Studenten, Wissenschaftler, IT-Spezialisten, CEOs, Politologen, Friedensaktivisten, Umweltaktivisten, Konzernchefs, Bauarbeiter, Anwälte und Richter, Musiker und alle Prominente. Und ich meine damit auch alle pensionierten CEOS, Ex-Banker, Ex-Bundesräte, Ex-Wirtschaftsexperten, Professoren in allen Bereichen, die genau wissen, wie unser System aufgebaut ist und im Pensionsalter nichts mehr zu verlieren haben, wenn sie jetzt für Wahrheit und neue Wege einstehen. Sie sind genauso wichtig wie all die jungen Menschen mit stark erweitertem Bewusstsein, die hier die Perspektiven genau aufzeigen und handeln möchten. Diese benötigen Infrastrukturen und auch teilweise das Wissen der Experten, um in unserem System gemeinsam eine 180 Grad Wende einzuläuten. Um den Wandel hin zum Konstruktiven zu stärken, braucht es die Energie von allen, von drei Generationen. Niemand ist besser oder schlechter gestellt, es braucht jeden Einzelnen.

Im Grunde brauchen wir auch keine Coaches, die uns das Potenzial aufzeigen. Herzmenschen brauchen einfach Herzmenschen, die sich dieser Tatsache bewusst sind, sich gegenseitig weiterbringen und zur gesellschaftlichen Potenzialentwicklung beitragen. Mehr braucht es nicht.

Jede Seele, die hier inkarniert ist, trägt das Potenzial eines Quantensprungs in sich, weil wir aufgrund unserer Seelenreife in der heutigen Zeitqualität mit dem heutigen Zeitgeist zu einer unvorstellbaren inneren und äusseren Entwicklung fähig sind. Dabei braucht es gar nicht mehr so viel für diesen Quantensprung. Christina sagte einmal: «Wenn alle Menschen drei Tage lang nur positiv denken, reden und handeln würden, dann wäre der Sprung in die fünfte Dichte geschafft».

Wenn wir die individuelle und kollektive Energie durch eine solche Aktion erhöhen würden, gäbe es keine Polarität mehr in und um uns. Es wäre das Paradies auf Erden, ein goldenes Zeitalter, in welchem die Menschheit die Naturgesetze ausgehebelt bzw. überwunden haben. Ein Aufstieg in eine neue Dimension würde auch neue Naturgesetze mit sich bringen. Was müsste passieren, damit sich die Menschen drei Tage lang derart besinnen und eine 180 Grad Wende machen? Vielleicht müsste es dafür drei Tage dunkel werden, so dass kein einziges künstliches und natürliches Licht mehr brennen würde. Das Leben dieser Welt stünde einfach still. Stattdessen würden die Menschen das innere Licht entdecken, welches für Hochbewusste und multidimensional wahrnehmende Menschen (Hellsichtige) heute bereits sichtbar ist. Der göttliche Funken in uns würde uns zeigen, dass die Welt nicht untergeht, sondern ein Zeitzyklus beendet und das grosse Erwachen eingetreten ist, wodurch sich auch die Erde dementsprechend entwickelt. Nach einigen uralten Überlieferungen soll nach drei Tagen Dunkelheit eine neue Sonne am Himmel stehen. Übersetzt hiesse dies, dass eine neue Energie den Planeten fluten würde, damit auch neue Naturgesetze entstehen, die noch weit entfernt in unserer Vorstellung stehen. Unsere Seelen werden auf eine höhere Form des Seins hingeführt und neue Lernerfahrungen werden möglich. Das Bewusstsein ist dann fünfdimensional ausgerichtet. Das Ego aus der Dreidimensionalität löst sich komplett auf, da Illusionen, also Gedankenkonstrukte, ab einem gewissen energetischen Niveau nicht mehr entstehen können.

Jeder Einzelne zeigt mit seinem Wesen Präsenz, mit all dem was er fühlt, denkt und wie er in der Aktualität handelt. Wie wir die Zukunft gestalten, entscheiden wir in jedem Moment neu mit unserem freien Willen. Menschen, die ihren freien Willen nicht äussern können, begleiten wir mit Herz, dann fühlen wir, was in ihrem Sinne steht, genau wie jede Mutter fühlt, was für ihr Baby das Beste ist.

Wir sind alle Teil eines grossen Ganzen, liebevoll geführt durch eine höhere Instanz, in der es die Fragen Warum und Wieso nicht mehr gibt. Denn in unserem Herzen herrscht Gewissheit durch das Herz stehen wir im Vertrauen auf den übergeordneten Plan, dass alles seinen Grund hat und in irgendeiner Weise positiv auf das Individuum sowie das Kollektiv wirkt.

Danke, dass Sie sich entschieden haben, in dieses turbulente, bewegende Leben zu hüpfen um hier als Mensch weiter Herzkraft zu entfalten und zu einem Leuchtturm zu werden für jede einzelne Körperzelle, für andere Menschen, für unsere geliebte Erde. Gemeinsam mit anderen Menschen potenziert sich diese Herzkraft hoch mit phänomenaler Auswirkung und Reichweite. Es ist dies mit Worten unserer Sprache nicht zu beschreiben.

Danke Ihnen als Herzmensch für Ihr Sein und Ihr Wirken, es ist genauso bedeutend in unserer Zeit, wie jedes andere Leben.

Sobald das Herz bestimmt, geschehen Wunder.

Die Autorin

Bernadette von Dreien (Pseudonym)
(Bürgerlicher Name Bernadette Meier)
Geburtsdatum: 16. Januar 1972
Schweizer Staatsbürgerin

Sie befasst sich mit Bewusstseinsforschung, Psychosomatik, ganzheitlicher Psychologie, Ethik, Philosophie und Spiritualität und mag grundsätzlich als MENSCH identifiziert werden, der sich in diesem Leben verschiedene Erkenntnisse und folgende Kompetenzen in unterschiedlichen Bereichen angeeignet hat:

- ♥ 2-fache Mutter (2001 und 2003)
- ♥ Bestsellerautorin der Christina-Bücher Band 1 und 2 (2017 und 2018)
- ♥ Grundausbildung als dipl. med. Praxisassistentin MPA (1990-2000), 10 Jahre Berufserfahrung Kardiologie und Allgemeine Medizin
- ♥ Ausbildung zur dipl. Naturheilpraktikerin Fachrichtung TEN (CH 2013-2017)
- ♥ Ex-Leichtathletin: Mehrfache Schweizermeisterin und 17-fache Medaillengewinnerin an Elite-Schweizermeisterschaften in den Disziplinen Marathon, Halbmarathon, 10'000 m, Cross und Berglauf (1997-2015). 7-fache Europa- und Weltmeisterschafts-Medalliengewinnerin mit dem Trio Team Suisse (Disziplin Berglauf Kurzdistanz, 2007-2013)
- ♥ Ex-Leichtathletiktrainerin und Mitglied Berglauf-Kaderleitung Swiss Athletics 2008-2018
- ♥ 15 Jahre Unternehmensführung (Holzbau Kleinbetrieb 1997-2012)

Kontakt: www.bernadettevondreien.ch